Double 2
2

I.K. 404 (Réserve)

Double 2 I.K. 424. (Réserve)

I.K. 424

HISTOIRE
DE BRESSE
ET
DE BVGEY.

HISTOIRE
DE BRESSE
ET
DE BVGEY.

CONTENANT CE QVI S'Y EST PASSE' DE
memorable fous les Romains , Roys de Bourgongne & d'Arles,
Empereurs, Sires de Baugé, Comtes & Ducs de Sauoye, & Roys Tres
Chreftiens, iufques à l'efchange du Marquifat de Saluces.

AVEC LES FONDATIONS DES ABBAYES, PRIEVRE'S,
Chartreufes & Eglifes Collegiales, Origines des Villes, Chafteaux, Seigneuries,
& principaux Fiefs & Genealogies de toutes les Familles Nobles.

Iuftifiée par Chartes, Titres, Chroniques, Manufcripts, Autheurs anciens,
& modernes & autres bonnes preuues.

DIVISE'E EN QVATRE PARTIES.

Par SAMVEL GVICHENON, *Aduocat au Prefidial de Bourg en Breffe,*
Confeiller & Hiftoriographe du Roy.

A LYON,

Chez IEAN ANTOINE HVGVETAN, & MARC ANT. RAVAVD,
en ruë Merciere à l'Enfeigne de la Sphere.

M. DC. L.

A
MADAME ROYALE,
DVCHESSE DE SAVOYE,
PRINCESSE DE PIEMONT,
Reyne de Chypre, &c.

MADAME,

J'ay long-temps douté si ie presenterois cét ouurage à V. A. R. sçachant bien qu'il ne faut rien offrir aux Roys qui ne soit grand & magnifique. Mais leur condition seroit à plaindre si l'on ne se pouuoit pas dispenser de la rigueur de ceste loy, parce que ce seroit les priuer du tribut legitime, qui leur est deu de toutes choses si on ne leur en deuoit donner que de proportionnées à la maiesté & à l'éclat qui les enuironne. Car comme il n'est personne qui approche plus prés de Dieu, que les Roys & les Princes qui en sont les veritables pourtraits, il ne se treuueroit rien sur la terre qui ne fut indigne d'eux. C'est par ceste consideration que s'accommodans à la foiblesse des hommes, ils reçoiuent indifferemment d'eux toutes sortes de presens. I'auoüe MADAME que m'addressant à vne des plus grandes Princesses du monde qui est Fille, Sœur, Tante, Vefue & Mere de Roy, i'auois iuste sujet d'apprehender que mon entreprise ne fut blasmée comme temeraire. I'ay creu neantmoins MADAME que dans ceste eleuation de pensée. V. A. R. ne voudroit pas condamner des sentimens plains de zele & de submission, & qu'elle descendroit sans contrainte de son Throne pour receuoir la dedicace de ce Liure, puis que la matiere qui le compose semble auoir quel-

¶ 3

EPISTRE

que forte de priuilege pour luy faire aborder, *V. A. R.* C'eſt l'Hiſtoire de Breſſe & de Bugey, ou *V. A. R. MADAME*, ne rencontrera pas vn ſtyle pompeux & releué, ny vn diſcours fardé, auec profuſion de delicates penſées, qui attirent tant d'adorations, aux ouurages du temps. Mais elle y-verra la verité tout autre qu'elle n'eſt pas dans les Fables & dans les Romans : c'eſt dans l'abbregé que ie donne de tant de belles actions & de ſinguliers exemples de vertu que les Princes & les Princeſſes de la Royale Maiſon de Sauoye ont laiſſez dans ces deux Prouinces tandis quelles ont eſté ſous leur domination. *V. A. R. MADAME* y treuuera vne relation fidelle des fameuſes conqueſtes de ces grands Heros, des glorieux monumens de leur pieté & des effuſions prodigieuſes de graces & de bienfaicts ſur les principales familles de ce pays. Or *MADAME* encor que ie puiſſe peut-eſtre auoir eſté aſſez heureux de plaire à *V. A. R.* par le choix d'vne matiere ſi aggreable, i'ay grande raiſon de me deffier d'ailleurs de mon eſprit & de craindre que ie n'aye pas trauaillé auec tant d'art & d'eſtude qu'il eut eſté neceſſaire pour reſpondre à la dignité du ſuiet. Mais ſi *V. A. R.* par ceſte genereuſe bonté qui luy eſt naturelle, daigne agréer ceſte foible production de mon eſprit & luy donner ſa protection, i'eſſayeray par vne plus haute volée & auec de nouuelles forces de faire mieux au grand ouurage qu'elle ma commandé d'entreprendre de l'Hiſtoire Genealogique de la Royale Maiſon de Sauoye, (dont celle de Breſſe & de Bugey n'eſt qu'vn petit eſchantillon) & quoy que par auance on me reprochera que ie n'en pourray rien dire qui n'ait déja eſté publié par toute la terre & en diuerſes langues, par les meilleures plumes des ſiecles paſſez & de celuy-cy, neantmoins ieſpere par les grandes lumieres que i'en ay, par mes curieuſes recherches, par la nouuelle methode & par les particulieres obſeruations & rares ornemens auec leſquels ie pretens de traitter vne matiere ſi riche & ſi exquiſe, que tous ces autheurs n'auront autre auantage ſur moy que de m'auoir deuancé. Ce ſera *MADAME*, en cette piece ou ie traitteray l'excellence de l'origine de cette Auguſte Maiſon. Ses grandeurs, ſes hautes alliances & toutes les autres prerogatiues qui luy font tenir vn rang ſi eminent & ſi releué parmy les Teſtes couronnées de la Chreſtienté. C'eſt auſſi ou i'eſtaleray ce grand Genie de *V. A. R.* ſa merueilleuſe conduite & ſa prudence incomparable, qui ont ſoutenu la gloire de ſon eſtat parmy les diuiſions & les deſordres qui naiſſent ſous les Regences. C'eſt ou ie feray voir les ſoins quelle à pris pour éleuer ce grand Prince ſon A. R. Illuſtre Reietton de tant d'Empereurs & de Roys, dont les vertus naiſſantes, les qualitez ſublimes & la

glorieuſe

DEDICATOIRE.

glorieuse ambition forment le modelle d'vn des plus parfaicts & accompli Princes du monde & qui font esperer à ses peuples qu'il surpassera la gloire & l'estime de ses predecesseurs. Ce ne sont point MADAME des complaisances exigées, ny des acclamations forcées. Ce sont des tesmoignages serieux & legitimes que rend à la verité, celuy qui les publiera plus hautement quelque iour & qui cependant demande la grace d'estre creu auec toute sorte de respects, de passion & de Zele.

MADAME,

De V. A. R.

Le Tres-humble Tres-fidelle & Tres-obeissant seruiteur,

GVICHENON.

A Bourg en Bresse le 18. du Mois d'Aoust, 1650.

ADVERTISSEMENT.

L'Autheur n'ayant peu à cause de ses occupations estre present à l'impression de ce liure, pendant tout le temps qu'elle a duré. Il s'y est glissé quelques fautes essentielles, qui choquent le sens, & son sentiment. Dont il est necessaire d'aduertir le Lecteur, les autres n'estans que fautes d'Imprimerie sont aisées à reconnoistre & à corriger.

En la I. Partie pag. 56. lig. 3. lisés parce que le Beau-frere, & rayés le mot de Gendre.

En la II. Partie pag. 32. au chap. du Chanay-Feillens. Apres ces mots, Iean Philibert du Clos Seigneur du Chanay. Lisés leur petit fils, & rayés leur fils.

En la Continuation de la II. Partie pag. 48. lig. 1. rayés ces mots qui en est à present Seigneur, & lisés, qui la vendu au President Montillet qui en est à present Seigneur.

En la III. Partie pag. 151. lig. 29. rayés ces mots Dame d'Antigni & de Pagny, & lisés, de Vienne Dame de Bletterans.

En la IV. Partie pag. 61. au lieu de ces mots du Baillage d'Esnes, lisés du Village d'Esnes.

En la pag. 259. au dessous de l'Epigramme latin, lisés Franciscus & rayés Iacob.

Et refellere sine pertinacia, & refelli sine iracundia, parati sumus.
Cicero Tuscul. 2.

AV LECTEVR.

CEVX qui fe meflent d'écrire doiuent employer beaucoup de temps à relire & réuoir les productions de leur efprit, auant que de les publier ; C'eft ce que ce Peintre de l'Antiquité nous enfeignoit, qui peignoit la Déeffe Minerue auec vne tortue aux pieds. Or fi cette précaution eft neceffaire, c'eft principalement à celuy qui traitte vne Hiftoire generale ou particuliere, de laquelle il eft malaifé de fe bien acquitter fans s'impofer cette Loy. Il y a feize ans que i'entrepris celle de Breffe & de Bugey, & neantmoins fi i'euffe peu i'en aurois encor retardé l'Edition ; fçachant bien la peine qu'il y a de plaire à toute forte d'efprits, & à fe garentir d'eftre chocqué en vn Siecle fi fertile en hommes fçauans ; Ce n'eft pas qu'apres auoir vn peu plus attendu, i'euffe raifon d'efperer de me pouuoir affranchir de la cenfure de ceux qui en fçauent plus que moy ; mais parce que mon entreprife eftant longue & penible ; il n'y auoit que le temps qui luy peût donner quelque forte de perfection, veu qu'il découure tout ce qui eft caché & enfeuely, & produit auffi tous les jours de nouuelles particularitez, & des matieres au parauant inconnuës, qui donnent bien fouuent occafion de changer, ou d'ajoufter ; Il m'a fallu neantmoins preferer les fentimens de mes Amys aux miens, & mes interefts à la fatisfaction Publique, en permettant l'impreffion d'vne piece, laquelle ie fouhaitois de pouuoir encor retenir.

Les pays de Breffe & de Bugey, ont efté fi peu connus, ou confiderez qu'il n'y a eu perfonne entre tant d'excellens Perfonnages qu'ils ont produits, qui en ayé voulu dreffer l'Hiftoire. ce qui m'a bien donné de la peine, d'autant que fi i'euffe eu comme plufieurs autres Efcriuains modernes, vn corps d'Hiftoire déja tout formé ; ie n'aurois eu autre chofe à faire qu'à en releuer les manquemens, à rechercher ce qui euft efté obmis, & à toucher les chofes les plus remarquables furuenuës depuis : Mais l'Hiftoire que ie traite eft d'vn Pays oublyé ouméprifé, & vn champ abandonné qu'il m'a fallu défricher ; car pour les Hiftoriens de Sauoye, & des Prouinces voifines ; ils ont eu fi peu de lumieres de la Breffe & du Bugey, ou en ont parlé auec tant de negligence, ou d'enuie qu'ils ne meriteroient pas mefmes d'eftre citez. Et quant aux Manufcripts nous n'en auons que deux qui ayent parlé de ce pays, l'vn eft Fuftailler en fes Antiquitez de la ville de Mafcon, où il a donné la fuite nue & fimple des Sires de Baugé, Souuerains de Breffe, auec celle des Euefques & des Comtes de Mafcon fans auoir traité aucune autre matiere, & l'autre

á

eft

eſt le R. P. François Genan, qui dreſſa en l'an mil ſix cens trente, vne deſ-cription de Bugey ; Ces deux Autheurs ont écrit en Latin , toutes-fois auec vn ſuccez fort different ; Car Fuſtailler eſt loüé de ſes recher-ches, de ſa fidelité & de la beauté de ſon ſtyle, mais pour le P. Genan ſon Liure eſt ſi remply de Fables & d'inepties , que celuy à qui il auoit eſté dedié n'a pas voulu ſouffrir qu'il vit le jour ; En effet quiconque vou-dra prendre la peine de lire ſon Manuſcript , qui eſt en mon pouuoir, veïra que c'eſt vn Roman & non pas vne Hiſtoire , ie n'en dis pas d'auantage pour eſpargner ſon caractere ; I'ay encor chez moy quel-ques Chroniques des Comtes & Ducs de Sauoye, Latines & Françoiſes, où i'ay rencontré peu de ſecours, parce que ceux qui les ont dreſſées n'ont eu pour but que de traiter des choſes de Sauoye , & n'ont parlé de Breſſe & de Bugey que par occaſion : I'ay donc fueilleté exactement les Archiues des Chambres des Comptes de Daufiné, de Bourgogne & de Sauoye ; les Cartulaires des Monaſteres du pays & des lieux circonuoy-ſins ; & les Titres des grandes Maiſons, d'ou comme de viues ſources, i'ay tiré la matiere de ce liure, & compoſé ce corps de diuerſes pieces eſparſes. Ie ſçay bien dans la connoiſſance que i'ay de mon incapa-cité, que tout autre s'en fût mieux acquitté que moy ; mais noſtre in-clination nous porte bien ſouuent au delà de nos forces, ce qui a fait que i'ay plûtoſt conſideré ce que ie voulois faire , que ce que ie pou-uois,& partant ſi ie n'ay pas reuſſy en ce deſſein, il en faut imputer la faute à ce que, la paſſion que i'ay touſiours eüé pour l'Hiſtoire n'a pas eſté ſecouruë comme j'euſſe ſouhaitté , & au deſir que i'ay eu de rendre quelque ſeruice à la Breſſe & au Bugey, non point par obligation de naiſ-ſance , mais par celle de la demeure. I'euſſe bien voulu pour reparer en quelque façon mes autres defauts, pouuoir parler auec la politeſſe du temps , & me former vn ſtyle plus doux & plus coulant ; mais nous ſommes trop prés des Montagnes du Comté de Bourgogne & de Suyſſe, pour auoir cette pureté de langage , ie me ſuis contenté d'vne

diction ſimple & d'vne rélation naïfue ; ce triage de parolles & cette pompe de diſcours de laquelle les Eſcriuains de ce temps font parade, ſont pluſtot des ornemens neceſſaires à vn Orateur, ou à vn Poëte, que conuenables à vn Hiſtorien ; Ma conſolation eſt, que ſi cét Ouurage n'eſt agréable par la dignité de ſes matieres, ou par la grace du langa-ge , il le ſera par ſa diuerſité & par la nouueauté de ſa methode & de ſon ordre.

Apres ces excuſes par leſquelles ie trauaille peut eſtre en vain à me preparer des Lecteurs fauorables, il eſt iuſte que ie donne le plan de mon Hiſtoire laquelle i'ay diuiſée en quatre parties.

En la premiere ie traite tout ce qui s'eſt paſſé de memorable en Breſſe & Bugey, ſous les Romains , Roys de Bourgogne & d'Arles, Empereurs, Sires de Baugé, Comtes & Ducs de Sauoye, & Roys Tres-Chreſtiens, iuſques à l'Echange du Marquiſat de Salucet.

En la ſeconde ie donne les Fondations de toutes les Abbayes, Prieu-rez, Chartreuſes & Egliſes Collegiales de Breſſe & de Bugey ; enſem-ble l'Origine & les ſingularitez de toutes les Villes, Chaſteaux, Ter-res, Seigneuries & principaux Fiefs , auec les noms de ceux qui les ont poſſedez.

Quant

Quant à la troisiéme partie, laquelle contient les Genealogies des Familles Nobles de Bresse & de Bugey auec leurs Armoiries, Deuises & Employs, i'auöue que c'est la plus delicate de tout l'Ouurage, parce que comme la Noblesse se picque extraordinairement de son extraction, aussi elle n'espargne rien pour la persuader ancienne & illustre. Voyla pourquoy plusieurs Critiques par auance ont publié que ie ne ferois pas plaisir à la plufpart des Gentils-hommes, de donner au public leur Origine, chascun d'eux s'estimant plus ancien & d'vn principe plus glorieux, que peut estre ie l'ay fait; Ils ont encores dit qu'ils apprehendoient pour quelques-vns, que ie ne découurisse les mesalliances, où les autres taches des Familles; Que ie ferois injure à ceux qui sont de naissance plus releuée, de mesler leurs Genealogies, auec celles des nouueaux Gentils-hommes, & qu'enfin ie ne pourrois iamais si bien regler leurs Eloges & leurs Rangs, qu'il n'y eust de la jalousie; & qu'ainsi ie ne remporterois autre fruict de ce grand trauail, que d'auoir fait des Ennemys : Ce sont les raisons par lesquelles on a creu de me destourner de cette entreprise, mais elles n'ont pas esté assez puissantes, *Inchoatio Historia inuidia;con-* quoy que ie sçache bien que ce genre d'écrire ne produit ordinairement *tinuatio labor; finis* que de l'enuie en son commencement, de la peine en son progrez & de *est odium.* la haine en sa fin. Ie n'ignore pas l'honneur qui est deu à la Noblesse, *Sidon. A-* I'estime que toutes les Nations de la Terre en ont tousiours faite, & *poll.lib.9.* l'éclat qu'elle donne à vne Famille quand elle s'y rencontre; Aussi ne *Epist. 22.* crois-je pas, quand mon procedé aura esté bien examiné, qu'il y ayt rien en tout ce Liure dont le moindre des Gentils-hommes qui y sont interessez se doiue offencer.

Ce n'est pas d'aujourd'huy que la Noblesse a recherché l'Antiquité *Gens se-* de son origine, chez les Romains, celuy là estoit estimé le plus Noble, *riem majo-rumquærit;* qui estoit le plus Ancien; ils se glorifioient de la multitude des Ima- *maiorum-* ges de leurs predecesseurs, & par là faisoient la preuue de leur Noblesse. *que gloria,* Et delà vient que chascun a tiré la source de sa famille le plus loin *Posteris* qu'il a peu, iusques à recourir aux Fables & aux Dieux des Anciens, *quasi lu-men est.* les Roys, & les Empereurs dont l'Histoire ancienne fait tant de cas, *Sallust.* se sont laissés emporter à cette vanité; n'auoit-on pas persuadé à Alexan- *Inter ma-iores ip-* dre le Grand qu'il estoit fils de Iupiter Ammon, à Iules Cesar qu'il *sumque* descendoit de la Deesse Venus, & à Auguste qu'il estoit yssu d'Enée, *Promethea ponunt.* les Anglois ne commencent-ils pas le Catalogue de leurs Roys à *Brutus* pretendu fils de *Syluius Posthumius*, & petit fils d'*Ascanius* fils d'Enée; Et entre les Historiens Espagnols, les vns remontent l'origine de leurs Roys depuis Adam, les autres depuis Tubal fils de Noé, & les plus moderez depuis Hercule. Cette maladie a passé des Empereurs & des Roys aux autres Princes, Seigneurs & Gentils-hommes : Ceux de la Maison d'Est, ne se pretendent-ils pas yssus d'vn Prince Troyen nommé *Marchus*, Les Vrsins de Lyacon Roy d'Arcadie du costé Paternel, & d'Acestes Troyen du costé maternel : Les Colomnes des Camilles Romains, les Aualos d'Achille, les Vvelfes de *Catilina*; Les Baux Princes d'Orange de l'vn des trois Roys qui adorerent Iesus-Christ en Bethleem, les Comtes de Nassau de *Nasseus* Capitaine de Iules Cesar, les Gonzagues Ducs de Mantöue de *Lucius Cotta* Consul Romain, & les Rossys Marquis de S. Second & Comtes de Bercetto de *Roscius* Lieu-

tenant

tenant general de Xerxes Roy de Perſe. Il y a pluſieurs autres exemples que ie laiſſe par diſcretion, qui monſtrent aſſez comme chaſcun ſe flatte en ſa naiſſance, meſmes parmy noſtre Nation, pour moy ie n'ay pû auoir cette complaiſance en mon Ouurage, & me ſuis contenté de commencer les Genealogies par celuy de ſa Famille duquel i'ay rencontré de plus anciens témoignages par écrit ; & ſi les Gentils-hommes n'en ſont pas ſatisfaits, ie n'en dois pas pourtant eſtre blaſmé, ayant mieux aymé que l'on me reprochaſt de n'en auoir pas aſſez dit, que d'en

auoir trop dit ; D'ailleurs ie les prie de conſiderer que la plus ancienne Nobleſſe qui ſoit au Monde a eu ſon Principe, & que les premiers Gentils-hommes ne ſont pas tombez du Ciel. Les plus groſſes Riuieres ſont petites à leur ſource, & tous les commancemens foibles ; I'aurois laſchement trahi ma reputation, ſi pour faire plaiſir à quelques-vns, i'euſſe contre mon humeur & ma franchiſe donné credit à des Fables & à des menſonges, ſçachant bien que la principale partie d'vn Hiſtorien eſt la probité, laquelle n'apprehende & n'eſpere rien, qui eſtime plus la verité, que l'amitié des Grands, & qui prefere ſon honneur aux recompenſes honteuſes. Quant aux taches des familles qui ſont les mauuais pas des Genealogies, il y en a pluſieurs qui en ſont exemptes, d'autres qui n'ont peu s'en garentir, & c'eſt où i'ay eſté fort reſerué : Vn Genealogiſte ne ſe doit pas diſpenſer de dire les veritez eſſentielles, comme de ſeparer les Baſtards des Legitimes, de marquer les changemens de noms & d'armes ; & diſtinguer les familles qui ont eſté entées les vnes aux autres ; autrement ce ſeroit confondre le vray auec le faux, & meſler le pur auec l'impur ; mais il peut bien taire vne baſſe alliance, ou vne diſgrace arriuée par la ſeuerité de la Iuſtice, car c'eſt eſpargner la memoire des morts & l'honneur de ceux qui ſont en vie en des choſes indifferentes, dont il n'eſt pas neceſſaire que la poſterité ſoit inſtruite par luy;

En quoy l'Hiſtorien ne viole pas les loix de l'Hiſtoire & ne fait rien contre ſa reputation ; Voyla comme i'y ay procedé, ayant cette ſatisfaĉtion en cela d'auoir plus teu, que ie n'ay declaré & de n'auoir dit que ce que ie ne pouuois pas diſſimuler & lors que i'ay eſté contraint de parler, ie me ſuis élogné autant que i'ay peu des termes de l'offence. Que ſi en donnant les Genealogies des plus conſiderables Familles de ce Païs i'y ay joint toutes les Modernes : ie ne penſe pas que les anciens Gentils-hommes m'en doiuent ſçauoir mauuais gré ; car outre que les nouueaux l'ont ainſi ſouhaitté, auſquels ie n'ay peu le refuſer. C'eſt qu'ayant fait deſſein de donner l'Hiſtoire de toute la Nobleſſe de Breſſe & de Bugey, i'ay creu d'y deuoir comprendre tous ceux qui en compoſent le Corps, & i'euſſe fait plus grande injure aux maiſons nouuelles de les oublier, que les anciennes n'en receuront de ce meſlange, tant s'en faut que le luſtre de leur Nobleſſe ſera en quelque façon rehauſſé par l'oppoſition d'vne plus recente. Touchant les Eloges ils ſont ſans affeĉtation plus grands, ou plus courts, plus riches, ou plus ſteriles, ſelon la portée des familles, ayant eſté contraint de m'accommoder à la matiere qui m'a eſté fournie. Et pour l'Ordre des Genealogies, c'eſt où ie me ſuis treuué bien empeſché, à cauſe qu'il n'y a rien de ſi difficile que de faire marcher chacun en ſon rang : Tous ceux qui iuſques à preſent ont traitté cette matiere, ont cherché tous les biais

&

& tous les expediens les plus plaufibles de crainte d'offencer quelqu'vn:
Pierre de fainct Iulien qui a fi bien illuftré fa Patrie , creût qu'il eftoit à
propos de fuiure en fes Genealogies du Mafconnois le Rolle du Ban
& Arriere-Ban : cependant en fes mélanges Hiftoriques où il a parlé de
toutes les Maifons des deux Bourgognes qui portent de gueules : Il n'a
pas efté ferme en ce premier fentiment , les ayant traittées confufement
& fans aucun ordre, le R. P. Auguftin du Pas en fon Hiftoire Genealogique de Bretagne , dit qu'il l'a commencée par les Genealogies defquelles il eftoit le mieux inftruit , Excufe que le *Sanfouino* , *Zazzera* , *Mo-*
rigia , *Ammirati* , *Porcacchi* , *Contile* , *Crefcentio* , & autres Genealogiftes Italiens
ont employée. La Morliere traittant les Familles du Diocefe d'Amiens,
les a rangées en forme de bataille. Le Campanile en fes Genealogies du
Royaume de Naples , a traitté des Familles par l'ordre des Armoiries , &
le R.P. Hilarion de Cofte en fon Traitté de la Nobleffe de Daufiné,
donne en payement l'excufe de fainct Iulien , & dit que n'eftant pas
Maiftre des Ceremonies il ne peut pas donner à chacun fon rang & fa
feance. Ce que Monfieur de la Colombiere-Vulfon en la Preface de
fon grand ouurage de la Science Heroïque a allegué , pour s'excufer
de ce qu'il n'a point obferué d'ordre aux Armoiries des Familles.
Mais quelques proteftations que ces Autheurs ayent peu faire , il
eft bien mal-ayfé, mefme impoffible que leur procedé n'ayt defpleu à
quelques-vns , & que l'on n'ayt cette creance , que ceux-là font les
plus anciens & plus remarquables Gentils-hommes par qui on com-
mence, & qu'il y ayt eu en cela vn ordre fecret & caché quoy que l'on
aye témoigné de n'en vouloir point tenir, & partant i'ay creu qu'il valoit mieux pour éuiter à toutes ces jaloufies de la Nobleffe de ranger
mes Genealogies par ordre Alphabetique ; C'eft ainfi que l'ont prati-
qué heureufement , le R. P. Simon OKolski en fes Genealogies de
Pologne dont l'Ouurage eft intitulé *Orbis Polonus*. Scipion Mazzella
en fa defcription des Familles Nobles du Royaume & de la Ville de
Naples, celuy qui a compilé les Armoiries de toute la Nobleffe Ve-
nitienne ; Monfieur d'Hozier ce grand Genie de la Genealogie en fon
Recueil Armorial de Bretagne , le R. P. Hilarion de Cofte en fes Vies
des Dames Illuftres , & le R. P. de Gouffancourt en fon Martyrologe
des Cheualiers de Malte , Mr. le Laboureur Sieur de Bleranual en a fait
de mefme en fa Relation du Voyage de la Reyne de Pologne , lors
qu'il traitte les Familles de Pologne & de Rome , & Monfieur de
Miffirien Gentil-homme des plus curieux du Royaume nous promet la
mefme methode en fon Hiftoire Genealogique de Bretagne , Monfieur l'Euefque de Saluces en fon Hiftoire de Piemont , & Meffieurs de fainéte Marthe ces deux merueilleux Freres en leur Gaule
Chreftienne.
La quatriéme & derniere partie de cette Hiftoire, de laquelle il me
refte à parler, contient les Preuues de l'Ouurage ; à fçauoir les Fondations des Monafteres , Franchifes de Villes , Legendes de Saincts,
Hommages faits aux Souuerains, Conceffions faites aux Eglifes, Infeudations & Erections des principales Terres de Breffe & de Bugey,
& autres Titres rares & curieux ; Ceux qui efcriuent des Hiftoires
particulieres comme moy , & qui n'ont point d'Autheurs anciens qui

ayent

ayent efcrit les chofes de leur temps, font obligez pour donner foy à leurs ouurages d'y adjoufter les Preuues, Et c'eft en cette forte que tous les modernes Hiftoriens ont efcrit, & particulierement l'incomparable Monfieur du Chefne, la memoire duquel doit eftre en veneration parmy les Scauans & les Curieux. Ie fouhaite que le Lecteur rencontre autant de fatisfaction en celuy-cy qu'il m'a caufé de defpenfe, de veilles & de voyages, pour le moins ie le puis affeurer qu'il n'y rencontrera point de flatteries impudentes, ny de menfonges defguifés, n'ayant rien auancé dont ie n'aye de bons Autheurs pour garents, ou mes yeux pour témoins ; Si apres cela ie n'ay pas fon approbation ie me confoleray d'auoir frayé le chemin à vn autre de faire mieux. Et fi quelqu'vn fe treuue oublyé, la publication du projet de mon Hiftoire faite en l'an mil fix quarante cinq me doit excufer.

Quatenùs nobis denegetur diù viuere, relinquamus aliquid,
quò nos vixiffe teftemur.
Plinius.

NOMS

NOMS
DES AVTHEVRS
CITEZ
EN CET OVVRAGE.

A.

BRAHAMI Ortelij *Theatrum Orbis Terrarum.*
Eiusdem Dictionarium Geographicum.
Acta Concilij Basileensis.
Acta Sanctorum qui toto orbe coluntur Bolandi.
Ægidius Schudus.
Ænea Syluij, siue Pij II. Papa Cosmographia.
Alphonsi Ciaconij de vitis Pontificum & Cardinalium.
Amédeus Pacificus.
Ammianus Marcellinus.
Andreas ab Isernia.
Annales de Belle-forest.
Annales de Bourgogne de Paradin.
Annales Ordinis Cisterciensis Angeli Manriquez.
Annales Cardinalis Baronij.
Annales Brabantia Haraei.
Ansberti familia rediuiua M. Antonij Dominici Historiographi Regij.
Anthonij Fabri consultatio pro Ducatu Montisferrati.
Antiquitez de Mascon, de Chalon & de Tournus par P. de S. Iulien.
Antiquitez de Paris de Iacques du Breul.
Antiquitez des Villes & Chasteaux de France de M. du Chesne.
Antiquitez de la ville de Vienne.
Antonij Albitij stemmata Principum Christianorum.
Apologie pour la Maison de Sauoye par le P. Monod.
Alliances de France, & de Sauoye du mesme.

Arbor Gentilitia Ducum Sabaudia Philiberti Pingonij.
Arbor Genealogica Gentis Grimalda Dom. de Venasque Ferriol.
Aubert Miraei Origines Chartusiarum.
Eiusdem Donationum piarum Codex.
Aymonius Monachus.

B.

Beati Rhenani opera.
Bellarminus, de scriptoribus Ecclesiasticis.
D. Bernardi Claraualensis Opera.
Bibliotheca Cluniacensis.
Bibliotheca Classica Draudij cum Appendice.
Bibliotheque Historiale de Nicolas Vignier.
Blason des Armoiries de Bara.
Borstius de Viris Illustrib. ordinis Carthusiensis.
Bibliotheca Carthusiana Theodori Petrai.

C.

LE Caualier de Sauoye.
Campanile.
Ceremonial de France.
Chassanei Catalogus Gloria mundi.
Eiusdem Consilia.
Chenutij, Archiepiscopi Arelatenses.
Eiusdem Episcopi Eduenses.
Christiani Vrstisij Epitome Historiae Basileensis.
Chorographia Sabaudia, Delexij.
Chronicon Burgundia Nicolai Vignerij.
Chronicon Vrbis Matisconensis Philiberti Bugnon Iurisconsulti Matisconensis.
Chronicon Philippi Melancthonis.
Cronicon Cisterciense Auberti Mirai,
Chronicon Ecclesiasticum eiusdem Authoris.
Chronicon Gulielmi de Nangis.
Chronicon Sigeberti.

Chronicon

Histoire des Vaudois.
Historia Sabaudia Lamberti Vuanderburchij.
Historia Gallia Gramundi.
Histoire des Cardinaux par Aubery.
Historia di Carlo V. de Sandoual.
Historia Francorum Scriptores Tomi V. A. du Chesne.
Histoire Genealogique de la maison de France par Messieurs de saincte Marthe.
Histoire de la maison de Guines & de Coucy.
Histoire de la Maison de Chastillon sur Marne.
Histoire de la Maison de Vergy.
Histoire de la Maison de Montmorency.
Histoire de la Maison de Chasteigners.
Histoire des Maisons de Dreux, de Luxembourg, du Plessis-Richelieu, de Broyes & de Chasteauuillain.
Histoire de Bourgogne, des Daufins de Viennois & des Comtes de Valentinois.
Histoire de la Maison de Bethune.
Histoire des Comtes de Poitou & des Ducs de Guyenne par Besly.
Histoire de la ville de Marseille par M. de Ruffy.
Histoire d'Artus III. Duc de Bretagne par M. Godefroy.
Histoire de la Maison d'Auuergne par Iustel.
Histoire de Bretagne par Augustin du Pas.
Histoire des Comtes de Champagne par Pithou.
Histoire des Saincts Personnages & Hommes Illustres de l'Ordre de S. Dominique par Fr. Antoine Mallet.

I.

Iacobus Guttherius de Iure Manium.
Illustrations des Gaules de Iean le Maire.
Indice Armorial de Geliot.
Inuentaire general de l'Histoire de France par Iean de Serres.
Ioannis Bodini Respublica.
Eiusdem Methodus Historiarum.
Ioannis Iacobi Chiffletij Vesontio.
Eiusdem De Linteis Christi sepulchralibus.
Eiusdem de loco legitimo Concilij Epaunensis.
Ioannis Gersonij Opera.
Ioannes Colombi de rebus gestis Episcopor. Valentinens, & Diensium.
Itinerarium Antonij Imperatoris cum tabulis Peutingerianis.
Iulij Cæsaris Commentarij.
Iustus Lipsius.

L.

Lettres du Cardinal d'Ossat.
Lignum vitæ Arnaldi Vuion.
Lucius Marinæus Siculus.
Luitprandus Diaconus Papiensis.

M.

Marca de Primatu Lugdunensi.
Marques d'honneur de la Maison de Tassis par Iules Chifflet Prieur de Dampierre Chancelier de l'Ordre de la Toison.
Traitté de la Maison de Rye du mesme.
Martinus Laudensis.
Martyrologe des Cheualiers de Malte par le P. de Goussancourt.
Martyrologium Benedictinum Menartij.
Martyrologium Gallicanum Saussey.
Matthæus de Afflictis.
Memoires de du Bellay.
Memoires d'Oliuier de la Marche.
Memoires de Philippes de Commines.
Memoires de la Franche-Comté par Louys Gollut.
Memoires de Languedoc de M. Cattel.
Memoires pour l'Histoire de Nauarre & de Flandres de Mr. Galand.
Memoires de la Terre de S. Oyen de Ioux de Boguet.
Memoires de du Tillet.
Mercure François.
Meslanges Historiques de Mr. Camusat.
Meslanges Historiques de P. de S. Iulien.

N.

Nicolai Olahi Attila.
Notitia Episcopatuum Galliæ Papyrij Massoni.
Notitia Vasconiæ Dom. Ohienart.

O.

Observations Antiques de Gabriel Simeon.
Oeuures de Vigenere.
Onuphrij Opera.
Opere del Cardinal Bentiuoglio.

P.

Pandecta Triumphalis Fr. Modij.
Paulus Diaconus.
Pauli Iouij Historiæ sui temporis.
Paulus Orosius.
Pauli Merula Cosmographia.
Paulus Æmilius de Gestis Francorum.
Philander in Vitruuium.
Philiberti Pingonij Augusta Taurinorum.
Eiusdem de Sacra Syndone.
Petri Bembi Cardinalis Epistola.
Petrus Sutorius, de vita Carthusianorum.
Philippus Cluuerius.
Philippi Ferrarij Topographia Martyrologij Romani.
Philippes Moreau des Armoiries.
Plinius cum Commentariis.
Plutarchus de fluminibus cum notis Domini de Maussac.

ẽ   *Polydorus*

ARCHIVES, CARTVLAIRES
& Manuſcrits deſquels l'Autheur s'eſt
ſeruy au preſent Ouurage.

ARCHIVES DES CHAMBRES DES COMPTES.

DE Paris.
De Grenoble.
Et du Treſor de Beaujolois.

Dijon.
Turin.

Chambery.
Dole.

INuentaire general des Chartes & Titres du Treſor du Roy, qui m'a eſté communiqué par Monſieur du Puy Conſeiller d'Eſtat.
Inuentaire des Titres de la Maiſon de Bourbon ; communiqué par Mr. du Bouchet Conſeiller & Maiſtre d'Hoſtel ordinaire du Roy.
Inuentaire des Titres de Beaujolois communiqué par Mr. Vion Sieur d'Erouual.

CARTVLAIRES ET TITRES

DE S. Iean de Lyon.
De Nantua.
De Portes.
De Meyria.
De Cluny.
De Tournus.
D'Aruieres.
De l'Iſle-Barbe.
De Chaſſagne.
De S.Sulpice.
D'Inimont.
S. Vincent de Maſcon.
S. Pierre de Maſcon.

S. Iean-Baptiſte de Belley.
De S.Eſtienne de Dijon.
D'Aiſnay.
De S. Rambert.
D'Ambronay.
Seillon.
Pierre-Chaſtel.
Poleteins.
Salettes en Dauſiné.
Blye.
S. Claude en Comté.
Beſançon.
Gigny.

De Sauigny.
Pomiers en Geneuois.
Hautecombe en Sauoye.
Du Miroir.
De la Commanderie de ſaint George de Lyon.
De la Commanderie de ſaint Antoine de Lyon.
De la ville de Bourg , & de toutes les Villes Chaſteaux, & Egliſes de Breſſe & de Bugey.

MANVSCRITS.

GEruaſius Tillebérienſis de Otiis Imperialibus. Communiqué par Mr. le Preſident de Boeſſieu.
Chronicon Benignianum Diuionenſe. Par Mr. Fevret celebre Aduocat au Parlement de Dijon.
Memoires de Dauſiné de Thomaſſin , par Mr. le Preſident de Boeſſieu.
Ioannis Fuſtaillerÿ, de Vrbe , & antiquitatibus Matiſconenſibus. L'Autheur en a l'Original & des neuf Chroniques & Manuſcrits ſuyuans.
Chronicon Sabaudiæ quod Altacombanum vocatur.
Chronique de Sauoye appellée de Mr. de Langes.
Rerum Geneuenſium Codex.
Chronicon Sabaudiæ incerti Authoris.
Faſciculus Rerum Geneuenſium.
Chronique Martinienne.
Bugeſÿ ſingularis deſcriptio Patris Genani Capucini.
La Sauoyſiade de Mr. d'Vrfé.
Renati Lucingÿ Alimæi rerum toto orbe geſtarum Commentarÿ.
Bullarium Felicis V. Il eſt en la Bibliotheque de Geneue , & m'a eſté communiqué par Mr. Godeffroy.

Alberici

Alberici Monachi Trium Fontium Leodienſis Diocesis Chronicon. Communiqué par Mr. du Bouchet.

Diuers MS. Cartulaires; Memoires & Recherches de feu Mr. du Cheſne Conſeiller & Geographe du Roy, qui m'ont eſté monſtrez par Mr. du Cheſne ſon fils Hiſtoriographe du Roy.

IL y a encor pluſieurs perſonnes de merite, & d'erudition qui m'ont aſſiſté en mon Ouurage de diuerſes Pieces, Chroniques, Chartes, Manuſcrits, Armoiries & Memoires, leſquels ie ſuis obligé de nommer icy, afin que le public ſçache à qui il a la principale obligation de ce ſecours, outre la reconnoiſſance particuliere que i'en feray par mes citations en beaucoup d'endroits de cette Hiſtoire; Ce ſont l'Illuſtriſſime & Reuerendiſſime François Auguſtin de la Chieza Eueſque de Saluces, l'Illuſtriſſime & Reuerendiſſime Charles Auguſte de Sales Eueſque & Prince de Geneue, Monſieur le Laboureur Preuoſt de l'Iſle-Barbe, & le R. P. Pierre François Chifflet de la Compagnie de Ieſus, le R. P. Alexis Edoüard Religieux Benedictin, le R. P. Dom de Buat Coadjuteur de la Chartreuſe de Meyria en Bugey; à tous leſquels i'adiouſte Mr. de Boeſſieu Conſeiller du Roy en ſes Conſeils, Premier Preſident de la Chambre des Comptes de Dauſiné, Mr. du Puy Conſeiller d'Eſtat, Mr. de Chanlecy Conſeiller au Parlement de Mets, Monſieur Budé Seigneur de Verace, Mr. d'Hozier Gentilhomme ordinaire de la maiſon du Roy & Iuge general des Armes & Blaſons de France, Mr. du Bouchet Conſeiller & Maiſtre d'Hoſtel ordinaire du Roy, Mr. Perard Maiſtre des Comptes à Dijon, Mr. du Buyſſon-Aubenay Conſeiller & Geographe du Roy, Mr. Godefroy Conſeiller d'Eſtat de la Republique de Geneue, Mr. Varin-d'Audeul Iuge de la Mairie & ancien Gouuerneur de Beſançon, & Mr. Girard Aduocat au Preſidial de Bourg; Qui outre les ſoins particuliers qu'il a contribué à nous faire recouurer de diuers lieux éloignez, pluſieurs choſes neceſſaires à cét ouurage, nous a encor aſſiſté en la pluſpart de nos voyages & de nos conqueſtes.

Ingenui Pudoris eſt Fateri per quos profeceris.

Plinius.

SEBVSIANÆ

SEBVSIANÆ HISTORIÆ
Scriptori & Patrij splendoris aſsertori,

EXOCVLATA humanæ mentis acies nobiles ſectata tenebras,
    In ſua nobilitatis luce caligauit.
      Hæc eſt ſapientiæ noſtræ perſpicacia;
        Vt cum aliena videat omnia, ſe neque videat, nec vbi ſit,
    Sapere docuiſti (vir ſapientiſsime) ſapientiam noſtram,
      Dum eam ad ſe renoſaſti.
Diſcuſsiſti domeſticas tenebras aſſuſa luce claritatis tua,
  Proh ! quantum tibi debet Patria,
    Cui intermortuo ſplendore ſeneſcenti primæuum
      Florem afflauiſti.
Quantum debent tibi Ciues tui;
  Quos ab auito exilio renocatos domi peregrinos agere
    Vetuiſti
Debes Patriæ quòd viuis;
  Debet tibi Patria quòd reuiniſcat;
    Imo quòd viuat in ore hominum;
    Et quòd victura ſit in ſplendore ſæculorum;
      Debet inſuper vitæ huius pretium pretioſa;
Debes ciuibus tuis amorem;
  Quem tua pietas ab illis exigit;
    Et ipſi tibi debent honorem,
      Qui aſſulget illis ex tua doctrina.
Sic officioſus vt proſis omnibus, dum partes imples officij.
Sic leges ſeruas charitatis, vt tuos doceas, dum alios in inſtruis.
Sic Studioſus Patriæ, vt illi non velis non ſtudere,
  Nec poſsis non laborare.
Adhuc tamen dubito,
  Vtrum plus illis ſeruiat tua lingua, quàm calamus;
    Dum tranquillitatem illi concilias in foro,
    Et dignitatem in muſeo.
Dicam te igitur reſtitutorem Patriæ qui renouaſti,
  Te vindicem qui excitaſti ab interitu,
    Et Patrem Patriæ, qui reddideris illi vitam immortalem,
Dignus certè immortalitate, qui facias immortales.

G. M. S. P. E. S. I.

IDEM EIDEM.
ΕΠΙΓΡΑΜΜΑ.

Λιτρωτὴς πολιτῶ εἰνεῖ ἀφθδρτν ὄμηρον
    Ἐνθάθον μέλλων σφάγιον ὃς θανάτε.
Πήλικον ἀθάνατς λυτρωτὴς πατρίδ῁ οἰσῆ
    Ἄξιος ἀφθάρτε δηλονότι δὲ βίε.

ẽ 3   IDEM

IDEM EIDEM
ODE.

TENTET Columbus littoris inuij
Vastos recessus ; audeat æquora
Intacta victrici carina
Et sacrilego violare remo.
Inhospitales scandere Caucasos
Instiget ardor ; nec satis ambitus
Patescat orbis ampliati.
In tumulos morientis aui.
Laborioso quid iuuat ambitu
Famosa crebris naufragiis freta
Sulcare, terminosque mundo
Ferre nouo, veteri reuulsos ?
Sebusiani nominis inuida
Ætas parentum dente teredinis.
Ceras terebat laureatas
Et decoris memores auiti.
Exurge tandem Phœbe serenior,
Et imminentes discute nebulas ?
Aspirat ecce Bressianæ
Gentis honos, Patriæque splendor.
Huc curiosum flectito Vesputi
Cursum ? resiste ; cum noua sydera
Terrásque monstrat & recentes
Et veteres, nouus orbis auspex.

A MONSIEVR GVICHENON,
Sur son Histoire de Bresse & de Bugey.

STANCES.

SECOND Pere de nos Ancestres.
Resussitez, dans les Escrits,
Du plus rare des beaux Esprits,
Dont l'Art sçait assembler deux Estres.
Vous faites reuerdir tous les Lauriers sechez,
Par l'immortel Crayon d'une heroïque plume,
Et d'un effort sans pair enfin vous empeschez,
Les desseins de la mort auec ce grand Volume,
Qui rauit à l'oubly les beaux Exploits cachez.

Si nostre paresse, ou l'enuie,
Nous ont priué de nostre honneur
Vous en estes restaurateur.
Et l'Antiquité restablie
Reuoit deux-fois l'enfance en renaissant deux-fois,
Et sortant du cercueil n'est pas moins vigoureuse
Sous la protection de l'Oracle des Loix,
Que l'Auguste Vertu s'estime glorieuse
D'auoir fait pour sa gloire vn si glorieux choix.

Combien

Combien de Races abbaiſſées
Reprendront leur premier eſclat
Et de ce deplorable eſtat.
Dans l'honneur ſeront replacées,
Alors chacun dira mes Armes & mon Nom
La memoire des faits autrefois ſi celebres,
Sans les fameux Eſcrits du Docte Guichenon
Seroient à l'aduenir le tribut des Tenebres
Et ſans luy nous perdrions l'eſtime & le renom.

Couronnes, Cimiers & Deuiſes,
Blaſons, Lambrequins & Cartels,
Receus meſme au tour des Autels,
Chiffres & Peintures d'Empriſes,
Dignes marques d'honneur qui releuez le Sang
Que l'Illuſtre Valeur ſacrifie à la guerre,
A cét Hiſtorien vous deuez voſtre rang,
Puis qu'il ſçait l'arracher des cachots de la Terre,
Où l'oubly le tenoit inconnu dans ſon flanc.

Auſſi pour la reconnoiſſance,
Des graces où i'ay quelque part,
Bien que ſans Doctrine & ſans Art.
En ſurmontant mon ignorance,
Pour ne mourir ingrat ie luy rendray du moint,
Ce que ma foible Muſe, aura de plus ſincere.
De cette verité les Cieux me ſont témoins.
Que ie le crois ſans feinte auſſi bien noſtre Pere
Que nos peres, enfans de ſes illuſtres ſoins.

DE VIEVGET.

DOMINO SAMVELI GVICHENON

Matiſconenſi, Patrono cauſarum in Curia Sebuſianorum meri-
tiſſimo, ob res Sebuſianas Herculeo labore eruderatas, & accu-
ratè ſcriptas Bernardi Cauſſel in eadem Curia Capitalium iu-
diciorum Præfecti Senariis liberioribus.

EVCHARISTICON.

SICVT inhonoræ , & finibus Ægæi maris
Clauſæ iam dudum Delô Phœbus inclytam
Eſſe dedit , atque famam longè mittere
Hoſpitium matri præbitum dum ſolueret:
Sic Guichenonus ipſos muneribus Deos,
Vincendo, in hoſpitalitatis præmium,
Populis Sebuſiam multis incognitam
Proſtare cunctis fecit nationibus
Obiuionis gurgite profundo erutam.

S.

Etiam Latonam fætibus longè ſuis
Exſuperans (geminos quæ tantummodo Deos
Terræ Hoſpitali peperit ,) is Sebuſiæ
Heroicum populum præſtitit , & gentem Deûm.

Quod

Quod gentibus hyperboreis olim contigit,
Sebusianis scilicet evenit meis
Dum dona varia largirentur exteris
Qui se beantes nomine ne norant quidem
Iam verò erumpunt publici fontes boni,
Et Guichenoni munere à Sebusiis
Accipit, & reddit totus orbis gratiam.

§

*Mons
Sebusia-
nos divi-
dens à Se-
quanis.

Per fecit ille immortali volumine
Nemo nesciret, commodo ut sedeat loco
Sebusiana tellus, quam hinc inde inclytī
Amplexant amnes officiosis brachiis,
Et sponda blandè dum tenent argentea
Pulvinar illi Iura* sublimis facit.

§

Hic videas alta è specula, ceu Rhodanus celer
(Tamquam Pyrata conspicatus virginem)
Relictū Alpibus ruit in Sebusiam,
Et per vestimenti conatur fimbrias
Nympham cum fluctibus in Oceanum ducere.

§

Hic Sequanis dum lentè præcipitat Arar.
Ex quo Sebusiam fluentis attigit
Lentius incedit terra captus osculis,
Velutque dormiens in dilecta sinu,
Innumeris illam fœcundat prouentibus.

§

*Fluvij
Sebusiæ.

Per te Guichenone brevis Gigno riuulus,
Ressosa, Vela, Reno, & Vijuncus niger*
In Araris antea commorientes aquis,
Fluuium deinceps perfluent, & æquora,
Populosque suauiter potabunt exteros.

§

Sebusianis te propter cedent agris
Lybica Tacape, & Centigrana Bética,
Nihil inuidebit Trinacriæ Sebusia,
Nisi ut Cereris caram etiam filiam suæ
Ad populos rapiat Plutus Diues inferos.

§

O pascua lacte perpetuo fluentia,
O æterni prata germinis, portantia
Montes pinguedinis vinos, & mobiles,
Armenta vestra populi empturient cæterī
Mercurio similis cum sit vobis institor.

§

Montis reuersi Colles fœlicissimi
Per vos triumphum Bacchus ducet splendidum
Eritisque per Guichenoni præconia
Multum inuidendi circumpositis gentibus.

§

Quamquam Sebusiis sit mira carnibus
Dulcedo, panis Diuûm sit dignus Epulis,

Sicani

Suauitatis eximia, & pollucibilis
Dapes sint catera, Guichenonus tamen
Suauiores scriptis effecit suis,
In queis velut altius delitiarum arbiter,
Animos ciborum pascendo dulcedine
Facit erudito mundum luxu viuere.

§

Iam Guichenonia cedant Sebusia
Tempe Phtiothidis, qua suu tantum darent
Longaeuitatem nonnullam incolis, erit,
Erit immortale quicquid ista continet.

§

Ast vbi coloribus sic depinxit suis,
Vt similem Elysiis campis merito dixeris,
Hanc laureatis manibus pulchrè replet,
Quos nil timendos incantator optimus
Dedit videri, quoque sit tutum magis
Itare cunctis illuc, & magè liberum,

§

Ergò duce illo tuti, tuti illo auspice,
Senis abrogato remigis portorio
Obliuionis flumen viui per meant,
Remeantque mortui, & vita commercium
Cum dira morte perficiunt indemniter.

§

Perspicuè obscuri visitur Regis domus,
Vtque penetrata est foelix illa Manium
Patria, tota velut in quincumcem cernitur
Omnigenis arboribus, & plantis consita;
Vbi hortulanus omnibus admodum comis
Naturam, atatem, fructus, cuiusque arboris,
Et excellentiam designat obuiis.

§

Coliniacorum quales arbor fecerit   Coligny.
Fructus ostendit, vt que priscu saculis
Ad supremum ramos extulerit verticem,
Nec ab hoc vmquam fastigio descenderit,
Nisi vt se inclinando altius resurgeret.

§

Balmesiorum, quomodo Regalibus   La Bau-
Meruerit surculis inserere surculos.   me.

§

Gornodiam monstrat pratereuntibus arborèm,   Goucuod
Delitias Regum, exornatam monilibus
Innumeris, Principumque donis pluribus,
Quam Caram Persico Imperatori arborèm.

§

ı   Extollis

La Palu. *Extollit inter cæteras Paludeam,*
Quæ licet, annorum plena censeri queat
Ipsius orbis complantata initiu,
Tamen illa rectum seruat vsque stipitem,
Et immortali largè frondescit coma,

§

Mareschal *Post has videndam præbet Marescallicam,*
Tot bene trophæis consitam, & manubiis,
Vt Capitolinam diceres esse ilicem.

§

Grolée. *Nec Groleanam lumine defraudat suo*
Pinum director, cuius ex liquamine
Ecclesiæ illustres micuere lampades,
Tædæque nuptiis facta regalibus.

§

Chasteau- *In Castri veteris truncus extat rupibus,*
uieux. *Viriditate antiqua primus, solatium*
Tamen habens illud vitæ abeuntis, quod facit
Alitibus orbis nidum nobilioribus.

§

Entremôt. *Suo Intermontia neque frustratur die,*
Altius assurgens fructibus quam nomine
Moiria, *Moiriaca, Briordea, Castilionæa*
Briod, *Spectantur altis montium posita iugis,*
Chastillon *Vbi soles sustinent, & spernunt fulmina,*
Si quidem de surculis creuere laureü.

§

Andreuet, *Andreuetiam, & Corsanicam vnus sustinet*
Corsant *Truncus, qui palmites ex pandit longius*
Quam visa in somniis Astyagi vinea.

§

Lucinge. *Sed dum Lucingica iunguntur arbori*
Illius aduenæ stupent miraculis,
Oleaster etenim sicuti Nisæicus
Olim ex aperto fudit arma cortice,
Sic eadem pacis fructus, & belli dedit.

§

Du Breul. *Nec Regum sedes hedera firmius obsidet,*
Fideliusve quam Broliani surculi.

§

Ioly. *Datur inter illas suspici Iolicia,*
Cuius perennis, ac immortalis vigor
Multorum amorem hæreditauit principum,
Rouorée. *Hic contra tineas durans Roborea,*
Contráque longi temporis rubiginem
Stat, vltra quercuum vitalis sæcula.

§

Marlia. *Spoliatam priscis Marliacam fructibus*
Damascena salicem amplexatur vinea,
Reparatque amissam stricto nexu copiam.

§

Tam

Tam lata ramis cernitur Seturia,
Vt magna ex illis sylua componi queat. — Seyturier.

§

Tria fulcra per quæ sustinetur Monspea — Monspey.
Docent moueri posse, sed numquam obrui.

§

His visis eminens spectatur Fabrea — Favre.
Oraculorum gloria forensium
Quercu loquaci. Dodonæ famosior,

§

Toyriacam vero, & Balgiacam celsas Cedros — Toyre, & Baugé pri-
Si quis potuisse exscindi miratur, sciet sce domus Sebusiæ
Ex illis regias ædificatas domos. Principes.
Innumera denique arbores illic virent
Hesperidum digna maxumè Pomariis,
Vix vt sit vlla quin eos fructus ferat
Iterum nubenti terra quos daret Ioui.

§

Sed Guichenoni non fuit ingenio satis
Prouinciarum fecisse ornatissimam
Quæ sub cœlis sunt omnium Sebusiam,
Nisi éuocaret singulos in hanc Deos,
Suosque faceret illi Saturnos, Ioues,
Martes, Apollines, & Majæ filios:
Quos mensa excipiens sicut alter Tantalus,
Omnibus his Pelopem in frustra diuisit suum
Ideoque huic certa eueniet immortalitas
Humerusque in præmium dabitur eburneus
Scilicet ad posteros perennis gloria.

§

Scrutator ille absconditorum maxumus
Fecit quod cæteri indagatores solent
Orbe nouo inuento publicauit syderum
Tabulas nouorum, terrasque perincognitas
Securæ nauigationis pyxidem.
Sed formidabilem Pyratis omnibus
Introitum magis eius fecit prouinciæ,
Athlanticæ pridem quam fuerat insulæ,
Dum docet hanc Diuûm plures inter gratias
Custodem habere, qui sit multis partibus
Vigilantior Draconibus, & audacior.

§

Mendaciorum inuentrix mira antiquitas
Cælos impleuit brutis, infortuniis,
Criminibus, atque artificiosis fabulis,
Tu Guichenone consecras virtutibus,
Stellisque iussis exulare inanibus,
(Quæ nec crearent lucem, nec quidquam boni)
Substituis astra quæ diem nocti ferant,
Fulgoribusque occasum nescientibus,
Socio diffundant etiam sole lumina,
Errantes dirigant, suisque influxibus
Abundè injiciant mentibus mortalium
Magnanimitatem, doctrinas, sapientiam.

§

I 2 Nec

Nec minimum inter ea splendorem jaciet *Faber*
Sebusiæ fax viua *Vaugelatius*,
Qui lucem adolescentibus infundens regiis,
Nouæque originis fauores influens,
His imperare mundo nisi forsan dabit,
Imperio certè dignis moribus excolet,
Ita vt Nerones Roma quæ fassa est suos,
Asserere Senecas eadem non ausit sibi.

§

O quam politi pectoris hunc esse addecet
Linguam expolire qui potuit comptissimam,
Artemque gallis dare loquendi gallicè.

§

At vero *Fabrum* coniungens *Faretio*
Sebusiana Guichenonis gloriæ
Vindex amandus, posteros certos facit
(Quod *Graciæ* olim fontium proprium fuit)
Natari aquas *Sebusiæ Syrenibus*,
Alereque Veneres *Galliæ*, vita integras,
Scelerisque puras suprà quam credi queat.

§

Et quandò *Achillem Gallicum* * pridem optumi
Cecinere vates, noluit *Homerus* nouus
Illius *Nestorem* latere diutius.

Illustrissi-
mum Co-
mitem
Harecur-
tium cui
diu *Fare-
tius* fuit
à secretis
& dilectis-
simus.

§

Qui ne argumento vati *Graco* cederet,
Simul ac *Ajaces*, *Hectoras*, *Pyrrhos* dedit,
Etiam *Chironem* nostra dat Prouinciæ
Medicorum facilè *Principem Duretium*.

§

Reuocat ad viuos *Nauplij* natum senis
In *Claudi Gasparis Bacheti* laudibus,
Qui numeris numeros, quique doctis litteris
Diues adaptauit doctiores litteras,
Scientiarum quidquid vllibi fuit
Claudens capaci mentis inexhaustæ sinu.

§.

Hoc vno inferior visus Vate *Achaïco*,
Quod sæuientes nusquam *Diomedes* canat,
Sed tenue damnum compensat fæliciter
Multos *Vlysses* laudibus exornans suis.

§

Nec associasse temerè nostris *Regibus*
Credas *Calchantes*, interque hos *Marandeum*.

Mathema-
ticum- Lu
douici XI.
Gall. Re-
gis.

§

O quam te memorem scriptor fælicissime,
Cui *Sino* nullus se dat scribenti obuius,
Sed vbique virtutes calamo pares tuo.

§

Viris nec vitâ est tantum per te *Gracia*,
Sed belluarum gloria imparem facis:

Equum

Equum illa jactet expugnatorem vrbium;   * Carol. 8.
Illustriorem suftulit Sebusia ,   Fornouiæ
Fornouiana affertorem victoriæ ,   in equo
Vitæque Regiæ praclarum vindicem. *   Sebufiano
                                     pugnauit.

§

Infigne Burgum Brouiano templo, & foro ,   Bourg.
Tuique dignum nominù Bellitium ,   Bellay.
Ornatu vario celebre Montlupelium ,   Montluel.
Cluenfque vico longo Pontis vallium.   Pont de
O mercimonio diues Caftilium ,   Vaux.
Pontis Vela procis expetita pluribus ,   Chaftillon
Aliæque multis vrbes claræ dotibus ,   Pont de
Quis vos folicitè non amet , vifat , colat   Veyle.
Difcriminatas tanti comptoris manu.

§

Quis non Sebufiâ rapiatur gratiis
Ad Silliniacum , Portas , atque Nantuam ,
Reliquafque Erémos fplendidas Miraculis?
Hoc est amabiles quas credas horridas.

§

Sed quid pro patria rependam muneris
Guichenone tibi dum anxiosè quærito ,
Nil fe tuis mihi dignum virtutibus ,
Aut meritis laudibus conueniens obijcit.
Solabor igitur curas , ftudiaque irrita ,
Æternitati fama quod cautum tua ,
Æternitati dum caues Sebufiæ :
Nempe impreffifti Palladi fic te tuâ
Artem fecutus Phidia exortam manu ,
Vt quifquis illam viderit , & vultus tuos
Neceffe videat , etenim nufquam te fine
Dici , videri poteris , aut certè volet.

IN OPERIS ET AVTHORIS COMMENDATIONEM.

VERA loquar paucis , referam quæ fentit amicus ,
    Hoc non ingrati pignus amoris habe.
   Nobilitatis honor? Patriæ LVX vnica nostra ,
    Mille triumphanti nomine viue dies ,
Viue dies multos , nostri Tuba clara fenatus ,
    Nec timeas fati tela , nec inuidia ;
Immortalis enim peperit tibi laudis honorem ,
    Mirandum , æternæ posteritatis , OPVS.
Si quis ab inuidiæ ftimulis agitatus iniquis ,
    Veriloquum rabido mordeat ore librum :
In fe Nobilium gladios , iramque mouebit ,
    Præfto aderit PATRIÆ conciliatus amor.
Ergo viue diù FELIX , fecurus vtrinque :
    Nec timeas fati tela , nec inuidia.

B. EDOVARD Regius in Præfidiali Sebufianorum
Curia Confiliarius.

    I 3   EIVSDEM

EIVSDEM IN AVTHORIS
ANAGRAMMA.

SAMVEL GVICHENOM.
HIC VAS OMNE LEGVM.

ANA quid ostentas ignoti nomen Homeri
Græcia, quid Liuium Garrula Roma tuum.
Cedite scriptores Romani , Cedite Graÿ
Vnde alios vincat Sebusianus habet ;
Hic etenim LEGVM VAS continet OMNE Patronus.
Quo prior eloquio nemo , vel antè fuit.

AD AVTOREM HISTORIÆ SEBVSIANÆ.
ANAGRAMMA.

SAMVEL GVICHENONVS.
VNVS MVSÆ HELICON.

ABRA Caballino Lector ne prolue fonte,
Et ne Gorgonio somnia monte refer.
Nil nisi falsa ferunt , nec fons nec somnia : verùm
VNVS MVSÆ HELICON, nil nisi vera docet.

CL. GIRARD In Curia Sebusiana Patronus non minùs
amicitiæ, quàm affinitatis vinculo coniunctus.

AD EVNDEM.

SAMVEL GVICHENON.
HOC VAS, LVMEN REGNI.

LARA vilescebant Lethæis gesta sepulchris
Heroum. Comitumque decus sub mole silebat
Antiqua , nullum retinebat Bressia nomen.
Patrius obscuris splendor latitabat in vmbris ,
Et vix vlla suum proles cognouerat ortum.
Quando tua impletum vas mentis lumine replet
Singula , quæ fuerant nobis ignota refundit,
Possumus HOC igitur VAS LVMEN dicere REGNI.

EIDEM.

PRæstat mira tuus liber
Hic vita recreat noua
Quæ sunt mortua tempore
Longo corpora suscitans.
Hic & nobilium domos
Cogit viuere denuò
Hic oppressa silentio
Antiquùm celebrat ducum
Gesta, & stemmata comprobat.

Qui primordia proelium
Scisti , & Scutiferùm nouos
Ortus, nullum habeas , precor
Occasum , quoque viuito
Plus quam Nestoreos dies :
Dum te & fata sinent mori
In Phœnice libro nouam
Vitam suscipias , tuus
Pro te hac vota facit cliens.

HIERONYMVS IAYR in Sebus.
Curia Causidicus.

PRÆSTANTI CAVSARVM, SEBVSIANORVMQVE GLORIÆ PATRONO SAMVELI GVICHENON.

C. V.

EPIGRAMMA.

EROAS Heros medio de funere ad arcem
Lucis inextincta, mentis ab arce vocas.
Qua tibi pro patria est, ornas miracula terra
Omnia; quod demùm viuit & illa, tuum est.
Vitam sic veram præstas tibi, maior ab ausis;
Vt Pater es patria, sic Pater ipse tibi es.

NIC. CHORERIVS IC. Viennensis.

· HISTORICO SEBVSIANO·

EPIGRAMMA.

ARTVM animus peperit; sterilis quem denegat vxor.
Immortalis erit, qui moriturus erat,
Nobiliter partus conceptus mente paterna,
Certior atque Pater; qui sine matre parit.

Amico scripsit & lusit lubens, I. FRANC. GOYFFON, in
Foro Sebusianor. Præsid. Curia Causar. Patronus.

AD EVNDEM·

NVIDE, quod carpas, nihil est, hæc suspice scripta,
Qua sunt scripta Patrum & Patria & Patrui.
Casta fides veterum, casto in scriptore resurgit,
Nil temerè, aut timidè, nil prece, nil pretio.

D. GVICHENON In Præsidiali Sebusianorum Curiâ
Patronus, Authoris ex fratre Nepos.

IN LIBRVM DOMINI SAMVELIS GVICHENON
Consiliarij & Historiographi Regij, vtriusque iuris Docto-
ris celeberrimi, nec non Causidici elegantissimi in
Præsidiali Sebusianorum foro.

AZAS Castalidum, Nobilium genus,
Victricesque domos, gestaque bellica,
Virtutes atauûm, Stemmata lucida,
Et nostra patria viribus Herculis
Custodes validos, parturit is liber.
Lector, parce mihi, versiculis meis
Infans esse dedi mentis ineptia,
Nam, Doctrina Libri, Non opus est viri
Vilis, sed potius luminis Angeli.

A. LAMY, Apud Præsidiales Sebusianos
causarum Procurator.

PRIVILEGE

LOVIS par la grace de Dieu Roy de France & de Nauarre ; A nos amez & feaux les Gens tenans noftre Cour de Parlement de Paris , Roüen, Tolofe , Bourdeaux , Dijon, Aix, Grenoble, Mets ; Ballifs, Senechaux, Preuofts ou leurs Lieutenans , & à tous nos amez Iufticiers & Officiers chacun endroit foy ainfi qu'il appartiendra. Salut , Noftre bien amé Samuel Guichenon Aduocat au Prefidial de Bourg en Breffe, noftre Confeiller & Hiftoriographe , Nous a tres-humblement fait remonftrer ; Que depuis quinze ans en ça, il fe feroit adonné auec beaucoup de peine & de trauail , à compofer vn liure intitulé , *Hiftoire de Breffe & de Bugey*. Contenant ce qui s'y eft paffé de memorable foubs les Romains, Rois de Bourgogne & d'Arles, Empereurs, Sires de Baugé , Comtes & Ducs de Sauoye & Roys tres-Chreftiens ; Auec les Fondations & Origines de toutes les Abbayes, Prieurez, Chartreufes, Eglifes Collegiales, Villes, Chafteaux , Terres & Principaux Fiefs, & en outre les Genealogies de toutes les Familles Nobles , & les preuues de l'Ouurage; Lequel Liure ledit Sieur Guichenon defireroit volontiers faire imprimer & mettre en lumiere ; Mais il craint qu'apres auoir fait tant de curieufes recherches, fait grauer quantité de tailles douces & auancé la plus part des frais , & de la defpence neceffaire à l'impreffion dudit liure; Sans auoir fur ce nos Lettres de Permiffion & de Priuilege ; Quelques autres à fon prejudice n'entrepriffent le mefme trauail & le fruftraffent du fruict qu'il efpere retirer de fon labeur, Requerant à ces fins qu'il Nous pleuft luy octroyer fur ce nos Lettres neceffaires. A CES CAVSES defirant en ce rencontre gratifier ledit Guichenon attendu que fon trauail merite quelque faueur , & qu'il eft raifonnable de luy donner moyen de fe rembourfer des frais qu'il a fupportez, & qu'il luy conuiendra encores faire, & de tirer quelque vtilité de fes peines. Nous luy auons de noftre grace fpeciale & authorité Royale, permis & octroyé, permettons & octroyons par ces Prefentes, qu'il puiffe faire imprimer ledit liure de *l'Hiftoire de Breffe & de Bugey* , en tout ou en partie, tant de fois , en telle forme Volume & Caractères, & par qui bon luy femblera ; & iceluy faire expofer en vente & diftribuer par tous les lieux & endroits de noftre Royaume , pendant le temps & terme de dix ans prochains enfuyuans entiers reuolus & accomplis , à compter du jour & datte que fera acheuée la premiere Impreffion ; Sans que durant ledit temps aucun Libraire , Imprimeur, Graueur ou autres, puiffent imprimer ou faire imprimer ledit Liure, ny d'iceluy extraire aucune chofe, en alterer l'ordre & methode, vendre ny diftribuer. Dont Nous leurs faifons tres-expreffes inhibitions & defences, fur peine de deux mil liures d'amande , applicable moitié à Nous & moytié audit Guichenon , & en tous les dépens dommages & interefts , & de confifcation des exemplaires qui fe trouueront d'autre permiffion que de celuy qui aura pouuoir & permiffion dudit Guichenon. A la charge de mettre deux exemplaires dudit Liure en noftre Bibliotheque, à peine d'eftre decheu du prefent Priuilege. SI VOVS MANDONS ; Que du contenu en ces prefentes vous ayez à faire jouïr plainement & paifiblement ledit Sieur Guichenon fans fouffrir ny permettre qu'il luy foit fait, mis ou donné par quelque perfonne que ce foit aucun empefchement, nonobftant oppofition ou appellation quelconques faites ou à faire , Clameur de Haro, Chartre Normande & autres Priuileges à ce contraires. Voulons & ordonnons qu'en mettant vn bref extraict du contenu aux prefentes, au commencement ou à la fin de chacun defdits liures, qu'il ferue de fignification & foit de tel effet force & vertu que fi l'Original eftoit par tout fignifié & entierement inferé ; Et d'autant qu'on en pourra auoir à faire en plufieurs lieux , Nous voulons qu'au vidimus d'icelles faites foubs feel Royal, ou par l'vn de nos amez & feaux Confeiller & Secretaire, foy foit adjouftée comme au prefent Original : Car tel eft noftre plaifir. DONNE' à Paris le quatorziéme iour du mois de Iuillet, l'an de grace mil fix cens quarante neuf, & de noftre regne le feptiéme. Par le Roy en fon Confeil.

BRVCHET.

Et ledit Sieur Guichenon a fait tranfport du fufdit Priuilege aux fieurs Iean Antoine Huguetan, & Marc-Antoine Rauaud le 16. Octobre 1649.

HISTOIRE

HISTOIRE
DE BRESSE,
ET
DE BVGEY.
PREMIERE PARTIE.

Que les Pays de Bresse, & de Bugey ont toujours esté des Gaules.

CHAPITRE PREMIER.

A Situation de ces deux Prouinces monstre clairement qu'elles ont esté de tout temps comprises dans les limites generales des Gaules en tous les departemens qui en ont esté faits par les Anciens ; car la Bresse est enclaüée entre les Riuieres de Saone, de Seille, du Rosne, & d'Ains, & a pour limites le Bugey, le Comté de Bourgogne, la Bresse Chalonnoise, le Masconnois, la Dombes, le Lyonnois, & le Dau-finé. Et quant au Bugey, il est enfermé du Rosne, & de la riuiere d'Ains, & a pour ses côfins le Comté de Bourgogne, le pays de Gex, la Sauoye, le Daufiné, & la Bresse. Or par la description que Pomponius Mela donne des Gaules, que les modernes Geographes appli-quent seulement à la Gaule Narbonoise, les limites sont le lac de Geneue, les Montagnes des Ceuennes, les deux mers Oceane, & Mediterranée, les fleuues du Var, & du Rhin, & les Monts Pyrenées. *Gallia* (dit-il) *Lemano lacu, & Cebennicis montibus, in duo latera diuisa, atque altero Tuscum Pelagus attingens, altero Oceanum, hinc à Varo, illinc à Rheno ad Pyrenæum promittitur.* Solin descrit en la mesme sorte l'estenduë des Gaules. *Gallia inter Rhenum, & Pyrenæum, item inter Oceanum, & monte Gebennam, ac Iuram porriguntur,* dans lesquelles limites, la Bresse, & le Bugey qui sont au deça du Montjura sont compris.

Cesar apres auoir conquis les Gaules, les diuisa en trois peuples, sçauoir les Belges, les Aquitains, & les Celtes. *Gallia* (dit-il) *est omnis diuisa in partes tres, quarum vnam incolunt Belgæ, aliam Aquitani, tertiam, qui ipsorum linguâ Celta, nostrâ, Galli appellantur.* Entre les Celtes, il faut compter les Bressans, & les Bugesiens comme sont d'accord tous les Geographes qui disent que la Gaule Celtique contenoit tous les pays qui sont entre les Riuieres de Seine, de Marne, du Rosne, & de la Garonne ; l'Empereur Auguste qui corrigea cette diuision comprit sous le nom des Gaules, tout ce qui est entre les Alpes, les deux Mers Oceane, & Mediterranée, & le Rhin, qui sont les vrayes bornes des Gaules, au rapport de Strabon ; de Iosephe, d'Ammian Marcellin, d'Isidore, & d'Egesippe, apres cela, il partagea les Gaules en dix-sept Prouinces à sçauoir. *In Belgicam Primam, Belgicam Secundam, Germaniam Primam, Germaniam Secundam, Lugdunenses quatuor, Maximam Sequanorum, Viennensem, Alpes Grajas, & Pœninas, Alpes maritimas, Primam Aquitaniam, Secundam Aquitaniam, & Nonem-Populoniam.* Ces quatre Pro-uinces Lyonnoises estoient distinguées par vne Ville Capitale : la Ville Capitale de la premiere Pro-uince Lyonnoise estoit Lyon, sur La Riuiere de Saone, la seconde Rouen sur la Riuiere de Seine, la troisieme, Tours sur la Riuiere de Loyre, & la quatriesme Sens sur la Riuiere d'Yonne Les Bressans & ceux du Bugey dependoient sous le nom des Gaules dont il ne faut autre preuue que leur situation, & la description qu'en font tous les historiens, & les anciennes notices des Villes, & Eues-chés de la Gaule. *Lugdunensis autem Prouincia* (disent-ils tous) *Oritur à monte Iurano qui est inter Sequa-nos, & Heluetios , & à Lacu Lemano, & flumine Rhodano , & extenditur ad Oceanum Britannicum, di-lataturque aâ Ligeris alueum , qui eam ab Aquitania separat , & diuidit, fluunt per Lugdunensem Prouin-ciam Rhodanus, & Aravis, qui , & Sagomna vocatur.* Mais qui doutera de cette verité apres le tesmoi-gnage qu'en rend Strabon qui viuoit sous les Empereurs Auguste, & Tibere. *Lugdunum ergo* (dit cet

Du Chesne bib. Franc-script. tom. 1.

A   Autheur)

Autheur)ſub colle conditum,vbi Arar in Rhodanum incidit , Romani obtinent, poſt Narbonem hæc Vrbs ma-
ximè omnium Gallicarum hominum frequentia pollet,Præfecti enim Romanorum eo vtuntur Emporio , Mone-
tam ibi tàm auream quàm argenteam cudunt &c. Et vn peu apres, Præſt hæc Vrbs Genti Sebuſianorum ſita
inter Rhodanum,& Dubin fluuios , reliqua ad Rhenum tendentes partim à Dubi terminantur , partim ab
Arare.

Ioſeph Scali-
ger in notit.
Gall. Apres la diuiſion faite par Auguſte l'Empereur Conſtantin le Grand inſtitua quatre Prefects du Pretoire, deux en Orient,& deux en Occident , ceux de l'Occident reſidoient l'vn à Rome, l'autre à Treues
qui fut appellé Prefect du Pretoire des Gaules , auquel on donna trois Lieutenans qui auoyent meſme
pouuoir que luy dans les Prouinces, le premier d'eux demeuroit à Treues,le ſecond à Lyon , & le troiſieme à Vienne en Dauſiné.Or entre les Prouinces qui dependoyent du Lieutenant eſtabli à Lyon,il y auoit
les quatre Prouinces Lyonnoiſes , & le Comté de Bourgogne appellé *Maxima Sequanorum* , & ainſi la
Breſſe , & le Bugey eſtoyent ſous le commandement du Lieutenant du Prefect du Pretoire des Gaules
qui demeuroit à Lyon.

Le nom de la Breſſe,& du Bugey auant la venue de Ceſar en Gaule.

CHAPITRE II.

P R E S auoir parlé de la ſituation de ces deux Prouinces , Il faut examiner quel nom elles
auoyent auant qu'elles fuſſent ſoûmiſes à l'Empire Romain par les armes de Iule Ceſar.Or
i'eſtime que tout le Pays de Breſſe,& de Bugey s'appelloit alors du ſeul nom d'*Inſula Gal-*
lica ſelon le teſmoignage de Polybe à cauſe qu'eſtant ſitué entre le Rhoſne, & la Saone, il
à la forme d'vne peninſule:cependant pluſieurs Autheurs modernes ont ſouſtenu que ce
qui eſtoit appellé autrefois *Inſula Gallica* eſtoit vne groſſe Ville ſituée *In Confluenti Araris , & Rhodani*
(en ce meſme territoire ou eſt baſty le Monaſtere d'Aiſnay) long temps auant que Munacius Plancus
euſt mené vne Colonie à Lyon. Ceux qui ont eu cette opinion ſont Guillaume Paradin , du Pinet , &
Hiſt.de Lyon
liu.1 chap.
En ſô recueil
des Plans
& portraits.
En ſon liii.
des Conuents
de Sainct
François.
Gloſſ.3. Iaques Foderé & voyci leurs raiſons , Ils diſent qu'elle n'a pas proprement la forme d'vne Iſle, n'y ayant
point de fleune, ou de Riuiere en cet eſpace qui eſt depuis le Rhoſne prés du fort de la Cluſe iuſques au
Doubs proche Verdun,qu'en cette Iſle il s'en trreuueroit pluſieurs autres, dautant que ce qui eſt entre le
Doubs,& la Saone depuis leur ſource iuſques à leur embouchure qui eſt à Verdun ſeroit vne Iſle,ce qui
eſt depuis le Doubs iuſques au Rhoſne feroit vne autre Iſle,la Breſſe laquelle eſt enfermée de la Saone, &
de la Riuiere d'Ains feroit auſſi vne Iſle , & le Bugey , & Valtomey qui ſont enclos entre les Riuieres
d'Ains , & du Rhoſne vne autre Iſle. Mais comme ces Autheurs n'ont aucune authorité pour appuyer
leur opinion , elle eſt ayſée à refuter. Claude de Rubys en ſon Hiſtoire de Lyon , & aux Commentaires
qu'il à fait ſur les franchiſes de Lyon ne s'eſt pas voulu ranger de leur party , à creu que cette Iſle n'e-
ſtoit point vne Ville,mais bien vne Prouince entiere,contenant ce qui eſt entre la Saone, & le Doubs depuis Verdun , & le Rhoſne , & telle eſt mon opinion fondée ſur le paſſage de Polybe , lequel parlant du
chemin que tint Annibal venant du coſté de Prouence pour paſſer les Alpes , & rentrer en Italie dit ces
mots. *Annibal quarto die poſtquàm à Rhodano erat profectus,ad Inſulam quam vocant peruenit Regionem,&*
cultoribus frequentem,& frumenti feracem,ére ipſa ità nominatam,ſiquidem hinc Rhodanus, Indè Arar la-
tera duo illius præterfluentes,quà in vnum confluunt faſtigiatam eius ſignan reddunt, eò autem ſimilis Regio
iſta cùm magnitudine,tùm figura illi quam Ægypti Delta nuncupant, eò differunt quòd huius quidem latus
vnum, Mare,& fluuiorum oſtia claudunt,illius verò montes difficilis acceſſus,introituſque,imò verò ad quos fer-
mè nullus aditus patet , On ne peut pas faire vne meilleure , n'y plus naiſue deſcription de la Breſſe , &
du Bugey que celle la. Car ſi cette Iſle euſt eſté vne ſimple Ville,Polybe ne l'auroit pas appellé deux fois
Region, à ayant vne grande difference de l'vn à l'autre , dailleurs la figure qu'il luy baille du Delta d'E-
gypte , rabbat l'obiection de ceux qui ont ſuiui Paradin en ſon opinion , ſçauoir que depuis le Rhoſne
iuſques à Verdun,ou le Doubs,& la Saone ſe meſlent,il n'y a point de Riuiere pour faire l'Iſle,parce que
c'eſt en cela qu'elle eſt differente auec l'Iſle de Delta , & ces Montagnes qui Polybe repreſente comme
inacceſſibles,c'eſt le Montiura qui eſt entre le Rhoſne , & le Doubs,& à la verité il y à grande apparence
de croire que ce nom d'*Inſula Gallica* ne ſe peut entendre de Lyon,d'autant que ſi Lyon euſt eſté deja baſ-
ſty , Polybe , & tous les hiſtoriens qui ont parlé du voyage d'Annibal n'euſſent pas manqué d'en faire
mention,auſſi pour lors,il n'y auoit point de ville au confluent du Rhoſne,& de la Saone, puis que long
Hiſtor.lib.
n.5. temps apres Lyon fut baſty,cela ſe verifie par vn paſſage de Dion Caſſius,qui parlant de la premiere fondation de Lyon,quand Munatius Plancus y mena vne Colonie , *Lepidus,& Plancus* (dit-il) *inſſi ſunt à*
Senatu, ij , qui quondam Vienna (quod eſt oppidum Prouinciæ Narbonenſis) ab Allobrogibus expulſi ad con-
fluentes Araris, Rhodanique fluuiorum conſcendant,vrbem condere, itaque illic ſubſiſtentes Lugdunum ædifi-
cauerunt ; d'ou s'enſuit qu'il n'y auoit point d'autre Ville en ce territoire,autrement Lepidus, & Plancus
n'y en euſſent pas fait baſtir vne. Si donc ce paſſage de Polybe ne ſe peut point expliquer de Lyon,qui
n'eſtoit pas encor en eſtre,pourquoy d'outer qu'il ſe doiue entendre de la Breſſe, & du Bugey , veu qu'il
dit que cette Iſle Françoiſe eſtoit vne Region entre le Rhoſne,& la Saone. Tite Liue deſcriuant ce meſme voyage d'Annibal en à parlé dans ce ſens *Quartis Caſtris ad inſulam peruenit , ibi Arar , Rhodanuſque*
amnis diuerſis ex Alpibus decurrentes agri aliquantulum complexi confluunt in vnum , mediis campis Inſulæ
nomen inditum, accolunt propè Allobroges , Gens iàm indè nullâ Gallicâ Gente , opibus,aut famâ inferior, ces
mots *mediis campis* teſmoignent aſſés que cette Iſle n'eſtoit pas vne Ville,mais vne Prouince.

In Italia an- Philippes Cluuier tres Docte Geographe , à eu vne opinion particuliere quand il loge cette Iſle en
Dauſiné,

tiqua tomo
1.lib. 1.c.33.

Dauſiné , & veut perſuader que le paſſage de Polybe ſe doit entendre de cette partie de la Prouince de Dauſiné qui eſt entre le Rhoſne, & l'Iſere, ſon paſſage eſt tel, *Verùm ? quinam illi ſunt Montes qui tertium huius jnſulam inter Ararim , Rhodanumque latu claudant ? cùm ipſa inſula , magnitudine , Ægypti Delta non exceſſerit ; cuius maximum latus maritimum inter Heracleoticum, ac Pelnſiacum oſtia, cxx. haud ampliùs paſſuum obtinet millia , Ptolomeo teſte iuxtà genito : proximum indè inter diuortium Nili , & Pelnſiacum oſtium, c. Tertium inter diuortium , & Heracleoticum oſtium* lxxxv. *qua item ille ſunt Alpes ex quibus de fluit Arar,quem è Vogeſo monte oriri conſtat,fonte à proximis Alpibus diſſite; Deniquerquinam illi Allobroges, inter Rhodanum, Ararimque Regnum obtinentes , cùm conſtet in Narbonenſi. eos fuiſſe Prouincia,in leua Rhodani Ripa,circum oppidis Vienna, & Genena, proinde corruptâ iſta duo amnis vocabula , audaſter ergo emendo apud Polybium* Σκάρας; *in Σοί as ; apud Linium Arar in Iſara,eſt quippe is fluuius, qui Straboni lib. 4. In deſ criptione Alpinum, & Ptolomeo in Gallia Narbonenſis deſcriptione vocatur Σουρ. Planco verò apud Ciceronem famil.lib.10.Epiſt.15.18.11. & item Bruto apud eundem Ciceronem famil.lib.11. Epiſtola 13. Iſara hodie vulgò Gallis adcolis l'Iſere & c.* Mais il n'y à rien en tout ce raiſonnement qui me puiſſe diſſuader de mon premier ſentiment par beaucoup de raiſons.

Premierement que les curieux conferent la carte du Dauphiné auec celle de Breſſe,& de Bugey, & ils verront que cette partie du Dauphiné qui eſt entre l'Iſere, & le Rhoſne, n'a point la forme du Delta telle que Polybe la figure,au contraire qu'elle conuient mieux à la Breſſe , & au Bugey : en effet Cluuier eſt contraint d'auoüer que cette portion du Dauſiné n'a pas la vraye figure du Delta, & qu'elle eſt pluſtoſt τετράγωνος c'eſt à dire quarrée. Secondement Polybe appelle cette Iſle *Regionem,& cultoribus frequentem,& frumenti feracem,*ce qu'aucune perſonne de bon Iugement ne voudra interpreter du Dauſiné, mais bien pluſtoſt de la Breſſe , laquelle entre toutes les Prouinces du Royaume eſt conſiderable en ce point. Tiercement Tite Liue luy baille pour Limitrophes les Allobroges, qui eſt cette partie de la Sauoye & du Dauſiné depuis Vienne iuſques à Geneue le long du Roſne *Accolunt propè Allobroges* , tellement qu'il ne ſe pourroit pas faire que cette Iſle fut en Dauſiné , ou donc le placer qu'en Breſſe , & Bugey , qui ne ſont Prouinces ſeparées de la Sanoye , & du Dauſiné que par le Rhoſne.En quatrieme lieu Cluuier pour donner authorité à ſa conjecture, s'eſt imaginé qu'au Grec de Polybe,il y auoit eu faute, & qu'au lieu du mot Σκάρας que Sigonius,& Caſaubon ſur les anciens Manuſcripts de Polybe ont corrigé en Αρας qui eſt le vray ſens du Paſſage de Polybe , il falloit lire τ'ούρας. Et que dans Tite Liue on deuoit lire *Iſara* au lieu d'*Arar.* En quoy il n'y à point de fondement non plus qu'en l'opinion du P. Monet qui en ſa Geographie à creu qu'Hannibal auoit pris ſon chemin par les Alpes Cottiennes au deçà de la Durance. Finalement l'opinion la plus commune eſt qu'Hannibal entra en Italie, & en Piemont , par les Alpes Pennines, qui eſt la grande Montagne de Sainct Bernard , ou par les Alpes Graienes qui eſt le petit Sainct Bernard , & s'il en faut croire Polybe & Tite Liue il paſſa par le Pays de Valais d'où vient le Rhoſne. *Hos Montes* dit cet Autheur ſuyuant la traduction de Caſaubon , *Hannibal eâ parte tranſgreſſus quâ oritur Rhodanus,Italiam intrauit,*d'où il faut de neceſſité conclure, qu'Hannibal paſſa par la Breſſe, & par le Bugey pout aller en Tarentaiſe,ou au pays de Valais,& qu'ainſi cette Iſle ne ſe peut expliquer d'aucun autre Pays que de la Breſſe, & du Bugey,nonobſtant l'obiection qu'on pourroit faire que ce chemin eſtoit le plus long pour aller en Piemont,car Hannibal ne cherchoit qu'a s'eſlonger des Romains, de peur d'eſtre obligé de les combattre auant qu'il fut en Italie ; ce que Tite Liue a remarqué par ces paroles. *Non quia rectior ad Alpes via eſſet, ſed quantum à Mari receſſiſſet , minùs obuiam fore Romanum exercitum credent,cùm quo priuſquàm in Italiam ventum foret,non erat in animo manus conſerere.*

Pag.309.
Lipſius Epiſt.
Cent.1.ad
Belgaſ.Epiſt.
93.

Cela eſt ſi vray que Cluuier meſme en vn autre endroit à eſté contraint d'auoüer qu'Hannibal depuis Lyon paſſa à Seyſſel & delà monta les Alpes de Valais & de Syon , puis deſcendit en la Val d'Aouſte. Or puis qu'auparauant il auoit paſſé par l'Iſle Françoiſe comme les Autheurs ſuſnommés l'atteſtent. C'eſt vne preuue coclüate que cette Iſle ne ſe peut entedre que de la Breſſe & du Bugoy qu'Hannibal par neceſſité trauerſa depuis Lyon pour aller à Seyſſel. Apres tout il y à d'autant plus de raiſon d'adiouter ſoy à Polybe, que cet Autheur à eſcrit ce qu'il auoit veu , *Nos de hiſce rebus* (dit-il) *eo maiore fiducia ſcribimus quia ab iis hominibus eas didicimus qui temporibus illis vinebant,& quod loca ipſi luſtrauimus, qui veritatis noſcenda ſtudio Alpes adiimus.* Et en effet Paul Ioue & Merula rapportent qu'Hannibal paſſa par Bard,& par le Montjou, & qu'en ce lieu de Bard qui eſt entre Aouſte & Yurée il ſe void encor vne inſcription de ce paſſage. Ce qui a fait dire à vn Autheur du moyen ſiecle, parlant du voyage que l'Empereur Arnoul fit d'Italie en Alemagne & de ſon paſſage en ces meſmes endroits qu'il auoit ſuyui le chemin d'Hannibal.

Lib.3.Ital.
antiq.cap.
31.

Comme les Breſſans, & les Bugeſiens , ſe nommoyent quand Ceſar vint en Gaule.

CHAPITRE III.

APRES le paſſage d'Hannibal on ne lit pas en aucun Autheur que le nom d'Iſle ſoit demeuré à la Breſſe,& au Bugey, au contraire lors que Ceſar entra en Gaule,tout ce pays s'appelloit Sebuſia , & les Peuples Sebuſiani comme ces paſſages des Commentaires de Ceſar le preuuent ; car Ceſar qui venoit de Suiſſe entrant en Bugey dit ainſi. *Indè in Allobrogum fines, in Sebuſianos exercitû duxit,hi ſunt extrà Prouincia trans Rhodanû primi,& en vn autre endroit,præſertim cùm Sebuſianos à Prouincia noſtrâ Rhodanus diuideret.*Et c'eſt ainſi que ſe doit entendre ce paſſage de Cicerô. Quãd il dit en l'vne de ſes Oraiſons,que les valets de Næuius eſtoyent venus en deux iours de Rome en Breſſe. *Adminiſtri & Satellite.Sex. Nauij Româ trans-Alpeis in Sebuſianos bidno ventunt.*

de Bello
Gall.lib.1.
cap.5.
Orat.pro P.
Quintio.

Rer.German.
lib .3.
Lib. 16.de
editioneHen-
rici.Valefia-
ni.

In defcript.
Gall.

El bene de
Regno Burg.
Marca de
prim. Lugd.
num.108.

Cofmograph.
Lib. 3.part.2.
cap.14.
Chap.43.
In Tab. Gall.
Narbon.& in
Thef.Geo-
graph.Def-
cript.Gall.
De Antiq.
Burgund.fta-
tu pag.55.
pag.26.
En fa Cof-
mographie.
Lib. 2.de ve
defcript.
Gallica Pe-
rioch.2.
In magno
herbar. & en
fes Comment.
fur le chap.
18.du livre
4.de Pline.

En fa Geo-
graphie.

In Henri 4.

B. Rhenanus & apres luy, Glarean en fes Commentaires fur Cefar appelle ceux de VVirtf-bourg en Allemagne entre Strabourg, & Spire, *Sebufios, Sebufianos,* defquels fe doit entendre ce paffage d'Am-mian Marcellin parlant de l'Empereur Iulian, *Audiens Itaque* (dit-il) *Argentoratum, Brocomagum, Ta-bernas, Sebufianos, & Nemetas, & Vangionas, & Mogunciacum Ciuitates Barbaros poffidentes territoria eorum habitare, primam omnium Brocomagum occupauit,* mais ce paffage d'Ammian Marcellin fe lit diuerfement felon que les Manufcripts ont efté corrompus, car en plufieurs editions, au lieu de *Sebufianos,* il y à *Se-dufios,* en d'autres *Sebufios,* Ortelius en la Geographie dit qu'en fon Exemplaire Imprimé par Froben en l'endroit ou B.Rhenanus lit *Sebufianos,* il y à *Salifonem.* Et c'eft ainfi que lit Henry Valois tres-docte perfonnage de ce temps en fon edition nouuelle d'Ammian Marcellin. Marlian à creu que Segufiani eftoyent ceux de Bugey à caufe que Cefar dit qu'ils font *extra Prouinciam trans-Rhodanum primi,* & donne à ce Peuple Belley pour capitale, mais il s'eft mefconté doublement, premierement au nom, car au lieu de *Segufiani,* il faut dire, *Sebufiani,* & fecondement en ce qu'il vent que les Sebufiens foyent feu-lement ceux de Bugey dautant que les confinant luy mefmes par les Allobroges, & par les Sequanois, & Authunois, il faut de neceffité comprendre les Breffans, fous cette appellation, auffi les parolles fuiuan-tes du mefme Autheur defcouurent fon erreur, *per eorum fines ad loca itur, vbi nunc vicus cui Sanctus Amor nomen eft, in Comitatu Burgundia, ac recta ad Ararim, vbi Pagum Heluetiorum Tigurinum deleuit Ce-far,* ce qui fait voir clairement que le nom de Sebufiens à efté commun à ces deux Prouinces : il faut donc tenir pour certain que le nom des Breffans, & des Bugefiens eftoit propre, qu'on peut voir par abus on les aye appellez tantoft *Segufianos,* & quelquefois *Secufianos,* en quoy tous les Geographes mo-dernes ont hefité chafcun d'eux en ayant parlé diuerfement : Villanouanus les appelle *Segufianos,* & Bourg en Breffe *Forum Segufianorum.* Marlian nomme *Secufianos* ceux de Bugey, & les Breffans *Se-bufianos* : Paulus Merula adoüe qu'il ne fçait pas la difference qu'il y à entre *Sebufianos, Segufianos,* & *Secufianos,* en paffant neantmoins il dit que les Secufiens erant *Æduorum clientes,* & *extra prouinciam primi* qui eft corrompre le paffage des Commentaires de Cefar duquel nous au ons cy deffus parlé, & en vn autre endroit parlant de la Sauoye, il nomme les Breffans *Secufanos.* Ortelius affeure que Bourg en Breffe eft le *forum Segufianorum* des anciens. Gilbertus Cognatus en à parlé plus confufement, car en vn endroit il nomme la Breffe *Segufia,* & Bourg tantoft *Forum Segufianorum,* tantoft *Forum Secufianorum,* & en vn autre lieu les Breffans *Sebufianos, & Secufios,* qu'il met *in Burgundia fuperiori,* Paradin conftitue les Secufiens *inter Rhodanum, & inter Ararim,* & ailleurs entre la Saone, & le Doubs, & en la page neufief-me il prend *Forum Secufiacum* pour Bourg. Mais la plus faine opinion eft que *Segufiani* font ceux de Fo-refts, & *Sebufiani* les Breffans, & Bugefiens qui eft le fentiment de Scaliger, & de Munfter ; qui dit que Bourg en Breffe n'eft pas le *forum Segufianorum,* ains Feurs en Forefts, parce qu'il eut efté trop efloigné pour eftre le marché des Segufiens, que Ptolomée, & tous les anciens Geographes logent auprés des Au-uergnats, & des Monts Ceuennes, & de *Rodunna,* qui eft Roüanne. Papyrius Maffo eft de cet aduis *in defcript. Gallie per flumina,* Robertus Cænalis, Glarean en fes Commétaires fur Cefar qui loge les Breffans entre le Rofne & la Saone, du Pinet, Vigenere, Schudus, l'Autheur de la Defcription de la Gaule mife à la fin des Commentaires de Cefar, Daleschamps, & Philippes Cluuier en fa Geographie, leur fondement eft fur le paffage allegué de Cefar en fes Commentaires : car encor qu'en quelques editions de Strabon, on treuue les Segufiens entre la Saone, & le Doubs, puis entre le Rhofne, & la Saone, neant-moins c'eft vne erreur des Copiftes, qui ont confondu *Sebufianos* auec *Segufianos* par le changement d'vne feule lettre. Foderé, Genan, & quelques Autheurs modernes, ont bien voulu auancer que ceux de Bugey s'appelloyent anciennement *Segufiani à Segufiooppido in alpium radicibus fito,* d'oû ils furent chaf-fés par Brennus, & s'appuyent fur vne certaine infcription qu'ils difent eftre en l'Abbaye de Sainct Pierre de Noualefe qui eft telle *Beugefiani ab oppido quod Secufium vocatur, in alpium radicibus fitum, originem tra-xerunt, incola enim ab ipfo oppido Secufio ad Padum omnem vfque, à Gallis Brenno duce fuis fedibus expulfi in Regionem inter Allobroges, Sequanos, & Sebufianos incultam palantes migrauerunt, & ampliffimam vrbem Bellitium vi oppreffam, tandem ingreffi eam incoluerunt, & Beugefij nomen Prouincia impofuerunt ;* mais ce tefmoignage eft fort fufpect pour eftablir vn point d'hiftoire de cette nature, ainfi que nous dirons au chappitre de Belley, veu mefmes qu'il n'y à point de rapport entre ces deux noms *Beugefiani, & Secufiani,* car fi ceux de Bugey auoyent tiré leur origine, & prisleur nom de la Ville de Suze en Piemont, on ne les auroit pas appellé *Beugefianos,* ou *Secufianos,* mais bien pluftoft *Segafianos,* puis que Suze s'appelle *Se-gufium,* & les peuples d'autour *Segufij.* Le P. Monet l'affeure ainfi, mais quand il diuife les Sebufiens, *in Brannouices, Brannouices, Meros, & Gennuinos Sebufianos,* qu'il prend-pour le Bugey, & qu'il fubdiuife les Brannouiciens, *in Lincafios, Dombenfes, & Lugdunios Immunes,* & les Brannouiciens en ceux de Valromey, Gex, Seyffel, & autres lieux, il ne fatisfait pas le lecteur : car il eft tres certain que iufques à prefent la di-uifion generale des Sebufiens à efté en la Breffe Bugey, & Valromey, & par vne fubdiuifion particuliere, on à fait trois parties de la Breffe, la premiere appellée Breffe, laquelle comprend tout le plat pays iuf-ques à la Saone, la feconde le Reuermont, qui comprend toutes les Montagnes depuis Coligny iufques au Pont d'Ains : la troifieme la Valbonne qui eft la plaine, & tout le pays depuis Loyes, & la riuiere d'Ains iufques à Mirebel. Quant au Bugey il à efté auffi diuifé en trois parties, la Michaille, qui eft tout le pays depuis Chaftillon de Michaille, iufques à Seyffel, entre le Rhofne, & les Montagnes. Le Valromey qui eft enclaué des Montagnes de Sainct Sulpis, de Lompnes, & d'Aruieres, & la troifieme qui emporte tout le refte du Bugey : Dailleurs les Brannouiciens ne peuuent eftre n'y les Breffans, Chalonnois, n'y ceux de Dombes, n'y les francs Lyonnois comme le veut perfuader le P.Monet : car Gilbertus Cognatus, Marlian & Morifot, difentque les Brannouiciens font ceux de Sainct Iean de Maurienne, ou Briançon, & l'Autheur de la defcription de la Gaule qui eft à la fin des Commentaires de Cefar definit les Branno-uiciens, les Briançonnois, & Lanebourg. *Alpinam gentem per quam in Italiam tranfitur eft.* Quant aux Blannouiens, ou Brannouiens, Cefar tefmoigne affés que c'eftoyent autres peuples que les Breffans par l'Ordre ou il les met auec les Cliens des, Authunois, *Imperant* (dit-il parlant des Gaulois (*Ædui at-que eorum Clientibus Sebufianis Ambiuaretis, Aulercis, Brannouicibus, Brannouiis miffa triginta quinque; car*

fi

fi c'euffent efté mefmes Prouinces, il ne les auroit pas diftingué comme il à fait auec les Sebufiens. Outre tout cela on peut encor combattre cet erreur par ce mefme paffage de Cefar, ou il met les Brannouiens aprés les Brannouiciens comme peuples differens, ce qu'il n'euft pas fait s'ils euffent fait partie de la Breffe, & de Bugey. Raymon. Marlian les appelle, *Populos inter Celtas proximos Sebufianis, Ambiuaretis, & ac Æduis, quorum clientes erant*, ce qui a fait efcrire à l'Autheur de la defcription de la Gaule qui eft au *In verbo Blannouij, & Brannouij.* bont des Commentaires de Cefar, que *Blannouij* eftoit Bleneau prés Neuers, mais quand ces peuples la euffent efté proches de Breffe, & du Bugey, il ne faloit pas pourtant delà conclure que ce fut mefme Prouince, & mefme nation:

Or bien que par les paffages de Cefar, & de Strabon, il fe voye que de leur temps les Sebufiens eftoyent des peuples; neantmoins les Geographes qui fontvenus depuis n'en ont fait aucune mention. En effet l'Itineraire d'Antonin, n'y la Table de Peutinger n'en parlet point, ny Ptolomée, il eft vray qu'en l'Edition de fes Cartes Geographiques corrigées, & Commentées par Mercator, le pays qui eft entre le Lac Leman, le Rhofne, la Saone & le Doubs eft appellé *Medulli* (fans reprefentation toutefois d'aucune Ville, ou *En fa trad. de Ptolomée.* Chafteau) ce qui à efté fuiuy par Bertius, & qui auroit quelque apparence de verité, s'il falloit deferer à l'Argument qui fe tire des noms, d'autant qu'on pourroit dire; que ces Peuples eftoyent appellés *Medulli*; parce qu'ils eftoyent fituez *quafi in Meditullio Araris, & Rhodani*, mais il faut croire que ce mot de *Medulli* à efté mis en cet endroit par erreur, puis que ces *Medulli* font peuples bien eflongnez de Breffe, & de Bugey par l'authorité de Ptolomée mefmes, qui dit, *Poftea à parte Orientali Rhodani maxime Septentrionales funt Allobroges fub Medullis*. Or ces paroles *fub Medullis* ne fe peuuent entendre qu'en *Europ Tab. 3. In Gall Narben. lib. 1. Geograph. cap. 10.* deux façons, ou que les Allobroges fuffent fujets aux Medullois, ou inferieurs en fituation, ce qui ne fe peut dire que les Breffans, & Bugefiens font iamais fujets aux Allobroges ne furent fous les Sebufiens, foit en fituation, foit en Iurifdiction; il s'enfuit donc que les Medullois, & les Sebufiens ne fontpas mefmes pays: en effet Ptolomée fait les Medullois Orientaux au Rhofne, & les Sebufiens luy font *Liu. 3. chap. 10.* Septentrionaux. Pline loge les Medullois entre les Peuples des Alpes, fur quoy Dalefchamps fon Commentateur dit que, *Medulli, vel Miolani funt populi Ligurum, fupra Sanonam, prope Maluefem*, que d'autres *Lib. 3.* ont interpreté de Myolans en Sauoye à quoy s'accorderoit ce paffage de Vitruue parlant des Eaux qui caufent le goitre, *In Alpibus Natione Medullorum, eft genus aquæ, quam qui bibunt efficiuntur turgidis gutturibus*. Strabon defcriuant le Daufiné parle ainfi; *fupra Cauares funt Vocontij, Tricorij, Siconij, & Pedyli* (Cafaubon en fes Commentaires remarque qu'il y a faute en ce mot de *Pedyli*, qu'il faut lire au Grec Πἐδυλλοι. *Vel Μἐδυλλοι* au lieu de *μἐδουλλοι*.) *Poft vocontios funt Siconij, Tricorij, & ab his Medulli cacuminibus infidentes altiffimis, altitudo eorum rectiffimi centum ftadiorum dicitur effe, tantufque rurfus ad fines Italiæ defcenfus, & vn peu plus bas, Medulli funt potiffimum fuper Ifaram influxum in Rhodanum*. Or il eft euident que cela ne fe peut pas adapter à la Breffe, n'y au Bugey, qui ne font point proches des Vocontiens, *Neque acuminibus Altiffimis Infident*, Et ne fe feruent pas du paffage, pour defcendre en Italie, Io-*Lib. 2. c. 11.* feph Scaliger en fes notes fur Aufone appelle ceux de l'Ifle de Medoc en Bourdelois, *Meduli*, Ptolomée Strabon, & autres, ont bien heu connoiffance d'vne Ville nommée, *Medullum*, mais ils la logent, *In Vindelicia*. Philander fur Vitruue, & Hermolaus-Barbarus fur Pline, font les Medullois; *habitatores Vallis Cilera*, & Iofias Simlerus de la Valée de Maurienne de forte que tout concourt à perfuader, que Ptolomée s'eft mefconté d'auoir nommé *Medulli* les Breffans, & les Bugefiens, en effect le Docte Mercator en fes notes fur Ptolomée fur ce mot de *Medulli* en parle en cette forte, *Medulli populi iuxta Rhodanum, & Lugdunum, videntur hic in Ptolomeo fcribarum vitio excidiffe, nam in Narbonenfi Gallia fcribit Allobroges, fub illis ad meridiem videlicet illorum fitos effe.*

Quant au nom de Breffe il eft moderne. L'ethimologie en eft difficile à bailler, n'y ayant point de rapport de Breffe à *Sebufia*, dans les titres *medij æui* la Breffe eft bien appellée *Brixia* en Latin; d'ou le mot de Breffe eft fans doute venu; Mais de vouloir rapporter l'ethimologie de Breffe, à *Brancho Allobrogum Regulo*, qu'Hannibal reftablit en fon pays & de *Branchus* en faire *Branchia*, & par deprauation *Bref-*_In Corographia Sabaud._ *fia*, comme la creu *Delexius* c'eft vne imagination. Il y auroit bien plus d'apparence de dire que ces noms de *Brixia: Breffia, Brixianus, & Breffianus*. Viennent de *Sebufianus* & qu'en oftant la premiere fyllabe ainfi qu'il eft arriué au Bugey. *De Bufianus* on à fait *Breffianus*, & de *Bugia, Brixia* ou *Breffia*. Pour le Bugey, quoy qu'Honoré d'Vrfé en fa Sauoyfiade MS. auance qu'il a efté ainfi nommé du nom d'vn Cappitaine appellé Bugey qui accompagna Berald quand il vint en Sauoye. Toutesfois nous pouuons dire auec plus de vray femblance, Que le nom de Bugey vient de *Sebufianus*; & qu'au lieu de appeler les Bugefiens. *Sebufianos.* Par corruption on les à nommé. *Bufianos*: puis *Bugianos*: & le Bugey, *Bufia*, ou *Bugia* en laiffant la feconde fyllabe du mot. Dont l'hiftoire fournit beaucoup d'exemples.

LES BRESSANS, ET LES BVGESIENS SOVS LA
Protection des Authunois à l'arriuée de Cefar en Gaule.

CHAPITRE IV.

OLLVT fournit de matiere à ce chapitre; car en defcriuant l'eftendue de l'ancienne *En fes memoires hiftorig. de la Fraïche Comté lib. 1. c. 1 & 7.* Prouince Sequanoife auant que les Bourguignons s'en emparaffent, il y a compris la Breffe, & le Bugey, quand il dit que les Sequanois poffedoyent tout ce qui eft dans l'enclos du Rhin, du Rhofne, de la Saone, & de la fource de Seine, & parce qu'au chapitre premier il à efté contraint d'auoüer que les Authunois tenoyent quelques places dans ces confins là qu'ils edifierent, ou gagnerent pendant les guerres qu'ils eurent auec les Sequanois, affin que ce paffage ne

A 3

ne fut pas entendu de la Breſſe, & du Bugey, au chap. 7. Il à tranché le mot, & ſouſtenu que ces pays eſtoyent de la domination des anciens Sequanois, *combien* (dit-il) *que pluſieurs penſent que les Breſſans fuſſent pays ſeparés, & euſſent leur nom, & leur puiſſance à part*, toutefois il eſt peu vray ſemblable qu'vn tant petit, foible, & pauure quartier ſoit demeuré aupres de voyſins tant puiſſans que les Sequanois, ſans auoir eſté rangés, & aſſujettis. Mais comme cette penſée n'a point de fondement, & n'eſt appuyée d'aucune authorité, on n'eſt pas obligé de le croire, veu que le Docte Chifflet qui en ſon hiſtoire de Beſançon à parlé auant auantageuſemẽt de ſa nation qu'il ſe pouuoit, ne la pas oſé auancer auſſi B. Rhenanus deſcriuant l'eſtendue de la Prouince, *Maxima Sequanorum*, n'y cõprend point la Breſſe n'y le Bugey, n'y Delbene qui au contraire les baille au Comté de Bourgogne pour confins au midy ; d'ailleurs pour faire que nous euſſions eſté ſujets des Sequanois, il faudroit qu'ils nous euſſent vaincus par guerre, ou gaigné par quelque traitté, ce qui ne ſe lit pas, au contraire, dans les Commentaires de Ceſar, les Sebuſiens ſont appellés *Clientes Æduorum*, & le meſme Autheur rapporte que Vercingentorix leua en l'Authunois, Breſſe, & Bugey dix mille hommes de pied, *Ædnis, Sebuſianiſque qui ſunt finitimi ei Prouinciæ decem millia peditum imperat*, ce qui monſtre en quelle conſideration ces pays l'a eſtoyent, que Gollut appelle petit, foible, & pauure quartier. Ammian Marcellin en la deſcription qu'il fait du fleuue du Rhoſne, le fait paſſer au milieu des Sequanois en quoy il s'eſt meſconté, & à creu que la Breſſe, & le Bugey eſtans limitrophes des Sequanois, ce n'eſtoit qu'vn meſme Pays. Paradin à fait vne pareille faute quand il dit que la Breſſe eſtoit autrefois membre de la Prouince Sequanoiſe auec la Sauoye, & le Dauſiné, ce qui ne ſe lit en aucun autre Autheur iuſques à l'origine du Royaume de Bourgogne duquel ces Prouinces eſtoyent dependantes.

(marginal notes left side:) Rerum Germ.lib.1. cap.5. De Regno Burgundiæ Tranſiur,

Lib.15.

En ſes mem. de l'hiſt.de Lyon liu.1. chap.5.

Des Veſtiges d'Antiquité qui ſont en Breſſe, & Bugey.

CHAPITRE V.

LA Breſſe eſt pauure en ce point d'honneur lequel il faut qu'elle cede au Bugey, car pour toute marque de la Domination Romaine, il n'eſt reſté en Breſſe qu'vne Caſtrametation qui ſe void ſur la Roche de Coiron au deſſus du Village de Montjuly, laquelle la tradition du Pays porte auoir eſté faite par Iules Ceſar. Or que ce Grand Cappitaine ait eſté en Breſſe, & en Bugey, il n'en faut pas douter, puisque luy meſmes l'a laiſſé par eſcrit en ſes Commentaires de la Guerre des Gaules, il ne faut pas douter non plus que cette Caſtrametation ne ſoit ouurage des Romains, veu qu'elle en à la forme mais que Ceſar ayt campé en cet endroit du Reuermont, & qu'à cauſe de ce, les Villages de Montjuly, & de Ceyſeria eſté ainſi denommés, Montjuly *quaſi Mons-Iulij*, & Ceyſeria *à Cæſare* comme les bonnes gens du pays content, c'eſt ce que ie ne veux pas auancer, y ayant en cela beaucoup plus de coniecture, que d'apparence de verité. Outre cette caſtrametation, nous auons en Breſſe deux Inſcriptions Romaines, l'vne eſt vn fragment d'Epitaphe qui eſt ſur vne pierre en la muraille de la maiſon de Maiſtre Iean Iaques Degletagne Aduocat au Preſidial de Bourg, en la rüe qui va aux Lices.

. . . .

. . . .

. . . . . . L. DECIMIVS DECEMBRICVS,

FRATER GERMANVS, ET. L.

DECIMIOLA SOROR GERMANA

POSVERVNT.

L'autre inſcription eſt ſur vne pierre dans la muraille de l'Egliſe de Sainct Iean de Meximieux en la Valbonne, c'eſt l'Epitaphe du *Præfectus Fabrorum* & de ſa fille, elle eſt telle

TIB. CLAVD. QVIR. COINNACI.

ATTICI AGRIPIANI PRÆF. FABR.

ET.

CLAVD. ATTICILIÆ FILIÆ.

Quant aux antiquités de Bugey, il y en à de pluſieurs ſortes en la plaine d'Ambronay. Entre Sainct Iean de Vieu, & Sainct Maurice le Romain (que par corruption on appelle Sainct Mauris de Remens) on void encor aujourd'huy la Caſtrametation entiere de Sergius Galba l'vn des Lieutenans de Ceſar lors qu'il alla faire la guerre aux Nantuatois, Sedunois, & Veragrois, qui eſt le pays de Valais, de laquelle caſtrametation,

Caſtrametation, Gabriel Simeon Florentin grand Antiquaire en fait mention, & en à donné la figure, le *En ſo: illa-* vulgaire qui ne ſçait pas rapporter les choſes à leur vraye origine, à cveu que cette piece eſtoit ouura- *ſtreiobſeruat.* ge des Sarraſins lors qu'ils rauageoient les Gaules, & l'appelle la Motte des Sarraſins. *antiq pag.*

Au Village d'Iſamore, il y auoit autrefois vn tres-beau temple dedié à Mercure, duquel il ne nous *95.* reſte que trois colomnes de marbre debout; les deux premieres ont trente cinq pieds de hauteur, & *Bi anx ob-* treize en groſſeur, la troiſieme a bien la meſme groſſeur; mais la hauteur n'eſt que de vingt-cinq pieds. *ſeruat, mi-* L'Architraue du Temple eſt encor en ſon entier dans la baſſecour du Curé du lieu, ou ſe lit cette In- *litair,* ſcription en beaux caractères.

MERCVRIO	En la maiſon du Prieuré d'Anglefort.
SACRVM	D. O. M.
LVCIVS TVTELLVS ET SVI	M. M. MARITIMO
V. S. L. M.	. . . . MARINI P. . . .
Ceſt à dire *Voto ſoluto libero munere*	, ... ANN. XXVIII. . .
ou bien ſelon Gruterus,	. . . II. P. C.
Votum ſolnis libens merito.	

A Seyſſel en la muraille de l'Egliſe Parroiſſiale derriere le grand Autel au dehors.	En vne maiſon ruinée du Sieur de Maillans Seigneur d'Anglefort.
DEO VINTIO.	B. LIPICA. CE. MATVSSI.
POLLVCI.	GRATIANI M. ROTALI.
CN. TERENTIVS	LVCIOLÆ NEPIÆ MATVSSIVS
BILLIONIS FILIVS	PIENTISSIMÆ GANITVS
TERENTIANVS	P. C. FIL.
EX VOTO.	ET. S. A. D. P. V C.
	ET. S. A. D.

Au Village d'Anglefort en l'Egliſe du Prieuré.	Au meſme lieu.
D. M.	SAB. TITIOLÆ QVÆ VIXIT
ET. MEM. ÆTER . . . . . VMO	ANN. XXII. M. VIII.
VIV.	M. MATVSSIVS GANITVS
Au meſme lieu à la porte de la Chappelle :	CONIVGI INCOMPARABILI
D. M. ET S. M.	P. C.
L. IVLII . CINTONIS	ET S. A. D.
LVGDVNI. D. E. ANNORVM XXII.	Au Cimetiere du Village de Taliſſieu.
ET. SEL. LVCIOLÆ MATRI EIVS	D. M.
L. IVLIVS. MAR. EIVS.	MEMORIÆ ÆTERNÆ
FILIO ET CONIVGI	VALENTINVS ACTOR
ET SIBI VIVO. S.	FVNDI AMMATIACI.
P. C.	B. FLAVI STRATONIS
Là meſme.	QVI VIXIT ANN. XXXXI.
D. M.	SACROBEMA CONIVX
SOLO MARTIN. FIL.	ET VALERIVS FILIVS
SOLI AVXO. R	PONENDVM CVRARVNT.
. . . .	A Meſſia
H. P. O.	

A Meſia en la chappelle du Sieur de Moulins de Bione.

D.   O.   M.

. . . . . ISENIE. . . . .

. . . . . ANANVS . . . .

. . . . . . LIMON . . . . .

. . . . . . ANVS . . . . . .

En l'Egliſe du Prieuré de S. Ennemond de Scyſerieu.

D.   M.

M.   ARCVSSO.

MARCELLIANI   F.

SEVERINVS

SEVERI FIL.

SVB   ASC.   D.

En l'Egliſe Patroiſſiale de S. Martin de Iou.

D. M.	D. M.
TALVSSO	LECIRIÆ
APRICI	SEXTILIÆ
DONNIVS	DONNIVS
SEXTILIVS	SEXTILIVS
PATRI	MATRI
P. P. C.	P. P. C.

La meſme au Village.

D.   M.

VERI   PAVLI   FIL.

ET CARISS. VER. FIL.

. . . .

. . . .

Au Chaſteau de Virieu le Grand

D.   M.

ET QVIETI ÆTERNÆ.

REBRICIDI VIXILLÆ

FOEMINÆ INCOMPARABILI

QVÆ VIXIT SINE CVIVSQVAM

ANIMI LÆSIONE

CAMILLA MARIA

MARTIVS SATVRNINVS

MATRI CHARISSIMÆ.

P O.   C V.

ET.   S.   A.   D.

A Vieu en Valromey en la maiſon du Sieur Montillet Preſident en l'Election de Bugey.

. . . .

. . . . IVLIÆ   LAVRÆ. . . . .

. . . .

Là meſmes.

NVM.   AVGV.

DEO   SVM . . . . .

PIO SALVAT.

CAMAD. BIT.

RICAN. CV . . . . .

FLAM . . . . OM.

IOVI VLT. MV . . . . . .

VICANIVS N . . . . . .

VIOMI. MAGN . . . . . .

. . . . . VORNIO.

. . . .

Il y à des grands veſtiges d'antiquité en ce Village de Vieu, & en celuy de Champagne qui eſt proche.

En l'Egliſe d'Ambronay ſur vne ſepulture de Pierre releuée à la Romaine.

ET MEMORIÆ ÆTERNÆ.

LÆTINI VERI QVI ET

LEONTIVS

D.   M.

QVI VIXIT ANNOS XVIII. M. III.

DIES XXV.

LÆTINIVS LÆTVS. PATER

FILIO DVLCISSIMO

SVB ASCIA DEDICAVIT

A

A Chaftillon en la maifon du Sieur de Mornieu.

D.   M.

MEMORIÆ   ÆTERNÆ

VICTORINO   VITVLLO

VETERANO   HONESTÆ

MISSIONIS   LEGATO VIII

CIVI   SVMLOCENNENSI

COGITACIA   CVPIDICIANA

CONIVX ET VITVLLINVS

FILIVS P. C. SVB

ASCIA   DEDICAVERVNT

Dans la Ville de Belley font les Inscriptions fuyuantes.

Au deuant des fonds baptifmaux de l'Eglife Parroifliale de Sainct Laurent.

MATRI DEVM ET ATTIN.

CVPIDINES II APRONIVS

GEMELLINVS TEST. LEG. VIC.

BELL. HER. PON. CVRAVIT.

En la caue de l'Euefché

MATRI   DEVM......

TALBIVS   ATTIVS ARAM.

CREPIDINES   COLVMNAS.

TECTVM   PRO.........

En l'Eglife Cathedrale de Belley, fur la pierre de l'Autel de la Chappelle Sainct Anthoine

D.   M.

ET MEMORIÆ   ÆTERNÆ

M.   ANTISTIO

ÆLIANO

IVLIA AVITA CONIVX

ET ANTISTIVS ATTICVS

ET ÆLIANVS PATRI

P. C. ET SVB A. D.

En la mefme Eglife.

D.   M.

PATERNIVS. RVFINVS

........PIENTISSI.......PRIMO

FRATRI PONENDVM CVAVIT

Pres la porte de la Ratte

D.   M.

MEMORIÆ   ÆTERNÆ

.......ATTILIVS.......VI.

.......TTII......AN...HONESTÆ.

MISSIONIS   LEGATO

.......O.......V.....X.

MI

OXXXXXIII

........DEDICARVNT.

En l'Euefché

M...........

VINVSILLA............

VINVSILLI...........

Au Prieuré de Belley en la maifon du Doyen fur la porte de la Sale

MEMORIÆ   ÆTERNÆ

MARCELLINÆ.   PVPIL.

FIL. SEXTILIVS BELLINVS

CONIVGI INCOMPARAB.

FACIENDVM CVRAVIT.

ET SVB ASCIA DICAVIT

Au Cloiftre de l'Eglife Cathedrale de Belley en letttes Capitales

............I......

EX TESTAMENTO FECIT

En feuillant les fondemens de l'Eglife de Sainct Laurent, on y treuua vné pierre auec cette Infcription.

D.   M.

VALERIANA

VALERIÆ FILIÆ

CHARISSIMÆ

P.   C.

B   A

A Billieu pres de Belley au deuant de l'Eglise.

........II. IVLIVS PATER

......NANI IANVARIS

......FIL. ET LAVRINA CONIVX

P.   C.

A Lanieu au deuant de la Maison de George Fichon.

Q. SVLPITIVS..........

Là mesmes en la Basse Cour de la Maison du Sieur de Lestan

......ÆLIANVS.......

....

En la Cour du Chasteau de Sainct André de Briord

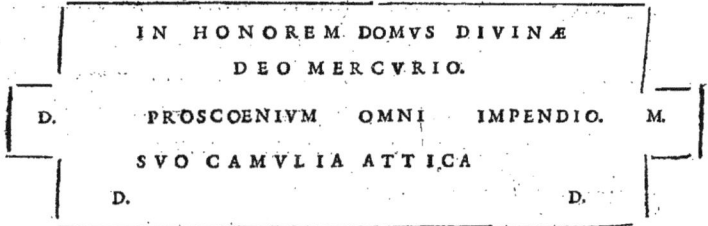

D.   IN HONOREM DOMVS DIVINÆ   M.

DEO MERCVRIO.

PROSCOENIVM OMNI IMPENDIO.

SVO CAMVLIA ATTICA

D.   D.

Là mesmes

D.   M.

ET MEMORIÆ

ÆTERNÆ

CAMPANÆ

CAMVLIÆ

ATTICÆ.

CATIA HÆRES

P.   C.

Aux Marches

Sur vne tombe de Pierre de taille d'vnze pieds de quarrure.

MEMORIÆ

ÆTERNÆ

RVFIVS CATVLVS

CVRATOR NRVII VIVVS

SIBI ET RVFFIANO. ERVF. PVPÆ

O O O O O O O O O O O O O O O O

ET RVFIÆ SAGIRIATÆ FIL. DEFVNCTÆ ANNOR. XXII.

ÆDICIAM

ÆDICIAM CVMVINEA, ET MVRIS AD OPVS

CONSVMMANDVM ET TVTELAM EIVS, ET AD AD CENAM

OMNIBVS RI CONTIS PONENDAM XI. FIN PERPET.

SICVTI ET RVDECAM I. O, CONSVMATVR HOC OPVS

SVB ASCIA EST

HÆC. O. S. L. H. N. S,

Au deuant l'Eglise du Village de Briord est vn tombeau à l'antique auquel se lit ce fragment

D. T. MATERNI. HILARIA N. T. D. . . . . . M.

ET

NATO ANNOR. XLII. M. V. D. XVIII.

MATERNIVS HÆRES POS.

Dans la mesme Eglise au deuant du Grand Autel

. . . . RAVDA VIMIÆ ARIÆ

ANN. VAFIERENT. ET P.P. . . . .

SVB ASC. DEDIC.

Là mesmes

HIC REQVIESCIT.

VIR VENERABILIS N. ANN. BEV.

BVSO QVI VIXIT ANN. . . . . IX. MENS. VI.

DIES XIII. IN. . . . . TATE ET BONITATE

ET MORIBVS, ET CONVERSATIONE CLARVS

OBIIT IN PACE DIE III. IDVS.

FEBRVARIAS

BOETIO. VERO CLARISSIMO CONSVLE. QVOD

RELIQVIT LIBERTIS ID EST

SINPILION

GERONTIVM

BALDAREDVM

L. E. V. VERA

ORO. VE. I. DA. LL. DE. L. O. N. E.

Sur le Portail de l'Eglise de Sainct Benoit en Bugey

. . . . . RVSTICÆ LVCILIÆ. L. CASSI. . . .

Là mesmes

. . . . . . S. GRATIANVS. . . . . . .

. . . . VX. S. OPTIM. . . . .

Au Village de Sainct Benoit en la muraille de la Porte de la maison de Claude Berton

    . . . . V.

    D. . . . . AVSONE. . . . . M.

    . . . . AVG. . . . .

    . . . . . SVÆ TR. P. I. . . . . .

    . . . . . . ASCIA   D.   D.

Au chemin qui va de Belley à Rochefort en vn pré proche du Rosne sur vn vieil Sepulchre.

D.   M.

    . . . . . . Æ. ANTIQVÆ LVCIOLVS. LVCI. . .

    . . . . . . CHARISSIMÆ, ET SIBI. . . PONENDVM CVRAVIT.

Au Chapitre du Conuent S. François de Belley.
Ce Sepulchre est appellé par le Vulgaire le lict du Roy, & Foderé qui abonde en fables, & apres luy Genan disent que c'est la sepulture de Siluius Luciolus qui estoit Roy de partie du Bugey, & de la Sauoye : cependant soit qu'on considere l'Inscription, soit la forme du sepulchre, il se treuuera que ce n'est qu'vn sepulchre d'vn particulier tel qu'il s'en void en plusieurs endroits de Bugey, nommement à Briord. La forme de cette Epitaphe est representée chés Foderé, & chés Genan d'autre façon que cy dessus en quoy ils ont adiousté à la lettre, ce que ie puis asseurer pour l'auoir moy mesmes transcritte sur le lieu, ils disent qu'il y a

    D. M. CO. . . . . . . Æ. ANTIQVÆ

    SILVIVS LVCIOLVS. CONIVGI

    CHARISSIMÆ ET SIBI VIVO

    PONENDVM CVRAVIT

Genan au lieu de CHARISSIMÆ met CLARISSIMÆ & pour VIVO il met VIVENS

Outre tout ce que dessus il se treuue quantité de Medailles d'or d'argent & de cuiure en Bresse, & Bugey, ce qui tesmogne que ces pays là ont esté habités des Romains.

Au Village de Chogne Parroisse de Vieu sur vne pierre qui est de trois pieds de hauteur sous les degrés par lesquels on entre en la maison de Pierre Brachet.

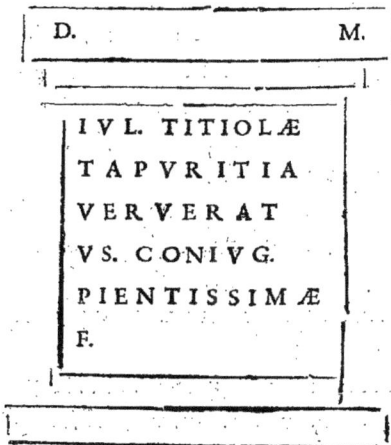

    D.   M.

    IVL. TITIOLÆ

    TAPVRITIA

    VERVERAT

    VS. CONIVG.

    PIENTISSIMÆ

    F.

Nous auons en Bresse & Bugey des vestiges de cette voye que M. Agrippa fit faire pour aller depuis Lyon iusques au Rhein, de laquelle Strabon parle à la fin de son 4. liure. Car bien que les anciens Itineraires n'en facent aucune mention expresse, Neantmoins, par necessité elle passoit par la Bresse & le Bugey entre la Saone & le Rosne. C'est ce chemin qui va de Lyon à Rillieu & à Mont-luel, d'où cette voye se fourchoit en deux branches dont l'vne passoit par Billignieu; Meximieux; Chalamont; Tossia. Ceyseria; Meillonas, Treffort, Coligny, S. Amour. Lons le Saulnier & Arbois pour arriuer à Besançon; ou elle s'vnit aux voyes qui conduisent au Rhein descrites dans les Itineraires, & quant à l'autre branche elle trauersoit la plaine de la Valbonne passoit à Chasey; Lanieu; S. Sorlin, Briord Grolée S. Benoit, Belley; Seyssel, Colonges & Geneue, ou elle ioint cette autre voye Romaine desi-gnée és susdits Itineraires; & mene par Nyons, & Lauzanne Iusques à Besançon; ou bien par Auenche, & Soleurre iusques, à Augst pres de Basle; & au Rhein.

QVE LA BRESSE, ET LE BVGEY ONT ESTE' DES
Dependances du Royaume de Bourgogne.

CHAPITRE VI.

APRES que ces deux Prouinces eurent long-temps demeuré sous la domination des Ro-mains, elles furent enfin soumises aux Bourguignons, & firent partie de cet ancien, & Illustre royaume de Bourgogne ce qui arriua en la maniere que nous allons des-duire.

L'Empire Romain estant deschiré par lambeaux sous l'Empereur Honorius, les Ostro-gots ayans pris l'Italie, les Visigoths, l'Espagne, & l'Aquitaine iusques à la riuiere de Loyre. Stilico beau Pere d'Honorius se voulut preualoir de cette confusion, & comme son dessein estoit de faire monter au Throsne Imperial Eucherius son fils, il suscita des nouueaux troubles en persuadant aux Bourgui-gnons nation courageuse d'entrer és Gaules, ce qu'ils firent auec vne armée de quatre vint mille hom-mes en l'an de salut 408. le dernier iour de decembre. Leurs premieres progrés furent de vaincre les Se-quanois qui sont ceux de la franche Comté, & de là ils s'auancerent du costé du Rosne, & de la Saone, & entrerent en Bresse, & le Bugey, & Sauoye qu'ils occuperent en l'an 411. (ou 413. selon Delbene) sous Gaudisele leur Roy, fils d'Athanaric, & de Blesinde. Depuis Gaudicaire ou Gondioch fils de Gaudisele ayant esté defait par Aetius Patrice Romain, & Gouuerneur des Gaules en bataille rangée en l'an 434. fit en sorte de remettre sur pied vne grosse armée, & en peu de temps il conquit auec facilité tout le Dauphiné, Maurienne, & Sauoye, & tout le pays depuis S. Claude iusques à Marseille, & des-lors toute cette estendue de Prouinces auec la Franche-Comté, & vne partie de Duché de Bourgogne fut appellée du seul nom de Royaume de Bourgogne apres que les Romains en eurent iouy pres de Cinq cents ans.

Les Historiens du temps, & ceux là mesmes qui son venus depuis, ne font pas expresse mention, que la Bresse, & le Bugey fussent des dependances de Royaume, parce que le pays estant petit, & mal peuplé, & n'ayant pour lors aucune Ville de consideration, il a esté quasi comme incognu, Il n'y à que Delbene qui dit que les Sebusiens furent les fraix des premieres conquestes des Bourguignons à leur arriuée aux Gaules. *Burgundi (dit-il) pars Vandalorum, pulsis incolis ea loca Rheno finitima ac* sedes sibi parauerunt quae antiquitus ab Heluetiis tenebantur, ut Prosper Aquitanicus, Cassiodorus, & Iornan-des testantur. Verisimile enim est ea loca domicilio delegisse, quia vndique natura sunt, nam ex vna parte Rhenus altissimus, & latissimus fluuius, agrum Germanicum ab Heluetiis diuidit, altera ex parte Mons hirta altissimus Sequanos, tertia Lacus Lemanus, & Rhodanus Allobrogas; Deinde cùm agrorum bo-nitatem minimè probarent, & minus latè probari possent, in sines Sequanorum, Allobrogum, Sebusianorum, Ambarrorum, Heduorum ingredi conati sunt. Dailleurs par les limites, & Confins qu'on luy à donné, il est facile de reconnoistre qu'il y estoit compris, car du midy on luy donne la Mer Mediterranée, de l'Orient le Rhein, les Alpes, & le Mont-Cenys, du Nort le Mont Vogese ou est la source de la Saone, & du couchant les Riuieres de Seyne, & de Loyre.

Les successeurs de ce Gundicaire ou Gondioch seigneurié la Bresse, & le Bugey auec le reste du Royaume de Bourgogne, duquel Vienne en Dauphiné estoit pour lors la Capitale; car Gunde-rich, Gondioch, ou Gondenge (selon Du Haillan) son fils & regnoit enuiron l'an 456. & apres luy Gondebauld, ou Gombaud, Chilperic, Godemar ou Guotmar & Godegesile ses enfans lesquels se par-tagerent le Royaume en Tetrarchies en l'an 472. Mais Chilperic & Godomar croyans de n'auoir pas esté bien partagez leuerent les armes contre leurs freres en intention de priuer Gondebauld du Royau-me, à cet effet ils appellerent les Allemans à leurs secours; & donnerent bataille aupres d'Authun ou Gondebauld fut defait, Chilperic, & Godemar se retirerent à Vienne, & comme ils estoient dans la con-fiance qu'vne grande victoire laisse ordinairement apres soy dans l'esprit des vainqueurs, ils renuoye-rent leurs Allemans de là le Rhein, Gondebauld picqué de sa perte en ayant eu aduis, les vint assieger à Vienne laquelle il força apres vn long siege, fit coupper la teste à Chilperic, & quant à Godemar qui s'estoit refugié en vne tour ne s'estant pas voulu rendre, il y fit mettre le feu, & forte qu'apres cela Gondebaud demeura seul maistre, & paisible possesseur de tout le Royaume de Bourgogne fors de la Bourgogne superieure (laquelle comprenoit Besançon, l'Alsace, Ferrette; Montbelliard, & le Pays ius-ques au Rhein) qu'il laissa pour partage à Godegesile son frere Puisné.

Gondebauld ne iouît pas long temps de sa Victoire d'autant que Chilperic auquel il auoit fait coupper la

Margin notes:
Du Haillan hist. de Fran-ce liu. 1.
Du chesne hist. de Bour-gogne chap. 1.
Vignier en sa bibliot. hist.
Elbene de Regno Burg.
Transitu & Arelat. liu. 1.

De Regn. Burg. lib. 1. ac pag. 3.

Parad de an-tiq. Burgun-diae.
Gernand de octis Impa.
rialib.
I. le Maitre au liu. 3. des Illustr. de Gaule.
Du Chesne hist. de Bour-gogne.
Du haill. liu. 1.

Du Chesne.

la

la teſte laiſſa deux filles, l'vne deſquelles nommée Chrotilde ou Clotilde auoit eſté donnée en mariage à Clouis premier du nom Roy de France qui l'eſpouſa à Soiſſons l'an de Salut 490. Godegeſile qui n'e-
ſtoit pas content de la part que ſon frere luy auoit faite euſt recours à Clouis ſon neueu auquel il de-
du Haillan.   manda des forces pour faire la guerre à Gondebauld, il treuua l'eſprit de Clouis diſpoſé à cela, & à ſe
vanger de la mort de Chilperic ſon beau-Pere, ces deux Princes ayans donc rencontré auec leur armée
Vignier.   Gondebauld aupres de Dijon en l'an 501. le defirent, & le pourſuiuirent iuſques en Auignon, on ſe vo-
Du Cheſne.   yant reduit à l'extremité, & hors deſperance de ſecours, il capitula auec Clouis, & relaſcha à Godegeſi-
Vignier.   le la moitié de ſon Royaume, le reſte luy fut laiſſé par Clouis ſous condition d'vn certain tribut; neantmoins Gondebaud ayant laiſſé retirer l'armée de Clouis en France, contre le traitté de paix ramaſſa quelques troupes, & vint aſſieger Godegeſile dans Vienne en Dauſiné, & le ſurprit, & qui fut le pis, il fit
Vignier.   mourir Godegeſile en l'an 503. ſelon du Cheſne, ou 501. au dire de Vignier, Clouis intereſſé fort auant
en cette guerre retourna ſur ſes pas, & de nouueau deffit Gondebaud, le chaſſa entierement du Royaume de Bourgogne, & le contraignit de s'enfuir vers les VViſigots; Toutefois Clouis vſant de generoſité
ne voulut pas retenir le Royaume entier, quoy qu'il fut ſien tant pour y auoir droit du chef de ſa fem-
P. Æmile.   me Clotilde fille de Chilperic que pour l'auoir deux fois conquis par armes, il garda ſeulement toute le
du Hail.   pays de delà la Saone, & laiſſa à Sigiſmond, & Godemar enfans de Gondebauld tout ce qui eſtoit au deçà
de la Saone, & du Roſne auec reſerue de quelque ſorte de ſuperiorité comme il ſera remarqué cy apres.
Procopius eſcrit que Clouis fit part à Theoderic Roy d'Italie d'vne partie du Royaume de Bourgogne
en vertu de certain traitté qu'ils auoyent fait entre eux pour la ruine de Gondebauld, mais il ne la ſpecifie
point.

du Cheſne.   Sigiſmond & Godemar iouïrent quelque temps de ce que Clouis leur auoit relaſché en titre de Royaume, il eſt vray que les enfans de Clouis y eſtoyent reconnus; qu'ainſi ſoit quand Sigiſmond voulut
fonder le Monaſtere d'Agaunum (qui eſt de Sainct Mauris de Chablais) en l'an 515. il recherche le
conſentement, & le congé de Clotaire Roy de France, de Clodomire Roy d'Orleans, & de leurs freres
enfans de Clouis, mais les choſes ne demeurerent guiere en cet eſtat, car la Reyne Clotilde ne pouuant
ſouffrir les enfans de Godebauld iouïr du Royaume de Bourgogne auquel elle croyoit d'auoir meilleure
part que celle que le Roy Clouis ſon mary en auoit priſe, & eſtant poſſedée d'vn eſprit de vengeance de
la mort de ſon Pere, ſuſcita Clotaire, Clodomire, Childebert & Thierry ſes enfans pour faire la guerre à
Vignier.   Sigiſmond, & Godemar, ce qu'ils firent auec beaucoup de rigueur, & leurs armes eurent tel ſuccés qu'ils
les mirent en route en l'an 527. Godemar ſe ſauua, mais Sigiſmond fut pris priſonnier par Clodomire
du Cheſne.   Roy d'Orleans auec ſa femme, & ſes enfans, & de deſpit qu'il euſt d'apprendre que Godemar auoit
treuué fauorable retraitte en Bourgogne, il les fit tous precipiter dans vn puys d'vn village appellé *Ca-*
Greg. de   *lonna* ſans vouloir deferer aux prieres, & remonſtrances d'Auitus Abbé de Sainct Mauris qui le diſſua-
Tours   doit de commettre cet acte, ces corps là furent portez au Monaſtere de Sainct Mauris en Chablais, & y
du Cheſne.   demeurerent iuſqu'à l'an 1356. que l'Empereur Charles IV. les fit conduire à Prague auec beaucoup
d'honneur.

Godemar, cette nouuelle reçeüe, ſe fit reconnoiſtre par les Bourguignons Roy, & legitime heritier de
Sigiſmond ſon frere, mais comme il ſucceda à ſes biens, auſſi ſucceda-il à ſon malheur, car Clodomire
voyant ſa victoire ſans fruit reuint en Bourgogne auec nouuelles forces, & euſt Godemar aupres de
Vienne, mais quelques Bourguignons ayans reconnu Clodomire à ſa longue cheuelure qui eſtoit pour
lors la marque des Princes du Sang de France, le tuerent, cependant Godemar apres auoir perdu la bataille recourut à Theodoric Roy d'Italie, & Seigneur de Prouence qui luy confia vne armée auec laquelle, il ſe ſaiſit de nouueau de tout le Royaume de Bourgogne ce que Caſſiodore ſelon ſa
couſtume à fort exageré à l'aduantage de ſon Maiſtre. *Burgundio quin etiam (dit-il) vt ſua reci-*
peret deuotus effectus eſt, reddens ſe totum diem accepiſſet exiguum, elegit quippe integer obedire, quàm immu-
nitus obſiſtere, tutius tunc defendit Regnum quando arma depoſuit, recuperauit enim prece, quod amiſit
acie, Toutefois Godemar n'y demeura guieres, d'autant que Childebert ou Childeric, & Clotaire qui
vouloyent auoir raiſon de la mort de leur frere Clodomire, & recouurer les pays qu'ils auoyent perdus
luy vinrent donner battaille pres d'Authun ou ils le vainquirent, & s'emparerent de tous ſes Eſtats en
l'an 527. ſelon du Cheſne, ou en 532. ſelon Vignier, il creut de treuuer du ſupport en Eſpagne chez les
VViſigots, ce qu'ils luy refuſerent de crainte de s'attirer vne guerre ſur les bras, de ſorte qu'il fut contraint de ſe retirer en Affrique ou il mourut, & en luy finirent les Roys de Bourgongne, le Royaume
deſquels ne dura guieres qu'enuiron cent ans ayant paſſé heureuſement en la Maiſon de France ainſi
que nous dirons au chapitre ſuiuant.

LES BRESSANS ET BVGESIENS DEVE-
nus François.

CHAPITRE VII.

HILDEBERT, Clotaire, & Thierry freres patagerent entre eux le fruit de cette belle
victoire ſans faire toutesfois mention des enfans de Clodomir. Par le partage Childebert
& Clotaire eurent toute la Bourgogne inferieure, le Viennois, la Sauoye, la Breſſe, & le
Bugey, & generalement tout ce qui eſt entre le Roſne, & la Saone, & le Mont-Iura, &
Thierry Roy d'Auſtraſie la haute Bourgogne, & la Prouence. Mais à la fin tout ce Royau-
me

me de Bourgogne tomba entierement entre les mains de Clotaire, seul resté de la lignée de Clouis, à cause que Childebert mourut sans enfans, & pareillement Thibaud filz de Theodebert, & petit fils de Thierry Roy d'Austrasie.

Il deceda à Compiegne l'an 563. & laissa quatre enfans Charibert, Chilperic, Gontran & Sigebert, *Du Chesne hist. de Bourg. liu. t. chap. 7.*
Par l'accord qu'ils firent entre eux pour la succession de leur Pere; les Royaumes d'Orleans, & de Bour-
gogne arriuerent à Gontran qui mourut en l'an 596. ayant adopté, & nommé son heritier, & successeur
au Royaume de Bourgogne Childebert fils de Sigebert Roy d'Austrasie qui le posseda pareillement l'espace de quatre ans, puis venant à deceder en l'an 600. le laissa à Theoderic son second fils, Il eut guerre auec Clotaire Roy de Paris, & de Soissons, & ayant eu l'aduantage en vne bataille, il le contraignit
d'accorder que doresnauat le Royaume de Bourgogne seroit bordé de la Riuiere de Loyre, d'vne part, &
de l'autre s'estedroit insques à la Mer Oceane. Son deces arriua à Mets l'an 618. & come il ne laissa que quatre Bastards, Clotaire II. du nom Roy de Paris, & de Soissons plus proche à luy succeder fut salué Roy de
Bourgogne, & d'Austrasie à Bonnœil en l'an 619. ayant esté preferé à Sigebert l'vn des bastards de Theoderic que Brunehaut Mere de Theoderic taschoit de placer au Throsne Royal: Dagobert son fils luy succeda, & fut Roy de France, d'Austrasie & de Bourgogne, il mourut à Espineul sur Seine l'an 648. Pere d'vn seul fils nomé. Clouis II. du nom ou Clotaire qui eust de son chef la France & la Bourgogne. Pour
lors Orleans estoit la capitale du Royaume de Bourgogne, ce fut luy qui du consentement des Euesques,
& Seigneurs de Bourgogne establit Fleucate Maire du Palais en Bourgogne pour la gouuerner sous son
authorité, comme il auoit esté practiqué sous ses predecesseurs.

A Clouis II. du nom dit Clotaire succeda Clotaire III. du nom son fils aisné qui mourant sans lignée apres n'auoir regné que quatre ans en fort bas aage, laissa la France, & la Bourgogne à Theoderic I. du nom son Frere sous le regne duquel Ebroin Maire du Palais gouuernoit l'Estat auec toute
l'authorité qu'eust fait Theoderic mesmes, laquelle charge fut donnée à Pepin pere de Charles Martel en
l'an 686. Theoderic ou Thierry estant mort en l'an 693. son heritier fut, Clouis III. du nom puis Childebert son frere decedé l'an 718.

Ceux qui regnerent en France, & en Bourgogne apres eux furent comme eux Roys faineants, sçauoir Dagobert II. Chilperic tiré du cloistre, Thierry III. du nom, & Childebet dernier des Rois de la
premiere race. Puis apres Pepin ayant esté esleu Roy de France eut pour successeur Charle-magne Pere
de Louys le Debonnaire Roy de France, & Empereur comme luy qui tous furent aussi Roys de Bourgogne. Il est vray que depuis Thierry ou Theoderic II. du nom, on ne void pas qu'aucun d'eux se
soit qualifié Roy de Bourgogne, parce qu'estant ce Royaume la pluspart du temps le partage d'vn puisné de la maison de France, quand il tomba entre les mains des aisnés, ils se côterent de se nommer Roys
de France, ce nom seul estant plus Auguste que ioint à celuy de Bourgogne; Il est certain neantmoins, que la Bresse, le Bugey, la Dombes, & tout ce qui estoit dans l'enclos du Rosne, & de la
Saone estoit sous leur obeyssance, non point toutesfois comme Empereurs; mais comme Roys de
France.

Or Louys le Debonnaire estant decedé le 20. de Iuin de l'an 840. il y eut guerre entre ses enfans,
enfin apres vne sanglante bataille, ils resolurent de faire vn partage entre eux, les Annales de S. Bertin *Sub anno 842.*
disent qu'ils s'assemblerent en vne Isle sur la Saone pres de Mascon ou ils s'accorderent,
& prirent resolution de faire ledit partage, d'autres disent que ce fut Charle-magne leur Pere qui fit le
partage entre eux par son testament; Quoy qu'il, en soit il fut conuenu que Charles le Chauue leur frere plus ieune seroit Roy de Frâce, & auroit son Royaume limité d'vn costé des Riuieres de Saone, & du
Rosne & de l'autre des fleuues de Lescaud, de la Meuse, & de l'Oceâ, & des Pirenées, & par ce moyé ce que
nous appellôs la Duché de Bourgogne fut demêbré de cet ancié Royaume de Bourgogne, & annexé à la
Couröne de France. Louys eust la Germanie, & l'Alsace sous le titre de Royaume. Lothaire qui estoit l'aisné *Carte diuis. Imper. Evanc*
fut Empereur, & outre ce eust l'Austrasie qu'on à depuis appellé *Lotharingie* à cause de luy auec la Bourgogne superieure qui est la Franche Comté, & la Bourgogne de çà le Mont-Iura, qui comprenoit la
Sauoye, Bresse, Dombes, Bugey, Daufiné, Lyonnois, & Prouence Les mesmes Annales de S. Bertin disent *Sub anno 843.* que Lothaire eut, *Eos Comitatus qui Mosâ citrà contigui habentur vsque ad Ara-*
rem Rhodano influentem, & per defluxum Rhodani in mare cum Comitatibus similiter sibi vtrinque adhæ- *Ann. Franc. Bertin Sub ann. 858.*
rentibus. Lothaire en fut paisible possesseur l'espace d'enuiron quinze ans, mais depuis ce partage Lothaire bailla de sa portion à Charles son frere Roy de Prouence, les Eueschés de Belley, & de Tarantaise
Apres son deces qui arriua le 26. decembre, l'an de Salut 855. ses enfans suyuant son intention partage- *Du Chesne hist. de Bourg. liu. t. chap. 8.*
rent entre eux ses Estats. Louys eust l'Empire, & le Royaume d'Italie. Lothaire le Royaume d'Austrasie,
ou de Lorraine, et Charles fut Roy de Prouence, & de tous les pays qui estoient escheus à son Pere, outre l'Empire, & la Lorraine, auec ce il estenc encor vne partie de Bourgogne de là le Mont-Iura, mais il
n'en iouyt pas long-temps, car il mourut en l'an 858. ou selon d'autres l'an 860. tellement que sa succession fut partagée entre ses deux freres, Louys son aisné eust la Prouence, le Viennois, & la Sauoye
sous le nom de Royaume de Prouence, & Lothaire eust la Bourgogne Transiurane qui fut puis apres vn
Royaume à part, d'ou vient que la Bresse, & le Bugey commencerent d'estre membres du Royaume de
Prouence.

CHAPITRE

LA BRESSE ET LE BUGET MEMBRES DU Royaume d'Arles.

CHAPITRE VIII.

Du Cheſne hiſt. de Bourg.liu. 2. chap. 8.

Vignier.

Delbene de Reg.Burg. lib. 1. Vignier. Du Cheſne. Chap. 8.

HARLES le Chauue Roy de France ſe voyant priué de la ſucceſſion de Charles Roy de Prouence ſon neueu, vne partie de laquelle eſtoit à ſa bienſeance, & voyant que l'Empereur Louys negligeoit grandement cét ancien Royaume de Bourgongne pour eſtre occupé aux guerres contre les Grecs, & les Sarraſins, il s'y ietta à main armée, & occupa premierement la Ville de Vienne en Dauſiné en l'an 871. & la donna en garde à Boſon fils de Bouin Comte d'Ardennes duquel il auoit eſpouſé la ſœur, puis s'empara de tout le reſte du Royaume de Bourgogne Ce Boſon auoit Eſpouſé Hermengarde petite fille de l'Empereur Louys le Debonnaire, & fille de Louys II. du nom auſſi Empereur, & dautant qu'en cette qualité le Royaume de Bourgogne luy appartenoit, qu'elle eſtoit fille d'Empereur, & auoit eſté promiſe à vn Empereur de Grece, elle perſuada ſon mary de ſe faire Roy, de ſorte qu'il obtint du Roy Charles le Chauue en l'an 879. tout ce qu'il venoit de conquerir ſur l'Empereur Louys beau-pere de Boſon ſous le titre de Royaume, & de l'hommage de la Couronne, en conſequence dequoy il ſe fit ſaluer Roy d'Arles, & de Prouence en la meſme année au mois d'Octobre Indict. 2. au Concile de Mantale en Dauſiné, & mourut l'an 889. Beſly en ſon Hiſt. des Comtes de de Poitou, & des Ducs de Guyenne à creu que ce Mantale eſtoit Mante; Mais c'eſt Mantaille qui appartiét au Sieur du Cros Gentilhomme Dauſinois lequel eſt en Dauſiné en vn clymat tres fertile appellé la Valoire, & dans les Titres latins. *Vallis Aurea* Ce Prince ne regna que huit ans & giſt en la premiere chappelle du cloiſtre de l'Egliſe de S. Maurice de Vienne en Dauſiné, ou eſt cette Epitaphe.

Regis in hoc tumulo requieſcunt membra Boſonis,
Hic pius & largus fuit, audax, ore benignus,
Sancti Mauritÿ caput eſt, circumdedit auro,
Ornauit gemmis clarÿ, ſuper atque coronam,
Impoſuit, totam gemmis: auroque nitentem,
Is dùm vita fuit, bona dum valetudo maneret,
Munera multa dedit, Patrono. carmine docto,
Vrbibus in multis deuoto pectore magna
Contulit, & Sanctis pro Chriſti nomine dona,
Stephane Pone tibi ſceptrum, diadema parauit,
Lugduni proprium rutilat hic Nicomenus ſol,
Quamuis hunc plures voluiſſent Perdere Reges,
Occidit nullus ſed vino Pane refectus
Hoc linquens obiit Chriſti cum ſanguine, regnum
Quem Deus ipſe potens cœli qui Clymata pingit
Cœtibu Angelicis Iungat perſecula cuncta.
Obiit. 3. Idus Ianuar. 8. anni Regni ſui.

Apres le decés du Roy Boſon, Louys ſon fils fut couronné Roy d'Arles par les Princes, Prelats, & Seigneurs du Lyonnois, Dauſiné, & Prouence, en ſuite de la permiſſion que luy en auoit donné Charles le Gros Roy de France, & Empereur, à cauſe que les Normans d'vn coſté, & les Sarraſins de l'autre y faiſoient de grands rauages leſquels en furent chaſſés ſous ſon authorité, de là eſtant paſſé en Italie. il ſe fit couronner Empereur à Rome en l'an 896. mais Berenger Roy d'Italie l'ayant deffait en Bataille luy fit creuer les yeux, & luy oſta le Royaume d'Italie qu'il auoit conquis l'an 901. La morte de Louys Empereur, & Roy de Prouence apporta du changement en ſes Eſtats, car quoy qu'il euſt laiſſé vn fils d'Egine (fille du Roy d'Angleterre) qui s'appelloit Charles Conſtantin Prince de Vienne, Vignier en ſa Bibliot. hiſtor. duquel quelques vns ont voulu dire qu'eſt deſcendue la tres ancienne, & tres Illuſtre maiſon de Vienne neant-moins il ne luy ſucceda pas au Royaume d'Arles, n'ayant porté aucun titre que de Comte, & Prince de Vienne d'autant qu'Hugues fils de Lothaire II. du nom Roy de Lorraine, & de la Bourgogne Flodoard. Du Cheſne. Tranſiurane s'empara ſur luy du Royaume de Prouence, & le poſſeda ſous le titre de Duc & Marquis de Prouence.

LA BRESSE ET LE BUGET. DEPENDANCES DU Royaume de la Bourgogne Tranſiurane.

CHAPITRE IX.

NOus venons de remarquer au Chapitre precedent l'extinction du Royaume d'Arles en la perſonne de Louys fils de Boſon, il faut à cette heure expliquer brieuement comme commença celuy de la Bourgogne

Bourgogne Transfurane appellé par les chartes, , &, Autheurs du temps *Regnum Iurense*, & *Burgundia Trāsiurana*, Or il faut remarquer que Rodolphe ou Raoul fils de Cōrad Comte, & Neueu d'Hugues l'Abbé voyant que Charles le Gros Empereur & Roy de Bourgogne estoit decedé sans enfans, occupa tout le Pays qui est entre les Alpes Pennines, & le Mont-Iura, & s'en fit couronner Roy à Sainct Mauris en Chablais l'an 888. ce Royaume ne comprenoit en son origine que la Suysse, & le Pays de Valais, Geneue, le Chablais, la Tarentaise, & ceux de Gex, & de Sauoye. Ce Prince se maintint en son nouueau Royaume contre l'Empereur Arnoul & mourut l'an 912. laissant Rodolphe ou Raoul II. du nom son fils qui luy succeda en ses estats, mais ayant enuahy le Royaume d'Italie sur le Roy Berenger les Italiens appellerent à leur secours Hugues Duc, & Marquis de Prouence auquel la Bresse, & le Bugey, obeyssoyent, cettuy cy fauorisé de Lambert Archeuesque de Milan contraignit le Roy Raoul de se retirer, & se fit luy mesmes Couronner Roy d'Italie à Rome en l'an 926. mais les cruautés dont il vsa enuers Lambert son frere vterin auquel il osta le Marquisat de Toscane, & luy fit creuer les yeux le rendirent si odieux parmy les Italiens qu'ils rappellerent Raoul, ce qui obligea Hugues de rechercher vne paix auec luy, auant qu'il r'entrast en Italie auec son armée laquelle fut conclue sous condition, Que Raoul bailleroit sa fille Adelis en Mariage à Lothaire fils d'Hugues, & luy quitteroit, & aux siens tout le droit qu'il auoit au Royaume d'Italie, en eschange dequoy Hugues laissa à Raoul toute la Principauté de Vienne, la Bresse, & le Bugey, le Charrolois, le Daufiné, Sauoye, & la Prouence à la reserue du Comté d'Arles sa vie durant tant seulement ce qui fut executé.

Raoul deuenu en suitte de ce traité Roy de la Bourgogne Transiurane mourut au mois de Ianuier de l'an 936, & entre autres enfans il eust Conrad son successeur en ce Royaume. Par plusieurs chartes que i'ay veües dattées des années de ce Prince, on apprend qu'il faut distinguer deux notables commencemens de son Regne, l'vn dés la mort de Raoul II. du nom son Pere arriuée au moys de Ianuier 936. L'autre dés que l'Empereur Othon son Beaufrere qui auoit espousé sa sœur Adelis, le mit en possession de son Royaume qu'il auoit auparauant tenu pendant quelques années, ce qui arriua en l'an 939. & ce fut dés lors que le Roy Conrad posseda ce Royaume en Paix. Il deceda l'an 994. & fut enterré à Sainct André de Vienne ou est son Epitaphe à main droite du grand Autel

Herman.
Conrad.
Delbene

> *Qui vestes geritis pretiosas, qui sine fine,*
>   *Non profecturas accumulatis opes,*
> *Discite quam paucis opibus post funera sitis*
>   *Contenti, saccus sufficit atque lapis.*
> *Conradus iacet hic, qui tot Castella, tot vrbes,*
>   *Possedit, tumulo clauditur iste breui.*
> *Mente Diis, famulus habitu, Princeps Trabeatus,*
>   *Citerius vestis aspera subtus erat.*
> *Quā Iacet Ecclesiam gemmis reparauit, & auro*
>   *Andrea Sancti promeritur opes.*
> *Is Rex Conradus Monachos stabiliuit ibidem,*
>   *Corpore qui fertur dudum tumulatus ibidem*

Ce Prince Espousa Matilde, ou Melchide sœur de Lothaire Roy de France, qui luy apporta la Ville de Lyon, & le pays de Lyonnois en dot, elle gist au Cloistre de l'Eglise de Sainct Maurice de Vienne en Daufiné, c'est luy qui donna à ladite Eglise le Village de Lusigny, & elle plusieurs autres choses comme tesmogne l'Epitaphe qui s'y void encor aujourd'huy. 6. *Kal. Decemb. obijt Magtildis vxor Regis Conradi qui obijt 14. Kal. Nouemb. & dedit Sancto Mauritio Villam Lusiniacum cū seruis, & Ancillis & omnibus appenditiis, & dicta Regina dedit Turribulum magnum totum aureum, & Crucem auream, & dedit Coronam Lampadarum totam argenteam ante Domini sepulchrum, qua Regina iacet intus parietem antè Capellam Beate Maria Virginis.* Laissant Raoul III. du nom son fils aisné qui apres luy prit le titre de Roy de Bourgogne & de Prouence.

Du Chesne à la diligence duquel nous deuons beaucoup parlant de la posterité de Conrad premier du nom Roy de la Bourgogne Transiurane, d'Allemagne, & de Prouence ne luy donne pour fils que ce Rodolphe III. du nom surnommé le Negligent, & quatre filles qui est l'opinion de Thomassin en ses Memoires de Dauphiné, & de Vignier en sa Bibliotheque historiale. Cependant Delbene adiouste vn second fils nommé Boson auquel son frere Raoul relascha le Royaume d'Arles quelques temps apres la mort de Conrad leur Pere, à quoy s'accorde Cesar de Nostradamus en son histoire de Prouence, qui est ce mesme Boson qui selon ces mesmes Autheurs donna le Gouuernement de son Estat, & la surintendence de son Royaume à Guillaume Geraud, ou Beraud (d'autres disent Berald) fils d'Hugues Marquis d'Italie duquel ces Autheurs & plusieurs autres ont publié que sont descendus les Serenissimes Ducs de Sauoye. Ce qui sera mieux examiné par nous en vn autre ouurage.

En son hist.
de Bourg.
liu. 1. chap.
14.
De Regn.
Burg. liu. 1.
sub fin. & lib.
3. in princip.

Raoul Roy de Bourgogne ayant suruescu à son frere Bozon, se voyant sans enfans, institua son heritier Henry II. du nom Empereur fils d'Henry Duc de Bauiere, & de sa sœur Gisele, mais ce Prince estant decedé sans lignée, Raoul adopta Conrad dit le Salique Empereur mary d'vne sienne niece aussi nommée Gisele, la femme de ce Roy Raoul se nommoit Hermengarde laquelle fut inhumée au Cloistre de l'Eglise de Sainct Maurice de Vienne, ou se lit encor à present le fragment de son Epitaphe.

. . . . *Obiit Hermenegildis vxor Redulphi Regis.*

Conrad doncques deuenu Roy de Bourgogne, & d'Arles fut troublé en cette nouuelle succession par Eudes LI. du nom Comte de Champagne fils de Berthe sœur aisnée de Raoul, & de Boson qui s'empara de ces deux Royaumes auant que Conrad peut venir d'Hongrie, & Sclauonie ou il faisoit la guerre. Mais estant venu en Bourgogne auec vne puissante armée, il en chassa les garnisons d'Eudes, se fit reconnoistre

C

connoistre legitime Roy, & exigea de tous les Prelats, & Seigneurs de ces Royaumes l'hommage, & le serment de fidelité en l'an 1033. En cette sorte le Royaume de la Bourgogne Transiurane fut annexé à l'Empire, & possedé par les successeurs de Conrad d'ou est venu que la Bresse & le Bugey ont tousiours depuis esté appellés *Terres d'Empire.* En effect par l'engagement qu'Henry Conte Palatin comme futur Empereur fit au Roy Philippes de Valois à Francfort, le 7. Decembre des droits Royaux ; de souueraineté & autres sur plusieurs pays & terres de l'ancien Royaume de Bourgogne. La terre de Bresse, y est nommément comprise.

Titr.du Tre- sor des Char- tes du Roy.

Mais cette vsurpation ne proffita gueres à Conrad n'y à son successeur Henry III. Empereur, car comme les principaux Seigneurs du Royaume Transiurain se virent esloignés de luy, ils se rendirent proprietaires des Prouinces, & Seigneuries qu'ils ne tenoyent qu'en titre de Gouuernement , sçauoir Humbert Comte surnommé aux Blanches mains de la Sauoye, Maurienne, & des Alpes, Guygues le Gras Comte, ou Gouuerneur de Graisiuodã, du Dauiné, Otche-Guillaume Comte de Dijon, du Comté de Bourgogne, les Berengers, de la Prouence, les Sires de Coligny, du Reuermont, les Sires de Villars de la terre de Villars, de partie de la Dombes, & du Franc Lyonnois, & les Sires de Baugé d'autre partie de la Dombes , & du reste de la Bresse. Ainsi, apres les Romains, les Roys de Bourgogne, les Roys de France, & les Roys de Prouence, & d'Arles , les Bressans eurent des Princes , & Seigneurs particuliers du nom de Baugé. Or pour sçauoir comme cette maison paruint à ce haut titre d'honneur , la chose a besoin d'estre reprise de plus haut, ainsi qu'il sera dit cy apres: & quant au Bugey les Empereurs y conseruerent vn peu mieux leur authorité, & en demeurerent maistres hors de ce que l'Euesque de Belley, les Abbés de Nantua , d'Am-

Pingon.

bronay, & de Sainct Rambert y possedoyent : l'Empereur Henry I V. en fit don à Amé II. Comte de Sauoye, & Marquis de Suse en l'an 1137. les Successeurs duquel Comtes, & Ducs de Sauoye l'ont possedé

Tit. de la chamb.des Comptes de Sauoye. Pingon.

iusques à ce qu'Amé IV. du nom , Comte de Sauoye l'infeuda à titre d'appanage en l'an 1303. à Loüys de Sauoye , son neueu Seigneur de Vaud fils de Loüys de Sauoye Seigneur de Vaud , & de Ieane de Montfort, il mourut en l'an 1350. & gist en l'Abbaye d'Hantecombe en Sauoye. Il fut marié deux fois, la

Pingon.

premiere auec Catherine de Milan fille de Galeas Prince de Milan, de laquelle il n'eust point d'enfans: sa seconde femme fut Isabelle de Chalon fille de Iean de Chalon Seigneur d'Arlay, de laquelle vinrent vn fils, & vne fille à sçauoir Iean de Sauoye, & Catherine de Sauoye. Quant à Iean de Sauoye Seigneur de Vaud, & de Bugey, il espousa Ieanette de Mont-faucon fille de Iean Seigneur de Mont-faucon, & Comte

Inuent gene- ral des Titres du Roy Ca. thol. Comte de Bourgo- gne.

de Môtbelliard, & d'Alix de Durnay, apres le decés de laquelle il se remaria le 13. Mars 1328. auec Marguerite de Chalõ fille de Iean de Chalõ Comte d'Auxerre, & de Tõnerre, & d'Alix de Môtbelliard, desquelles femmes Ieã de Sauoye n'eust aucũs enfans, laissant Catherine de Sauoye sa sœur son heritiere vniuerselle, elle fut mariée trois fois, la premiere auec Azõ Viscomte Seigneur de Milan, puis auec Raoul de Neelle Comte d'Eu & de Guines, Cõnestable de France, & finalemẽt auec Guillaume Comte de Namur, de tous lesquels marys n'eust lignée, tellemẽt que se voyant sans enfans, elle vendit à Amé V. du nom Comte de Sauoye dans la Ville de Belley au Palais Episcopal le 9. Iuillet 1359. les Seigneuries de Vaud, de Bugey, & de Valromey, & ainsi la Prouince de Bugey fut reunie à la Couronne de Sauoye, & n'en à point esté demembrée que par l'eschange de la Bresse, & du Bugey pour le Marquisat de Saluces, il faut donc parler des Sires de Baugé, qui apres les Empereurs furent Seigneurs de Bresse, & successiuement des Comtes, & Ducs de Sauoye, Roys de France qui ont esté Seigneurs de Bresse, & de Bugey.

DE L'ESTENDVE DE LA BRESSE, ET DV
Bugey, de leur fertilité & limites.

CHAPITRE X.

Liu. 3. chap. 131.

IEAN de Tournes au supplement de l'histoire de Sauoye de Paradin de l'edition de l'an 1602. parlant de la Bresse dit qu'elle a cinquante lieües de long , & le quart en largeur , en quoy le bon homme s'est mesconté ; car la Bresse en tout n'a de longueur à prendre depuis Montsymond qui est à l'extremité de la Bresse, du costé de la Bresse Chalonoise iusques au Village de Caluyre pres de Lyon que seize lieües qui en valent trente françoises, & à commencer par le Bourg Sainct Laurent lez Mascon iusques au port de Serrieres sur la Riuiere d'Ains que neuf lieües : Pour le Bugey sa largeur se prend depuis Dortans qui est frontiere au Comté iusques au Port de Loyettes, qui est enuiron dix lieües , & en longueur à compter depuis le Pont-d'Ains iusques à Seyssel seize lieües. Ce mesme Autheur mal informé de ce pays à dit au mesme endroit de son liure, que la Bresse se faisoit plus remarquer par le bon air, & fertilité de sa terre , que pour autre chose de rare, dequoy seront facilement desabusés ceux qui prendront la peine de lire cet histoire, il est bien vray que la Bresse a cela de particulier d'estre fort fertile en bleds dont elle fournit tous ses voisins, voyla pourquoy Polybe en faisant sa description l'appelle *Regionem frumenti feracem* , & quand il y a sterilité de bleds en Bourgogne, son plus prompt secours est d'en venir chercher en Bresse, d'où est venu ce vieil prouerbe du Duché de Bourgogne.

> *Quand la Bresse nourrit Bourgogne.*
> *Lors se porte mal la Besogne.*

Outre cela la Bresse produit du Chanvre en quantité qui est cause qu'on y fait grand traffiq de filet qui

à cours

à cours non seulement aux Prouinces du Voysinage, mais encor en Piemont, elle nous fournit de bons, & excellens Cheuaux, sur tout ceux qui viennent du Costé du Pont-deuaux, le Cheual que le Roy Charles VIII. montoit à la bataille de Fournoüe,estoit de Bresse,& fut baillé au Roy par Charles Duc de Sauoye, c'est de ce Cheual que Philippe de Commines, & François de Beaucaire Euesque de Mets rendent si beau tesmoignage. Quant aux Vins, il faut auoüer qu'ils ne sont pas si excellens en *Liu.8. de ses* Bresse, n'y en Bugey qu'en Masconnois, Chalonnois, & au Duché de Bourgogne, mais pourtant il y *mem.chap.6.* à des endroits qui en produisent de tres bons, qui ne sont pas si fumeux que ceux de delà la Saone, de *Cēment. rer.* ce nombre sont les Vins blancs de Royssia, les Vins Clairets de Ceyseria, Iasseron, & Mont-july. En *Gallic. lib. 1.* Bugey ceux de sainct Germain d'Amberieu surpassent les nostres en delicatesse, comme aussi ceux de *n.30.* Cule, & de Tatte prés le pont de Bellegarde, l'Oubliois de dire que la Bresse, & le Bugey produisent encor de rares fruits, de tres beau bestail, de fort bons poissons, comme les Truittes de Suran, & de Loutre en Bresse; celles de la Riuiere d'Ains, de l'Albarine, du Lac de Nantua, & de plusieurs autres lieux sans parler des monstrueux brochets, & des prodigieuses carpes de nos Estangs: Du Bugey nous viennent encor de Fromages, qui neant-moins le cedent en bonté à ceux de nostre Bresse qu'on appelle en langage du Pays Clons, lesquels on enuoye iusques à Paris par rareté, aussi n'y à il lieu au monde ou il s'en fasse de cette sorte qu'en Bresse; les meilleurs viennent du costé de Foissia, Marbos, S. *Parte 1.* Triuier, & Pont-deuaux, Le bon homme Chassanée en son *Catal. Glor. Mundi*.en à parlé auec eloge: *Consia. 86.* Touchât le Gibier,il y en à de toutes sortes en Bresse,& en Bugey,il est vray que le Bugey à cela de particulier qu'on y trouue des Faisans, & des Gelinottes,en recompense dequoy la Bresse à ses Chappons gras meilleurs que ceux du Mans, & de Loudun, & en vn mot si ces deux Prouinces auoient l'Inuention de faire les draps, qu'il y eust des Espiceries, & du Sel, elles se pourroient vanter d'auoir toutes choses necessaires à la vie de l'Homme sans estre obligées d'aller à la queste chez leurs voysins.

Touchant les limites des deux Prouinces,il est certain pour ce qui regarde la Bresse, que la moitié de la Riuiere de Saone en depend de toute ancienneté,ce que les Bateliers qui voyagent encor aujord'huy ont retenu appellans cette partie de la Riuiere qui nous auoysine l'Empire, & l'autre le Royaume. Voyla donq nostre limite de ce costé la. Ce qui nous separe d'auec. la Bresse chalonnoise c'est la Riuiere de Seille qui passe au dessous de Cusery, & pour ce qui est du Comté de Bourgogne il fut limité auec la Bresse par les deputés des deux Roys,le 15 Febvrier 1612.Les Limites de la Bresse auec le Bugey c'est la Riuiere d'Ains,& auec le Daufiné le Rosne,& ce qui concerne la Souueraineté de Dôbes,il y eut aussi deputation en ladite année 1612. de la part du Roy, & de Mademoiselle de Montpensier Princesse de Dombes pour en reconnoistre les limites, dont il y eut procés Verbal dressé.

Les limites du Bugey sont le Rosne qui separe cette Prouince de la Sauoye, & du Daufiné, Il est vray que le Roy par l'Eschange du Marquisat de Saluces s'est reserué trente pas delà le Rosne depuis S. Genys Iusques à Seyssel à cause du tirage du Sel auec les Villages de la Balme, Pierrechastel,& Chanas. La Riuiere d'Ains separe aussi le Bugey de la Bresse, & pour ce qui est du Comté de Bourgogne cela fut reglé par les limites de l'an 1612. desquelles nous venons de parler.

Des Riuieres de Bresse, & de Bugey.

CHAPITRE XI.

YANT à parler premierement des Riuieres de Bresse, Ie commenceray par la Saone appellée en latin *Arar* l'autheur du liure *de Fluminib*. attribué à Plutarque recite qu'autrefois elle se nommoit *Brigulus*, mais la raison qu'il donne du changement de ce nom de *Brigulus* en celuy d'*Arar*, c'est vne pure fable. Paradin en ses Annales de *Liu.1.* Bourgogne qui à veu en quelques titres Latins, que la Saone estoit nommée *Sangona* à auancé qu'elle eust ce nom à cause qu'en l'an de Salut 174.S.Irenée Euesque de Lyon y ayant esté massacré auec dixneuf mille Martirs, la Riuiere de Saone regorgea de Sang Iusques à Mascon d'ou vient dit il qu'on l'appella *Sagona à Sanguine*, duquel mot se sert Gregoire de Tours; *Lib.15.* Ammian Marcellin l'a nomme, *Sanconam*, & les titres de cinq à six cents ans *Sagonam*; Elle vient de la Montagne de Voge prés du lieu, ou naist la Riuiere de la Meuse & passe à Monteureux, Ionuelle, Ray, Rigny, Gray, Auxonne, S. Iean de Losne, Verdun, ou elle reçoit le Doubs,Chalon, Tournus, Mascon, & Lyon, ou elle se mesle auec le Rhosne prés d'Aisnay. Cette riuiere produit d'Excellens poissons *Lib.3.cap.4.* sons entre autres des Carpes, son Cours est lent, d'ou vient que Pline appelle la Saone Paresseuse elle separe la Bresse, & la Dombes d'auec la Duché de Bourgogne, Comté de Masconnois, & le pays de Beaujolois.

Seille,Vient du Comté de Bourgogne de Baume les Nonnains prés de Chasteauchalon,passe à Cusery & se va ietter en Saone au dessous de Ponseille dans la terre du Pont-deuaux.

Solenan,sort d'vne fontaine au dessous dn Chasteau de Verjon separe la Bresse de la Comté, & se rend en Seille à Lohans.

Reyssouse, naist au Village de Iournans à Reuermont, passe à bourg & Sainct Iulin, & se jette en Saone au dessus de la Ville du Pont-deuaux Rixonse en langage Alemand. signifie Maison à Loger.

Vesle,sort du grand Estang de Chalamont en Dombes,passe au dessous de Lent, & des Chasteaux de Chandée, & de Monfalcon, va au Pont-deuesle, puis dans la Riuiere de Saone, elle produit, des Truittes,

C 2   Chalaronne

Chalaronne a sa source au grand Estang de Ioyeu dans la terre du Montelier, d'ou grossie de l'eau de plusieurs Estangs, elle passe au Chastelard en Dombes, delà à Chastillon lez Dombes, Sainct Estienne de Chalaronne, & Toissey en Dombes, ou elle se mesle auec la Saone, c'est sur le bord de cette Riuiere que Sainct Didier ou Disier Euesque de Vienne en Dausiné en l'an 615. fu t tué par le commandement de Brunehaut Reyne de France au lieu qu'on nomme encor aujourd'huy Sainct Didier en Dombes : car tous les historiens qui ont parlé de la mort de ce Sainct Prelat disent qu'il fut tué, *iuxtà fluuium Calaro-*

Hist. de Lyon liu. 2. chap. 14.

nam in Territorio Lugdunensi, qui est cette Riuiere de Chalaronne, en quoy Paradin s'est mesconté qui dit que Brunehaut fit mourir Sainct Didier au Village de Caluzis prés de Lyon.

Monian, vient de Percieu en Dombes, passe auprés de Triuier, & au dessous du Chasteau de Banains, separe la Bresse, & la Dombes, & se va ietter dans la Saone au dessous de Sainct Estienne de Chalaronne.

Serene, sort d'vne fontaine prés du Montelier, fait moudre vn moulin à vingt ou trente pas de sa source, passe au Village de la Boysse au dessous de Mont-luel, & se perd au Rosne auprés de Mirebel, elle ne tarit iamais.

Suran en son commencement a deux sources, l'vne à Loysia en Comté, & l'autre au Village de Grei, lesquelles se ioignent fort prés de là, d'ou elle vient descendre à Chauanes en Comté, puis passe à Boha, Fromentes, Chasteauuieux, & se iette en la Riuiere d'Ains au dessous du Village de Drullia; cette Riuiere est fort poissonneuse, & a detres bonnes Truittes, dont la chair est saumonée, & des Brochets tachetés de noir, elle tarit souuent.

Valouse, vient de Nancuyse en Comté au dessous d'Orgelet, trauerse les terres de Cornod, & de Montdidier en Bresse, & se va rendre en la Riuiere d'Ains au dessus du Chasteau de Conflens. Le reste de nos Riuieres de Bresse, ne meritent que le nom de Ruisseaux, comme Iugnon, Irence, & Loutre laquelle est fameuse par ses excellentes Truittes saumonées.

Quant au Bugey, la principale de ses Riuieres c'est le Rhosne en Latin *Rhodanus,* la source duquel est en la Montagne de la Fourche appellée des Latins *Inberus, Coatius,* ou *Vrsellus,* c'est vne Montagne contigue à celle de Sainct Gothart, laquelle sert de limite à la Suysse, & au pays de Valays, ce fleuue sortant auec peu d'eau, grossie des pluyes, & des neiges, vient à Brigue, sort du Pays de Valays, trauerse le Lac Leman, & Ville de Geneue, separe la Sauoye du Pays de Gex, passe au dessous du fort de la Cluse, du Chasteau de Leal & du Pont de Gresin & se vient engouffrer dans les Rochers au Pont de Lucey ou il est si estroit qu'on le peut enjamber, vn peu aprés il entre dessous des Rochers ou il se perd, à cent, ou six vingt pas de là, il paroit plus gros, & enflé que deuant, & continue son cours, passe sous les Ponts d'Arlos, Seyssel, à Pierrechastel, Euieu, Grolée, Quirieu, Salettes, Anthon, Ions, & Lyon, d'ou il se va ietter dans la Mer Mediterranée prés d'Aiguesmortes. Ammian Marcellin a fait vne riche, & elegante descrip-

Lib. 15.

tion de ce fleuue, *à Pæninis Alpibus effusiore copia fontium, Rhodanus fluens, & proclini impetu ad planiora digrediens, proprio agmine ripas occultat, & paludi se se ingurgitat nomine Lemanno, eamque intermeans nusquam aquis miscetur externis, sed altrinsecus summitates vnda praterlabens segnioris, queritans exitus, viam sibi impetu veloci molitur. Vnde sine iactura rerum per Sapaudiam fertur, & Sequanos (lege Sebusianos.) Longeque progressu Viennensem latere sinistro perstringit, dextro Lugdunensem: & emensus spatia flexuosa, Ararim, quam Sauconam appellant, inter Germaniam primam fluentem, suum in nomen adsciuit, qui locus exordium est Galliarum, exindè non millesu passibus seu Laugis Itinera metiuntur, Hinc Rhodanus aquis aduenis locupletior, vehit grandissimas Naues, Ventorum flatu, iactari sepius adsuetae. Finitisque interuallis quae à Natura praescripsit, Spumeus Gallico Mari concorporatur per patulum sinum ab Arelate octano decimo ferme lapide disparatum.* Par l'eschange de la Bresse, Bugey, & Valromey auec le Marquisat de Saluces, toute la Riuiere du Rhosne depuis la sortie de Geneue demeura au Roy, elle sert de limite au Bugey, à la Sauoye, & au Dausiné produit des monstrueux Brochets, & autres bons poissons.

Vauferine est vne Riuiere qui vient de la Vallée de Chesiry au pays Neutre laquelle passe sous le Pont des Oules au dessous de Chastillon de Michaille, & au pied de la Montagne de Credo, puis sous le Pont de Bellegarde, d'ou elle se va precipiter dans le Rhosne au deçà du Pont de Lucey, elle separe la Sauoye, & les Terres neutres de la Michaille. Theuet en son liure des hommes illustres parlant de la Riuiere des Vases au Bresil, & de sa situation dit qu'il en prend de mesmes qu'au Reuermont entre Chastillon, & Colonges, ou on appelle le Pont des Oules, d'autat qu'à voir les Rochers entaillés en la mode de tels vaisseaux (assauoir des vases fait à l'antique, & à la moderne) qu'en ce pays là ils appellent Oules du mot Latin *Olla,* on diroit que le Rosne qui s'entonne au pied de la Credote bout à la façon d'vn pot, ou Marmite. Mais ce bon homme nous en a conté en cela comme en plusieurs autres choses de plus grande consequence, car outre que le Pont des Oules est en Michaille, & non point au Reuermont, c'est que la Riuiere qui passe dessous n'est pas le Rhosne comme Theuet mal informé à creu, c'est la Vauferine, il est bien vray qu'on appelle ce pont, le Pont des Oules, à cause que la Riuiere de Vauferine s'estant fait vn chemin au trauers des Rochers qu'elle a creusé, elle les a rendu de la figure d'vne Oule ou Marmite.

Chap. 149.

Seran, vient des Abbergemens en Valromey passe sous le Pont de Soy, & d'vn effroyable precipice, se iette à Seruerieu, & de là se va mesler au Rhosne auprés de Rochefort, elle ne tarit iamais, & a de tres bonnes Truittes, & Brochets.

Furan, à sa source au dessous de Virieu le Grand en Valromey, passe auprés de l'Abbaye de Bons, & au dessus de Belley, & se iette au Rosne prés de Peyrieu.

Albatine, naist auprés de Brenod dans les plus hautes montagnes du Bugey, passa au dessous des Chasteaux de Lompnes, de longecombe, & de la Cou, & par de grands precipices vient à Tenay, & à S. Rambert, d'ou elle va perdre son nom dans l'Ains prés S. Mauris de Remens; Dans les anciens titres latins, Elle est nommée *Albarona,* elle est fertile en Truittes: Il y à plusieurs autres ruisseaux, ou Torrens en Bugey qui ne sont pas de consideration, & desquels ie ne parle point, comme de la riuiere d'Ognin:

re d'Ognin ; d'Ogny, ou d'Ognix qui vient de la valée de Rogemont, passe sous Pont de Mailla & se va jetter dans la Riuiere d'Ains pres de Coyselet, elle recoit le ruisseau de Landelon qui vient du costé de Montreal.

Reste la Riuiere d'Ains laquelle i'ay reserué pour la Closture de ce Chapitre, ne sachant en quelle Prouince la loger, si en Bresse, ou en Bugey, parce que de tout temps elle a esté commune, Chasque Prouince en ayant iouy de son costé, elle prend sa source au val de Miege au Comté de Bourgogne à demye Lieuë au dessus de la celebre fontaine de Seros, elle passe à Chasteauuilain, la Chaux, Montsaugeon, sous le Pont de Poëte, à Condes, Consiens, Poncin, le Pont-d'ains, Varembon, Chasey, & Loyettes. ou elle se perd au Rosne, elle a des Truittes en quantité, Gilbert Cousin en sa description du Comté de Bourgogne parle en cette sorte de la Riuiere d'Ains. *In superiori Burgundia, quæ Comitatus nomine gloriatur, & Sequanorum appellatione se Illustriorem putat, Idanus fluuius prope Vrbem NoZarezium surgit, ac parte Sequanorum decursâ ingreditur, Vltrà Montem Iouis Bressia Regionem, Illamque in partes duas secat, apud Idanum oppidum, pont emique nominis sui* (Il Confond la Bresse auec le Bugey) *postea Incredibili pœnè numero vinorum collecto in Rhodanum labitur, non minorem aquæ secum trahens copiam, quam rapidus ille fluuius facit.* Papyre Masson en sa description de la France par Riuieres dit ainsi, *Bugesij vsque ad Idanum procurrunt, qui Sancti Eugenij Iurensis parrochiam abluit proximam Insigni Cœnobio Diui Claudij Vesontionum Archiepiscopi, Et quamuis altissimi Montis Iura radices subluat, non tamen ab ea oritur vt ostendimus, Verùm crates Lignorum è sapineis syluis Rhodanum in quem influit deducendas suscipit;* Le Docte Chifflet rare ornement de la Ville de Besançon, a mieux parlé de la Source d'Ains que Cousin, & Masson, *Danus* (dit-il *Ex antro profundissimo egreditur circa Syrodum Burgundiæ Vicum, & tandem extrà Sequanicum Rodano miscetur, ob auratas, & Truttas Celeberrimus,* Vn Geographe moderne au Chappitre du Comté de Bourgogne en a dit encor plus de particularités, voicy ses paroles. *Danum* enimit ex sinuoso recessu Mons arduus, Syrodo grandi, & Celeberrimo Pago incumbens, hoc modo, postquàm descenderis, est antrum profundi præcipity, & intùs fons inscrutabilis profunditatis, latitudine forsitan decem passuum, hinc rupes horrendæ imminent quæ contemplantibus pænè incutiunt, ac per gurgitem altissimum tanta aquarum copia ebullit, Vt statim in ipso ortu (dictum Incredibile) flumen Næuigijs, si ob rupes, & saxa per quæ deuoluitur liceret, satis capax esset Indolis hoc flumen d'Ains appellatur, Dans les anciens titres cette Riuiere est appellé *Ens, Indis, Indus, Danus; & Idanus* ces deux dernieres appellatiós valét mieux que les autres, Car le mot *Dan* est certainement de la langue ancienne & Celtique, qui se parloit en diuers Dialectes par toutes les Gaules, mesme en l'Italique ou Cisalpine;) & dans la Germanie. En effet n'auons nous pas le *Rhodan,* le Rosne en la Gaule Narbonnoise; le Rhodan, ou Rodan de la grande Germanie à Dantzic ou il entre en la Mer Baltique auec le Vistule, & qui est ce fameux Eridan que les plus anciens autheurs & Poëtes Grecs au rasport de Pline en son hist. naturelle, & à leur exemple les Romains mesmes ont confondu & fait passer pour l'Eridan Italique, en la Gaule Cisalpine qui est le Pô & cé mesme mot de *Dan* qui se treune en Rhodan; Rodan; & Eridan, se rencontre encore à Dantzic qui est *Dantiscum;* & *Gedanum* & en Codan qui est le *Codanus sinus* en la Mer d'Oresunde, & Balthique, & partant ie crois que le vray nom de nostre Riuiere soit *Idauis;* ou *Idanus* qui deuroit estre en François; l'Idain; ou le Dain, par retranchement de l'I & non pas l'Ain; ou l'Ains, comme on l'apelle au Langage du Pays.

DES FIEFS.

CHAPITRE XII.

E n'est pas mon dessein de faire icy vn discours de la nature, Origine & differences des Fiefs, tant de grands hommes y ont si bien trauaillé, que ce seroit peine perdue de l'entreprendre, ie veux seulement faire connoistre combien de sortes de fiefs nous auons en ce pays, à quoy les Vassaux, & feudataires estoient obligés, comme se rendoient les hommages, & combien de fois, suyuant que ie l'ay appris par la Curieuse recherche que i'en ay faite. I'ay treuué donc qu'en Bresse, & Bugey il y auoit autre-fois quatre sorte de fiefs, sçauoir fief d'honneur; fief lige, fief de retour & fief de retraitte. Le fief d'honneur n'obligeoit à autre chose, sinon qu'à reconnoistre celuy auquel il estoit deu pour Superieur. & à luy rendre honneur, & deference; De cette sorte de fief nous en auons plusieur exemples, entre autres en la maison de Coligny, & en la maison de Thoire, car c'est ainsi que Guillaume sire de Coligny fit hommage en 1270. à Thomas Comte de Sauoye, & Humbert V. du nom sire de Thoire & de Villars au Comte Verd en l'an 1354. qui est vne façon d'hommage fort honnorable, & bien singuliere. Le fief lige est celuy que nos liures des fiefs appellent *feudum, ligium, antiquum,* & *auitum* qui est le plus ordinaire, & le plus vsité que nous ayons eu, celuy qui le deuoit ne reconnoissoit point d'autre superieur que le Seigneur dominant duquel il auoit eu l'Infeudation ou la concession, & cet hommage n'estoit proprement deu qu'au Souuerain, comme en l'Infeudation faite à Louys de Bussi le Blanc cheualier, de la terre, & seigneurie de Martigna, par Humbert sire de Thoire, & de Villars, il se reconnut à cause de ce son Vassal. *Antè omnes alias personas quæ viuere, & mori possunt,* & en celle que fit Louys Duc de Sauoye à Hugonin Aleman Cheualier, Seigneur d'Arbent de la terre, & seigneurie de Mornayon il promit de faire hommage aux Ducs de Sauoye, *Præteritis quibuscumque Dominis,* & *personis mundi,* Or ceux qui auoient de fiefs de cette nature, ne se

C 3   pouuoient

Gollut. liu. 2. chap. 12.

In Vesont. part 1. cap. 4. Mernla Cosmog. part 2.

Danum lib. 4.

pouuoient point reconnoîſtre Vaſſaux , & feudataires d'autre Prince , ou Seigneur ſans le congé du Seigneur primitif , & s'il arriuoit qu'ils receuſſent d'eux quelques bienfaits , ou conceſſions en fief, ils n'en rendoient qu'vn hommage ſimple à la reſerue de la fidelité par eux deüe à celuy duquel ils eſtoient originellement Vaſſaux liges , au preiudice de laquelle ils n'oſoient rien faire à peine de felonnie ; ainſi voyons nous que quand Girard d'Eſtrés cheualier Seigneur de Banains, & de S. Eſtienne du Bois fit hommage au Sire de Beaujeu , de ſa terre de Banains , ce fut à la reſerue de l'hommage par luy deu au Comte de Sauoye ſon Prince, & Seigneur naturel duquel il eſtoit Vaſſal à cauſe de la Seigneurie de S. Eſtienne du Bois , de meſmes en fit Humbert de la Baume Cheualier Seigneur de Fromentes , & Buenc quand il fit le fief au Comte de Sauoye de ſa terre de Fromentes , parce qu'il reſerua la fidelité par luy deüe au Seigneur de Beaujeu duquel il eſtoit feuda-taire à cauſe de Buenc , preſque toutes les Seigneuries de Breſſe, & de Bugey ont eſté infeudées ſous telle ſorte d'hommage.

Le fief de retour , c'eſt quand le Prince donnoit quelque terre , chaſteau , ou Seigneurie en fief à quelqu'vn , & à ſes deſcendans maſles à l'excluſion des femelles , à charge qu'à deſaut de maſles , le fief feroit retour de plein droit au Prince, ce qui ne ſe pratiquoit guieres qu'aux fiefs de haute dignité, comme Comtés , & Marquiſats ; Le Marquiſat de S. Sorlin fut infeudé de cette ſorte à Gaſpar de Varax, & les Comtés de Chaſtillon, & du Pont-deueſſe à Iean-Louys Coſte Comte de Beynes ; d'où vient que les mieux auiſés pour euiter à ce retour faiſoient inſerer aux infeudations cette clauſe, Ei & liberis ſuis ſine ſucceſſoribus in infinitum quibuſcunque, viriſque ſexu: comme il fut fait en l'erection du Com-té de Pont-deuaux , ou bien ils ſe faiſoient quitter par vn Contract particulier ce droit de retour pour recompenſe de Seruices, ou moyennant quelque finance, ainſi qu'il fut fait en l'erection de la terre de Mirebel en Marquiſat.

Quand au fief de retraitte, il participoit bien de la nature du fief lige, mais il y auoit cela de particulier que le Prince qui faiſoit vne ſemblable infeudation , ou conceſſion , ſe reſeruoit la liberté , & le pouuoir en cas de guerre ou de neceſſité de ſe ſeruir du Chaſteau qu'il auoit baillé en fief , lequel le Vaſſal à ſa première demande eſtoit tenu luy rendre , & remettre, Voyla pourquoy ſemblable fief dans les an-ciens titres s'appelloit feudum reddibile , ſous cette condition le Sire de Thoire , & de Villars infeuda la Seigneurie de Mirigna en Bugey à Pierre de Chatard Damoiſeau , & l'Abbé de S. Oyen de Ioux le Chaſteau de Iaſſeron au Seigneur de Coligny, le Chaſteau de Beauoir en Montagne eſtoit tenu par le Sire de Villars ſous la meſme Condition de l'Archeueſque de Lyon comme celuy de S. André ſur Suran, Ce qui ſe pratiquoit encor au Comté de Bourgongne, ou nous voyons que Iean dit le Sage Comte de Bourgongne , & Seigneur de Salins donna à Iean ſon ſecond fils ſurnommé de Chalon (d'où eſt iſſue l'illuſtre maiſon de Chalon.) ſon Chaſteau de Montgeffon en Comté in feudum ligium , & Ca-ſamentum inuabile & reddibile & quand le Feudataire ne ſe vouloit point aſſuiettir à cela il y auoit re-ſerue expreſſe Ainſi voyons nous en l'Hommage que le Daufin de Viennois fit à l'Archeueſque de Lyon au mois de Ianuier 1230. des Chaſteaux d'Annonay & d'Argental il eſt dit que le Daufin a pris ces terres in Feo dum francum ſine redditione.

Touchant les deuoirs des Vaſſaux, & des feudataires , les liures des fiefs nous apprennent qu'il y en à de ſix ſortes. Tutum, Incolume, Honeſtum , Vtile, Facile, & Poſſibile ; qui eſt ce que les Secretaires de Sa-uoye entendoient quand par les preſtations d'hommages , ils faiſoient iurer d'obſeruer les Chapitres Ve-teris, & noua fidelitatis, mais nos anciens Princes, ne ſe contentoient pas de cela, & aſtraignoient bien ſouuent leurs vaſſaux à des deuoirs bien plus rudes; Car tous les gentilshommes & vaſſaux des Sires de Thoire & de Villars eſtoient obligés de ſuiure le Cry & les armes de Villars , & d'aller à leur frais au ſecours de la Terre de Thoire ; Ceux des Sires de Baugé nos premiers ſouerains eſtoient tenus de monter à cheual auſſi toſt que leur Prince auoit guerre auec l'Eueſque ou le Conte de Maſcon, le Seigneur de Beaujeu, & l'Archeueſque de Lyon, & quand ce Pais fut ſoumis à la domination des Comtes de Sauoye, la nobleſſe en cas de guerre ne paſſoit pas les monts , ſi ce n'eſtoit engagée qu'à la deſſence de ſon propre Pais , au-iourd'huy toutes ces loix ſont changées , & les gentils-hommes vont à la guerre quand, & la ou le ſerui-ce du Prince, & le bien de l'Eſtat le requierent.

La forme des hommages à touſiours eſté vniforme en Breſſe & Bugey, celuy qui rendoit l'hommage ſe mettoit à genoux , les mains iointes en celles du Prince qui eſtoit aſſis, lequel le baiſoit à la bouche & luy donnoit ſes mains à baiſer, qui eſt ce que nos vieux titres. Manus, & oris oſculo homagianit(en Daufiné les gentils-hômes faiſoient l'hommage au Daufin debout) apres cela le Prin ce luy faiſoit vne inueſtiture de ce qu'il tenoit en fief de luy par la tradition d'vne eſpée nue ou de quelque autre choſe comme d'vn canif, ainſi que fit Amé VII. Comte puis premier Duc de Sauoye en l'homma-ge que luy rendit Anthoine de Montferrand Seigneur d'Atigna en 1391. & Perceual ſeigneur de Ver-fey cheualier , en l'an 1424. & ces hommages ſe ſe rendoient en perſonne ou par procureur; les ſoue-rains les receuoient preſque touſiours , & la preſtation ſe faiſoit en preſence des plus grands ſeigneurs de l'Eſtat qui eſtoient mis preſens , & teſmoins à l'acte , l'adueu, & denombrement qui eſtoit appellé Specificatio feudi, ne s'inſeroit iamais en l'acte contenant la preſtation d'hommage , mais par vn acte ſeparé, & ſi celuy qui rendoit l'hommage n'en eſtoit pas ſaiſy ou inſtruit, il promettoit de le bailler dans quarante iours à peine de Commiſe.

Reſte demonſtrer combien de fois le Vaſſal eſtoit tenu de faire l'hommage à ſon ſouuerain, ſur quoy i'ay obſerué que tout autant de fois, que le fief changeoit de main par la mutation du Vaſſal, il y auoit lieu à preſtation du fief ainſi le fils apres la mort du Pere eſtoit tenu à l'hommage ſi ſon Pere ne l'auoit deſia fait; l'achepteur quoy que ſon vendeur l'euſt rendu auparauant, de meſmes quand le Souuerain venoit à changer ou à mourir, il falloit de neceſſité aller faire l'hommage à ſon ſucceſſeur, il eſt vray que quand il y auoit de legitimes empeſchemens , comme de guerre, d'Ambaſſade , ou de quelque autre grand employ , le Prince en diſpenſoit à la charge que dans vn certain temps la preſtation s'en feroit.

Les

Les fiefs , & feigneuries n'eftoient anciennement poffedées que par des nobles , mais l'abus qui fe gliffe par tout , fit que les Princes de Sauoye permirent que les roturiers les peuffent porter moyennant des lettres de Capacité , & vne certaine finance qu'on appelloit le *Tot quot* qui fe payoit en la Chambre des Comptes ; La plufpart des Seigneuries de Breffe & de Bugey font en iuftice , ce qui eft bien rare ailleurs , il y a des Seigneurs qui ont iuftice limitée comme les Barons de Mont-falcon, de Chandée , & de Langes , le Seigneur de Conflens fur ains , & plufieurs autres , Quelques vns ont iuftice & fuyte fur leurs hommes en quelque part qu'ils delinquent comme le Comte de Montreuel en toutes fes terres, & le Seigneur de Corfanctiere le mandement de Baugé, D'autres n'ont Iuftice que fur leurs hommes delinquans dans leur fief ainfi que le Seigneur de Perés. En Bugey on paye les lods au Roy de tous les fief en cas de vente, ce qui n'a pas lieu en Breffe par priuilege fpecial fors dás le Marquifat des Villars. Et d'autant que les fiefs de leur nature obligeoient le Vaffal d'aller à la guerre pour fon Seigneur , & que bien fouuent il fe treuuoit des fiefs poffedés par des femmes incapables d'aller à la guerre , l'hommage s'en faifoit par leurs Marys, pour lefquelles ils promettoient de feruir, le cas efcheant, ou de donner vn homme lige dans vn terme comperant pour faire ledit Seruice, Ainfi Iean de Cuffley Damoifeau faifát hómage en l'an 1272. à Amé de Sauoye Seigneur de Baugé, & de Breffe de ce qu'il tenoit en fief de luy dans la paroiffe de Boiffey , du chef de fa femme promit de feruir pour elle , *quoifque alium defruitorem idoneum exhiberet*, & Henry le Sauuage Cheualier Seigneur de Marmont en l'hommage qu'il rendit au mefme Prince en ladite année 1272. des droits qu'il auoit à Chamandray dit qu'il en faifoit la fidelité, pour fa femme fille d'Hugues de S. Sulpif, & que le Seigneur de Breffe luy donnoit terme infques à ce qu'il eut donné vnhomme lige pour feruir ce fief.

DES COVSTVMES.

CHAPITRE XIII.

NOVS auons beaucoup de matieres qui fe decidér par la couftume du Pays,quoy qu'elle ne foit point redigée par efcrit : Car pour les Eftangs, on fe regle par la Couftume de Villars. Pour les Commandes (qui eft ce qu'en la couftume de Niuernois, Bourbonnois, & autres on appelle Croifts, & Chaptels de Beftes, & en Italie, *Socida*) par la Couftume de Baugé: d'ou vient que prefque en tous les Contracts de Commandes, les Notaires in erent cette claufe. *Aux Vs & Couftumes de Baugé* : En Breffe l'Augment de la Dot n'eft point deu à la femme s'il n'eft ftipulé , & promis par le Contract de mariage ; En Bugey tout au contraire il eft deu fans ftipulation, auec cette difference encor qu'en Bugey l'Augment à deffaut d'enfans fait retour aux heritiers du Mary , au lieu qu'en Breffe il eft propre à la femme bien qu'il n'y ayt point d'enfans de ce mariage. On ne paye point de lods en Breffe , & Bugey des donations, efchanges, ou fucceffions ; & des Contracts defquels ils font deubs ; le Prince, & l'Eglife ne prennent que le fixieme denier, les autres Seigneurs, & Gentils-hômes le quart, le Duc du Pont-deuaux côme feigneur de Gorteuçd préd la moitié. Quant à la Main-morte Il y en à de deux fortes, la Perfonnelle & la Reelle : La Main-morte, ou Taillabilité perfonnelle eft quand quelqu'vn s'eft reconnu luy & les fiens Taillable, ou Main-mortable d'vn Seigneur, auquel mourant fans enfans, & hors la Communion , il fait efcheute de tous fes biens en payant les debtes, foit que lefdits biens foient de condition de Main-morte ou franes & fur ces fortes de Gens , le feigneur de la Main-morte à le droit de fuite & de pourfuite en quelque part qu'ils aillent demeurer. La Main-morte reelle n'affecte que les fonds qui ont efté reconnus de cette qualité , & quoy qu'ils foient poffedés par vn homme franc , toutesfois s'il meurt fansenfans, & hors de Communion , ces fonds font efcheute au feigneur de la Main-morte qui n'eft tenu au payement des debtes que fubfidiairement , & au cas que les biens francs ne fuffifent. Ce droit de Main-morte eft vne refte de l'Efclauage tant prattiqué , chés les Romains , auquel pourtant il n'y a pas tant de feuerité qu'en beaucoup de Couftumes du Royaume , qu'ces Seruitudes font en Vfage, parce que parmy nous l'homme Taillable peut difpofer de fes biens par toutes fortes d'acts , & d'alienations fors par teftament , ou donation à caufe de mort , & l'homme franc de mefmes qui à des fonds de cette qualité : De Maix , ou villages Taillables, ou la main-morte fe contracte par la feule habitation nous n'en auons aucuns finon les Villages d'Efnes & Afnieres en Breffe qui appartiennent au Comte de Montreuel, & le Village de Bou qui depend de la Duché du Pont-deuaux, ou quiconque demeure domicilié par an & iour deuient homme Taillable, & de Main-morte.

Au furplus il y a tres grande difference entre les Main-mortes de Breffe, & celles de Bugey, car en Breffe la fille de l'homme Taillable & de Main-morte exclud le feigneur, & fucede en tous les biens de fon Pere, comme de mefmes la fille d'vn homme franc qui à des fonds taillables, Mais en Bugey il y à couftume contraire, dautant que le Seigneur de Main-morte exclud les filles, en effect fi vn Taillable meurt, & ne laiffe qu'vne , ou plufieurs filles , le feigneur prend toute fa fucceffion à la charge de doter les filles à concurrence de leur legitime , & fi vn homme libre decede laiffant vne ou plufieurs filles, elles luy fuccedent en tous fes biens qui font de condition franche , & le feigneur de la Main-morte en ceux qui font taillables.

Cet vfage de Bugey fi different du noftre à vne origine tres Curieufe, & laquelle à efté inconnue iufques à prefent, c'eft qu'autrefois la Loy Salique par laquelle les filles ne fuccedent point y eftoit obferuée, & en Suiffe mefmes qui eft en ce Voifinage; Nous en auons trois preuues hors de côtredit; la premiere eft en la Conceffion qu'Albitius Conte de Geneue fit à Alranus Abbé de Nantua enuiron l'an 930.

des

Preun. pag. 5. des Villages de S. Germain de Ioux eschalon, & autres lieux Voysins pour en iouir *Secundum legem* *Salicam* ; la Seconde se tire d'vn titre de l'an 1185. par lequel Iean Seigneur du Balmey en Bugey en donnant la liberté à Iean Pition du Village de Vieu son homme Taillable, & de Main-morte, dit qu'il l'affranchit & le deliure, *à consuetudine legis Salica, ita vt filia sua possint sibi succedere*, declairant ledit Iean Pition, & les siens nés & à naistre quittes *Ab omni vsagio bono vel malo legis Salica*, Les presens à cet acte sont Norbold du Balmey frere dudit Iean du Balmey, Gilbert de Toire son Beaufrere Cheualiers & Guy Prieur de Meyria esleu Euesque d'Aouste La troisiesme preuue resulte d'vne autre cō-Preun. pag. 5.cessiō faicte en 1292. par Guillaume Prieur de la Chartreuse de la Valsaincte au Canton de Fribourg, & ses Religieux à Ianette de Charmey fille de Girard seigneur de Charmey Chenalier, de la troisiesme partie du Village de Charmey, *Sub conditione legis Salica his in locis obseruari solita*, c'est à dire que si elle ou ses heritiers venoient à mourir sans enfans masles ; cette troisiesme partie retourneroit aux Chartreux, i'ay inseré ces deux derniers titres entiers dans les preuues de cette histoire auec celuy d'Albitius Comte de Geneue tant pour appuyer la proposition que ie viens de faire, que pour donner de l'exercice à nos curieux sur ces deux beaux tesmoignages de la Loy Salique, laquelle les ennemys de la couronne ont si mal à propos voulu choquer, en passant on peut encor remarquer en cet affranchissage fait par le Seigneur du Balmey que ce n'est pas d'auiourd'huy que l'on tient les taillables mal auisés, parce que dans ce mesme titre Iean du Balmey ne se contente pas de dire qu'il deliure ce Iean Pition de la coustume de la loy Salique, mais il est porté qu'il le remet en son bon sens. Au reste ces mots de taillable, & de main-mortable sont synonimes, & neantmoins leur ethimologie est differente, car le mot de taillable vient de ce qu'autre fois en Bresse & Bugey les Seigneurs auoient droit d'imposer taille à leur volonté sur ceux qui estoiēt de condition seruile, d'ou vient que dans plusieurs Terriers on y treuue des taillables à misericorde, & lors que par conuention auec le Seigneur ils auoient rendu cette taille fixe en deniers, ou en denrées, on les nommoit taillables amoderés, ce qu'en plusieurs coustumes de France on appelloit taillables abonnés. Quant au mot de mainmortes l'ethimologie n'en est pas moins curieuse. Aux Pays Bas il y auoit iadis des Serfs sur lesquels le seigneur pour marque de seruitude auoit droit apres leur mort de prendre le le plus beau meuble ou ioyau qui se treuuoit en leur hoirie que s'il ne rencontroit rien de tel, on coup-*Magnū chronicū Belgicū apud Pistoriū sub anno 1121.*poit la main droite du taillable, & on la presentoit au Seigneur, l'histoire des Euesques de Liege fait mention de cette ancienne coustume & de la est deriué sans doute le nom de main-morte que l'on à depuis appliqué à toutes personnes de cette qualité.

DES GOVVERNEVRS, ET LIEVTENANTS GENERaux de Bresse, & de Bugey.

CHAPITRE XIV.

L'ESTABLISSEMENT des Gouuerneurs, & Lieutenāts generaux n'est pas ancien en Bresse, & Bugey, car auant l'an 1350. on ne void personne qui ayt porté ceste qualité que le fils aisné de la maison de Sauoye qui se disoit Gouuerneur, & Lieutenant general en tous les Estats comme vne dignité hereditaire, & affectée au premier né de Sauoye, auquels de bonne heure on faisoit part de la Souueraineté, mais ces ieunes Princes demeurants tantost de çà tantost de là les Monts, & ne pouuans estre par tout, les Baillifs ayans de soins particuliers ; & les chastelains n'ayans point d'authorité hors de l'estenduë de leurs chastellainies, on fut contraint pour contenir les peuples, maintenir le repos entre les Gentils-hommes, & veiller à la conseruation des Prouinces d'y establir des Gouuerneurs, & Lieutenans generaux qui en l'absence des Comtes de Sauoye, de leurs enfans commandoient en temps de guerre, & en temps de paix, auec vn pouuoir toutesfois qui n'estoit pas si absolu qu'il est auiourd'huy, car ils rendoyent compte de tēps en tēps au Chancelier, & au Conseil de Sauoye de leurs actions, & n'exerçoient que par commission, & pour tant de temps qu'il plaisoit au Prince. Le premier à qui ie treuue que cet honneur fut deferé est Iean du Vernay Cheualier, Seigneur de la Rochette Baillif de Bresse qui en l'an 1389. fut pourueu de la charge de Lieutenant general en Bresse, & de çà la Riuiere d'Ains pour son Altesse de Sauoye, apres luy le furent ceux cy.

Iean de la Baume Cheualier Sire de Valafin, & de l'Abbergement 1396.

Iean Seigneur de Corgenon Lieutenant general en Bresse 1401.

George de Montbel Cheualier, Seigneur de Fruzasque Lieutenant general en Bresse pour le Comte de Sauoye és années 1411. 1412.

Claude du Saix Cheualier, Seigneur de Riuoire Conseiller & Maistre d'hostel de son Altesse, Lieutenant general en Bresse 1424.

Aymon Seigneur de Chasteauuieux, & de Verjon Lieutenant general au gouuernement de Bresse, Reuermont, Dombes, & la Valbonne 1430.

Odet Seigneur de Chandée Baillif de Bresse, & Lieutenant general de çà la Riuiere d'Ains 1433.

Hugonin de Chandée III. du nom, Cheualier, Seigneur de Chandée, du Chastelet, & de Vassalieu, Baillif & Lieutenant general pour son Altesse en Bresse 1435.

Iaques de la Baume Cheualier, Seigneur de l'Abbergement, de Noyers, & de Marboz, grand maistre des Arbalestriers de France, Baillif de Bresse. 1438. 1440.

Iean

Iean de Seyffel Cheualier, Seigneur de la Rochette. Marefchal de Sauoye, Lieutenant general en Breffe 1440.

Humbert de Montluel Cheualier, Seigneur de Chafteaufort, Lieutenant general en Breffe, Reuermont, Dombes, & la Valbonne 1453. 1454.

Guillaume de la Baume Cheualier de la Toifon, Seigneur d'Irlains, Montriblod, Mont-fainct Sorlin, Auilly, & Marbos, Gouuerneur de Breffe, Dombes, Reuermont & la Valbonne fous Philippes de Sauoye Comte de Baugé 1470.

Hugonin de Chaudée IV. du nom Cheualier, Seigneur de Chandée, Gouuerneur, & Lieutenant general pour fon Alteffe en Breffe 1472.

Amé de Geneue Cheualier, Seigneur de Buringe, la Baftie, & Meillonnas Lieutenant general 1481.

Anthoine de la Palu Cheualier, Seigneur de fainct Iulin, & de Toffia Lieutenant general 1492.

Guy Seigneur de Chafteauuieux, Bezenens, & Colonges Gouuerneur de Breffe.

Guillaume de la Geliere Cheualier, Seigneur de la Geliere, & de Rofy, Confeiller, & Chambellan ordinaire de fon Alteffe de Sauoye, Gouuerneur, & Lieutenant general en Breffe.

Iean de Loriol Cheualier, Seigneur de Chales, & de Corgenon, Confeiller, Chambellan, & grand Maiftre d'Hoftel du Duc de Sauoye, Gouuerneur de Breffe 1500. 1504.

Iean Philibert de la Palu Cheualier Comte de Varax Lieutenant general. 1515.

Laurent de Gorreuod I. du nom Baron de Montaney, Cheualier de la Toifon puis Comte du Pont-de Vaux, grand Maiftre d'Efpagne, & premier efcuyer de Sauoye, Lieutenant general en Breffe fous la Ducheffe Maguerite 1516. & 1520.

Philibert de la Baume Cheualier, Confeiller, & premier Maiftre d'Hoftel de l'Empereur Charles V. Baron de S. Amour, Seigneur de Monfalconnet, & de Sandrens, Gouuerneur, & Lieutenant general en Breffe, Bugey, & Valromey.

SOVS LES ROYS FRANCOIS I. ET HENRY II.
apres la conquefte de la Breffe, & du Bugey en l'an 1535. furent Gouuerneurs & Lieutenants generaux de Breffe, Bugey, & Valromey.

Iean de la Baume Cheualier de l'ordre du Roy, Comte de Montreuel, Gouuerneur, & Lieutenant general en Breffe & Bugey fous le Roy François I. 1536.

Claude de la Geliere Seigneur de Nicudey, Lieutenant au gouuernement de Breffe en l'abfence de Iean de la Baume Comte de Montreuel 1539.

Gabriel de la Guiche Cheualier de l'Ordre du Roy Seigneur de la Guiche, Chaumont, fainct Geran, Torcy, & Coudun, Capitaine de cinquante hommes d'armes des ordonnances, Gouuerneur, & Lieutenant general en Breffe Bugey, & Valromey 1547.

Le Seigneur d'Alligny Lieutenant au gouuernement de Breffe, & Bugey en l'abfence du Seigneur de la Guiche 1551.

Iean Damas Seigneur de Digoine & de Cleffy Capitaine de cinquante hommes d'armes des Ordonnances de France, Lieutenant general au gouuernement de Breffe, Bugey, & Valromey, gouuerneur de Mafcon. 1552.

N. de Cleron Seigneur de Saffres Lieutenant au gouuernement de Breffe, Bugey & Valromey en l'abfence du Seigneur de la Guiche 1555.

Iean de la Riniere Vicomte de la Riuiere.

François de la Tour III. du nom Vicomte de Turene Gentil-homme ordinaire de la chambre du Roy Capitaine de Bourg, Gouuerneur, & Lieutenant general pour le Roy en Breffe & Bugey 1557.

Iean de Marconnay Seigneur de Montaret en Bourbonnois Gouuerneur, & Lieutenant generalde Breffe, Bugey, & Valromey 1558.

APRES LA RESTITVTION DES ESTATS FAITE AV
Duc de Sauoye Emanuel-Philibert par la paix de Cambray en l'an 1559. furent Gouuerneurs, & Lieutenants generaux de Breffe, Bugey & Valromey.

Philibert de la Baume Confeiller, & premier Maiftre d'Hoftel de l'Empereur Charles V. Baron de S. Amour, Seigneur de Montfalconnet, & de Sandrens, Gouuerneur, & Lieutenant general en Breffe, Bugey & Valromey, il auoit efté depouillé de fes charges par le Roy François I. mais il y fut reftably par le Duc Emanuel-Philibert.

Laurent de Gorreuod II. du nom Comte de Pont de Vaux, Cheualier de l'Ordre de Sauoye, Gouuerneur, & Lieutenant general en Breffe, Bugey, & Verromey 1560.1578.

Le Baron d'Aix de la maifon de Seyffel colonnel de dix compagnies d'Infanterie, Lieutenant general en Breffe, Bugey, & Valromey. 1562.

Guillaume Bouchard Cheualier, Seigneur de Montdragon, Montfleury, Argit, & la Vernée ; Lieutenant general en Breſſe, & Bugey, en l'abſence de Laurent de Gorreuod Comte du Pondeuaux 1564.

Lonys de la Baume, dit de Corgenon, & de Poupet Cheualier Comte de S. Amour, Baron de Montfalconnet, & Seigneur de Perés, Cheualier de l'Ordre de Sauoye, Lieutenant general pour ſon Alteſſe de-ça les Monts 1585.

George de Lyobard Cheualier, Seigneur du Chaſtelard, & de Ruffieu, Côſeiller d'Eſtat de ſon Alteſſe, & ſon Lieutenant general en Breſſe, Bugey & Valromey 1586.

Ioachim de Rye Marquis de Treffort, Seigneur de Iaſleron, Ceyſeria, & le Pont d'Ains Conſeiller d'Eſtat de ſon Alteſſe, Capitaine de cinquante lances, Colonel d'vn regiment de gens de pied, Gouuerneur, & Lieutenant general en Breſſe, Bugey, & Valromey 1590.1595.

Melchior Comte de Montmayeur, Mareſchal de camp General de Sauoye, Gouuerneur de Montmelian, & Gouuerneur, & Lieutenant general en Breſſe, Succeda à Ioachim de Rye Marquis de Treffort en Auril 1595. 1600.

Iean-Amé de Bouuens Cheualier Seigneur de S. Iulin, de Chaſtillon de Michaille, & de Muſinens Lieutenant general en Breſſe, en l'abſence du Comte de Montmayeur, apres la reduction du pays.

Charles de Gontaut de Biron, Duc, Pair & Mareſchal de France Gouuerneur, & Lieutenant general pour le Roy en Bourgongne, & Breſſe 1600.1602.

Edme de Malain Cheualier, Baron de Lux, & de Montbard, Lieutenant general audit gouuernement.

Roger de ſaint Lary, Duc de Bellegarde Pair, & grand Eſcuyer de France, Gouuerneur & Lieutenant general pour ſa Majeſté en Bourgogne, & Breſſe.

Leonor de la Madelaine, Marquis de Ragny, Cheualier des deux Ordres Lieutenant general audit gouuernement.

Claude de la Madelaine, Marquis de Ragny, ſon fils Lieutenant general audit gouuernement.

Henry de Bourbon, Prince de Condé, premier Prince du ſang, premier Pair de France, Duc d'Anguien, Chaſteauroux, & Montmorency, Gouuerneur & Lieutenant general pour le Roy en Bourgogne, & Breſſe 1632. & 1646.

Charles Damas, Marquis de Thianges, Seigneur de Dio du Deſſend & d'Eſtours, Cheualier des deux ordres du Roy, Mareſchal des camps & Armées du Roy, Lieutenant general audit gouuernement 1633. 1638.

Philippes de la Motte-Houdencourt, Mareſchal des camps & armées de ſa Majeſté, Méſtre de camp d'vn regiment d'infanterie, Capitaine de cinquante hommes d'Armes, Gouuerneur de la ville, & Duché de Bellegarde, Lieutenant general audit gouuernement de Breſſe, Valromey, Gex, & Comté de Charrolois 1639.1640. depuis Mareſchal de France, Duc de Cardone & Viceroy en Catalogne.

Louys de Bourbon Prince de Condé, premier Prince du ſang, premier Pair de France, Duc d'Anguien, Chaſteauroux, Albret, Fronſac & Montmorency, Gouuerneur & Lieutenant general pour le Roy en Bourgogne & Breſſe, apres la mort de Monſeigneur le Prince ſon Pere. 1547. & 1650.

Ceſar Duc de Vendoſme, d'Eſtampes, de Beaufort, de Mercueur & de Pentheure Pair de France, Prince de Martigues, commandant par commiſſion en Bourgogne & Breſſe 1650.

Ferdinand de la Baume Cheualier X. Comte de Montreuel Marquis de ſainct Martin & de Sauigny, Conſeiller du Roy en ſes Conſeils, Capitaine de cent hommes d'armes, Mareſchal de ſes Camps & Armées, & Lieutenant general pour ſa Majeſté en Breſſe, Bugey, Valromey, Gex, & Comté de Charrolois 1642. & 1650.

✿❀✿❀✿❀✿❀✿❀✿❀✿❀✿❀✿❀✿❀✿❀✿❀✿❀✿❀✿❀✿❀✿❀✿❀

BAILLIFS DE BRESSE.

CHAPITRE XV.

A charge de Baillif à touſiours eſté en grande conſideration en Breſſe, dont il ne faut autre teſmoignage que la naiſſance & la qualité de ceux qui l'ont poſſedée de temps en temps, Auparauant Sibille de Baugé, Dame de Baugé, & de Breſſe, on ne void pas qu'elle fut en vſage en ce pais ; car comme l'Eſtat des Sires de Baugé, & Breſſe eſtoit fort petit, l'adminiſtration de leurs affaires ſe faiſoit par leurs gentils-hommes, & Chaſtelains ; mais cette Princeſſe ayant eſté mariée auec Amé IV. du nom Comte de Sauoye, il voulut que cet eſtat fut regy, & gouuerné auec vn meſme ordre que la Sauoye, & le Bugey, dont il eſtoit deſia Seigneur, voyla pourquoy il crea vn Baillif en Breſſe, ce qui fut continué par ſes ſucceſſeurs Comtes & Ducs de Sauoye, & dure encor aujourd'huy. Le pouuoir des Baillifs de Breſſe ſous la domination des Princes de Sauoye eſtoit pareil en pluſieurs choſes à celuy qu'ils ont à preſent, car ils auoient la conduite du Ban, & Arrieban, preſidoient aux aſſemblées des Eſtats, commandoient en la Prouince en l'abſence du Prince, ou de ſes Gouuerneurs, & Lieutenants generaux, faiſoient l'aſſiete de toutes les impoſitions & tailles, dont les contraintes ſe faiſoient ſous leur nom, receuoient les ſerments des Chaſtelains, & Curiaux qui dependoient de la nomination du Prince, viſitoient les places fortes en temps de guerre, & en ordonnoient les fortifications. Depuis que la charge de Capitaine general des fortifications fut ſupprimée, ils n'etoient que temporels tantoſt pour vn an, quelquefois pour deux & trois, ce qui ne s'obſerue plus, iay creu qu'il ne ſeroit pas hors de propos de donner vne liſte de tous les Baillifs de Breſſe depuis l'an 1285. iuſqu'à ce iourd'huy, ſuiuant ce que i'en ay peu apprendre par les titres qui m'ont paſſé par les mains.

BAILLIFS

BALLIIFS DE BRESSE SOVS LES COMTES,
et Ducs de Sauoye.

Raymond de Bordeaux Cheualier 1272.
Iean du Chastelard Cheualier Baillif & Iuge de la terre de Baugé 1273.
Eutard Seigneur de Mornay 1285.
Aynard de Bardonenche Cheualier en 1287.
Pierre d'Oncieux Cheualier, Seigneur de Douures dés l'an 1288. iusqu'à 1290.
Pierre Seigneur de Chastillon en Michaille Cheualier 1290. 1293.
Pierre de la Baume Cheualier, Seigneur de Valufin, Baillif de Bugey 1293. 1298.
Iean de Ferrieres, Baillif & Iuge de la terre de Baugé 1303.
Humbert de Corgenon Cheualier, Seigneur dudit lieu 1306. 1307.
Pierre Seigneur de Ternier Cheualier 1318.
Pierre Seigneur de Luyrieux & de Cule Cheualier 1320.
Humbert de Montmayeur Cheualier, Seigneur de Brianson en 1323.
Giraud ou Girard de Chastillon Cheualier en 1350.
Humbert de Corgenon II. du nom Cheualier, Seigneur de Corgenon 1351. 1363.
Iean de Corgenon Cheualier, Seigneur de Corgenon, & de Meillonnas 1377. 1390.
Iean de Vernay Cheualier, Seigneur de la Rochette 1389.
Iean de Corgenon II. du nom Cheualier, Seigneur de Corgenon, & de Trois-Fontaines 1396. 1401.
Iean de Montbel de la maison d'Entremonts 1403. 1410.
George de Montbel Cheualier, Seigneur de Fruzasque en Piemont de la mesme famille 1411. 1414.
Guy de la Palu Cheualier, Seigneur de Varembon 1415. 1423.
Claude du Saix , Seigneur de Riuoyre Cheualier du grand Ordre de Sauoye, Conseiller, & Maistre d'Hostel de son Altesse, & son Lieutenant general en Bresse 1424. 1429.
Hugonin de Chandée III. du nom Cheualier, Seigneur de Chandée, du Chastelet, & de Vassalieu 1433.
Odet Seigneur de Chandée 1433. 1435.
Aymon Seigneur de Chasteau-vieux, & de Verjon Cheualier 1439.
Iacques de la Baume, Cheualier, Seigneur de l'Abbergement, Marboz, Noyers, Morillon, Esnes Anieres, & Sermoyé 1444.
Iean de Seyssel , Cheualier, Seigneur de Barjat, & de la Rochette Mareschal de Sauoye 1447. 1450.
Iean de Chasteauuieux, Cheualier, Seigneur de Verjon 1451.
Humbert de Montluel, Cheualier, Seigneur de Chasteaufort 1451. 1454.
Antoine de Montjouuent, Cheualier, Seigneur de Montjouuent, & de la Pertouze 1470.
Hugonin de Chandée IV. du nom Cheualier , Seigneur de Chandée 1472.
Amé de Geneue, Cheualier, Seigneur de Buringe , la Bastie & Meillonnas 1481. & 1483.
Antoine de la Palu Cheualier, Seigneur de sainct Iulin, Escorens, la Balme, Monthous, & Tossia 1492.
Guy Seigneur de Chasteauuieux, Verjon, Bezenens, & Colonges, premier Chambellan , & Maistre d'Hostel du Duc de Sauoye 1494. 1497.
Guillaume Seigneur de la Geliere, & de Rosy Cheualier, Conseiller, & Chambellan de son Altesse de Sauoye 1498.
Philibert Andreuet Seigneur de Corsant, Montfalcon, Beaurepaire, Marmont & Longes 1505. 1507.
Antoine de Chauanes Seigneur de sainct Nizier le Bouchoux, & de Malaual 1516.
Philibert de la Baume Cheualier, Seigneur de Perés 1530. 1535.

SOVS LES ROIS FRANCOIS I. ET HENRY II.

Iean de la Baume Comte de Montreuel Cheualier de l'Ordre du Roy 1536.
Philibert de la Baume, Cheualier, Baron de Montfalconnet, & de sainct Amour 1539. 1541.
Claude Seigneur de Chasteauuieux, Bezenens, & Colonges, Baron de Fromentes, Conseiller, & Maistre d'Hostel du Roy François I. 1542. 1559.

SOVS LES DVCS DE SAVOYE EMANVEL-PHILIBERT,
et Charles - Emanuel apres la Restitution de la Bresse,
faicte par la paix de l'an M. D. LIX.

Philibert de la Baume, Cheualier , Baron de Montfalconnet, & de sainct Amour qui ayant esté destitué par le Roy François I. fut restably par le Duc Emmanuel Philibert 1560. 1570.
Pierre de Ioly Seigneur de Choin, Lyarens, & le Poussey Baron de Langes 1580.

SOVS LES ROYS HENRY IV. ET LOVYS XIII.
apres l'Eschange du Pays.

Ioachim de Chasteaunieux, Seigneur de Verjon, & de la Villatte, Comte de Confolant 1601.

D 2   Anthoine

Anthoine de Champier, Seigneur de la Fauerge,& de Feillens,
Iaques de Champier, Baron de la Baſtie,& Seigneur de Valains en Dombes 1620.
Claude-François de Ioly, Seigneur de Choin,& du Pouſſey, Baron de Langes 1620.1640.
Claude-Guillaume de Ioly, Baron de Langes 1641.& 1650.

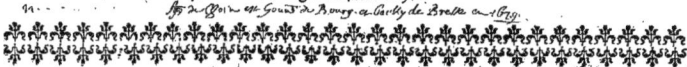

BAILLIFS DE BVGET.

CHAPITRE XVI.

LEs Baillifs de Bugey auoient le meſme pouuoir que ceux de Breſſe, & ce que nous auons dit de ceux là tant pour leur inſtitution que fonction, ſe doit appliquer à ceux cy. La ſuite des Baillifs de Bugey ainſi que ie l'ay peu recouurer eſt telle.

SOVS LES COMTES ET DVCS DE SAVOYE.

Girard de Langes, Cheualier 1279.
B. de Montmayeur, Cheualier ſon ſeau eſt d'vne Aigle 1290.
Hugues de la Rochette Cheualier, ſon ſeau de trois Tours 1290.
Hugues du Puy-Gauthier, Cheualier 1291.
Eſtiene de Portebeuf Cheualier 1293.
Pierre de la Baume, Cheualier, Seigneur de Valuſin 1298.
Rodolphe de Montmayeur Cheualier 1298,
Hugues de Boczezel Cheualier 1301.
Hugues Rigaud 1302.
Pierre Eymond Cheualier 1309.
Salamand de Cordon Cheualier 1313.
Iean de Bagniol Cheualier 1321.
Hugues du Chaſtelard Cheualier.
Boniface Seigneur de Cly 1328.
Enard de la Foreſts 1334.
Amé de Viry Cheualier 1340.
Lancelot de Chaſtillon, Cheualier, Seigneur de Cule 1356.
Vmbert de Coiſia 1400.
Perceual de Moyria, Cheualier, Seigneur dudit lieu & de Mailla en 1402.
Yues Rodes 1414.
Gaſpard Seigneur de Vatax & de Richemont 1458.
Amé de la Balme, Seigneur de Tiret 1460.
Antelme de Myolans Cheualier 1466.
Pierre de Mazuir, Seigneur du Barrios de Sainct Rambert 1470.
Gaſpard de Chandée, Cheualier, Seigneur de Vaſſalieu 1482.
George de Montfalcon, Seigneur du Rochex 1506. 1512.
Claude de Mareſte, Baron de Loyſſey Seigneur de Chana, & de Cheuelu 1515.
Iaques Seigneur de Grolée 1527.

SOVS LES ROIS FRANCOIS I. ET HENRY II.
& Ducs de Sauoye, iuſques à l'eſchange.

Marin de Montchenu, Cheualier, Baron de Montchenu, & de Chaumont en Geneuois Seigneur de la Vulpilliere, & de Pontuerre, Conſeiller, & Maiſtre d'Hoſtel du Roy François I. Seneſchal de Lymoſin, & de la Baſſe-Marche, il fut fait Baillif de Bugey apres la conqueſte du pays par François I. ſes prouiſions ſont du 11. May 1536.
Pierre de Montluel, Cheualier, Seigneur de Chaſteaufort, Conſeiller & Chambellan de ſon Alteſſe de Sauoye 1562.
Pierre de Ioly, Seigneur de Choin, Lyarens, & le Pouſſey Baron de Langes.

APRES LA REDVCTION DV PAIS PAR L'ESCHANGE.

Ioachim de Chaſteauuieux, Seigneur de Verjon, & de la Villatte, Cheualier des deux Ordres Comte de Confolant 1600.
Anthoine de Champier, Seigneur de la Fauerge & de Feillens.
Guillaume de Champier, Seigneur de Feillens & d'Alouſia.

DE

DE LA IVSTICE.
CHAPITRE XVII.

ANDIS que les Sires de Baugé estoient Souuerains de Bresse, ils faisoient administrer la Iustice à leurs sujets par vn seul Iuge qui demeuroit ordinairement à Baugé, les appellations duquel se releuoient par deuant le Sire de Baugé, qui les iugeoit par l'aduis de son Conseil, qui estoit composé de gens d'Eglise, de Gentils-hommes, & de Docteurs en droit, mais apres le mariage de la Princesse Sibille de Baugé Amé IV. du nom. Comte de Sauoye son mary voulut que Bourg fust la capitale de ce petit Estat; & y establit le Siege de la Iustice, qui n'estoit composé que d'vn Iuge, d'vn Procureur fiscal, & d'vn Greffier, & ce Iuge se qualifioit Iuge de la terre de Baugé, (car toute la Bresse en ce temps-là estoit comprise sous le nom de la Seigneurie de Baugé) Au Sceau dont on se seruoit à l'expedition des actes de Iustice, il y auoit la croix de Sauoye, adextrée, & senestrée en chef de deux Lyons d'hermines, qui sont les armes des anciens Sires de Baugé, & autour Sigillum Curiæ Domini Baugiaci, cela se pratiqua de la sorte pendant la vie de Sibille de Baugé, à laquelle par respect le Comte deferoit cela, parce que la Seigneurie de Bresse estoit son propre patrimoine, apres sa mort le Comte Amé ayant estably vn Baillif en Bresse, qu'il fit chef de la Iustice, son Iuge se nomma Iuge Majé de Bresse, à la difference des autres Iuges, des Seigneurs Bannerets, du pays, quasi Index major, & alors le sceau du Greffe fut fait à vne simple croix de Sauoye, auec ces mots Sigillum Bailliuatus Bressiæ, & les appellations qui s'émettoient des sentences dudit Iuge, se releuoient au Conseil du Comte de Sauoye, duquel son Chancelier estoit chef, en ce temps-là, le Iuge Majé de Bresse n'auoit point d'auditoire, & rendoit ses sentences en la place publique, deuant la halle de Bourg, ainsi que i'ay veu par titres de l'an 1350. & 1373. Cet establissement dans cette premiere simplicité dura l'espace d'enuiron cent ans, iusques à ce que Louys Duc de Sauoye, crea vn Iuge des appellations le 26. Nouembre, de l'an 1443. qui estoit superieur au Iuge Majé ordinaire, (pour le soulagement de ses sujets qui bien souuent pour des matieres legeres, estoient obligez d'aller plaider à grands fraiz par deuant le Conseil du Duc,) auquel par Edict il attribua pouuoir, & Iurisdiction de iuger, & decider toutes les appellations qui viendroient dudit Iuge Majé, lesquelles auparauant ressortissoient nuëment au Conseil du Prince : or ces deux Iuges Majés ordinaire, & d'appel prenoient pour assesseurs quand ils ingeroient les procez les plus anciens graduez de la Ville; & leur ressort, estoit toute la Bresse à la reserue des terres du Sire de Villars : En l'an M. CCCCLX. que les Seigneuries de Baugé, Bresse, Reuermont, & la Valbonne furent erigées en Comté; en faueur de Philippes de Sauoye, Louys Duc de Sauoye son Pere luy bailla par l'infeudation desdites terres, les deux degrez de Iurisdiction, & se reserua le troisiesme, de sorte qu'ayant supprimé le Iuge Majé des appellations, il crea en sa place vn Conseil dans la Ville de Bourg, auec vn President duquel on pouuoit appeller au Senat de Sauoye, outre qu'il auoit son Chancelier, vne chambre des Comptes & vn Aduocat fiscal: estant depuis deuenu Duc de Sauoye, & le Comté de Bresse reuni au Duché de Sauoye, ce Conseil, & la charge de President de Bresse furent estaints, & le Iuge Majé des appellations de Bresse restably; mais comme à la mutation des Princes les choses les mieux establyes se renuersent, cette charge de Iuge Majé des appellations de Bresse fut encor supprimée pour la seconde fois ; car la Bresse, ayant esté baillée en Douäire en l'an 1505. à Marguerite d'Austriche, vesue de Philibert le Beau Duc de Sauoye, il luy fut permis de créer tels officiers que bon luy sembleroit pour l'administration de la Iustice, tant en premiere qu'en seconde Instance, mesmes d'auoir vn Conseil, & vn President au lieu du Iuge des appellations, à la charge que les appellations dudit Conseil, se releueroient au Conseil du Duc de Sauoye, qu'on a depuis appellé Senat, pendant que cette bonne Princesse vesquit, l'Estat de la Iustice de Bresse estoit tel.

Le Baillif aux gages de trois cents florins par an.

Le President de Bresse autresfois le Iuge des appellations à	250.florins.
Le Lieutenant au Bailliage qui estoit jadis le Iuge Majé.	500.florins.
Le Maistre des Comptes.	300.florins.
L'Aduocat Fiscal.	100.florins.
Le Procureur Fiscal.	100.florins.
L'Aduocat des Pauures.	20.florins.
Le Controolleur de Bresse.	100.florins.
Le Thresorier de Bresse.	400.florins.
Le Preuost des Mareschaux.	

Ce qui fut ainsi obserué, iusqu'à la conqueste de Bresse, faite par le Roy François I. auquel temps estoit President de Bresse Thomas Bergier, Seigneur de Corrobert, Lieutenant au Bailliage, Maistre Iaques Chichon, auquel succeda Maistre Pierre Bachet, Maistre des Comptes, Maistre Iean Buatier, Aduocat Fiscal, Anthoine de Chastillon, Seigneur de la Poëpe ; Procureur Fiscal Iean Faure, Aduocat des pauures Maistre Simeon Palnat, Controolleur Maistre Iean Cornu, Tresorier Maistre Iean Vionnet, Preuost des Mareschaux Bernardin de Chiloux ; tous lesquels Officiers furent continuez en leurs charges, en prenant nouuelles commissions du Roy, fors les Offices de Maistre des Comptes, & de Tresorier qui furent supprimés auec celuy de President; qui fut reduit à celuy de Iuge des appellations, suyuant sa premiere institution, toutesfois quelques années apres sur les remonstrances des habitans de Bourg sa Majesté remit vne chambre des Comptes, de laquelle il laissa la direction entiere à Ozias de Cadenet Seigneur de Noard, & dautant que tous les actes des procez, & les sentences mesmes s'estoient touſiours expediées en Latin , le grand Roy François voulut que cela ſe fit en langage françois,& parce qu'alors la Sauoye n'eſtoit pas encor en ſon pouuoir, il ordonna que les appellations de Breſſe ſe releueroient au Parlement de Dijon,ce qui neantmoins ne fut pas executé parce que le Roy ayant depuis conquis toute la Sauoye , & fait vn Parlement à Chambery en place du Senat , leſdites appellations y reſſortirent. Le ſeau du Lieutenant au Bailliage de Breſſe en. ce temps là eſtoit aux armoiries du Roy , & autour il y auoit *Sigillum Balliuatus Breſſiæ* , & en celuy du Iuge des appellations *Sigillum Curiæ appellationum Breſſiæ*, Ces charges de Iuge des appellations,& de Iuge Maje, ou Lieutenant au Bailliage de Breſſe, & d'Aduocat fiſcal eſtoient de tres grande conſideration; car outre qu'elles eſtoient ordinairement remplies de perſonnages de grande erudition, c'eſt qu'elles exemptoient de toutes tailles & charges, ce qui eſt cauſe qu'elles ont fait fondement de Nobleſſe en beaucoup de familles de la Prouince, elles n'eſtoient point venales, non plus que tous les autres Offices de Iudicature des Eſtats du Duc de Sauoye qui eſtoient temporels,& pendant la vie ſeulement de ceux qui en eſtoient pourueus, ils eſtoient gagés meſmes du regne du Roy François I. & d'Henry II. moyenant quoy ils ne cotroient aucunes eſpices aux procés qu'ils inſtruiſoyent ou iugeoient. Le Roy Henry II. crea vn office nouueau au bailliage de Breſſe, ſçauoit vn Lieutenant particulier, duquel fut pourueu Iaques de Focrand Eſcuyer, Seigneur de Langes , il fut ſupprimé par le Duc de Sauoye apres la reſtitution de ſes eſtats par la paix de l'an 1559. & tous les autres officiers continués. Mais le Roy Henry IV. d'heureuſe memoire ayant conquis la Breſſe, & le Bugey,& pris la ville de Bourg en l'an 1600,donna vne nouuelle face à cette iuſtice y ayant crée vn Preſidial qui fleurit aujourd'huy , & en bons Iuges, & en Aduocats doctes , & eloquents , auparauant lequel Maiſtre Philibert Barjot Lieutenant general au Bailliage de Maſconnois, Seigneur de la Sale & de la Vernette à ce commis par ſa Majeſté rendoit la iuſtice,& ſes appellations ſe releuoyent à Dijon. Du reſſort de ce Preſidial de Bourg ſont au premier & ſecond chef de l'Edict , les Marquizats de Baugé, Villars, Mirebel, Varembon , Sainct Martin le Chaſtel, Treffort, & le Duché du Pontdenaux, les autres Seigneuries, Baronnies, & Comtés de Breſſe, la Prouince de Bugey,le Marquizat de Valromey,& la Terre de Gex.Quant aux Marquiſats de Sainct Sorlin, & de Sainct Rambert,Baronnies de Poncin, & de Cerdon & Seigneurie de Chaſey , & terres appartenantes au Duc de Nemours,ſituées en Bugey , elles n'y reſſortiſſent par appel qu'au premier chef de l'Edict ſuyuant vn Arreſt du grand Conſeil du 21. d'Aouſt 1640.

✿✿✿✿✿✿✿✿✿✿✿✿✿✿✿✿✿✿✿✿✿✿✿✿✿✿

DES CHASTELAINS.
CHAPITRE XVIII.

Lib 4. Belli
Macedon.

LE Mot de Chaſtelain, *Caſtellanus* en Latin a pluſieurs ſignifications; car en l'hiſtoire Romaine vn Chaſtelain eſt pris pour vn ſimple habitant d'vn chaſteau , *Caſtellanus à Caſtro*, comme nous diſons villageois d'vn village , *Oppidani ab oppido , vrbani ab vrbe*. Tite liue en parle en ce ſens. *Decem millia* (dit-il) *popularium cum Caſtellanis aggreſſibus in armis habuit*, & en vn autre endroit *Sonant ſaluſtiane voces hæ, in Iugurthino bello ; iter Caſtellanorum anguſtum, vndique præciſum*. En droit les Chaſtelains ſont les gouuerneurs des chaſteaux *l. item queritur §. qui impleto num.9. ſſ. loc.* & c'eſt ainſi que l'ont expliqué Andreas ab Iſernia, Martinus Laudenſis, Matth. de Afflict. & autres Interpretes du droit , ce qui dure encor en Italie,ou tous les Gouuerneurs des chaſteaux , & des places fortes ſont appellés Chaſtelains, teſmoin le Chaſtelain de Milan, de Pauie, de Lodi, & autres lieux. Autrefois en France ce mot auoit pareille ſignification , dont on void des exemples en l'hiſtoire de Sainct Louys, du Sire de Ioinuille chapit. 42. & chez Froiſſart en ſes chroniques du Royaume de Naples les Chaſtelains ont la ſimple garde des chaſteaux ſans ſe meſler de la iuſtice, mais en Pologne , ils ont bien plus d'authorité ; car ils ſont Lieutenants des Palatins qu'on accompare à nos Baillifs, & peuuent conuoquer la Nobleſſe , mettent taux aux viures , & denrées , & connoiſſent des poids , & meſures au rapport de Cromerus. En Flandres les mots de Chaſtelains , & de Vicomtes ſont Synonimes, & toutefois le Seigneur Chaſtelain eſt celuy qui à chaſteau , & iuſtice riere ſa terre, d'où vient que Guichardin en ſa deſcription de la Flandre dit qu'il y a trente vne Chaſtellainies anciennes, *Che ſono capi, & ſignorie, che hanno iuriditione, & authorita* & preſque toutes les couſtumes de France l'interpretent ainſi comme Paris , Meaux, Melun, Sens,Eſtampes, Montfort, Mante, Senlis, Bonlenois, Niuernois,Montargis, Orleans, Tours, Loudun, Anjou, le Maine, Chaſteauneuf, Berry & Bretagne; il eſt vray que par ces meſmes couſtumes, il y a des Chaſtelains qui ſont Officiers des Seigneurs , & qui ont quelque connoiſſance de la Iuſtice. En Daufiné les Chaſtelains , & Capitaines outre la garde des Chaſteaux , auoient la recepte des droits du Prince , & en comptoient en la chambre des Comptés de Daufiné auant que les terres , & Seigneuries du Domaine fuſſent baillées à ferme ainſi que le rapporte Expilly au recueil de ſes plaidoyés plaid. 28. La Principauté de Dombes eſt diuiſée en chaſtellainies, & Capitaineries qui appartiennent au Prince , cependant les capitaines Chaſtelains ne ſont pas gouuerneurs des places, ſeulement ils ont quelque petite connoiſſance au fait de la police ; Or en Breſſe,& Bugey, il y a eu de tout temps deux ſortes de Chaſtelains, les vns créés par le Prince, les autres par les Seigneurs. Les Chaſtelains du Prince n'eſtoient point hereditaires, ils auoient autrefois le gouuernement particulier des places, & chaſteaux , conuocation des Nobles, & roturiers pour le fait de la guerre,& la recepte des reuenus , & droits de ſon Domaine comme en Daufiné; & ſous eux des Vice-chaſtelains qui faiſoient ladite recepte, & en alloient rendre compte tous les ans en la chambre des Comptes de Sauoye, cette charge eſtoit en ſi grande conſideration que les plus anciennes, & illuſtres familles les recherchoient.

Vincent.de
Franch, in.
deciſ. Neapo-
litanis

Lib. 1. de Situ
Pop. Merib.
Magiſtrat &
Rep. Regni
Polon.

recherchoient auec paffion,mais depuis que les Duc de Sauoye par leurs ftatuts leur attribuerent connoiffance de la iuftice , & de la police des Villes, & qu'on leur laiffa prendre le quart denier des compo-
fitions qui fe faifoient aux affizes des amendes qui s'adiugeoient à la requefte du Procureur fifcal,& la
dixiefme partie des amendes adiugées aux affifes, & non compofées , les Gentils-hommes fe dedaigne-
rent de poffeder de femblables charges, & en laifferent tout le foin à leurs Lieutenants, & Vice-chafte-
lains aufquels elle eft demeurée.De cette nature font les Chaftelains de Bourg & de Montluel , de Villars, Baugé,Pontdeuaux, fainct Triuier,Chaftillon, Pont de Vefle,Treffort, le Pont d'Ains,fainct Rambert , fainct Sorlin, Poncin, Cerdon,& autres lieux qui eftoient anciennement du Domaine de Sauoye,
quand donc on rencontrera en ces memoires cét office de Chaftelain dans les familles nobles , que cela
ne les en faffe pas mefeftimer, fous pretexte qu'il s'eft depuis auily , & a efté rendu hereditaire à prix
d'argent ; car dans fa premiere inftitution c'eftoit l'vne des plus belles, & honorables charges de tout
l'Eftat de Sauoye , en effet nous voyons, les Seigneurs de Corgenon, & de Meillonnas Chaftelains de
Bourg,les Bolomiers,& les Seigneurs de Conzié Chaftelains hereditaires de Poncin,Humbert de Mont-
mayeur,Cheualier, Seigneur de Briançon , Chaftelain de fainct Germain d'Amberieu en l'an 1323. Perceual de Moyria Chenalier, Seigneur de Moyria , & de Mailla Chaftelain de Chaftillon de Corneille,
les Seigneurs de Matafelon en Bugey Chaftelains de Montillet , Claude du Saix Seigneur de Riuoyre,
& de Rigna Chaftelain du Pont d'Ains, & de Poncin en l'an 1418. Guillaume de Lyobard Cheualier , Chaftelain de Peroges en l'an 1444.Pierre Andreuet,Cheualier,Seigneur de Corfant,Maiftre d'Hoftel du Duc de Sauoye, Chaftelain du Pont de Vefle en l'an 1412. Iaques de Chalant, Cheualier, Seigneur du Saix grand Chaftelain de Baugé en l'an 1478. Pernet de Grillet Seigneur du Beffey Chaftelain de Chaftillon.lez Dombes, Anthoine de Corfant Seigneur de Bereins, & de Broffes , Chaftelain
du Pont de Vefle, Anthoine de Monfpey,Seigneur de la Tour de Replonge grand Chaftelain de Bangé.
Les Seigneurs de Montrozat en Dombes Chaftelains de Villars, Gafpard de Chandée Seigneur de Vaf-
falieu , Chaftelain de fainct Rambert , & de fainct Sorlin, les Seigneurs de Chafteauuieux, Chaftelains
de Montreal, de Matafalon, de Treffort, & de Mirebel, mefmes Guillaume Seigneur de la Geliere Baillif,& gouuerneur de Breffe, qui outre cela auoit le Gouuernement particulier de la ville de Bourg, ne
fe qualifioit que grand Chaftelain de Bourg, & ceux qui en furent pourueus fous les Roys François I.
& Henry II. fçauoir le Seigneur de Monthalconnet, le Seigneur de Chafteauuieux, le Vicomte de Turene , & le Seigneur de fainct George, ne prenoient autre qualité que de Capitaines,& Chaftelains de
la ville de Bourg, & quand ce pais fut reuni à la couronne, par l'efchange du Marquizat de Saluces en
l'an 1601. Ioachim de Chafteauuieux, Seigneur de Verjon , Baillif de Breffe & de Bugey , en fut eftab-
ly Gouuerneur ; cependant fes prouifions ne luy donnoient autre nom que celuy de Chaftelain de
Bourg non plus que celles de Bernard de Vienne Seigneur de Soligny qui luy fucceda,& Claude François de Ioly Baron de Langes, Seigneur de Choin Baillif de Breffe qui a eu le gouuernement apres luy
c'eft le premier qui par fes prouifions a fait changer le nom de grand Chaftelain de Bourg, en celuy de
Gouuerneur, pour s'accommoder à l'vfage , & au temps. Quant aux Chaftelains des Seigneurs qui ont
iuftice foit haute, moyenne, ou baffe, ils font créés par les Seigneurs, les fubhaftations & ventes de
biens fe font par denant eux, ils connoiffent iufques à foixante fols , iugent les procez des dégafts , &
dommages des beftes , & des falaires des feruiteurs, ont la vifite des chemins riere l'eftendue de leur
charge , leur Greffier s'appelle Curial à Curia, parce que le fiege de Iuftice des Chaftelains, où ils rendent droit , s'appelle en Breffe & Bugey , Banc de Cour,& cette iurifdiction eft la mefme que celle des
Chaftelains Royaux, & des Baillifs des Marquifats, & des Comtés de Breffe & Bugey, n'y ayant autre
difference du nom, encor n'y a-t'il qu'en certains lieux, ou le nom de Baillif foit en vfage comme au
Marquifat de Baugé, és Comtés de Montreuel, Coligny, & de fainct Triuier , & au Duché de Pont-
deuaux qui eft vne prerogatiue que les Seigneurs de ces terres là ont affectée, pour diftinguer en quelque façon leurs Chaftelains auec ceux du Prince,& des fimples Seigneurs & Gentils-hommes ; car aux
Marquizats de Villars, de Varembon, de Mirebel, de fainct Martin le Chaftel , Treffort , fainct Sorlin,
& fainct Rambert, & és Comtés de Varax, de Chaftillon,Pont de Vefle & de Roffillon,il n'y a que des
Chaftelains & non pas des Baillifs.

DES TAILLES.

CHAPITRE XIX.

ENDANT la domination des Comtes & Ducs de Sauoye, il n'y auoit aucune taille fixe en
Breffe, & Bugey , mais felon les neceffitez de l'Eftat, ces Princes demandoient à leurs fujets les fommes dont ils auoient befoin , comme pour acquifitions de Terres , Mariages,
premieres entrées de Villes , pour leuer des troupes , affomptions de nouueaux titres , &
autres pretextes, lefquelles fommes s'impofoient par ordre des Gouuerneurs de la Prouin-
fur chafque feu tant d'hommes liges du Prince,que des hommes des Seigneurs,& Gentilshommes fuyuant le nombre des feux de chaque Chaftellainie, ou Seigneurie, d'où vient que telles impofitions s'appelloient foüages. Il eft vray qu'ordinairement les hommes eftoient cottifez à la moitié moins que ceux
qui eftoient ligement, & nuément du Prince. Amé VII. du nom Comte puis I. Duc de Sauoye en
l'an 1403. connuoqua les trois Eftats de fes Pays deça les Monts en la Ville de Geneue pour auoir de fes
fujets douze deniers gros par feu pour acquitter le prix de la vente à luy faite de la Seigneurie de Villars : En l'an 1442. on fit vne leuée en Breffe pour la joyeufe entrée d'Anne de Cypre Ducheffe de Sauoye

noye à Bourg : en l'an 1443. pour la venuë du Roy des Romains en Breſſe, & pour la ſuppreſſion de la gabelle du Sel de Dauſiné faite par le Roy, en l'an 1448. pour les frais d'vne armée loueé contre ceux de Fribourg : en l'an 1451 pour le mariage de Charlotte de Sauoye auec le Dauſin qui fut depuis Louÿs XI. en l'an 1459. à cauſe des nouueaux titres que Louÿs de Sauoye frere du Duc Amé V I I I. auoit pris de Prince d'Antioche, & de Roy de Cypre, en l'an 1466. pour l'acquitement fait au Duc de Sa-uoye de l'hommage de la terre de Foucigny. Sous les Rois François I. & Henry I I. la choſe changea; car ces impoſitions furent faites de trois ans en trois ans & ſe nommoient Ottroys dautant que les Gouuerneurs, & Lieutenants generaux de la Prouince en faiſoient demande aux trois Eſtats, qui eſtans aſſemblés deliberoyent la ſomme qu'on accorderoit à ſa Maieſté, qui n'eſtoit iamais telle qu'on l'auoit demandée ; ains touſiours moindre, encores les patentes ſur leſquelles on faiſoit l'impoſition conte-noient declaratió expreſſe du Roy, que leſdites ſommes eſtoient accordées volontairement à ſa Maieſté & ſans que ſes ſujets de Breſſe, & de Bugey y fuſſent tenus, on a bié depuis changé de ton. Apres la reſtitutió deſdits eſtats faite au Duc Emanuel-Philibert par la paix de l'an 1559. les foüages & octroys furết abolis deçà les Mõts, & en place d'iceux ce Prince eſtablit la gabelle du Sel, c'eſt à dire que le Sel ayant eſté mis à certain prix; il y auoit des cõmis qui le diſtribuoiết à toutes ſortes de perſonnes indifferemment Eccleſia-ſtiques, Nobles, & tiers eſtat par capitatió, en telle ſorte que les deniers entroiết aux coffres de ſon Alteſſe, & ainſi il y auoit perſonne qui fuſt exempt de ce tribut; mais comme il ſe cõmettoit diuers abus en cette exaction à la foule du peuple. Le Duc par Edict datté à Lanieu en Bugey, le 18. Iuillet 1564. conuertit ce droitde Gabelle pour la part concernãt le tiers eſtat en deniers ordinaires qui ſeroiết impoſés eſgalemết ſur chacun, le fort portant le foible, pour ſix ans ſeulement, & c'eſt la ou la taille commença d'eſtre fixe; car apres ces ſix ans ce premier eſtabliſſement ſubſiſta, & y euſt Iuge eſtably à Bourg qui s'appelloit Iuge de la commutation de la gabelle du Sel, qui connoiſſoit de tous les procés, & differends qui naiſſoient des Tailles, les appellations duquel ſe releuoient au Senat de Chambery, ce qui dura ainſi inſques apres la conqueſte du Pays faite par le feu Roy Henry le Grand, que le Sieur de Gaſtines fut commis par ſa Maieſté en l'an 1602. pour venir faite vn reglement en Breſſe & Bugey ſur le fait des tailles, toutefois comme il y auoit grande difficulté, ſur ce que la nature deſdites tailles n'eſtoit pas determinée; & qu'on ne ſçauoit ſi elles eſtoient reelles ou perſonnelles, il y euſt arreſt du Conſeil d'Eſtat du 14. Iuin 1612. par lequel les tailles en Breſſe & Bugey, furent declarées perſonnelles, & domiciliaires pour les habitans, & reſidens en la Prouince, en ce que pour tous les biens qu'ils y poſſedent, ils ſont cottiés au lieu de leur domicille, & pour les forains elles ſont reelles, parce qu'ils conſiſent en tous les lieux, & villages ou ils ont des fonds, ce qui ſe pratique encor ainſi à preſent. Pour la connoiſſance des differents qui naiſ-ſent des tailles, & pour leur aſſiette, & departement il y a vne Eſlection, & des Eſleus dont les appella-tions ſe releuent au Parlement de Dijon, le ſiege de celle de Breſſe eſt à Bourg, & celle de Bugey, & Gex à Belley.

DV CAPITAINE GENERAL DES FORTIFICATIONS de Breſſe.

CHAPITRE XX.

VANT que cét office fut crée en Breſſe, & Bugey, les Mareſchaux de Sauoye en faiſoient la fonction; car ſur les premieres apparences de guerre ils venoient au Pais, viſitoient les places fortes, & tenables, ordonnoient les reparations, & conſtructions qu'il y falloit fai-re, dõnoient des contraintes aux Seigneurs contre leurs ſujets pour le guet, garde, & forti-fication, & pour les contrauentions commiſes à leurs ordonnances, ils condamnoient à des amendes; & quant aux places qu'ils ne iugeoient pas tenables, ils les faiſoient demolir, ou diſpen-ſoient les ſujets d'y fortifier, & les appellations n'eſtoient iugées que par le Conſeil du Prince, & lors qu'ils ne pouuoient pas y venir en perſonne, ils commettoient quelque Seigneur, & Gentil-hom-me de marque pour y vaquer, ou bien les Princes en depûtoient eux meſmes, & bien ſouuent les Gou-uerneurs, ou Baillifs du Pais; Depuis, parce que les Mareſchaux de Sauoye ne faiſoient point ces viſites, & cheuauchées qu'auec grands fraiz que le general du pais ſupportoit, Amé V I I. du nom, Conte puis premier Duc de Sauoye pour le ſoulagement de ſon peuple crea en titre d'Office vn Capitaine general des fortifications de Breſſe, auquel il donna pour ce regard, le meſme pouuoir qu'auoient les Mareſ-chaux de Sauoye, & le premier qui en fut pourueu fut, Iean Seigneur de Corgenon & de Trois-Fon-taines Baillif de Breſſe 1390. & 1396. & apres luy.

Iean de Montbel Seigneur de Fruzaſque Lieutenant general, & Baillif de Breſſe en l'an 1409.

Odet Seigneur de Chandée 1431.

Iean de Bellecombe 1434.

François Mareſchal Seigneur de Meximieux, & de Montaney 1458. apres quoy cette charge fut ſup-primée, & reunie à celle du Baillif de Breſſe.

DES

DES HOMMES ILLVSTRES DE BRESSE, & de Bugey.

CHAPITRE XXI.

ENcor que ces deux Prouinces qui ne sont connues en l'histoire que sous le nom general de Sauoye soient de petite estendue, toutesfois elles ont produit autant d'hommes illustres que la plus grande Prouince du Royaume, ce qui semblera d'abord extrauagant, mais la verité de cette proposition s'establira par la suite de ce chapitre, dont la matiere pour estre traittée dignemét meriteroit vn liure entier ie fais donc trois degrés d'hómes illustres Au premier seront les Saincts Personnages Canonizés, ou tenus pour Beats; Au second ceux qui ont esté constitués és principales dignités de l'Eglise, comme Cardinaux, Archeuesques, & Euesques, & au troisiesme les gens Doctes en toutes sortes de sciences, & d'Arts liberaux, auec cette difference pourtant, que les eloges des hommes Doctes qui estoient Nobles de naissance seront plus succins que les autres, me reseruant d'en dire dauantage aux genealogies de leurs familles, ou iay iugé qu'il estoit plus à propos de s'estendre qu'en ce chapitre.

Quant aux Saincts Personnages le seul village d'Isarnore en Bugey nous en à fourny trois sçauoir S. *Vita Sancti* Roman qui fut le premier Abbé du Monastere qu'on appelle aujourd'huy S. Claude au Comté de Bour- *Claud. Abb.* gogne qui estoit d'Isarnore en Bugey issu de Noble famille, il obtint toutes les montaignes de Ioux de *Iur.* Chilperic Roy de Bourgogne & eust confirmation du Pape Anastase I. de l'establissement qu'il auoit fait de l'ordre Monastique en ces affreuses montaignes, il à fait bastir deux Prieurés, S. Roman de Roche en Comté, & celuy de Roman-Monstier au pays de Vaud au diocese de Lausanne, il à esté Canonizé, sa Feste se celebre en l'Eglise le 28. Fevrier, mais ceux là se font mescontés qui le font viure seulement au 5. siecle, car il viuoit dejà sur la fin du 3. & mourut bien auancé dans le 4. puis qu'il estoit du temps du Pape Anastase I.

Sainct Lupicine, frere de S. Roman qui suiuit l'austerité de la vie Monastique dans les mesmes deserts, ou S. Roman s'estoit retiré, c'est luy qui à fondé la Prieuré de S.Lupicine en Comté entre Doirans, & S. Claude sur vn rocher au bas duquel passe la Riuiere d'Ains, il y mourut apres auoir esté vint-ans Abbé de Ioux Il à esté canonisé, & fait plusieurs miracles: l'Eglise fait commemoration de luy le 21. Mars.

Sainct Oyen qui à donné son nom à toute la terre de S. Claude qu'autrefois on appelloit la terre de S. *Vita S. Eu-* Oyen de Ioux, & qui en fut le 4. Abbé, sa pieté, & les grandes austeritésqu'il prattiqua dans ce Ro- *gendi Iurens.* chers, ont donné occasion à l'Eglise de le mettre au rág des saincts apres sât de mettre au rág des saincts apres sât de mettre qu'il à fait en sa *Surim.* vie, & apres sa mort, & de celebrer sa Feste le premier de Ianuier:Surius en la vie de S.Oyen parle ainsi de *Lippolo. 1.* son extraction, *Ortus (inquit) fuit, & S. Romanus, & Lupicinus non longè a vico cui vetusta Paga- Ianuary.* *nitas ob celebritatem, classivramque fortissimam superstitiosissimi Templi Gallica lingua Isarndori ità est ferrei Ostij indidit nomen; quo nunc quoque in loco Delubris ex parte dirutis sactissime micant Cælestis Regni culmina dicata Christicolis.* En la marge de ce passage à l'endroit ou il y à *Gallica lingua*, il y à, *Gallica pro Belgica*, mais c'est vne erreur, Isarnore n'est pas vn mot Flamand ny vn lieu en Flandres. Il est en Bugey pres de Montreal ou se voient encor les vestiges d'vn superbe temple dedié à Mercure qui est celuy dont parle Surius nons esperons devoir bien tost l'histoire latine du Monastere de S. Oyen de la façon du R.P. Pierre-François Chifflet de la compagnie de Iesus tres docte Personnage & bien versé en l'histoire qui nous apprendra dauantage de ces saincts Personnages.

La mesme Prouince de Bugey nous en à dóné encor quatre qui sont Póce du Balmey Chanoyne, & pe- *Chronolog.* nitencier en l'Eglise de Lyon, fondateur de la Chartreuse de Meyria, puis Euesque de Belley qui estoit *ep. Bellic. au-* d'vne tres ancienne, & noble famille de Bugey prés de Nantua ou se voyent encor les mazures du Cha- *thoris.* steau de Balmey, Il est mort en reputation de Saincteté, nommé, & tenu pour Beat. & duquel nous don- *Preuues pag.* nerons la vie au Preuues de cette histoire. *6.*

S.Arthand ou Arthold premié Prieur de la Chartreuse d'Aruieres, puis 47. Euesque de Belley fils du Seigneur de Sotonod en Valromey.

S. Vital, Conuers de l'Abbaye de S. Sulpice en Bugey à le sepulture duquel qui est vne Chappelle *Tomo 1. ad* hors le monastere, se font encor encor plusieurs miracles; Il estoit du village de Maly; de sainct per- *anno chri.* sonnage à fait mention frere Ange Mantiques de Benges en les Annales Ecclesiastiques *1133. cap. 8.* de Cisteaux, *Illustrem reddidit* (dit-il) *Ecclesiam Sancti Sulpirij, Vitalis Conuersu, meritis, & Miraculis num. 8. gloriosus,* & le dernier c'est.

Louys Aleman Chanoine en l'Eglise & Comte de Lyon, Euesque de Maguelonne, puis Archeuesqué d'Arles, & Cardinal sous le titre de saincte Cecile President du Concile de Basle qui fut canonizé par le Pape Clement VII. & vulgairement nommé S. Louys d'Arles, il estoit fils du Seigneur d'Arbent en Bugey, nous parlerons de luy plus amplement en la genealogie des Alemans Seigneurs d'Arbent.

Ie laisse tant des saincts Religieux, & de grands Personnages que les Chartreuses de Portes de Meyria, & d'Aruieres nous ont produit, dont ie diray quelque chose aux Chapitres particuliers de ces Monasteres. jusques à ce que l'Eglise les ayt reconnu.

La Bresse à esté plus sterile que le Bugey en Saincts Personnages; car elle ne nous en a baillé que trois le premier est S.Estienne compagnon de S. Bruno, & premier Prieur de Meyria, duquel le Cartulaire

E de

de la Chartreuse de Durbon, & Don Moulin en sa Chronique MS. des Chartreux rendent ce beau tesmoignage. *Alter autem socius Magistri nostri Brunonis, Stephanus, Burgensis dictus, quia ex Burgo Sebusianorum oriundus, ad preces D. Pontij de Balmeto eius amici iam grandæuus à Guigone in patriam mittitur vt Eremum Maioreui in cellas Cartusianas commutaret & construeret, quod & fecit anno 1118. ibique vix tribus annis inceptis plenus dierum & bonorum operum moritur pridie Nonas Ianuarij.*

Surius.
    Le 2. Sainct Estienne de Chastillon Chartreux puis Prieur de Portes, de là Euesque de Dye qui estoit Fils d'Hugues Seigneur de Chastillon lez Dôbes, quoy que tous ceux qui ont escrit sa vie l'ayent qualifié Lyonnois ; mais en cela ils ont failly ; car ils ont pris le Diocese duquel il estoit, pour le lieu de sa naissance, il mourut en son Euesché de Dye l'an 1213. & a esté canonizé, sa feste est au 26. Iuin, ou selon d'autres au 7. de Septembre.

Harauc.
Chap. 8. lin. 2
    Le 3. est Frere Iean Bourgeois Cordelier, & Confesseur du Roy Charles VIII. habile predicateur de son temps qui fonda le Monastere de l'Obseruance de Lyon, & celuy qui est hors la ville de Chambery; l'vn par la liberalité de Charles VIII. & d'Anne de Bretagne ; & l'autre par celle du Duc de Sauoye, il estoit de sainct Triuier de Courte: Paradin en l'histoire de Lyon dit qu'il estoit de Montfleur au Comté de Bourgogne, & qu'il le sçauoit pour l'auoir ouy dire à vn Religieux de sainct Germain des Prés qui estoit Neueu de Iean Bourgeois, mais Paradin a esté mal informé de donner à ce lieu là l'honneur de la naissance de ce sainct Personnage qui veritablement estoit originaire de sainct Triuier, ou se void encor sa maison paternelle. De luy fait ample mention le P. Theophle Raynaud. *In Mantissa, ad Sanctos Lugdun. adioustée au pied de son, Indiculus Sanctorum Lugdunens.*

    Touchant ceux qui ont esté constitués en dignités Ecclesiastiques, & Prelatures, comme Euesques, Archeuesques, & Cardinaux, le nombre en est tres-grand, & en cela la Bresse ne doit rien au Bugey, en voicy vne sommaire liste.

    Berard de Chastillon 40. Euesque de Mascon en l'an 1096. fils du Seigneur de Chastillon en Bresse qu'on appelle aujourd'huy Chastillon lez Dombes.

    Estienne de Baugé Fils du Sire de Baugé Seigneur Souuerain de Bresse, Euesque d'Authun 1117. homme tres-docte, il aura son Eloge particulier en la genealogie des Sires de Baugé.

    Humbert de Baugé de la mesme famille, Neueu du precedent, Euesque d'Authun en l'an 1140. puis Archeuesque de Lyon 1148.

    Estienne de Baugé de la mesme maison Neueu d'Humbert Euesque de Mascon 1167.

    Ponce de Villars Euesque de Mascon 1200. Fils du Sire de Villars en Bresse.

    Berard de Thoire issu de l'Illustre maison de Thoire en Bugey fut Abbé de sainct Oyen de Ioux, & Euesque de Belley 1212.

    Boniface de Thoire, de la mesme famille Neueu de Berard fut Prieur de Natua, Euesque de Belley 1213.

    Benoit 50. Euesque de Belley estoit originaire de Bugey d'auprés de sainct Rambert.

    Thomas 56. Euesque de Belley Fils du Seigneur de Gramont de Bugey.

    Henry de Villars Archeuesque, & Comte de Lyon 1296.

    Pierre de la Balme 61. Euesque de Belley, Fils du Seigneur de la Balme sus Cerdon.

    Louys de Villars Archeuesque, & Comte de Lyon 1301. neueu dudit Henry.

    Iean de la Baume 62. Euesque de Belley Fils du Seigneur de la Balme sus Cerdon.

    Henry de Villars II. du nom Euesque de Viuiers, ou de Lauaur selon quelques vns, puis de Valence en Dauphiné, & en aprés Archeuesque, & Comte de Lyon en 1343.

    Pierre Colomb de la Noble famille des Colombs de Baugé Archeuesque de Tarentaise en l'an 1380.

    Pierre Chond natif de Belley Euesque d'Yurée en 1391.

    Perceual de la Baume, de la maison des Seigneurs de Perés en Bresse Euesque de Montdenis, puis de Belley 1439.

    Iean de Macet de la Maison de Treyuerney en Bresse Euesque de Mascon 1440.

    Louys de la Palu, Fils du Seigneur de Varembon, Abbé d'Ambronay, & de Tournus, Cardinal du Titre de saincte Anastasie 1443. personnage en singuliere estime, & duquel non ferons plus ample mention ailleurs.

    Pierre de Bolomier de la maison des Bolomiers de Poncin, Euesque de Belley.

    Guillaume de Varax, Fils du Seigneur de Romans en Bresse Euesque de Belley.

    Iean de Varax, Euesque de Belley.

    Claude de Chasteauuieux, de la maison de Chasteauuieux en Bresse, Archeuesque, Prince, & Comte de Tarentaise 1479.

    Benoit de Mont-ferrand Euesque de Lausane 1483. Fils du Seigneur de Montferrand de Bugey.

    Sebastien de Montfalcon Euesque, & Prince de Lausane, Fils du Seigneur de Flaciue de Bugey.

    Iean de Loriol Fils du Seigneur de Chales pres Bourg en Bresse Euesque de Nice 1507.

    Louys de Gorreuod de la famille de Gorreuod, d'ou sont issus les Comtes, & Ducs du Pont de Vaux en Bresse qui fut Prince du sainct Empire, Euesque de Maurienne, & de Bourg, Cardinal du titre de sainct Cesarien Legat à Latere en Sauoye, Bresse, & Bugey en l'an 1518.

    Iean de Ioly de Bourg en Bresse de la maison des Seigneurs de Choin Euesque d'Ebron, en 1524.

    Iean Philibert de Chales, Fils du Seigneur de Chales, neueu du Cardinal de Gorreuod, Euesque de Bourg.

    Pierre de la Baume de la maison des Comtes de Montreuel qui a esté Prince du sainct Empire, Euesque de Geneue, Archeuesque de Besançon, puis Cardinal.

    Philippes de Grolée de la maison de Grolée en Bugey, Archeuesque, Prince & Comte de Tarentaise 1535.

    Iean de Ioly de la maison des Seigneurs de Choin Barons de Langes, Euesque, & Comte de sainct Pol Trois-Chasteaux.

Anthoine

Anthoine de la Chambre, fils de Charles de la Chambre, Seigneur de Sermoyé, Euefque de Belley.

Geoffroy Ginody 77. Euefque de Belley originaire de Bugey.

Iean Barloud Euefque de fainct Papoul, puis de fainct Flour, qu'aucuns nomment Barle ou Burle, eftoit de Bourg en Breffe, ce qu'ont reconnu Chenu en fes Euefques de fainct Papoul, & Catel en fes memoires de Languedoc.

François de Bachod fils du Seigneur de la Verdatiere en Bugey, Euefque, & Prince de Geneue, Nonce de la Sainctété en Sauoye.

Anthoine de Gorrenod fils du Comte du Pont de Vaux, Euefque, Prince, & Comte de Laufanne.

Iean-François Berliet, Archeuefque, Prince, & Comte de Tarentaife, homme de grande erudition.

Iuft Garin né au village du Charreau pres Montluel, Euefque, & Prince de Geneue,

Pour les hommes doctes, & qui ont eu reputation pour leur fçauoir, la Breffe nous en a auffi fourny quelques vns, & a eu en cela l'auantage fur le Bugey en voicy le Catalogue.

Pierre de la Palu fils du Seigneur de Varembon religieux de l'Ordre de fainct Dominique Docteur de Sorbonne, & Patriarche de Ierufalem viuant en 1330. l'vn des plus fçauans hommes que l'Ordre de fainct Dominique ayt produit, & duquel nous dirons beaucoup d'autres chofes en la genealogie de l'Illuftre maifon de la Palu.

Humbert de Bouuens, Obediencier de fainct Iuft, viuoit en l'an 1400. grand Iurifconfulte de fon temps.

Iean Marende natif de Bourg en Breffe, d'affez honnefte famille qui a efté le plus excellent Aftrologue, & Mathematicien de fon temps, dont il ne faut autre preuue que le tefmoignage qu'en rend P. Matthieu en l'hiftoire de Louys XI. en ces mots. *Entre toutes les principales actions de la vie de Louys XI. on treuue qu'vn Aftrologue Iean Marende de Bourg en Breffe fit fa natiuité, & parlant de fes auantures iufques à 30. ans aduertit le Roy Charles VII de fa rebellion, & comme fon gouuernement feroit efmerueillable aux hommes.*

Ce Iean Marende fut fort eftimé du Duc Amé de Sauoye Pape, il predit la Schifme de l'Eglife, & la guerre de France, & d'Angleterre.

Henry de Bout (de Bottis en latin) fameux Iurifconfulte, & qui fut Official de Breffe, & Bugey au Diocefe de Bourg fous Louys de Gorrenod Euefque de Bourg, il eftoit du village de Beynoft prés de Montluel, ou il y a encor de cette famille, il a compofé vn liure fort docte intitulé *Tractatus de Synodo Epifcopi, & de ftatutis Epifcopi fynodalibus*, imprimé à Lyon en l'an 1529. il mourut en l'an 1544.

Anthoine du Saix Docteur ez droits, & en Theologie, Abbé de Cheffry, & Commandeur de fainct Anthoine de Bourg fut homme fçauant, poëte Latin, & François fort excellent felon fon fiecle, il a laiffé plufieurs ouurages qui tefmoignent fon erudition entre lefquels ceux-cy me font connus.

La Touche naïfue, ou la maniere de difcerner l'Amy d'auec le flateur. Traduction de Plutarque dediée au Roy François I. Imprimé à Lyon chez Arnoulet.

L'Efperon de difcipline ouurage long, en vers françois dedié à Charles Duc de Sauoye, ou il traicte de l'Education des Princes.

Petits fatras d'vn apprentif furnommé l'Efperonnier de difcipline qui eft vn recueil de diuerfes penfées, & Epigrammes en Latin, & en François, imprimé à Lyon chés Arnoulet, en 1538.

Autre recueil de poëfies auec plufieurs pieces du mefme Autheur fur la magnifique Eglife de Brou. Intitulé le Blafon de Brou.

Claude Bigotier, Profeffeur ez bonnes lettres à Lyon, Autheur du Poëme intitulé, *Rapina feu Raporum Encomium*, qui eft la loüange de Breffe, & des Breffans, Imprimé à Lyon 1540. eftoit Breffan, ainfi que luy mefme l'a tefmoigné en beaucoup d'endroits de fon liure, l'ouurage fe reffent encor de la rudeffe du Siecle, mais toutesfois il eft digne de loüange, quelques vns ont voulu dire qu'il eftoit de Treffort.

Iaques Chichon qui fut Lieutenant general au Bailliage de Breffe fous Charles Duc de Sauoye, & & fous les Rois François I. & Henry II. laquelle charge il exerça longtemps tres dignement, mais comme les meilleurs efprits font les plus fujets à l'enuie, fes ennemys luy fufciterent vne accufation au Parlement de Chambery, ou par arreft il fut declaré incapable d'exercer office de iudicature, pour s'eftre feruy (ainfi qu'on pretend) en vn procés, d'vn teftament faux, quoy qu'il ne fut pas partie principale. Mais s'eftant pourueu au Roy contre cet arreft, fa Maiefté deputa le Parlement de Daufiné pour en connoiftre, là ou Chichon ayant fait reuoir le procés fit paroiftre fon innocence & la fauffeté de l'accufation, de forte que l'arreft de Chambery fuft caffé contradictoirement auec fes parties, & luy reftably, neantmoins il ne voulut iamais prendre charge publique, il vefquit le refte fes iours en homme priué à Treffort lieu de fon origine. Il eftoit grand Iurifconfulte, & hiftorien, bon poëte latin; pour tous ouurages il n'a laiffé qu'vn liure latin imprimé à Lyon 1545. intitulé, *Iacobi Chichon, diuini, & humani Iurifconfulti, Senatui Regio Delfinati Ampelargia*, qui eft vn difcours de toute fa difgrace, & vn remerciement à fes Iuges, il eft dedié à Iaques du Peyrat Lieutenant general en la fenechauffée de Lyon, la piece eft fort bonne, le difcours bien tiffu, & le Langage doux, il deceda le 12. Nouembre 1569. auquel Iean Bachet l'vn de plus fçauans hommes du Pays fit vne Epitaphe latine qui monftre l'eftime en laquelle il eftoit en cette Prouince.

Neftora Breffanum dire rapuere forores
Graeco doctrina, Confilioque parem,
Rexit vterque fuos, hoc ftat difcrimen in vno,
Bis puer hic periit, ter perit ille fenex.

Non libuit genero ſoceri tranſumere nomen,
Nominis effectum tranſtulit ille ſibi.

Parce que le Gendre de Chichon s'appelloit du Renom.

Pierre Bachet Conſeiller du Roy Henry I I. & ſon Lieutenant general an Bailliage de Breſſe, l'vn des plus fameux Iuriſconſultes de ſon ſiecle, lequel de toutes parts on venoit conſulter comme vn Oracle.

Thomas Paluat Recteur de l'vniuerſité de Dole qui fut depuis Procureur du Roy au Bailliage de Breſſe auquel le docte du Moulin dedia ſon liure intitulé, *Lectiones Dolanæ.*

Claude Deſchamps (*Campenſius* en latin,) Docteur en medicine de Chaſtillon lez Dombes tres ſçauant,& experimenté qui à compoſé pluſieurs liures en medecine aſſés bien reçeus, notamment ſes Commentaires latins ſur le liure d'Ariſtote, de la Memoire, & ſur les Aphoriſmes d'Hippocrate imprimés à Lyon és années 1556. & 1579. par leſquels il à combattu la doctrine d'Ariſtote, & de Claude Galien.

Benoit Textor natif du Pont de Vaux docteur en medecine fort renommé qui à fait vn traitté de la peſte,ou il y à pluſieurs marques de ſon experience, & erudition, il fut imprimé à Lyon chez Iean de Tournes 1551. & dedié à Iean de Tiard Seigneur de Biſſy.

Claude Guichard Seigneur d'Arandas, d'Argit, & de Teney qui fut Secretaire d'Eſtat, Maiſtre des Requeſtes,puis grand Referedaire & Hiſtoriographe de Sauoye; homme tres docte,grand poete François & latin, & fort intelligent aux affaires d'Eſtat, à qui Alphonſe Delbene, Eueſque d'Alby, & Abbé d'Hautecombe dedia ſon liure, *De Gente, ac Familiæ Hugonis Capeti origine,iuſtoque progreſſu ad dignitatem Regiam* (i'en ay l'autographe que Delbene luy auoit ennoyé, corrigé en beaucoup d'endroits de la main de Claude Guichard) qui s'eſt treuué en ſon hoirie. Il eſtoit de S.Rambert en Bugey d'honnorable famille, il y à fondé le College appellé du S. Eſprit, ceux qui mirent la main ſur ſes papiers à ſon decés, nous ont priué de ſes œuures, & ne nous en eſt reſté qu'vne traduction fort fidelle de Tite Liue qu'il entreprit par Commandement du Duc de Sauoye Charles Emanuel : le Traitté des funerailles des anciens, imprimé à Lyon chés Iean de Tournes en 1581.& dedié au meſme Duc de Sauoye, ouurage rare, & remply de doctrine. Iaques Goutiere Citoyen, & patrice Romain, Aduocat au Parlement de Paris, au docte traitté qu'il a fait *De Iure Manium lib.1.cap.* 15. parlant de l'ouurage de Guichard dit, *Quod Guichardus Pedemontanus optimus ſcriptor notat; qui eos de re funebri nobis Gallis conditos edidit libros, qui huc uſque mihi amplius hac de re ſcribendi anſam arripuerunt,* il l'appelle en d'autres en droits *Virum doctiſſimum, & diligentiſſimum.* Guichard fit encor imprimer d'autres œuures, ſçauoir vn Diſcours ſur la Converſion à la foy Catholique du Duché de Chablais intitulé *Aggreables nouuelles à tous bons Catholiques de la converſion du Duché de Chablais, par Claude Guichard Seigneur d'Arandas Gentilhomme Sauoyſien,imprimé à Chambery chés Claude Pomard* 1598.l'*Alphabet Moral* en vers François dedié au Roy Louys le Iuſte lors Dauphin.

Et encor les Eloges des Comtes, & Ducs de Sauoye en vers François leſquels n'ont point eſté imprimés, que ie ſache, Ce grand perſonnage mourut à Thurin le 15. May 1607. au rapport du P. Gauthier en ſa Chronologie & eſt enterré au Cimetiere S.Iean auec cette hardie Epithaphe qu'il ſe fit luy meſmes & de laquelle il parle en ſon teſtament.

Soli fide Deo, Vitæ quod ſufficit, opta,
Sit tibi chara ſalus, cætera crede nihil.

Pingon en l'apologie qu'il à faite pour l'Arbre de la maiſon de Sauoye contre Alphonſe Delbene Eueſque d'Alby ſur la fin, parlant des bons eſprits de Sauoye, qui ſeroient garents de ſon ouurage mec Claude Guichard du nombre. *Vindices* (dit il) *aſſertoreſque robuſtiores poſtmodum nanciſcetur. Sabaudi non deerunt, nunquam tacendi Butteti, Alimei Monuanjardi, Guichardi, & inter ſubalpinos Trotti, Anchiſæ, Paſchales, Ferrerii &c.*

Nicolas l'Eueſque, *Epiſcopius* en latin, ſçauant, & correct Imprimeur de ſon temps, & qui à donné au public quantité de rares liures,eſtoit de la terre de Môtdidier en Breſſe,& ſe retira à Baſle,ou il eſpouſa la fille de Frobenius auſſi tres celebre Imprimeur, C'eſt luy de qui Eraſme,Boniface Amerbachius;Cælius Secundus Curio, & autres grands hommes du ſiecle ont parlé ſi honorablement en leurs œuures, il eſt enterré à Baſle auec cette Epitaphe que i'y ay veüe.

Franc. S.
VVert. in
delic.chriſt.
orbis.

Nicolao Epiſcopio Sebuſiano Viro opt. Typographo clariſſimo, & Iuſtina Frobenia. Ioan. fil. Matronæ honeſtiſſimæ, cum per 7. luſtra in Sacroſancto Coniugio fortunati Vixiſſent, pietate Deum, æquitate homines, ſibi conciliaſſent mortalibus vinculis exolutis liberi ſupeſtites parentib. deſideratiſſ. M. C. L. P.

Obiit pater ex atrophia Ætat.ſuæ 63.*Non Mart.Mater vero cum* 4 *liberis ex peſtilentia Ætat.ſuæ* 52.*V. Kal. Octob. anno Chriſti* 1563.

Louys Duret fameux Medecin lecteur, & profeſſeur royal en faculté de Paris, ne merite-il pas auſſi place parmy nos hommes illuſtres,c'eſt luy qui à fait de ſi doctes Commentaires ſur les coaques d'Hippocrate, & ſur le traitte d'Holliet *de morbis internis,* il eſtoit de Baugé en Breſſe quoy que Sceuole de S. Marthe en ſes eloges l'ayt creu Bourguignon, il à toutesfois ſi bien ſçeu loüer ce perſonnage que ie ſuis contraint d'emprunter ſon eloge, & l'inſerer icy.

Cùm multos in medica artis profeſſione præſtantes viros hactenus tulerit Gallia, quem Ludouico Dureto non dicam præferrem, ſed adæquarem; Profectò vix vllum habuit, vt qui locos Hippocratis planè omnes memoria teneret, prælectioneſque ſuas incomparabili ſermonis venuſtate ac ſuauitate condiret, cùm de ſuperiore loco diſputantem, neque honeſti vultus decor, neque vocis, & motus elegantia deficerent, is in vltima Burgundia natus, Lutetiam admodum puer ad litterarum ſtudia capeſcenda miſſus eſt, quà in vrbe totius orbis terræ florentiſſima ſedem nactus, ingenio ſuo dignam, quidquid Vitæ ſuis in perpetuo ſolidæ laudis curſu peregit,

peregit, solidioris tamen future ; si quod summa eius eruditio postulabat, partam assidua docendi, morbosque profligandi opera existimationem, pari scribendi labore cumulasset, hanc autem nominis per litterarum monumenta propagandi negligentiam numeroso præstantissima sobolis prouentu abunde rependisse visus est. Vna etiam ex filiis paterni muneris successore qui eius functionem ab ipsa adolescentia ingressu admirabile statim eruditi ingenij argumentum præbuit, & Patris in Coacas Hippocratis prænotiones opus inchoatum non absoluit modo, verum etiam vtilitatis publica cupidus in lucem emisit. Cæteros autem sibi vendicat Iurisprudentia, cuius opibus instructi, nunc in foro Parisiensi magna cum facundia laude versantur. Obijt Duretus ann.sal. 1586. Ætat. 59. morte nondum satis matura, sed placida, & (quod in primis tanto medico dignum erat) omnino præuisa. Cuius aduentu multa de numinis Benignitate præfatus, vxore, liberisque salutatis tanquam in blandissimum soporem incidisset, expirauit.

Iean Bachet Seigneur de Meizeria Iuge Maje des appellations de Bresse tres-digne fils de Pierre Bachet Lieutenant général au Bailliage de Bresse sous le Roy Henry II. auquel il ne ceda rien en doctrine.

Abraham de Vermeil Originaire de la ville de Cerdon. Du commencement il porta les armes sous le Roy Henry, le Grand, lors Roy de Nauarre pendant la ligue, auprès duquel vn sien Oncle son Medecin le fit esleuer auec beaucoup de soin, mais comme sa principale inclination estoit aux lettres, il se retira à Paris ou il s'addonna entierement à la poësie Françoise en quoy il reussit tres-bien. Il a fait plusieurs bonnes pieces dont quelqu'vnes se voyent au liure intitulé, *Le Parnasse des Poëtes François, & aux muses ralliées*, lors que Charles-Emanuel Duc de Sauoye fut en France, tous les Poëtes du temps s'essayerent de luy plaire par plusieurs pieces qu'ils luy dedierent, mais le mieux receu fut vn poeme de Vermeil pour recompense duquel, le Duc de qui il estoit sujet l'Annoblit par lettres dattées à Turin le 14. Octobre 1593. Verifiées en la Chambre des Comptes de Sauoye, en Ianuier 1594. & luy donna pour armes d'or à vn Taureau rampant de gueules armé de synople auec cette deuise, *Vtilis, & laboriosus*. Il auoit entrepris vn grand ouurage qui est l'histoire de sainct Louys en vers françois heroiques disposée en 24. liures, laquelle il acheua vn peu auant que mourir, elle n'a jamais esté imprimée, son manuscrit est encor entre les mains du Sieur de Bordes-Chastelet, de Cerdon, corrigée en plusieurs endroits de la main de Nicolas Richelet Aduocat au Parlement de Paris son Amy, l'vn des polis esprits de son temps qui apres l'auoir veu, & loüé son dessein, luy enuoya des vers Latins pour mettre au deuant de son ouurage, lesquels i'ay iugé à propos d'inserer icy pour tesmoignage de la bonté de la piece.

Ad Abrahamum Vermellium in suam
D. Lodoici historiam.

Cœlos audaci tentat Vermellius alâ,
  Nomina præcipiti, morte daturus aquis,
Prælia Mæonio versu qui digna laborat
  Scribere, & Hectorea fixa trophea manu,
Quid facis, aduerso soli quid lampade certas
  Cereus, & fluxâ quid petis astra rotâ,
Desine diuini Ludonici tangere lauros.
  Nempe decet fortes illa corona manus,
Illas vix valeat Phœbus contingere palmas,
  Tubáque Pegasei quam lauat vnda pedis,
Quid tu igitur tentas ; humeris quid pondere ? victis
  Atlantem : aut Siculi das graue montis onus ?
Sed fallor ; nam sic Phœbo Vermellius ardet
  Omnia Phœbeo scribat vt ingenio.

Ce Vermeil en l'an 1605. fut deputé auprès du Roy Henry le Grand pour la noblesse de Bugey, & de Valromey, auec le Seigneur des Alymes. son Anagramme ne fut pas mal rencontrée, *Abraham de Vermeil, Ame d'heur amirable.*

René de Lucynge Cheualier, Seigneur des Alymes, & de Montrosat Conseiller, & Maistre d'Hostel du Duc de Sauoye, & son Ambassadeur extraordinaire en France, ne doit-il pas treuuer son rang en ce Chapitre, soit qu'on veüille considerer ses employs, soit encor quantité d'ouurages qu'il a laissé, comme nous deduirons plus amplement, en la Genealogie de la maison de Lucinge.

Guillaume d'Oncieux, Seigneur de Donures & de Cogna, President au Senat de Sauoye personnage tres-sçauant.

Antoine Faure Iuge Maje de Bresse, Senatur au Senat de Sauoye, President de Geneuois puis du Senat de Sauoye, homme d'incomparable doctrine, connu de toute l'Europe par ses rares ouurages, & duquel nous parlerons ailleurs.

Michel Degletagne, Recteur de l'Vniuersité de Turin, Senatur au Senat de Sauoye, Gentil-homme Ordinaire de la maison de son Altesse & Auditeur general de Camp, estoit natif de Bizia village de Bresse.

Estienne Berliet tres-digne Senateur au mesme Senat de Sauoye, grand Iurisconsulte, versé en la langue Grecque & qui s'estoit acquis vne grande connoissance des bonnes lettres.

Ianus de Bourg qui fut vn sçauant Medecin, & qui exerça cette profession l'espace de vingt-cinq, ou trente ans auec vn applaudissement general, & dans l'approbation commune, il auoit toutes les plus belles qualités qu'on pouuoit souhaitter en vn personnage de la robbe; car outre qu'il estoit doüé d'vne merueilleuse memoire, & d'vn Iugement solide, il estoit consommé en Medecine, & en Philosophie, heureux en ses cures, & en ses prognostics, recherché des plus grands à cause de son experience, & en telle reputation qu'on le venoit querir de tous les pays voisins, il estoit originaire de la ville de Bourg.

Claude de Seyturier Escuyer Seigneur du Tillet qui nous a donné des marques de son esprit par ce gentil

til

til-ouurage du Point d'honneur, ou il à traitté doctement la matiere des Duels,

Guillaume Bachet Seigneur de Vauluyſant, Preſident en l'Eſlection de Breſſe, grand Poëte Latin, & François,

Claude-Gaſpard Bachet Seigneur de Meizeria ſon frere, prodige de Doctrine, à la memoire duquel ie dois vn eloge particulier en la Genealogie de ſa maiſon,

Nicolas Fatet ne doit pas eſtre icy oublié : car du commencement il fut Aduocat au Preſidial de Bourg, d'ou il eſtoit originaire, apres eſtant allé à Paris il ſe fit connoiſtre, & deſlors fut choyſi par Monſieur le Comte d'Harcourt pour ſon Secretaire, il exerça cette charge ſi dignement, & auec tant de fidelité, & de zele que ce Prince ayant eu en l'an 1637. le Commandement de l'armée Nauale de ſa Majeſté, Nicolas Fatet y fit celle de Secretaire de cette Armée, il eut encor cet employ en l'Armée d'Italie pendant trois ans ſous le meſme Prince, outre cela il fut Conſeiller, & Secretaire du Roy, maiſon, & Couronne de France, & de ſes finances, & Intendant de la maiſon de Monſieur le Comte d'Arcourt Il mourut à Paris au mois de Septembre 1646. aagé de quarante ſix ans. Pour les Ouurages qu'il a donné au Public, & qui ſont des preuues irreprochables de ſon merite, nous auons la Traduction de l'Hiſtorié Euttopius, qui fut ſon coup d'eſſay, & qui pourtant eut l'approbation de Monſieur Coëffeteau l'vn des plus eloquens Eſcriuains de noſtre ſiecle : l'Hiſtoire Chronologique des Ottomans depuis Amurath. 3. iuſques à l'an 1621. vn Recueil de lettres dedié au grand Cardinal de Richelieu, l'Honneſte homme: liure duquel tous les curieux ſçauent le prix, & qui, à eſté ſi bien reçeu, que les Eſpagnols, & les Italiens l'ont traduit. Il auoit encor fait l'hiſtoire de René II. Duc de Lerraine, en faueur de laquelle ſon Alteſſe de Lorraine luy enuoya vn breuet de ſon Conſeiller & Hiſtoriographe le 6. May 1628. mais ce liure ne fut pas mis en lumiere à cauſe de la conjoncture du temps : ſes heritiers nous font eſperer qu'il le ſera bien toſt ; il auoit auſſi projetté d'eſcrire la vie de Monſieur le Cardinal de Richelieu, & celle de Monſieur le Comte d'Harcourt, dont il à laiſſé des memoires aſſés Curieux, & ſans le grand, nombre d'affaires qui accablent ceux qui comme luy demeurent touté leur vie à la ſuitte des Grands, & des Armées, il nous euſt ſans doute donné d'autres marques de l'excellence de ſon Genie. Tant y à qu'il eſt mort aymé, & chery de tous ceux qui le cônoiſſoiét, & infiniment regretté de toute cette illuſtre Academie côpoſée des meilleurs, & plus polys eſprits du Royaume, du Corps de laquelle il auoit l'honneur d'eſtre.

Ie finis ce catalogue par vn autre Illuſtre Breſſan que la mort nous à rauy depuis que ce liure à eſté ſous la preſſe. C'eſt Claude-Faure Seigneur de Vaugelas Baron de Peroges: nous luy reſeruons ſon eloge en la Genealogie des Faures. Cependant c'eſt aſſés de le deſigner par ſon nom, pour faire connoiſtre à la poſterité que cette place luy eſt legitimement deuë. Voyla ce que i'ay peu remarquer touchant les hommes illuſtres que noſtre Breſſe, & le Bugey ont produit iuſques icy ; car quant à ceux qui ſont viuans, ie ne ſuis pas reſolu d'en parler pour ne pas donner ialouſie à pluſieurs autres dont on ne parle point, parce auſſi que ce qui ſe dit en faueur des perſonnes viuantes eſt ordinairement ſuſpect & de flatterie, d'où vient qu'à Rome il y a vne Loy qui eſt grauée ſur vn marbre au Capitole qui deffend de dreſſer aucune ſtatue, ou autre monumment public aux Papes, ou à leurs Parens pendant, qu'ils ſont en vie, ie puis bien neantmoins ſçauoir en paſſant que nous auons quantité de doctes Religieux, de ſçauans Magiſtrats, & d'Aduocats eloquens aujourd'huy viuans, qui ſeruent d'ornement à la Prouince.

Or affin que l'on aye meilleure opinion de nos Hommes Illuſtres. I'ay iugé à Propos de mettre à la fin de ce chapitre ce que Claude Bigottier duquel nous auons parlé cy deuant, à dit de ceux qui viuoyent de ſon temps en ſon Poëme de *Raporum encomio lib.* 3. *pag.* 48 & 49.

Iam verò quales progignat terra Solonas,
Quantaque diuini ſplendeſcant lumina Iuris
Dicendum ; & quæ ſint noſtratibus arma togatis,
Qui patriam iuſti dominâ ſub lege gubernant.
Primus enim * *Chicho cuius facundia præceps*
Auſonios vincit, tam dulci Rethoras ore,
Iuſtitiam cunctis æquatâ lance miniſtrat.
Hancque Deam retinens * *Caſtellio doctus ad vnguem,*
Illius antiſtes, directis ſemper ocellis ;
Cuique ſuum tribuit, terriſque excedere vetat.
Quin etiam Conſul Simeo * *Paluatus ; & alter*
Qui tantùm nouit, quantùm Caſſellius Aulus,
Dignus amicitia, * *Guilelmus Neſtores ambo,*
Conſilio pollent, ſtudiiſque ac voce rotundâ.
Stat domus antiqui generis, nomenque virorum
* *Focrandos dico, Proprio qui Marte tulerunt*
Magnanimi ſeſe, tolluntque in luminis auras,
Viribus ingeny, ac legum ditione potentes.
His pater ætherea reſidens virtute * *Calixtus,*
Mæcenas, doctorque meus, Cui denique vitam
Ingenuè tanto fateor debere Magiſtro ;
Floruit Orator ſummus ; dulciſque Poeta.
Hic Focrandus erat vera pietatis amator.
Erectâ dignus ſtatuâ ; digniſque tropheo.
Inde Magiſtratus ſuccedunt ordine longo,
Cæſarei primas iuris, ſacrique tenentes,
* *Puggetus felix, felix Pinolanus, & vnâ*
Foruarus, noſterque etiam Cartellius hoſpes.

Addam

Marginal notes (left column):

* Iaques Chichon.

* Antoine de Chaſtillon Aduocat du Roy au Bail-lage de Breſ-ſe.
* Simeon & Guillaume Paluat Ad-uocats.
* La famille des Focrands Seig. de Lan-ges & d'Ar-romas.
* Calixte de Focrand ſe-cretaire du Duc de Sa-uoye.

* François-Philibert du

Puget Iugé
des appella-
sios deBresse.
* *Pierre Ba-*
chet Lieute-
nant general
au Bailliage
de Bresse.
* *Thomas*
Carronier
Aduocat.
* *Mess.Fau-*
re.
*. *Le S.du*
Renon Ad-
uocat.
* *Claude*
Combet Ad-
uocat.

Addam * Bachetum diuino pectore vatem.
Qui prælector erat sanctissima iura professus.
Quo te * Carronere canam ? quo carmine gentem ?
Illustresque tuos summa pietate parentes ?
Quo sermones graues præstanti corpore * Fabros ?
* Renonumque decus vita centumque Licurgi
Pectora * Combetosque simul ; frugique Iohberum ?
Quales nempe viros memori dum pectore voluo ;
Dum cupio dignas calamo prestringere laudes ;
Deficit ingenium , torpescunt frigore sensus.
Hactenus Ille.

EN COMBIEN DE SEIGNEVRIES LA BRESSE
estoit Diuisée auparauant qu'elle paruint entiere aux Comtes
& Ducs de Sauoye.

CHAPITRE XXII.

VTREFOIS nous auions en Bresse plusieurs Roytelets, & grands Seigneurs qui s'estoient partagé entre eux toute cette Prouince par lambeaux & qui eslognés des Empereurs sous la domination desquels estoit alors la Bresse y Seigneurioient absolument, & la plurpart comme en souueraineté, de toutes lesquelles Seigneuries separées, & detachées, les Princes de Sauoye par diuers moyens ont composé vn seul corps tel qu'on le void aujourd'huy. Les Principaux, & les plus redoutés estoient les Sires de Baugé Seigneurs de Bresse qui veritablement estoient Souuerains, la Capitale de leur estat estoit Baugé, les autres Villes qui en depédoiët Sôt Bourg, Chastillô S. Triuier, Pont de Vesle, Cusery, Mirebel, & tout le pays qu'on appelle aujourd'huy Basse Bresse , & Dombes depuis Cusery iusqu'aux portes de Lyon & depuis Baugé iusqhes à Bourg, les Comtes de Sauoye ont eu ce petit estat par le mariage de Sibille Dame de Baugé, & de Bresse auec Amé I V. du nom Gomte de Sauoye en l'an 1272.

Les Sires de Coligny tenoient souuerainement le Reuermont, qui est tout le pais depuis Coligny iusqu'au Pontd'ains, & tout ce qui est entre les montaignes du Reuermont, & la Riuiere d'Ains c'est à dire Coligny, Verjon, Pressia, Treffort, Marbos, S. Estienne du Bois, Meillonnas, Iasseron, Cesiria, Reuonas, Montagna, le Pont d'Ains, & en remontant Fromentes, Buenc, Beaurepaire, Villereuersure, & Seligna, iusqu'à Chauanes en Comté, outre ce qu'ils possedoient en Bugey, cet estat fut diuisé entre les enfans d'Humbert II. du nom sire de Coligny, & vne partie portée en la maison de la Tour du Pin par le mariage de Beatrix de Coligny, le fils de laquelle appellé Humbert Sire de la Tour du Pin depuis Daufin de Viennois, ceda à Robert Duc de Bourgogne en l'an 1285. tout ce qu'il auoit en la Seigneurie du Reuermont qui depuis l'eschangea à Amé VI. Comte de Sauoye, & à Sibille de Baugé sa femme en l'an 1289, le surplus de ladite Seigneurie du Reuermont demeura à ceux du nom & Armes de Coligny.

Les Sires de Villars auoient Loyes, le Chastelard, & quelques autres places en Dombes qu'on appelloit, la Terre de Villars, toutes lesquelles terres furent portées en la maison des Sires de Thoire par le mariage d'Agnes Dame de Villars enuirô l'an 1200. Or ces Sires de Thoire & de Villars, aggrädirët bien leur estat car outre ce qui estoit de l'ancien patrimoine de Villars, ils eurét par côqueste ou par acquisitiôs Hauüet Vassalicu Bouligneux, le Plantey, tout ce qui est depuis le Pont-d'Ains iusqu'à Chasey, Trenoux, Amberieu, Monthieux, Beauregard, Montdidier, Cornod, Vaugrigneuse, & Conslens dont ils auoient la soueuerainceté, & le ressort; mais le dernier de la famille vendit tout ce qu'il auoit en Bresse à Amé 7. du nom 1. Duc de Sauoye en l'an 1402.

Les Seigneurs de Montluel estoient Seigneurs de la Valbonne, & feudataires des Comtes de Sauoye, le dernier de cette famille n'ayant enfans fit donation de tous ses biens à Humbert Daufin de Viennois son parent qui la laissa à ses successeurs Daufins de Viennois qui parce moyen se qualifioient Barons de la Valbonne, & qui l'ont possedée iusqu'à ce que le Daufiné ayant esté remis au Roy Iean par les eschanges que le Roy fit au nom du Daufin son fils en l'an 1354. auec Amé V. Comte de Sauoye surnommé le Comte Verd, toute la Valbonne, & la Seigneurie de Montluel passerent en la maison de Sauoye.

Les Sires de Beaujeu depuis Seigneurs de Dombes n'auoient rien en Bresse, n'y en ce qu'on appelle à present Dombes auant l'an 1218. que Guy de Baugé Seigneur de Mirebel donna sa fille Marguerite en mariage à Humbert Seigneur de Beaujeu à laquelle il donna à titre de dot la Seigneurie de Mirebel qui s'estendoit iusqu'à Lyon, & qui comprenoit Satonay, & vne partie du pays aujourd'huy nommé Dombes, outre cela les Sires de Beaujeu auoient Meximieux, Peroges, & le Bourg S. Christophle, mais Mirebel leur fut pris par force par le Daufin en vne guerre qu'il eut auec le Comte de Sauoye, & quant à Meximieux, Peroges, & le Bourg. S. Christophle, Guichard Seigneur de Beaujeu ayant esté pris prisonnier du Daufin à la Bataille de Varey il les luy remit en payement de sa rançon, tellement que le Daufin demeura Seigneur de tout ce que les Seigneurs de Beaujeu auoient en Bresse, & ces places ayans esté comprises en la remise du Daufiné faite au Roy de France, elles furent baillées au Comte Verd par le Roy Iean par les eschanges de l'an 1354.

ESTAT

ESTAT DV BVGEY AVANT QV'IL APPARTINT
entierement à la maison de Sauoye.

CHAPITRE XXIII.

N Bugey comme en Bresse, il y a eu autrefois plusieurs Souuerains; car la donation que l'Empereur Henry IV. fit à Amé 1. Comte de Sauoye de la Seigneurie de Bugey en l'an 1137. ne comprenoit que ce qui est au long du Rosne, depuis Chastillon de Michaille, & Seyssel iusques à Grolée auec tout le Valromey, Virieu le grand, Chasteauneuf, Cuille, Montueran, Luyrieux, Rochefort, Flacieu, Pierre-Chastel, Peyrieu, Rossillon, Thuey, Beautetour, Cordon, les Marches, Euieu, & autres places. Ce petit pays en tout ou en partie a esté souuent aliené à la charge toutefois du retour, tant pour le mariage des filles de Sauoye des Comtesses, & Duchesses Douairieres de Sauoye que pour l'Apannage des puisnés de cette famille ainsi qu'il sera dit ailleurs.

Les Euesques de Belley, les Abbés de Nantua, d'Ambronay, & de sainct Rambert possedoient aussi la meilleure partie du Bugey; mais par des conuentions particulieres d'alliance, & de confederation ils associerent en la moitie de leurs reuenus, & biens les Comtes de Sauoye qui par ce moyen s'emparerent du reste sous des pretextes specieux.

Les Sires de Thoire auoient le Bailliage de la Montagne, dont Montreal estoit la Capitale, toute la vallée d'Isarnore, & de Brion, Matafelon, le Planet, Montillet, Etya, Bussy, Mailla, Vologna, Mornay, sainct Martin du Fresne, Poncin, Cerdon, Chenauel, Mirigna, la Cueille, la Bastie sus Cerdon, la Vallée de Rogemont, la Veliere, Rogemont, & autres lieux qui attuerent à la maison de Sauoye par la vente qu'en fit le dernier de cette maison à Amé VII. Comte puis premier Duc de Sauoye en l'an 1404.

Les Sires de Coligny possedoient le surplus du Bugey depuis Chastillon de Corneille iusques à sainct André de Briord, lequel pays s'appelloit comme il fait encor aujourd'huy la Manche de Coligny, & en cela estoient compris Varey, Douures, sainct Germain, Amberieu, sainct Denys de Chausson, Chasteaugaillard, Cormos, Verneaux, Chasey, la Seruette, Lanieu, sainct Sorlin, & sainct André de Briord, Vne fille de la maison porta toutes ces terres par mariage en la maison des Seigneurs de la Tour du Pin, qui depuis ont esté Daufins de Viennois; d'où vient que ce quartier a esté long-temps des dependances dit Daufiné, enfin par les eschanges de l'an 1354. il demeura au Comte de Sauoye.

Or aptes toute cette deduction, en laquelle nous n'auons rien oublié, ce semble, de ce qui pouuoit concerner l'Histoire generale de Bresse, & du Bugey, il est temps de donner la Genealogie, & les Eloges des Sire de Baugé, des Comtes, & Ducs de Sauoye, & Roys de France, qui ont esté Seigneurs de Bresse, & du Bugey, & de remarquer en passant les principaux euenemens qui y sont arriués afin de rendre complete cette premiere partie de nostre ouurage.

VVIGVES, OV HVGVES I. SIRE DE BAVGÉ,
Marquis de Bresse.

CHAPITRE XXIV.

E VVigues ou Hugues, Seigneur de Baugé, est celuy qui a donné commencement à cette tres-illustre, & tres-glorieuse famille qui a possedé si longtemps la Bresse en souueraineté; & bien que les choses anciennes soient mal-aysées à deschiffrer à cause de la negligéce de nos predecesseurs qui n'ont point eu de soin pour obseruer les actiós remarquables de leur Siecle, & que le temps qui enseuelit tout, ne nous ayt laissé que bien peu de tesmoignage de l'ancien estat de cette Prouince sous les successeurs de Charlemagne: neantmoins nous auons certaine connoissance de la posterité de ce Seigneur de Baugé depuis l'an 830. iusques à l'an 1294. qui mourut Sibille Dame de Baugé, & de Bresse femme d'Amé IV. Comte de Sauoye derniere de cette maison.

Plusieurs Autheurs ont fait mention de cette famille de Baugé en leurs ouurages, sçauoir Bugnon en sa Chronique de Mascon, Paradin en ses Annales de Bourgogne, P. de sainct Iulien Baleure en ses antiquités de Mascon, Vignier *in Chron. Burgundiæ*, & Iaques Seuert en ses Euesques de Mascon, mais tout ce qu'ils en ont dit est tiré du liure Latin des Antiquités de la Ville de Mascon, de Iean Fustailler Iurisconsulte Masconnois, viuant en l'an 1510. qui auoit eu communication de tous les tirres du Tresor de l'Eglise de sainct Vincent de Mascon, cet Autheur en descriuant quels ont esté les Comtes, & Euesques de Mascon, & leurs principaux gestes, à esté curieux de faire mention par occasion, & fort succintement toutefois, des Sires de Baugé leurs voisins, & de remarquer le temps de leur mort de l'vn à l'autre iusques à Sibille de Baugé de laquelle nous venons de parler, il auoit dedié son ouurage à Claude de Longuy Euesque de Mascon qui fut depuis le Cardinal de Giury, mais ayant esté preuenu

de

de mort, son Manuscrit demeura entre les mains des curieux, iusques à ce que Philibert Bugnon Masconnois, Aduocat en la Seneschaussée de Lyon meilleur Iurisconsulte, qu'historien, le fit imprimer en latin, supposant d'en estre l'autheur, toutesfois la chose luy reussit fort fort malapropos qu'outre les grandes fautes qui se treuuent en sa besogne, il gasta tout ce bel ouurage par quelques additions qu'il y voulut faire du sien, lesquelles chocquent entierement l'histoire ; & le sens de Fustailler ainsi que la suite de ce discours le fera voir. N'ayant donc personne auant Fustailler qui ayt traitté de nos Seigneurs de Baugé, il à falu luy deferer, auec d'autant plus de raison que cet Autheur estoit desinteressé, & que ie puis instifier ce qu'il à dit d'eux par titres, Chartes, & autres bonnes pieces qui m'ont passé par les mains.

Cet Autheur parlant de VVarin ou Guerin 1. Comte de Chalon, & de Mascon dit qu'en ce mesme temps vinoit VVigues, ou Hugues Marquis de Bresse, & Comte de Baugé, auquel l'Empereur Louys le Debonnaire en l'an 830. donna pour recompense des seruices qu'il luy auoit rendus aux guerres l'Abbaye de S. Laurent prés Mascon auec la Seigneurie de Baugé du consentement d'Hildebald Euesque de Mascon, d'où vint que dés là, il s'intitula Comte de Baugé voicy les mots du texte. *VVigo qui & Hugo (vtrumque enim legitur) Marchio Bressiæ, Comes Balgiaci, Abbatiam vt trivire vocabulo via quam Laurentio dicatam dixi cum Balgiaci quod ditionis prædictæ Abbatiæ erat à Ludonico in stipendium Militia, consentiente Hildebaldo accepit, inoxque se Balgiaci Comitem asserit, anno trigesimo supra octingentesimum.*

La traduction de Bugnon, nous donne ce passage en cette sorte *VVigues ou Hugues Marquis, Duc de Sauoye, eust du Roy & Empereur Louys par le consentement d'Hildebald pour recompense de ses seruices au fait de la guerre vne Abbaye que l'on appelle vulgairement Baugé, laquelle comme nous auons desia dit estoit dediée à sainct Laurent, ensemble Baugé, dependant de la Iurisdiction de l'Abbaye, de sorte qu'incontinent, il vsurpa, & se fit Seigneur de la Comté de Baugé en l'an 830.*

En quoy ce traducteur à erré en plusieurs façons, car il à qualifié nostre Hugues I. Seigneur de Baugé, Duc de Sauoye qui est vne faute bien grossiere, parce qu'il viuoit enuiron deux cens ans auparauant Beraud ou Geraud fils d'Hugues Marquis d'Italie duquel quelques vns croyent que descend la Serenissime maison de Sauoye; D'ailleurs les Princes de Sauoye n'ont porté cette qualité de Duc que six cens ans apres, outre qu'il qualifie vsurpation, la concession faite audit Hugues par l'Empereur Louys le Debonnaire pour recompense de ses seruices : Bref il s'est mesconté d'auoir creu que Baugé fust Abbaye auant cette concession, attendu qu'aucun de ceux qui depuis luy ont escrit l'histoire de Mascon ne là osé auancer, non pas mesmes Fustailler qui dit simplement que la Seigneurie de Baugé dependoit de l'Abbaye de S. Laurent prés Mascon, ce que toutesfois ie ne voudrois pas accorder trop librement: Deffet puis que Baugé, & S. Laurent furent donnés à Hugnes Marquis de Bresse pour reconnoissance de ses seruices, Il faut croire que Louys le Debonnaire auoit assés de terres, & de Seigneuries pour le gratifier sans le faire aux depens de l'Euesque de Mascon, aussi Seuert en ses Euesques de Mascon plus fidele en sa relation, qu'aggreable en son style n'a pas voulu nier que Baugé ne dependit de l'Euesché de Mascon, mais il à dit que c'estoit par quelque ancienne liberalité de laquelle l'Origine n'estoit pas connuë. *In Theotelmo § 1.*

Quoy qu'il en soit, c'est vn grãd hóneur aux Sires de Baugé nos Souuerains d'auoir eu pour souche cet Hugues qui sans doute estoit deja grand Seigneur, & fort consideré en la Cour de Louys le Debonnaire bien qu'on ne sache point son origine. L'histoire de cet Empereur fait bien mention d'vn Moring Comte de Bresse qui fut enuoyé par Lothaire, Roy d'Italie fils de Louys en Italie en l'an 821. duquel parle Eginhart, *Cùm Lothariu(dit-il) Imperatori de institia in Italia à se partim factâ partim inchoatâ fecisset iudicium, missus est in Italiam Adalardus Comes Palatij, insumque est vt Moringum (alias Maurinum) Brixia Comitem secû assumeret, & inchoatas institias persiceve curaret, & peu apres il dit que ce Moring succeda au Côte Adalard au Duché de Spolete; Sed nuntio honoris sibi deputati accepto paucis interpositis diebus vitâ finiisse.* Or beaucoup de choses font presumer que nostre Hugues de Baugé fut fils de ce Moring Comte de Bresse, car le temps s'y conforme, parce que ce Moring mourut enuiron l'an 823. & Hugues viuoit en l'an 830. tous deux aux au seruice de l'Empereur Louys le Debonnaire, l'vn Comte de Bresse & l'autre Marquis c'est à dire Gouuerneur, & bien qu'on pourroit dire que ce Moring estoit Comte non pas de nostre Bresse, mais bié Bresse en Italie, parce que le latin l'appelle *Brixia Comité*, nom qui ne conuient pas à nos Bressans que nous appellons en latin *Sebusianos*; neantmoins cette seule consideration n'est pas capable de destruire nostre coniecture, veu qu'encor que Moring soit nom de Bresse soit *Sebusia* sous lequel elle est cõnuë dans les Commentaires de Cesar, toutesfois dans tous les titres *Medij Æni* comme du temps de Pepin ; de Charlemagne de Louys le Debonnaire, & de Charles le Chauue, la Bresse est appellée *Brixia*, & les Bressans *Brixianos*, d'où nous pourrions conclure que ce Moring estoit Comte de nostre Bresse, & non de Bresse en Italie, & que ledit Hugues Seigneur de Baugé pouuoit bien estre son fils mais n'en ayant point d'autres preuues, ie n'en ose rien asseurer. *In aus. Lud. Pij imp. Ann. Berti-niani sub ann. 823. & 824.*

Quant à la qualité de Marquis de Bresse que Fustailler, & apres luy Bugnon, & Pierre de S. Iulien donnent à Hugues, elle ne doit pas persuader qu'il fut Marquis proprietaire de Bresse, d'autant qu'en ce temps là, ce mot de Marquis, n'auoit pas la signification qu'il à aujourd'huy, au contraire Marquis n'estoit autre que Gouuerneur de la Frontiere quoy qu'il y ayt diuerses opiniõs touchant son ethymologie. Fauchet dit que ce nom vient de March qui en ancien langage Gaulois, & Allemand signifie cheual, & que ceux qui commandoient aux gens de cheual s'appelloient autrefois Marquis, lesquels ayans esté establis sur les Frontietes, pour descouurir plus facilement la venue & les surprises des Ennemis donnerent leur nom aux lieux de limite qui de là prirent le nom de Marche, de laquelle opinion sont Alciat. *lib. de sing. Certam, & B. Rhenanus in annot, ad Cornel. Tacis.* Altamer. en son Comment, sur le liure de Tacite de *Morib. Germ.* allegue que le Allemans nomment Marche vn pays conquis par Armes;

Lib. 4. ſub venetia.

Du Chriſne hiſt. Franc. Tom 1 pag. 288.

& Marquis le Seigneur de ce païs là. Volaterran dit que Marquis en langue Lombarde veut dire Magiſtrat hereditaire. Chez Nicephorus Gregoras hiſt. Rom. lib. 7. cap. de Imperat. Pren. Marquis eſt celuy qui portoit l'eſtendard deuant l'Empereur; cependant au liu. 2. de feud. tit. 10. le mot de Marquis, emporte celuy de Gouuerneur d'vne frontiere, & eſt pris dans le droit en cette ſignification ou Præfecti limitum vocantur Marchiones, c'eſt le ſentiment d'Amerbachius, de Vadian, de Pancirole, d'Obertus de Otto, qui a compoſé le liure des fiefs, & d'autres autheurs; dont on void des exemples en l'hiſtoire, comme en la vie de Louys le Debonnaire d'vn autheur Anonyme, ou parlant du voyage que fit Charlemagne en l'an 785. pour rencontrer Louys le Debonnaire ſon fils qu'il auoit enuoyé querir en France, il dit qu'il ne laiſſa en Alemagne autre ordre à ſes affaires ſinon qu'il eſtablit des Marquis ſur les frontieres, relictis tantum Marchionibus, qui ſines Regni tuentes, omnes ſi forte ingruerent, hoſtium arcerent incurſus; En effet par vne conceſſion que Charles le Chauue a fait à l'Egliſe de Maſcon, il ſe void clairement que les Marquis eſtoient Gouuerneurs. Reginaldus, (dit le titre,) Vaſſallus VVarini Cariſſimi Comitis Maſtiſconenſis quondam Marchionis noſtri, quædam aduerſus eum molitus eſt, &c. Auſſi Catel en ſes memoires de Languedoc liu. 3. à remarqué que ſur la fin on a appellé confuſement les Gouuerneurs des Prouinces Ducs, Comtes, & Marquis, ce qui a depuis eſté conuerti en dignité.

    Touchant l'autre qualité que les Autheurs ſuſnommez donnent à Hugues qui eſt de Comte de Baugé, elle eſt de leur creu; car iamais cét Hugues n'y ſes ſucceſſeurs, n'ont pris autre qualité que de Seigneurs de Baugé, Domini ou Domni Balgiaci, Baugiaci, Balgiacenſes, ou de Balgiaco, auſſi Baugé n'a porté titre de Comté que dés l'an 1460. ainſi que nous dirons ailleurs, ce qui a abuſé Fuſtailler c'eſt qu'il a veu aux Archiues de ſainct Vincent de Maſcon qu'Hugues de Baugé petit fils de celuy duquel nous parlons portoit les qualitez de Comte, & de Marquis tout enſemble, ce qui luy a fait croire qu'il eſtoit, à Comte de Baugé, & Marquis de Breſſe; mais ces noms de Comte, & de Marquis eſtoient noms de dignités, & de Gouuernement qui ne paſſoient pas aux ſucceſſeurs, outre que les Comtés n'ont eſté renduës hereditaires que long temps apres, & ſous Hugues Caper.

    Reuenant donc à noſtre principal ſujet, Hugues premier Seigneur de Baugé, & Marquis de Breſſe mourut en l'an 867. le nom de ſa femme n'eſt pas paruenu iuſques à nous quoy qu'il ſoit vray qu'il euſt vn Fils appellé Fromond duquel nous parlerons au chapitre ſuiuant. Les armes de Baugé ſont d'azur au Lyon d'hermines, en quoy Bara, & Pingon ont failly qui c'eſt de geules à vn lyon d'hermines armé, Lampaſſé & Couronné d'or, on ne ſçait pas qui eſt celuy de cette famille qui a le premier porté cette armoirie, mais il eſt bien certain que les Sires de Baugé n'en ont point en d'autre. Leur ſeau eſtoit: vn homme à cheual l'eſpée nuë en la main droitte, le bouclier en la gauche, & autour ces paroles. Sigill. Domini de Balgiaco, au reuers il y auoit vn petit ſeau ou eſtoit le lyon de Baugé, & à l'entour Secretum Domini de Balgiaco, cette forme de ſeau eſt toute ſemblable à celle des anciens Comtes de Sauoye, des Daufins, des Comtes de Bourgogne, des Sires de Coligny, des Sires de Thoire, & de Villars, & des Comtes de Maſcon.

FROMOND SECOND SEIGNEVR DE BAVGE'

CHAPITRE XXV.

N n'a rien treuué de memorable de luy, Fuſtailler n'en dit autre choſe que cecy quo anno (il parle de l'an 867.) Hugo Balgiaci Comes moriens Comitatum filio Fromondo tradidit.

    Ce Fromond euſt pour fils Hugues Seigneur de Baugé, & Marquis de Breſſe mentionné au chapitre ſuiuant.

HVGVES II. DV NOM TROISIESME SEIGNEVR
de Baugé, Comte & Marquis de Breſſe.

CHAPITRE XXVI.

E temps auquel Hugues II. du nom ſucceda à Fromond Seigneur de Baugé, ſon Pere n'eſt pas preciſement marqué par Fuſtailler ny par Bugnon, mais par les titres, & actes qui font mention de luy, on iuge bien que ce fut enuiron l'an de ſalut 940.

    Il euſt guerre auec Gerard Eueſque de Maſcon ſur lequel il s'empara de l'Abbaye de ſainct Clement prés Maſcon donnée à Naymbold Eueſque de Maſcó par Louys d'Outremer Roy de France, & d'vne grande partie du bois chetif que l'Empereur Louys le Debonnaire auoit donné à Hildebald Eueſque de Maſcon, ce bois chetif aux titres de ſainct Vincent de Maſcon, & chez Fuſtailler eſt appellé Captiuum nemus, ce qu'en François on a traduit bois captif, & depuis bois chetif par corruption, c'eſt aujourd'huy cette belle prairie qui eſt au deçà du Pont de Maſcon, laquelle en ce temps là n'eſtoit qu'vne foreſt.

    Mainbold, ou Naimbold Eueſque de Maſcon qui ſucceda à l'Eueſque Gerard, n'ayant peu auoir raiſon du procedé d'Hugues de Baugé, ny s'aſſeurer de paix auec luy, euſt recours à Louys d'Outremer Roy de France pour y interpoſer ſon authorité, dont Hugues de Baugé ayant eu aduis attira à ſon party Lethald ou Leothald fils d'Alberic Comte de Maſcon en luy faiſant part de ſa conqueſte, il luy

baïlla

bailla la moitié de sainct Clement, & vne portion du bois chetif. Tous deux ensemble donc apres cette alliance firent long temps la guerre à Mainbold; mais Alberic Comte de Mascon estant decedé en l'an 953. Leothald son fils changea de volonté, & se reconcilia auec Mainbold. Par ce moyen Hugues de Baugé priué de cet appuy, & craignant d'irriter le Roy Louys, s'accommoda auec l'Euesque de Mascon, & en consideration de l'incendie qui auoit bruslé presque toute la ville de Mascon, l'Eglise & le cloistre de sainct Vincent, luy & Leothald Comte de Mascon firent don à l'Euesque Mainbold de tout ce qu'ils possedoient à sainct Clement, & ledit Hugues par vne concession particuliere donna à l'Eglise de Mascon la troisiesme partie de la forest du bois chetif, depuis la riuiere de Vesle, iusques à vn lieu que l'original appelle *Dolosa*, ce qui fut confirmé & aggreé par le Pape Agapit I I. & bien que la Bulle de ce Pape rapportée au long par Seuert soit sans datte, toutefois puis qu'il siegea dés l'an 947. iusques à l'an 955. & que l'accommodement d'Hugues de Baugé, & de Leothald Comte de Mascon auec l'Euesque Mainbold, est posterieur au decez d'Alberic Comte de Mascon que Fustailler dit estre arriué en l'an 953. nous pouuons rapporter la datte de ladite Bulle à l'an 954. & non pas à 952. ainsi que Seuert l'a creu.

P. de S. Iul. és Antiq. de Mascon png. 136. & 137. Seuers in Ep. Matisc.

En ce lieu il est fort à propos de remarquer la faute de sainct Iulien Baleurre, & de Seuert, lesquels parlans de cét Hugues l'ont confundu auec Hugues premier son ayeul, parce qu'il portoit comme luy la qualité de Marquis, mais ils ne se sont pas pris garde que par ce moyen ils font viure le premier plus de sept vingts ans, car la concession luy fut faite de Baugé par Louys le Debonnaire en l'an 830. estant deja Gouuerneur, & garde de la frontiere de Bresse, ce qui fait presumer qu'il estoit auancé sur l'aage, veu mesmes que cette concession presuppose qu'il auoit serui l'Empereur aux guerres. Or est il que le traitté fait entre Mainbold Euesque de Mascon, & Hugues I I. est de l'an 954. Par consequent il faudroit que cet Hugues premier eust vescu plus de sept vingts ans, supposé mesmes que lors de l'Infeudation de Baugé il n'en eust que dix huict ou vingt, ce qui n'est pas vray séblable, & bié qu'il se qualifiast Marquis neantmoins il n'y auroit apparence quelconque de le prendre pour son ayeul, parce qu'encor que cette dignité de Marquis ne fut que personnelle en ce temps là, il se peut faire qu'elle ayt esté continuée en la personne d'Hugues I I. en consideration de son propre merite, ou des seruices de son ayeul, par effet on ne voit point que Fromond fils d'Hugues premier, ayt pris cette qualité.

En passant il ne faut pas obmettre de dire qu'en vn titre rapporté au long par Seuert (qui n'est autre qu'vne execution reelle du traitté confirmé par le Pape Agapit.) Cet Hugues I I. est qualifié *piissimus Princeps*, & Leothald Comte de Mascon, *Comes Benignissimus*, ce qui a fait croire à Seuert, qu'Hugues estoit vn Duc de Bourgogne qui est vne erreur manifeste, parce que l'ancien Royaume de Bourgogne estant en ce temps là sous l'obeyssance de Conrad I. du nom Roy de Bourgogne, & de Prouence, il n'y auoit aucun Duc de Bourgogne, ains de simples Gouuerneurs, dailleurs si Seuert eusse bien pris le sens de ce titre, il eust veu qu'il ne contient autre chose que l'execution de l'accord fait auec Mainbold. Euesque de Mascon, auquel autre n'est interuenu qu'Hugues Marquis de Bresse & Seigneur de Baugé, & Leothald Comte de Mascon, à quel propos donq y mesler vn Duc de Bourgogne; car de s'arrester au mot de Prince, il n'y auoit lieu que cet Hugues, & tous ses successeurs ont esté tenus pour tels, en effet par le titre qui contient la concession de la troisiesme partie du bois chetif à l'Eglise de Mascon lequel Seuert à transcrit en ses Euesques de Mascon sous l'Euesque Naymbold. Ce mesme Hugues se qualifie *Hugo Dei gratia Comes*, outre que cette qualité de Marquis estoit de grande authorité, d'ou vient qu'en tous les titres qui sont à sainct Vincent de Mascon que Baleurre & Seuert rapportent en leurs ouurages, Hugues est appelé tantost *Marchio Nobilissimus*, tantost *Marchio insignis*, & tousiours nommé auant Leothald ou Alberic Comtes de Mascon qu'on ne reuoque pas en doute auoir esté Prince.

In Epist. Matisc. p. 89.

Hugues I I. mourant laissa successeur en ses estats vn Fils appelé Hugues comme luy. Seuert à creu que ce mesmes Hugues auoit esté en mesme temps Comte de Mascon, & Seigneur de Baugé, & cependant on ne le treuue point au Catalogue des anciens Comtes de Mascon, Du Chesne, Fustailler, Bugnon, ny Baleurre n'en disent mot. Il finit ses iours en l'an 958. dautant que le Roy Louys d'Outremer mourut en l'an 955. & que Fustailler cotte le decés de nostre Hugues, Seigneur de Baugé trois ans apres celuy dudit Roy Louys.

HVGVES III. DV NOM, IV. SEIGNEVR DE BAVGÉ.

CHAPITRE XXVII.

HEOTELME, ou Theotelin Euesque de Mascon, renouuella contre luy la vieille querelle touchant l'Abbaye de sainct Laurent; mais comme il ne se sentoit pas assés fort pour en vénir à bout, il eust recours au Pape, à la recommandation duquel, Hugues la relascha entierement à l'Euesque, & en recompense Theotelme luy ceda tous les droits, & toutes les pretentions qu'il pouuoit auoir sur la Seigneurie de Baugé. Fustailler dit que Theotelme infeuda Baugé à Hugues par vn côtract particulier qui fut confirmé par Lothaire Roy de France l'an 13. de son regne, & de nostre salut 967. pour reconnoissance dequoy il estime que ses successeurs Seigneurs de Bangé ont offert à l'Eglise de Mascon certaine quantité de Cire au iour de la feste sainct Vincent, dont Ragueau à eu connoissance en son indice des droits Royaux. Bugnon en parle autrement; car il a escrit que Theotelme en consideration de la franchise de laquelle Hugues vsa en son endroit, en luy delaissant l'Abbaye de sainct Laurent la luy infeuda sous la redeuance annuelle d'vn quintal de Cire, & d'vne Maille d'or. Sainct Iulien Baleurre plus hardiment que tous les autres auance que

In verbo Esperidados. Liu. 1. des antiquit. de Mascon pag. 150.

cet

cet Eueſque donna Baugé en fief à Huges ; mais parce dit il que les Vaſſaux, & feudataires de l'Egliſe ne ſont pas obligés de ſuiure leur Seigneur en guerre, il donna vne charge plus gratieuſe à cette Conceſſion, ſçauoir de payer vn quintal de Cire ſous le nom de *Clipeus Cera*, que tous les Seigneurs de Baugé ont depuis continuellement payé. Seuert à ſuiuy S. Iulien en cette opinion, mais ny l'vn, ny l'autre quoy que diuers en cela ne citent aucun titre, ou hiſtorien pour eſtablir ce qu'ils diſent, auſſi n'y à il pas de grande apparence de les croire.

In Ep. Mat.
In Theotelm.
§. 1, & 2.

Qu'ainſi ſoit ils adouïent tous enſemble que la premiere infeudation de la Seigneurie de Baugé, & du Bourg S. Laurent fut faite à Huges I. du nom Marquis de Breſſe par l'Empereur Louys le Debonnaire Roy de France, à quel propos donc cet Huges 3. du nom, en euſt il pris al nouueau infeudation de l'Eueſque de Maſcon qui n'auoit pas le droit du Roy. Que ſi l'on veut s'arreſter à la ceſſion qui fut faite par Theotelme en faueur d'Huges de tous les droits qu'il auoit ſur la Seigneurie de Baugé, cela ne conclud rien d'autant que ces meſmes Autheurs ont eſcrit que Theotelme, & Hugues eſtoient proches parents, par conſequent il ſe peut faire que cet Eueſque euſt quelques pretentions ſur la maiſon de Baugé, deſquelles il ſe departit en conſideration de ce qu'Hugues luy auoit remis l'Abbaye de ſainct Laurent: ce qu'on peut auec d'autant plus de raiſon preſumer, eu eſgard à ce que Theotelme eſtoit conſtitué en dignité Eccleſiaſtique, Quant à l'argument de la Cire que les Seigneurs de Baugé ont payé de toute ancienneté, & payent encor aujourd'huy au milieu de la meſſe au iour de S. Vincent, il n'eſt pas conſiderable pour induire que Baugé ayt eſté tenu en fief de l'Eueſché de Maſcon, & à vray dire c'eſt vn argument de Cire parce que Fuſtailler (à la foy duquel il y à d'autant plus d'apparence de deferer qu'il eſtoit Maſconnois, & que meſmes il à fait l'hiſtoire des Eueſques de Maſcon laquelle il à dedié à l'Eueſque) n'en parle qu'auec doute *In cuius feudi recognitionem* (dit-il) *quotannis Cera maſſam die Vincentio ſacra, dum res diuina agitur offerri crediderim.* & Seuert au lieu cité ſéble tacitemét confeſſer que cette Cire ne ſe paye que par vne aumoſne des anciens Seigneurs de Baugé, Voyla pourquoy il à remarqué que quand la deliurance s'en fait, c'eſt auec des actes de proteſtation pour cela ne puiſſe eſtre interpreté pour vne approba-

Liu. 1. des an-
tiq. de Maſc.
pag. 251.

tion de cette pretendue feodalité. D'ailleurs S. Iulien Baleurre à tranſcrit vn titre des Archiues de ſainct Vincent de Maſcon pour fonder cette redeuance de Cire promiſe par Raynald Seigneur de Baugé en l'an 1148. lequel neantmoins ne contient rien de pareil, au contraire il porte expreſſement que Raynald denioit de poſſeder des hameaux, & maiſons pour raiſon deſquels, il deuſt hommage à l'Eueſque de Maſcon, & de la Cire au iour de la feſte de S. Vincent, ce que neantmoins il fut contraint de reconnoiſtre par vn traitté voicy les mots *Negabat quoque hominium Epiſcopi, & caſamenta pro quibus debebat hominium Epiſcopo, & plenum ſcutum de Cera ſingulis annis in feſto ſancti Vincentij,* & vn peu plus bas, *Ibi prædictus Raynaldus recognouit & proprio ore teſtatus eſt, quòd ipſe habebat caſamenta pro quibus debebat hominium Epiſcopo Matiſconenſi, & Ceram in feſto ſancti Vincentij.* Or il y à bien difference de poſſeder quelques maiſonnements eſtans du fief de l'Eueſque de Maſcon, & de tenir de luy en hommage ſa principale Seigneurie. Auſſi eſt il vray de dire que ſi veritablement Baugé euſt eſté tenu en fief de l'Eueſché de Maſcon, que les Eueſques n'euſſent manqué d'en exiger des reconniſſances, & preſtations d'hommages en forme authentique, ainſi que les Chanoynes de S. Pierre de la meſme Ville ont fait pour raiſon des Obedienceries de Curſia, de S. Martin, & de Long-champ comme nous dirons en ſon lieu, Pourtant n'y Baleurre n'y Seuert qui ont eu communication de toutes les archiues de S. Vincent de Maſcon n'en rapportent aucûne. Outre tout cela ces meſmes Autheurs eſcriuent que cette pretenduë infeudation fut ratifiée par le Roy de France Lothaire en l'an 967. & cependant c'eſtoit Conrad I. du nom qui eſtoit en ce temps là Roy de Bourgogne, & de Prouence, & par conſequent Baugé eſtant ſous ſa domination, c'euſt eſté à luy de faire cette confirmation.

Il eſt donc certain que l'hommage que les anciens Seigneurs de Baugé, & de Breſſe ont rendu à l'Eueſque de Maſcon & la Cire qui ſe paye au iour de S. Vincent, n'ont autre origine que la conceſſion de quelques maix, & heritages dans la Terre de Baugé, ou ailleurs qui eſtoient de l'ancien patrimoine de l'Egliſe S. Vincent, ou la pieté & deuotion des Sires de Baugé, d'où vient que iuſques à preſent, les Marquis de Baugé n'ont payé ladite, cire à l'Eueſque de Maſcon, que comme vne offrande, & non point par forme de redeuance, ou d'hommage, en effet ſi veritablement les Seigneurs de Baugé & de Breſſe euſſent eſté Vaſſaux de l'Eueſque de Maſcon à cauſe de la Seigneurie de Baugé, le chapitre de S. Vincent qui à touſiours eſté riche, & puiſſant, euſt empeſché les conceſſions, & infeudations particulieres qui en ont eſté faites par les Ducs de Sauoye, tant à Philippes de Sauoye qui fut creé premier Comte de Baugé, qu'à Renée de Sauoye en faueur de laquelle, ce Comté fut erigé en Marquiſat ainſi que nous dirons, ou du moins il eut fait quelques proteſtations pour la conſeruation de ſon droit, meſmes dés lors que la Breſſe fut reunie à la Couronne, ce qui pourtant n'a pas eſté fait.

Fuſtaill.
Bugn.
Seuert.

Hugues III. mourut enuiron l'an 970. & ne laiſſa qu'vn fils nommé Lambert l'eloge duquel ſuit.

LAMBERT V. SEIGNEVR DE BAVGE.

CHAPITRE XXVIII.

In Chron. rer.
Burg.

IGNIER Commance les Comtes de Baugé par ce Lambert voicy ſes paroles *Lambertus Hugonis filius patri defuncto in Comitatum Balgiaconſem ſucceſſit anno 970.*

Fuſtailler.
Bugnon.

Ie n'ay rien treuué de luy, n'y meſmes ou il prit femme Fuſtailler dit qu'il mourut en l'an 980. & luy donne pour ſucceſſeur Hugues Seigneur de Baugé IV. du nom,

HVGVES

HVGVES IV. DV NOM VI. SEIGNEVR
de Baugé.

CHAPITRE XXIX.

F̲V.STAILLER ne raconte aucune chose de luy sinon qu'il succeda à Lambert son pere en l'an *Fustailler.* 980. *Hugo* (dit-il) *Lamberto Patri fato sublato in Balgiaco succedit,* & Bugnon *Hugo filius Lamberti Balgiaci Comitatum Balgiacensem iniit, ac possedit ab obitu Patris* Vignier dit qu'il *Vignier.* fut Seigneur de Baugé en l'an 979.

RODOLPHE VII. SEIGNEVR DE BAVGÉ
& de Bresse.

CHAPITRE XXX.

E̲TTVY cy prit possession de la Seigneurie de Baugé en l'an 1015. selon le tesmoignage *Vignier.* de Vignier & de Fustailler c'est le premier de la maison de Baugé qui à pris la qualité *Fustailler.* de Seigneur de Bresse, dont l'obituaire de l'Eglise de Nantua nous fournit la preuue, ou il est dit, *fiat commemoratio pro Rodulpho Balgiaci & Brixiæ Domino.*

Gauslenus Euesque de Mascon luy conceda de nouueau enuiron l'an 1023. l'Abbaye *Seuert. in Ep* de S. Laurent de Mascon, & quelques maix en la patroisse de Chiggé & des maisons dans l'enclos des *Matisc.* murailles de la Ville de Mascon, dont Seuert nous à donné la charte : Ce qui descouure l'erreur de bugnon qui cotte le deces dudit Rodolphe en l'an 1022. quoy que Fustailler l'eust mis sous l'an 1023. *Bugnon.* *Altero posthac anno* (dit ce dernier) *Rodulphum mors immatura rapuit:eui filius Raynaldus in Comitatu* *Fustailler.* *Balgiacensi succedit anno pietatis nostræ tertio,& vicesimo suprà millesimum.*

RAYNALD OV RENAVD, VIII. SEIGNEVR DE
Baugé & de Bresse.

CHAPITRE XXXI.

Q̲VOY que Rodolphe Seigneur de Baugé son pere eust pris qualité de Seigneur de Bresse neantmoins on ne void pas que les Roys Rodolphe, & Boson s'en soient remués, au contraire Boson fut bien ayse d'en retirer de l'ayde en ses guerres si ce que deux histories modernes ont escrit est veritable. Par effect ils disēt que Beraud que l'on croid souche de la Se-renissime maisō de Sauoye, mena vne armée pour le Roy Bosō contre les Sarrasins,& Barbares qui s'estoient fortifiés à Maure (montagne en la coste de Prouence) laquelle estoit composée de *Delben, de* plusieurs Cheualiers de Bresse, & de Bugey, la pluspart desquels furent tués en vne rencontre ou *Regn. Burg.* pourtant Beraud eust de l'aduantage, Ils ont encores allegué que ce mesme Beraud se seruit des trouppes *lib. 3.* Bressandes en la guerre qu'il eust en Morienne contre Mainfroy ou Manfred Marquis de Saluces,& quand il voulut passer en Italie pour les pretétiōs qu'il auoit au Marquisat d'Italie du Chef de son Pere Hugues, *Cas. de Nostr.* l'histoire remarque que son armée consistoit en huit cent hommes d'Armes, Bressands, Sauoyards,& Proue- *hist. de Proe-* uençaux cōmandés par Rye, la Chambre & Vetreus, mille, Cheuaux legers conduits par Viry Cheualier *uence part. 1.* Sauoysien, quatre mille Suisses dont Grandson estoit Chef, & deux mille Bressans desquels Verembon de *pag. 85.* la Palu estoit Capitaine ; & finalement que Beraud ayant eu aduis de quelque conjuration du Marquis de Saluces, & des peuples de Piemont contre luy, enuoya des trouppes à Pignerol qu'il auoit leué en *Delbent.* partie en Bresse, & le reste en Sauoye, Daufiné, & Prouence qui seroient des glorieux, & irreprochables tesmoignages du courage de Bressans, aussi ce Prince s'est glorifié à ce que disent ces mesmes Escriuains en son epitaphe se void au monastere de S.Honorat pres la ville d'Arles d'auoir commandé six ans durant aux Bressans.

Ce Raynald mourut selon Paradin en l'an 1072. & eust pour successeur Gaulseran. *Es annal. de* *Bourg. liu. 1.*

F 3 GAVLSERAN

GAVLSERAN IX. SEIGNEVR DE BAVGÉ
& de Bresse.

CHAPITRE XXXI.

Liu.1.

ARADIN en ses annales de Bourgogne, Fustailler, Bugnon, & Vignier dontent si ce Gaulseran estoit fils de Raynald de Baugé. *Raynaldus Balgiaci Regulus* (dit Fustailler) *mortem obiit*, *cui Gaulseranus succedit nescio quo affinitatis gradu Raynaldum attingens* : neantmoins il estoit fils de Raynald de Baugé:car és archiues de l'Abbaye d'Ambronay i'ay veu titre de l'an 1100. qui contient traitté entre Hugues Abbé de Cluny, & de Nantua, & Didier Abbé d'Ambronay duquel Gaulseran de Baugé fut l'entremetteur, ou il se dit fils de Raynald Seigneur de Baugé. Il eust different auec Landry Euesque de Mascon à cause de quelques redeuances

Fustailler
Bugnon.
Parad.liu.1.
des Ann.de
Bourg.
S.Iulien.

qu'il exigeoit tous les mois des habitans du Village de Mons en Bresse dependant de l'Eglise de Mascon dequoy Landry se plaignit au Pape qui commit Hugues Euesque de Die son Legat en France pour connoistre du droit des parties, tellement qu'estant venu à Baugé, Gaulseran pour deferer à l'intention du Pape quitta lesdites redeuances, & promit de proteger, & deffendre la liberté de l'Eglise de Mascon & de ne faire doresnauant aucune vexation aux habitans de Mons, de cette promesse, & de l'obseruation du traitté furent Garens Vlrich, ou Odulrich de Baugé fils de Gaulseran, Adalard de Villars, Berard de Mespillia, & André de Rogemont Vassaux de Gaulseran ; Bugnon y adjouste Geoffroy de Meyseria.

Gaulseran de Baugé mourut en l'an 1110.& laissa plusieurs enfans sçauoir.

I. Vlrich, ou Odulrich de Baugé duquel sera parlé au chapitre suyuant.

In Ep.Ma-
risc.sub Be-
rard. §. vit.
In Ep.Ma-
risc.Cartul.
Matisc.Es-
clef.

II. Hugues de Baugé Chanoyne en l'Eglise de Mascon duquel parle Seuert sous l'an MCXX.

III. Gaulseran de Baugé duquel parle le mesme Seuert sous l'an 1117. & 1130. Il est mentionné en vne charte du Cartulaire de Mascon de l'an 1116. du regne de Louys Roy de France & en vne autre faite enuiron l'an 1130. sous l'Euesque Iosseran.

IV. Estienne de Baugé Euesque d'Authun personnage illustre,que sa dignité a mis au rang des Euesques, sa profession parmy les Benedictins, & sa doctrine au nombre des SS. PP. En l'an 1113. il pacifia

Pag.111.
Chenu, &
Seuert,in Ep.
Eduen.
Chiffler in
Vesont.part.
2. sub Gu-
lielm.1.
Martyrol.
Eclef.lugd.
Ligni vita
lib.1.c.58.
Contemar.10.

vn different qu'auoient Gerard Abbé de S. Pierre de Flauigny, & ses Religieux auec Hugues de Merligny ou se treuuerent plusieurs grands Seigneurs de Bourgogne, ce qui se void chés du Chesne és preuues de l'Histoire de la maison de Vergy qui en a rapporté le titre tiré du Cartulaire de l'Abbaye de Flauigny.Il assista aussi au Concile tenu à Tournus sur Saone en l'an 1117.puis se fit Religieux à Cluny ou il mourut entre les bras de Pierre le Venerable Abbé de Cluny,il laissa en mourant à l'Eglise de Lyō quarete marcs d'argent pour son anniuersaire,ce qui à fait croire à Seuert qu'il auoit esté Chanoyne en l'Eglise de Lyon.VVion Religieux du Montcassin parlant de luy dit ainsi *Stephanus Eduensis Episcopus sub sancto Petro Abbate Monachus Cluniacensis Episcopatu abdicato factus moriens, in Ecclesia maiore honorabiliter sepultus est*. Plusieurs graues Autheurs qui ont fait mention de cet Estienne de Baugé Euesque d'Authun comme d'vn escriuain sacré sçauoir Garetius, Bellarmin *de Scrip. Ecclesiast*. Posseuinus *in apparatu sacro*, & Gauthier en sa chronologie, le font viure, & fleurir sous l'an 950. mais ils se sont mespris car nostre Estienne de Baugé estoit contemporain de Pierre le venerable Abbé de Cluny ; que tous les chronologistes ne peuuent pas nier auoir vescu en l'an 1120. & 1130. Dailleurs il fut au Concile de Tournus en l'an 1117. ce qui ne se peut rapporter qu'à luy, parce que Demochares, Chenu, Senert,& Claudé Robert qui ont donné le catalogue des Euesques d'Authun ne mettent que deux Estienes,l'vn viuant en l'an 1117. & l'autre en l'an 1200. ce que le Bigne docteur de Paris en l'edition de la Bibliotheque des Peres imprimée à Paris en l'an 1624. apres Coccius à tres bien reconnu quand il à logé

In Catal.
Script.Eclef.
Hist. de
Bourg chap.
3.pag.57.

Estiēne Euesque d'Authun au 12.siecle,& sous le Pape Honorius II.qui mourut en l'an 1130.cela se confirme encor par l'authorité de du Chesne qui dit que Robert de Bourgogne fils d'Hugues Duc de Bourgogne II. du nom succeda à Estienne de Baugé en l'Euesché d'Authun en l'an 1140.& qu'estant mort en la mesme année, il laissa sa place à Humbert de Baugé neueu dudit Estienne.

Nous n'auons qn'vn liure de ce grand hōme qui contient en tout vint Chapitres,qui est inseré au Tome sixiesme de la Bibliotheque des Peres, & lequel traitte des sept ordres Ecclesiastiques, des ceremonies & Canon de la saincte Messe, de la verité du sacrifice, & réalité du S. Sacrement, ouurage excellent, Gauthier en sa table chronologique en à transcrit plusieurs passages qui seruēt à la cōuictiō des nouueaux heretiques,& qui tesmoignent la grandeur de l'Esprit de l'Autheur. Quand nous auons dit qu'Estienne de Baugé estoit contemporain de Pierre le Venerable, & qu'il mourut entres ses bras à Cluny.ou il auoit

Biblioth.
Cluniac.in
epist.Petr.
Venor lib.5.
Epist.6.

pris l'habit de Religieux,nous l'auons dit apres Pierre le Venerable qui la ainsi laissé par escrit en son Epistre à Humbert de Baugé Archidiacre d'Authun neueu dudit Estienne,laquelle nous insererons en parlant dudit Humbert.

VLRICH

VLRICH I. DV NOM X. SEIGNEVR DE
Baugé, & de Breſſe.

CHAPITRE XXXIII.

VIGNIER, dit qu'il commença à iouir du Comté de Baugé en l'an 1111, & qu'il eſtoit fils *Vignier.* de Gaulſeran Cependant Fuſtailler marque le decés dudit Gaulſeran en l'an *Fuſtailler.* 1110. Eo anno (dit-il) *Vlrichus Gaulſerano Patri in Balgiacenſi Comarchia ſucceſſit.*

Gaulſeran de Baugé ſon pere ne fut pas pluſtoſt decedé que le Chapitre de S. Vin- *Seuert in* cent de Maſcon apprehendant de nouuelles difficultés auec luy touchant le Village de *Epiſc Ma-* de Mons, employa Hugues Eueſque de Dye Legat Apoſtolique (par l'entremiſe duquel Gaulſeran *tiſe.ſub.Lan-* de Baugé Pere dudit Vlrich s'eſtoit deſia departy des pretentions qu'il y auoit) pour tirer dudit Vlrich *drie.§.9.* vne ſemblable declaration laquelle ledit Vlrich fit fort ſolemnellement à Maſcon entre les mains dudit Legat, & la fit iurer par Adalard de Villars, Berard de Meſpillia, Bernard de Inyac Ieoffroy de Meyſeria, & André de Mont-Noir ſes Gentils-hommes & Vaſſaux partie deſquels eſtoient deja cautions en la pro- *Pag.8.* meſſe de Gaulſeran de Baugé ſon Pere. nous auons mis cette charte aux Preuues parce que Seuert ne l'a pas tranſcrite entiere du cartulaire de l'Egliſe de Maſcon.

Arthaud Doyen en l'Egliſe de S. Vincent de Maſcon ayant quitté à ladite Egliſe celle de Fleyria en *Seuert. in* Breſſe, cet Vlrich Seigneur de Baugé, Vlrich & Raynald de Baugé ſes enfans en firent plainte à l'Eueſque *Epiſc. Ma-* parce qu'y ayants iuſtice & diuerſes pretentions, elle n'auoit peu eſtre alienée ſans leur congé, tellement *tiſe. In Be-* que l'Eueſque, & les Chanoynes furent contraints d'en appointer, le titre porte qu'ils donnerent à *rard.§.8.* Vlrich, & à ſes enfans trois cents ſols monnoye de Maſcon: moyennant quoy ils quitterent à l'Egliſe de S. Vincent tous les droits qu'ils auoient, ſoit de iuſtice ou autrement en ladite Egliſe de Fleyria, ſes appartenances, & dependances, & que la femme d'Hulrich, & ſon fils Raynald ratifierent, & tous enſemble iurerent paix auec l'Eueſque au mois d'Auril de l'an 1118. la conuention fut faite auec les deux Vlrichs Pere, & fils preſens Berard Eueſque de Maſcon, Gaulſeran Doyen de Maſcon, Gaulſeran de Baugé, Mayeul de Rabutin, & autres, la ratification de Raynald ſecond fils d'Vlrich eſt en datte du 16. Auril, teſmoins Gaulſeran Doyen, Geoffroy Archidiacre, Landric de Montcel ou Monceaux, & celle de la femme d'Vlrich, du 18. Auril en preſence de Bernard Archidiacre, Bernard de Leuigny & Guichard de Chauanes. Ce meſme Vlrich Seigneur de Baugé duquel nous parlons, ſe croiſa pour faire le voyage *Seuert in Ep.* de la Terre Sainte en l'an 1120. & auant que de partir, il delaiſſa aux Religieux de S. Pierre de Maſcon *Matiſe.in* (car ils n'eſtoient pas encor ſecularíſés) tous les diſmes qu'il poſſedoit, & que leſdits Religieux tenoyent *Berar.§.vlt.* deja de luy par engagement és parroiſſes de S. Pierre de Marſonnas, & S. Didier d'Oucia, & aux Villa- *ſub.finem.* ges de Chaſelles, d'Hermondanges, & du Montet, à la charge qu'ils prieroient Dieu pour la proſperité de ſon Voyage, & le ſalut de ſon Ame, & moyennant cinquante ſols monnoye de Lyon qu'il receut d'eux, preſens au contract Iean Chantre en l'Egliſe de S. Vincent, Hugues Chanoyne frere d'Vlrich, Eſtienne du Pin, & Conſtant Roux de Marſonnas, A ſon retour de Paleſtine, il ſe retira en vn hermita- *S.Iul.Bal.* ge de la foreſt de Brou prés Bourg, où il veſquit le reſte de ſes jours en Religieux ſous la reigle de S. Be- *Bugnon.* noiſt, dont VVion a eu à connoiſſance quoy que par erreur, il le face fils de Friderie de Baugé, car parlant *Lib.4.ligni* des Comtes, & Comteſſes de l'Ordre de S. Benoiſt, il fait mention de cet Vlrich de Baugé, *Vlrichus* *vitæ.cap.39.* (dit-il) *Friderici Comitis filius Monachus anno Domini circiter 1110.* mais il s'eſt meſconté en la datte, car *litt.B.in Ver-* la retraitte d'Vlrich de Baugé ne peut eſtre arriuée qu'enuiron l'an 1125. *bo Baugy*

Vlrich de Baugé prit alliance auec N. fille d'Amé premier du nom Comte de Sauoye & de Mau- *Hiſt. Geneal.* rienne, & d'Alix de Suze; Ce qui a eſté inconnu à tous les Hiſtoriens de Sauoye, elle eſtoit ſœur d'A- *de Coligni de* delais ou Alix de Sauoye eſpouſe de Manaſſés ~~Seigneur de~~ Seigneur de Coligny viuant en *M.du Bou-* l'an 1090. *chet.*

ENFANS D'VLRICH DE BAVGE I. DV NOM
& de N. de Sauoye ſon Eſpouſe.

I. Vlrich de Baugé decedé ieune.

II. Raynald Seigneur de Baugé, & de Breſſe duquel l'eloge eſt au Chapitre ſuyuant.

III. Blandin de Baugé que quelques vns ont voulu faire Seigneur de Baugé, & de Breſſe, ce qui eſt deſtitué de toute apparence. Il eſt mis preſent à vne charte de l'an 1152. laquelle ſe void au Cartulaire de l'Egliſe de Maſcon.

IV. Humbert de Baugé Archidiacre puis Eueſque d'Authun, & Archeueſque de Lyon Du commencement, il fut Chanoyne, & Archidiacre d'Authun, où il fut attiré par Eſtienne de Baugé Eueſque d'Authun ſon Oncle, de là il fut pourueu de l'Eueſché d'Authun par le decés de Robert fils du Duc de *Du Cheſne* Bourgongne arriué le 17. Iuillet 1140. en cette qualité il cóſacra l'Egliſe de S. Lazare le dimáche apres la fe- *hiſt.des Ducs* ſte de ſaincte Luce l'an. 1148. où aſſiſterent Eudes II. Duc de Bourgongne, Gaulthier Eueſque de Cha- *de Bourg.* lon, Ponce Eueſque de Maſcon, Geoffroy Eueſque de Langres, Renaud Abbé de Ciſteaux, & Ponce *chap.5.* Abbé de Vezelay. En la meſme année, il fut appellé à l'Archeueſché de Lyon par la conſideration *Hiſt.de Vergy* de ſes grandes vertus, de ſon merite, & de ſon extraction, & l'Eueſché d'Authun conferée à Henry *liu.1.chap.7.* filz

Du Cheſne
és preuues de
l'hiſt de Bour-
gogne pag 41.
Seuert in
Arch.Lugd.
Id Seuert.
Hiſt.Franc.
ſcrip.tom 3.

In Epiſc.
Eduenſ.
In Archiep.
Lugd.

Ex Biblio-
the. Clunia-
cenſ.

filz du Duc de Bourgogne, l'hiſtoire Manuſcripte de l'Abbaye de Vezelay en Bourgogne parle de ſa promotion en cette ſorte, *Cùm eſſet Humbertus Eduenſis Epiſcopus , genere clariſſimus, mórum honeſtate ac pietate decentiſſimus, Ecclesia Lugdunenſis Antiſtite ſuo deſtituta Archipreſulem ſibi eum petebat, quo aſſumpto ſuſcepit Epiſcopatum Ednenſem Henricus Ducis Burgundiæ Germanus.* c'eſt luy qui comme Archeueſque de Lyõ côſacra l'egliſe de la Chartreuſe de Portes. C'eſt luy encor qui eſcriuit à Suger Abbé de S. Denys, par oußil s'excuſe de ne pouuoir aller à l'aſſemblée du Clergé de Fiāce conuoquée à Chartres par le Roy Louys ſe ieune. Sa lettre eſt imprimée parmy celles de l'Abbé Suger elle eſt la 134.

Fuſtailler, Paradin, & Seuert luy ont attribué la fondation des Chartreuſes de Seillon, & de Montmerle en Breſſe, ce qui n'eſt pas veritable, ainſi que nous dirons en nos origines, il eſt biē vray neātmoins qu'il quitta ſon Archeueſché de Lyõ, & ſe fit Chartreux à Seillõ, ou il fut Prieur, & y mourut en reputatiõ de Sainĉteté. Dās le Marryrologe de l'Egliſe de Lyõ, il eſt parlé de luy en cette ſorte *IV. Idus Hubertus Vallis ſanĉta Maria monachus & quondam Lugdunenſis Archiepiſcopus, qui dedit S.Stephano vnam caſulam & duas tunicas & duo candelabra quinque marcharum, & in eleemoſyna cyphum argenteum cum cocleari.*

Claude Robert en ſa Gaule Chreſtienne l'a creu iſſu de la maiſon de France, à cauſe ſans doute que les hiſtoriens du temps qui parlent de luy ont loüé ſon extraction. *Humbertus* (dit-il) *Auguſtodunenſis Epiſcopus ex illuſtri Regum Franciæ Stemmate* &c.en quoy il s'eſt meſpris. Seuertà bien mieux rencontré qui le dit iſſu de la maiſon des Comtes de Baugé.

Pierre le Venerable à eſcrit vne lettre à cet Humbert lors qu'il n'eſtoit qu'Archidiacre d'Authun, par laquelle il le perſuade de ſe faire Religieux à Cluny à l'exemple d'Eſtienne de Baugé Eueſque d'Authun ſon oncle, laquelle i'ay treuué ſi belle, & ſi curieuſe, que ie l'ay voulu icy inſerer toute entiere, elle eſt la ſixieme des Epiſtres dudit Pierre le Venerable liu. 5.

*VENERABILI , ET DILECTO NOSTRO HVMBERTO
Æduenſi Archidiacono, frater Petrus humilis Cluniacenſis Abbas,
ab eo qui mandat ſalutes Iacob.*

LÆtatus ſum in his quæ dicta ſunt mihi ; quia inſpiratu ab eo qui ſpirat vbi vult , iam cum quibuſdam aliis cantare incipis: In domum Domini ibimus. Repletum eſt gaudio os meum , & lingua mea exultatione, quoniam cùm mundanis commodis vndique circunſluxus florere videaris , iam quaſi aridum mundum cum flore contemnere incipis. Ago indè gratias Deo , age & in , ſine quo. nec illud, nec aliquid boni agere præuales, quia omne datum optimum, & omne donum perfectum eſt deſcendens à Patre luminum, & vt Ioannes Baptiſta ait , Non poteſt homo habere quicquam niſi ſit ei datum de Cœlo , vtque Dominus ipſe, Nemo poteſt venire ad me niſi Pater qui miſit me, traxerit eũ, In fælix ergo tu, ſi tamẽ perſiteris quem Pater trahit, quem ſilius ſuſcipit, Cui hanc de qua gaudeo voluntatem ſpiritu Dei inſpirat , feſtina igitur Chariſſime, veni ad inuitantem te, ſaluatorem tuum, audi ſalutatricem vocem eius, quæ tibi, cunctiſque loquitur Venite ad me omnes qui laborati, & onerati eſtis, audi & illam quæ ſequitur, Tollite iugum meum ſuper vos, Recordare & Matris ſapientiæ materna voce ſilium admonentis, ſili ne tardes conuerti ad Dominum , & ne differas de die in diem, Time, & quod ſubditur , Neſcis quid ſupernentura parat dies , ſuræ Diabolo theſaurum ſancti deſiderij tui , ne fortè quod abſit tibi contingat quod ait veritas de quibuſdam. Deindè venit Diabolus, & tollit verbum de corde eorum, ne credentes ſalui ſiant, nihil enim tantùm Deo placet , nihil enim tantùm Diabolo diſplicet , quàm bona voluntas, Immò vt veriùs loquar, nihil Deo placet nihil Diabolo diſplicet niſi bona voluntas ; ex ipſa enim ſicut ab ea diruuntur ſeu placent contemptus temporalium, amor æternorum: eâ de cauſa non eſt tuta dilatatio tibi , ne forte ſi nimiùm procraſtineris inuidus Sathanas ſancto ad Deum itineri tuo, impedimenti alicuius obicem ponat , & greſſus tuos , ne implere poſſis bonum quod inchoaſti retardet , fecit hoc de multis quos nominare ſi breuitas litterarum pateretur poſſem , Addat tibi ſtimulos veniendi Venerabilis ille , & cum honore nominandus Dominus Stephanus Æduenſis Epiſcopus auculus vt audio tuus, qui ſpretis parentibus , nobilitate , faſtu , diuitiis , ipſis etiam Epiſcopalibus Inſulis abiectis , pauperem Chriſtum pauper ſecutus eſt , & in ſancta deuotione toto mentis affectu perdurans, atque inter manus meas extremũ Deo ſpiritũ reddens cum veneratione tanto ſacerdoti congrua, tam à me quàm à fratribus Cluniaci conditus eſt ; ſequere igitur eius veſtigia, qui cùm vt noſti prædicabilis homo ſapientiæ eſſet nequaquam ſibi , ac ſalutiſuæ præ cæteris monaſteriis Cluniacum elegiſſet , niſi magis ſibi expedire vidiſſet , Veni & imple locum defuncti quia paratus ſum non minore te affectu , quàm ipſum ſuſcipere non minùs tibi, & ſaluti tuæ in omnibus prouidere , nec ſolùm te ſed inſuper quotquot te cum ſpiritu Dei tractos adducere volueris ſuſcipere , diligere , amplecti , fouere , decet te ad hoc ſummo conamine niti , vt non ſolus ſi potueris , ſed cum aliorum lucro ad Deum venias, nec in conſpectu Domini Dei tui vacuus appareas quatenus:& pro his quos adduxeris, multipliciùs coroneris, quia oportet ſicut Ioannes in Apocalypſi ſua ait vt qui audit, dicat, veni.

Mem. MS.
de ſeu MS.
du Cheſne.

Seuert.

V. Eſtienne de Baugé Eueſque de Maſcon. Dés ſon ieune aage, il fut dedié à l'Eſtat Eccleſiaſtique, & fut premierement Chanoine , puis Archidiacre en l'Egliſe de Maſcon , & enfin Eueſque en l'an 1167. Il ſe mit ſous la protection du Roy Louys le ieune & luy donna la moitié du chaſteau de Virizet, & des Villages de Priſty & de la Crot. à condition qu'ils ne pourroient eſtre alienez de la Couronne. La datte de ce Titre eſt de l'an 1171. preſens le Côte Tibaud, Mathieu Châbrier, Guy le Bouteiller, Philippes le Conneſtable. D'ou vient que ſe ſentant opprimé par les violences de Girard Côte de Maſcon, & d'Humbert Seigneur de Beaujeu, il euſt recours au Roy qui vint à Vezelay en Bourgogne, d'autres diſent à Vinzelles en Maſconnois , on apres auoir reçeu les hommages du Comte de Maſcon , & du Seigneur de Beaujeu, il les obliga de viure en paix auec l'Eueſque , & à reparer tous les dommages qui auoient eſté faits à l'Egliſe de Maſcon pendant la guerre, fors ce qui auoit eſté fait par Vlrich Seigneur de Baugé pour raiſon duquel, il promit qu'il y feroit ſon poſſible *de quo faceret poſſe ſuum*, ce titre eſt de l'an 1182. On void vné lettre de luy au meſme Roy Louys le ieune contre le Comte de Maſcon par laquelle il se plaint des persecutions qu'il faisoit aux subiects de son Eglise , & supplie sa Maiesté d'y metre ordre , & d'enuoyer quelqu'vn de sa part sur les lieux ; en voicy la teneur. Histor. Francor. scrip. tomo 4 pag. 651.

DOMINO SVO CHARISSIMO LVDOVICO DEI GRAtia glorioso Francorum Regi , Stephanus Matisconensis Ecclesie, minister deuotum in omnibus , & per omnia famulatum.

IN tribulationibus qua inuenerunt nos nimis , nullum nobis patet refugium ad v , si à clamore nostro aurem vestra pietatis velitis auertere , & dissimulare dolores nostros , nihil iam remedij nobis super esse videmus , quin extrema Ecclesia nostra pernicies immineat , aliarum calamitates vestra exponere pietati , & longum esset , & fortassis onerosum, Sufficit vnicuique miseria sua. Inter omnes sanè angustias quas nostra per longum iam tempus sustinet incessanter, id quoque ei ad cumulum malorum accedit , quòd hominum suorum nemini tutè viuere licet , cum , & viuere saltim vix liceat , habebat inter alios quendam magnarum facultatum & opum , sibique per vtilem, sui timore Comitis Gerardi sua ipsius domui , iam ferè per duos continuos annos pro carcere fuit , qui ne fortè dum aliquo casu eum egredi contingeret in insidias incideret preparatas , Lugdunum nocturnus aufugit ; quia igitur Ecclesiastici rigoris censura nos Tyrannum coercere oportet , cùm tamen nec Deum timeat , nec homines reuereatur , rogamus vt duos de vestris quorum alter in Episcopio alter in quadam villa nostra ad tutelam ponatur , huc transmittere dignemini , qui , & rerum nostrarum , & ciuitatis vestra curam habeant. Credimus enim quòd in nunciis Maiestati Regia , aut timore aut pudore deseret : nos interim donec immanis huius bellua ferocitas quoquomodò coerceatur , Ciuitate cedemus. De catero audemus consulere vt aliquos de Episcopis vel proceribus vestris ad partes istas dirigatis qui , & Ecclesiis qua penè desolata sunt , & terra qua deserta est consulant , & prouideant , conuocent Barones , pacemque reforment, alioquin nisi tanta pesti citius occurratur , serpens latiùs malum totum corpus inuadet.

RAYNALD II, DV NOM XI, SEIGNEVR DE Baugé & de Bresse.

CHAPITRE XXXIV.

IL y à notice au Cartulaire de l'Eglise de Mascon , par laquelle il reconneust de posseder quelques maisonnemens (le latin dit Casamenta) pour raison desquels il deuoit l'hommage à l'Euesque , & vn plein bouclier de Cire payable au Iour de la feste S. Vincent à quoy il s'obliga de nouueau , & ses successeurs, outre ce il quitta à l'Euesque le droit de garde, & de taille qu'il pretendoit au Village de Mons , & aux autres terres de l'Eglise de S. Vincent , depuis le bord de Saone dans toute sa Seigneurie de Baugé , & de Bresse , à la reserue de la garde d'vn village nommé au titre Agrois ou Agris,& du seruis de quatre meterées d'Auoyne à la vieille mesure au Maix de Bo , ce que sa femme que l'Original ne nomme point, Vlrich, & Raynald de Baugé leurs enfans approuuerent, moyennant mille sols monnoye de Mascon qui furent payés par l'Euesque à Raynald , vn marc d'Argent à sa femme , & vn autre à ses enfans ; la datte de ce titre est de l'an 1149. Epact. 9. Indict. 12. regnant Louys fils de Louys Roy de France, en presence de Ponce Euesque de Mascon, d'Hugues Chantre , de Geoffroy de Gastinelle , de Guichard de Leuigny , de Garin d'Igié , de Guillaume de Chastillon , d'Hugues de Ruis , d'Humbert de Brancion , de Bernardin de Chastenay, de Bernard de Montgilbert , de Guyle Sauuage , d'Vlrich de Feillens , de Mayeul de Rabutin , d'Hugues de Vele , Geoffroy de Meyseria , Estienne de Besenens , & autres , le titre est seellé de trois Seaux , dont l'vn est de Raynald Seigneur de Baugé l'autre d'Humbert Archeuesque de Lyon son frere , & le troisiesme de Ponce Euesque de Mascon à trois cordons de filet tanné & rapporté au long par Balcurre, & par Seuert. S. Iul. Bal. liu. 1. des anges de Masc. pag. 25. Seuert. in Episc. Matisc. sub Pontio I. §. 4.

Paradin en ses Annales de Bourgogne escrit que ce Raynald fut crée Côte de Mascon apres le decés du Comte Estienne, dont Fustailler Bugnon , S. Iulien Balcurre , & Seuert ne parlent point, n'y du Chesne en son histoire de Bourgogne , ou il à donné la suite des Comtes de Mascon , il est bien vray que Paradin se peut bien estre aussi tost mesconté en cet endroit,qu'en la descendence de Raynald qu'il à creu estre fils de Blandin de Baugé , & cependant il est certain que c'est ainsi suo le titre duquel nous venons de parler iustifie clairement. Raynald de Baugé se rendit garant en l'an 1152, d'vn traitté fait entre l'Euesque de Mascon,& Guy l'Enchaisné,& ses enfans,& pour contregarands donna Hugues de Chauanes , Hugues & Estienne de Chastillon , & Hugues de Meyseria ses Vassaux, presens. Humbert de Brancion , Ponce de Chauanes & Blandin de Baugé. Liu. 1. Seuert in Episc. Matisc. sub Pontie I. §. 1.

Raynald , selon Bugnon mourut en l'an 1153. Fustailler escrit qu'il n'eust aucuns enfans , sed eo (parlant de nostre Seigneur de Baugé) qui hunc secutus est anno Raynaldus Balgiacensis sine liberis decedens Blandino fratri Balgiaci Dominum & Principatum per manu tradidit, aussi ce mesme Autheur,Bugnon, & Seuert luy donnent pour successeur en la Seigneurie de Baugé & de Bresse Blandin de Baugé son frere, ce que Vignier à suiuy Raynaldus (dit-il) cùm prole careret Blandino fratri suo Comitatum Balgiacensem Fetuli per manu tradidit. Mais tous ces Autheurs se sont trompés, car par le titre de l'an 1149. duquel nous auons cy, dessus fait mention, il se void que Raynald de Baugé second du nom auoit deux enfans, sçauoir. In Episc. Matisc. pag. 141. In chron. ter. Burgild.

G.   I. Vlrich

I. Vlrich de Baugé decedé auant son Pere.

II. Raynald de Baugé III. du nom Seigneur de Baugé & de Bresse qui suit.

RAYNALD III. DV NOM XII. SEIGNEVR DE Baugé & de Bresse.

CHAPITRE XXXV.

In Chron.
Bu*g.*

I G N I E R qui l'a creu fils de Blandin de Baugé duquel il n'estoit que Neueu, la fait aussi Comte de Mascon par le decés du Comte Estienne qu'il cotte eu l'an 1181. mais l'histoire des Comtes de Mascon ne dit pas qu'il y ayt eu aucun Comte de ce nom en ce temps la,

In Hasbur-
giaco lib. 5.

ouy bien que Gerard Comte de Mascon auoit vn frere appellé Estienne qui neantmoins ne fut pas Comte: en passant,ie ne puis m'empecher de remarquer l'erreur de Franc. Guilliman en son histoire de la Maison d'Austriche. Car parlant de l'accord que l'Empereur Frideric fit en l'an 1157. entre Berthold Duc de Zeringen & Renaud Comte de Bourgogne il dit que le Comté de Bourgogne demeura à Renaud & à Berthold. *Auentici, Antuates,Vindones,& nonnulla quoque in Allobrogib. & Sebusianis.* d'ou vint que le Poëte Guntherus appelle ce Bethold, *Allobrogum Ducem.* Cependant il est certain qu'il ne posseda iamais rien en Bresse ny en Bugey parce que la Bresse en l'an 1157. estoit au pouuoir des Sires de Baugé & le Bugey tenu par le Comte de Sauoye en suite de la Concession faite en l'an 1137 par l'Empereur Hentry I V. Ainsi que nous auons remarqué cy dessus.

Mais quittant cette digression, & reuenant à Raynald de Baugé. Il eust guerre auec Gerard Comte de Mascon, Estienne, son frere, & Humbert Seigneur de Beaujeu, lesquels vinrent à main armée en Bresse, & desolerent toute la terre de Baugé, & de Bresse par le fer, & par le feu, le succes de cette guerre fut si malheureux pour ledit Raynald, que son fils Vlrich y fut pris prisonnier, de sorte que se voyant attaqué, par de si puissans ennemys, & menacé encor par Guichard Archeuesque de Lyon qui estoit de la partie auec le Comte de Mascon, & le Seigneur de Beaujeu, il eust recours au Roy Louys le Ieune auquel il escriuit vne lettre par laquelle, il luy raconte son desastre, le prie de le secourir, & de luy faire rendre son fils, offrant au cas que sa Majesté voulut venir iusques à Authun ou à Vezelay de luy aller au rencontre, & de payer ses depens, Mais quoy que le Roy eust escrit au Seigneur de Beaujeu pour la desliurance d'Vlrich de Baugé, son entremise pour lors ne seruit de rien, Voyla pourquoy Raynald de Baugé rescriuit au Roy, & apres l'en auoir remercié, il le supplie de nouueau de venir sur les lieux, luy promettant de luy rendre tous les despens que sa Majesté feroit au Voyage, & de reconnoistre d'elle tous ses Chasteaux lesquels, il ne tenoit de personne, Ces deux lettres sont tres curieuses, & ie m'asseure que le Lecteur sera satisfait de les lire, feu Monsieur du Chesne auquel i'auois donné plusieurs titres des Comtes de Mascon, l'histoire desquels il vouloit faire reimprimer m'en enuoya des coppies en l'an 1637. qu'il auoit tirées d'vn Manuscrit de plusieurs lettres de Rois, Ducs, Comtes, & autres grands Seigneurs escrites au Roy Louys le Ieune, & depuis elles ont esté inserées au quatriesme Tome de son ouurage, *Historia Francorum scriptores,* ce sont les Epistres 381. & 390. la premiere est telle.

Pag.704.

GLORIOSO FRANCORVM REGI, LVDOVICO DOMINO, & Consanguineo suo Raynaldus de Balgiaco salutem.

M *Aiestati vestræ cui & natura, & antiqua familiaritas me coniunxit, labores meos, & necessitatem exponere dignum duxi, & vestra pietatis auxilium summis precibus implorare: Girardus Comes Matisconensis cui multa beneficia, & auxilia contuleram, & cuius filiam ad opus filij mei susceperam, oblitus affinitatis, oblitus beneficiorum, oblitus etiam Iurisiurandi quo mihi obnoxius est, cum fratro suo Stephano & Imberto de Bello ioco super terram meam cum magno exercitu venit, & eam igne, & gladio vastauit,& quod grauius est, filium meum Vlrichum cum multis captium duxit ; Postremò quòd me omnino exheredent minantur & gloriantur ij omnes cum Archiepiscopo Lugdunensi, Confugio igitur ad vos sicut ad Dominum, & amicum meum, rogans humiliter vt ad me eripiendum festinetis, & filium meum requiratis ; si enim vel filium reddideritis, vel prædictum Comitem G. & Imbertum de Belloioco ad iustitiam mihi exhibueritis, paratus sum pro impensis vestris plenariè vobis satisfacere, & super hoc si vobis placuerit vel apud Eduam. Vel apud Vezeliacum, venire vel inquo vobis placuerit loco vobis occurram. Vel per nuncios vestros si eos dirigere volueritis satisfaciam, si autem necessefuerit me ad vos ire, Treuges inter nos constituite.*

l'autre lettre parle ainsi.

GLORIOSISSIMO REGI FRANCORVM LVDOVICO Raynaldus de Balgiaco salutem.

Q *Vod vestræ Maiestatis litteras, Humberto de Bellojoco pro filij mei liberatione, licet nihil presuerint,misistis, Grates vobis refero, rursus verò ad vos quasi vnicam post Deum spem meam confugio, & vt carissimum Dominum,& Consobrinum supplex exoro,quatenus mei misereamini, & ad filium meum liberandum operam detis, pro certo namque scio quia si bene eum volueritis liberare poteritis. Placeat Itaque dignitati vestræ in partibus nostris venire, quia valde necessarius est aduentus vester, tàm Ecclesiis quàm mihi &*

ne

ne vos retardent impenſa, quia plenè vobis pro voluntate veſtra reſtituam , & omnia Caſtella mea quæ à nullo teneo à vobis accipiam,& tam ego quàm omnia mea veſtra erunt, Noueritis quoque Comitem G. & Humbertum de Bellojoco, mihi iuratos fidem rupiſſe quòd antè veſtram preſentiam paratus ſum probare.

Surqnoy il faut obſeruer que ce Raynald de Baugé eſtoit parent du Roy Louys le Ieune, ce que nous apprenons par ces mots de la premiere lettre, *Domino, & Conſanguineo ſuo,* Et de ceux cy *Majeſtati veſtra cui & natura,& antiqua familiaritas me coniunxit,* & encor par ces paroles de la ſeconde lettre, *ut cariſſimum Dominum,& Conſobrinum ſupplex exoro* en effet le Sire de Baugé qui eſtoit fils d'Vlrich I. du nom Sire de Baugé & de la fille du Comte de Sauoye ; eſtoit couſin iſſu de germain du Roy Louys le Ieune, dont la Mere eſtoit Alix de Sauoye, Niece de la femme d'Vlrich de Baugé, & fille d'Humbert. II.du nom Comte de Sauoye & de Maurienne, on collige encor de ces deux lettres dé Raynald de Baugé que Girard Comte de Maſcon, eſtoit ſon Vaſſal, *oblitus etiam iurisiurandi quo mihi obnoxius eſt,* Qu'Vlrich de Baugé ſonfils auoit eſpouſé la Fille du Comte de Maſcon , *cuius filiam ad opus filij mei ſuſceperam , oblitus affinitatis* &c. & finalement que ledit Raynald de Baugé eſtoit Souuerain , quand il dit, *& omnia caſtella mea quæ à nemine teneo, à vobis accipiam , & tàm ego quàm omnia mea, veſtra erunt.* Cependant on ne void point qu'elle fin euſt cette Guerre, n'y par quel moyen Vlrich de Baugé fut deſſiuré , bien apprend on par vn titre qui eſt rapporté par Monſieur du Bouchet , qu'en l'An 1161. ce Raynal de Baugé & Guerric Sire de Coligny ſon couſin firent vn traitté d'alliance & de confederation au Chaſteau de Chantelles auec Archembaud Seigneurd de Bourbon , & Archembaud ſon fils, enuers tous & contre tous, exceptés le Roy de France ; le Duc de Bourgogne & le Comte de Sauoye, par lequel traitté Archembaud de Bourbon le fils promit aux Sires de Baugé & de Coligny ſes Couſins de garder le Chaſteau d'Arcy prés de Roüane pendant vn an & iour, ce qui monſtre qu'ils auoient guerre contre le Sire de Beaujeu , comme tenant le party du Comte de Maſcon.

En la Chartreuſe de Montmerle il y à titre par lequel ce meſme Raynald, Seigneur de Baugé du conſentement de ſa Femmequi n'eſt point autrement nommée , d'Vlrich,& de Raynal de Baugé ſes enfans, donna à ladite Chartreuſe, tout ce qu'il auoit en la Foreſt de Franchiſe pour le ſalut de ſon ame , & de ſes Predeceſſeurs , preſens Eſtienne Eueſque de Maſcon, Humbert Prieur de Seillon, Roland d'Anieres, & Humbert ſon Frere, Bernard de Montgilbert, & Miles de Courte , depuis il donna à la meſme Chartreuſe tout ce que ſes hommes du Village de Priuages auoient dans ladite Foreſt ; preſens Humbert d'Anieres, Ponce de Gratay Guillaume de Monfort , Pierre de S. Niſier, Humbert de Morel & autres. Il eſt l'vn des premiers bien-faiteurs de la Chartreuſe de Seillon, à laquelle il donna tout ce qu'il auoit dans les limites de leur maiſon.

Il deceda en l'an 1180. & non en l'an 1185. comme Fuſtailler l'a eſcrit, il fut enſeuely en l'Egliſe de la Muſſe entre Baugé , & Maſcon (c'eſt auiourd'huy vne Commenderie de l'Ordre de S. Iean de Ieruſalem,) Eſtienne de Baugé Eueſque de Maſcon, & Humbert de Baugé Prieur de Seillon, auparauant Archeueſque de Lyon, ſes Parens aſſiſterent à ſes funerailles.

ENFANS DE RAYNALD III. DV NOM SEIGNEVR
de Baugé & de Breſſe.

I. Vlrich Seigneur de Baugé qui ſuit.

I I. Guy de Baugé.

I I I. Raynald de Baugé Seigneur de S. Triuier en Breſſe.

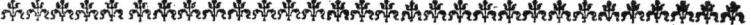

VLRICH III. DV NOM, ET XIII. SEIGNEVR DE BAVGÉ,
& de Breſſe.

CHAPITRE XXXVI.

APRES auoir paracheué les obſeques de ſon Pere à la Muſſe,il donna à l'Egliſe de S. Vincent de Maſcon, dix ſolz de ſeruis qu'il exigeoit ſur le Village d'Aigre feuille , ce qui fut accepté par Eſtienne de Baugé Eueſque de Maſcon , Guichard Doyen , Renaud Chantre , & pluſieurs autres Chanoynes de ladite Egliſe,il en promit l'obſeruation en preſence d'Humbert de Baugé iadis Archeueſque de Lyon, & pour lors Prieur de la Chartreuſe de Seillon, de Chreſtien de la Foreſt Prieur de S. Pierre de Maſcon , d'Arthaud Vicomte , de Roland d'Anieres , de Bernard de Montgilbert , & d'Hugues de Loyſe ; cette donation fut confirmée quelque temps apres par Raynald de Baugé auſſi fils deſſunct, en l'Egliſe de ſaincte Benigne en Breſſe , le Dimanche que l'on chante, *Iudica me Domine, & diſcerne,* preſens les Prieurs de Seillon, & de S. Pierre,la Dame de Baugé , Raynald Chantre , Humbert de Brancion, & Guillaume de Viry ou Viryeu (le latin dit *Viriaco,*) ce que le Lecteur curieux pourra voir chés Seuert qui la tiré du Cartulaire de ladite Egliſe de Maſcon. Il conſirma aux Chartreux de Seillon les donations de Raynald de Baugé ſon Pere, & en y adiouſtant, il leur donna tout ce qu'il auoit au territoire de Noirefontaine,& à Vaſſailla, & tout le droit qui luy pouuoit appartenir és bois, & terres de Montarnol,à ſon exemple Guy Seigneur de Baugó ſon frere appreuua leſdites conceſſions, & s'en rendit garent, & pleige, & tous deux enſemble prenans la qualité de Seigneurs de Baugé, accorderent aux meſmes Chartreux toute Iuſtice ſur leurs hômes, & fiefs,leſquels ils deſchargerent de toute leyde , copponage , & peage par lettres de l'ij des Kal. d'Auril 1180 , preſens Oger de Boches, Bernard de Montbeler, Hugues du Saix & Ottho de Maſornas Cheualiers.Depuis le meſme

Preuu. pag 9. Vlrich pour le ſalut des ames de ſon Pere, & de ſa Mere, & de la Dame de Mirebel ſa femme deja decedée eſtant au Cloiſtre de ladite Chartreuſe, donna auſdits Chartreux deux maiſons à Vaſſallia appellées l'vne Rellin, & l'autre des Caramiles, preſens Boſon Prieur de Seillon, Guillaume de Pauanens, Guy de Biolyeres, Freres laics, Oger de Boches, Bernard de Montbelet, Hugues du Saix, Otho de Maſornas Chleualiers, Eſtienne Archipreſtre de Treffort, Pierre de Montancys Iuge de Bourg, Guichard du Saix, & Robert de Beyuliers qui n'eſtoient pas encore Cheualiers, au mois d'Auril 1187.

8. Iul. Bal. lin I. des antiq du Maſcon pag. 239. Les Religieux de S. Pierre de Maſcon ayans ſouffert des grandes pertes, & deſolations en leurs biens de Breſſe en l'Année 1206. recoururent à Vlrich Seigneur de Baugé, & l'aſſocierent pour la moitié en l'Obediencerie de Maſſonnas ſes appartenances, & dependences, ſous des conuentions, & conditions particulieres, & moyennant l'hommage qu'il en fit au Conuent, auquel il obligea tous ſes ſucceſſeurs, ce qui fut fait en l'année 1208. ainſi qu'on le peut voir plus au long dans Baleurre, au lieu ſuſdit. Par la

Titr. de la Chartreuſe de Vaucluſe. notice de la fondation de la Chartreuſe de Vaucluſe au Comté de Bourgogne diocèſe de Beſançon faite par Hugues Seigneur de Cuſeau, augmentée par Ponce Seigneur de Cuſeau ſon petit fils enuiron l'an 1200. Il eſt dit que ce Ponce Seigneur de Cuſeau fit ratifier ſa conceſſion par Vlrich Seigneur de Baugé,

Tit. de la Chambre des Comptes de Sauoye. Chalon. & par Amé de Geneue, Fromond de Tramelay, & Hugues de l'Aubeſpin Cheualiers ſes gendres. En l'an, 1214. du conſentement de Guy de Baugé ſon filz, il donna aux Cheualiers du Temple de la Muſſe la moitié de la peſche de ſon Eſtang de Loyſe prés de Baugé.

Cet Vlrich de Baugé veſquit iuſques à l'an 1220. ainſi qu'il a eſté touché cy deſſus, & eſpouſa en premieres nopces N. de Chalon Dame de Mirebel vefue de Ioſſerand I. du nom Seigneur de Brancion, & fille de Guillaume I. du nom, Comte de Chalon auec laquelle il viuoit enuiron l'an 1185. & ratifia vn traitté fait entre elle, & l'Egliſe de Cluny ſous les ſeaux de Beatrix Comteſſe de Chalon, & de Robert Eueſque de Chalon, qui ſe lit au Cartulaire de Cluny, & en ſecondes nopces Vlrich de Baugé eſpouſa Alexandrine de Vienne, fille de Gerard Comte de Vienne, & de Maſcon, delaquelle Monſieur du Cheſne n'a pas eu connoiſſance en ſon hiſtoire de Bourgogne, elle eſtoit ſeur d'Ide de Vienne Dame de Coligny, depuis Ducheſſe de Lorraine, elle donna au mois d'Octobre 1241. aux Cheualiers du Temple de la Muſſe la moitié des Dixmes de Montcroſet.

Apres le decés d'Vlrich, Alexandrine de Vienne ſa vefue euſt la Seigneurie de Bourg en Breſſe pour ſon Douaire, d'ou vient qu'elle ſe qualifioit en pluſieurs titres, *Alexandra Comitiſſa, Domina Burgi* pour teſmoigner qu'elle eſtoit fille de Comte, elle ſe nomme ainſi en vne quittance qu'elle paſſa en l'an 1242. aux Chartreux de Seillon d'vn certain depoſt, & en pluſieurs autres titres qui ſont en la Chartreuſe de Montmerle, ou ſon ſeau eſt d'vne femme à cheual, vn oyſeau ſur le poing, & au reuers le Lyon d'Hermines de Baugé, & autour *Secretum A. Dominæ Baugiaci*.

Ceux qui ne ſçauent pas que la maiſon de Brancion eſtoit autrefois la plus Illuſtre & plus ancienne du Duché de Bourgogne, aſſez celle des Comtes de Maſcon, & de Chalon s'eſtonneront peut eſtre qu'Vlrich Sire de Baugé, Souuerain de Breſſe ayt eſpouſé la vefue d'vn Seigneur de Brancion, mais outre qu'elle eſtoit fille du Comte de Chalon, la digreſſion que ie vay faire pour donner vn abbregé de la Genealogie de la famille de Brancion en fera voir l'Ancienneté, & la Grandeur.

I. En l'an 1000. viuoit vn Seigneur de Brancion qui n'eſt point autrement deſigné au Carthulaire de Cluny, & fut Pere de deux Enfans ſçauoir Varulphe de Brancion, & Gauthier de Brancion Preuoſt de l'Egliſe de Maſcon.

Du Cheſne hiſt. de Bourgogne liu. 3. Chap. 2. I I. Varulphe de Brancion Seigneur dudit lieu, il eſt parlé de luy, & de Gauthier de Brancion ſon frere dans vne lettre que le Pape Benoit V I I I. Ecriuit aux Eueſques, & Principaux Seigneurs de Bourgogne contre ceux qui vſurpoient les biens du monaſtere de Cluny, ce Varulphe de Brancion ne laiſſa qu'vn filz appellé Bernard Seigneur de Brancion qui ſuit.

Carthulaire de l'Egliſe de Maſcon. Carthulaire de Cluny. I I I. Bernard Seigneur de Brancion ſurnommé le Gros, en l'an 1055. il quitta à Vautier Eueſque de Maſcon certains dixmes, & par vne Charte de l'an 1064. laquelle eſt au Carthulaire de Cluny, on apprend qu'il delaiſſa à l'Egliſe de Maſcon le Village de Chiſſé, lequel toutesfois Dreux Eueſque de Maſcon luy remit depuis, & à Gauſſeran, & Bernard de Brancion ſes enfans pour en iouir pendant leur vie en payant douze deniers de cens, ce Seigneur de Brancion euſt pluſieurs enfans ſçauoir :

Landry Seigneur de Brancion mentionné en vne notice du Carthulaire de Cluny de l'an 1090. par laquelle apres le decés de Bernard Seigneur de Brancion ſon Pere, & que Gauſſeran, & Bernard de Brancion ſes freres furent Religieux, il quitta tout ce qu'il pouuoit pretendre au Village de Chiſſé à l'Egliſe de Maſcon, entre les mains de Landry Eueſque de Maſcon, & en preſence de Liebaud de Digoine, de Gauſſeran, & d'Engilbert de Courtemaux, de Robert de Broyes, & d'Hugues du Saix, il mourut ſans enfans. Gauſſeran de Brancion Moyne. Bernard de Brancion qui continua la ligne, & Hugues de Brancion.

Carthulaire de l'Egliſe de Maſcon. Hiſt. de Vergi. Ad ann. 1193 I V. Bernard I I. du nom Seigneur de Brancion, & d'Vxelles ſurnommé Gros, il eſt auſſi parlé de luy dans la meſme notice de l'an 1090. le contenu de laquelle il iura auec Landry de Brancion ſon frere, il fit le voyage de la terre Saincte, & ſe fit de l'Ordre des Hoſpitaliers, ſon alliance fut auec du Duc de Lorraine delaquelle il euſt trois maſles mentionnés cy apres, Alberic en ſa Chroniq. M.S. parle de cette alliance en cette ſorte, *Soror Comitis Theodorici Fladrenſis, Henrici Epiſcopi. Tullenſis & Mathiæ Moſellanorum Ducis & filia Ducis Moſellanorum cuidam forti Caſtellano de Burgundia Bernardo peperit Ioſſerannü qui de ſorore Comitis Cabilonenſis genuit Henricü Patrem Ioſſeranni Groſſi.* Les enfans furent, Ioſſerand Seigneur de Brancion mentionné cy apres. Humbert de Brancion preſent à vne conceſſion de Girard Comte de

Carthulaire de l'Egliſe de Maſcon. Maſcon à l'Egliſe de Maſcon de l'an 1158.

Carthulaire de Cluny. V. Ioſſerand premier du nom Seigneur de Brancion, & d'Vxelles ſurnomé le Gros, Henry de Brancion ſon frere & luy ſont nommés entre les plus grands Seigneurs du Maſconnois, qui iurerent le traitté fait entre Guillaume Comte de Maſcon, & de Bourgogne, & l'Egliſe de Cluny en l'an 1147. Au Carthulaire de Cluny il y à titre par lequel enuiron ce meſme temps Amé Archeueſque de Lyon, Legat Apoſtolique, par commandement du Pape s'entremit de pacifier les querelles, & difficultés que ce Ioſſerand de Brancion

ción , & Henry de Brancion fon frere auoient auec l'Abbé de Cluny , Iofferand Seigneur de
Brancion euft differend auec Pierre Euefque Chalon, touchant le droit de garde des Terres de Boyer , & de la Rochette dont le Roy Louys le Ieune voulut prendre connoiffance , & prononça en faueur de l'Euefque par lettres dattées à Tournus 1171. ce titre
porte qu'Hugues de Brancion s'eftoit deja departy de ce droit de Guarde en prefence , &
du confentemant de Bernard de Brancion fon frere, le mefme Iofferand eft auffi nommé auec
plufieurs Prelats , & grands Seigneurs de Bourgogne qui s'affemblerent en l'an.1153. à S. Vincent de
Mafcon pour la protection de Cluny, parmy les lettres efcrites au Roy Louys le Ieune il y en à vne de ce
Iofferad Seigneur de Brancion ; par laquelle il fupplie fa Maiefté de procurer la dignité d'Archidiacné en
l'Eglife de Mafcon à vn fien Neueu. Il Epoufa N. de Chalon fille de Guillaume I. Comte de Chalon, laquelle fe remaria auec Vlrich Sire de Baugé, & de Breffe auec lequel elle viuoit en l'an 1185. du mariage de Iofferand de Brancion vinrent. Henry Seigneur de Brancion duquel fera plus amplemena parlé, &
Guillaume de Brancion , il eft prefent auec plufieurs autres grands Seigneurs à la Charte de l'an 1147.
par laquelle Guillaume Comte de Bourgogne , & de Mafcon foufmit l'Abbaye de Baulme en Comté à
l'Eglife de Cluny.

VI. Henry Seigneur de Brancion, & d'Vxelles, fa femme fe nommoit Beatrix laquelle eftant vefue
de luy par lettres du mois de Iuillet 1224. ratifia le traitté que Iofferand Seigneur de Brancion fon fils
auoit fait auec l'Eglife de Cluny pour les villages de Sauigny , de Lornand , & de Marcillia, leurs enfans furent. Iofferand 2. du nom Seigneur de Brancion qui aura fon eloge. Eftienne de Brancion
Abbé de Cluny.Henry de Brancion Seigneur d'Vxelles & Barthelemy de Brancion Euefque des cinq Ef-
glifes qui en l'an 1234.ordonna d'eftre inhumé à Cluny.

VII.Iofferand 2. du nom Seigneur de Brancion , d'Vxelles, de Salins , & de Bracon , Guillaume
Comte de Vienne, & de Mafcon termina les differends que ce Seigneur de Brancion auoit auec l'Eglife de Cluny par lettre du mois d'Auril 1214. de l'obfervation duquel traitté Iofferand de Brancion donna
pour caution Eudes Duc de Bourgogne, ledit Comte de Mafcon,& Gauthier Seigneur de Vignorty fon
oncle ; Iean Comte de Chalon le donna en l'an 1220.& auec luy Henry de Brancion Seigneur d'Vxelles
fon frere,& Hugues de Digoine pour cautions du traitté qu'il auoit fait auec l'Abbé de Cluny fous le
Seau de l'Euefque de Chalon Il engagea en l'an 1231. à l'Eglife de Cluny tout ce qu'il auoit au village
de Percieu du confentement d'Eftienne Abbé de Cluny , & de Barthelemy de Brancion Euefque des
cinq Eglifes fes freres. Au traitté que ledit Iofferand de Brancion fit auec ladite Eglife de Cluny à caufe
de la Terre de S. Hypolite, il bailla pour garents , & oftages Renaud de Monbelet , Henry de Brancion
Seigneur d'Vxelles fon frere, Simó de Vers, Iea le Merle, Guigues de Lugny, Beraud de Lugny, & Hugues
de S. Alban : Seguin Euefque de Mafcon donna auffi Iofferand de Brancion en l'an 1234. pour pleige
de la vente qu'il paffoit au monaftere de Cluny , de tout ce qu'il auoit en la Chaftellairie de Berzé. En
l'an 1236. il remit à l'Abbé de Cluny fon Chafteau de Bôtauint , & le Village de Brey depur & franc
alleu , & en efchange l'Abbé luy ceda fa maifon de Beaumont , & le Village de S. Didier, outre quinze
cens marcs d'argent,& quarante liures Dijonnoifes, les cautions de ce Contract furent la Dame de Brancion femme dudit Iofferand , & Henry de Brancion leur fils fous les feaux d'Aymon , & de Guillaume
Euefque de Mafcon , & de Chalon, c'eft de ce Iofferand de Brancion que Iean Sire de Ioinuille fon neueu celebre la valeur , & le courage , rapportant qu'il fut tué au premier voyagedu Roy Sainct
Louys en Terre Saincte , & qu'à fa mort il luy ouyt dire qu'il auoit efté en trente fix batailles,& Iournées
de guerré defquelles fouuentesfois il auoit emporté le pris d'armes , Alberic en fa chronique le nomme
entre les perfonnes de Marque dans l'an 1239. fuiuirent l'Empereur Baudoin au voyage d'Outremer De
fon mariage auec Marguerite de Vienne fille de Gaucher de Vienne Seigneur de Salins , & de Bracon,
& de Marguerite de Bourbon il laiffa deux fils à fçauoir Henry Seigneur de Brancion & Pierre de Brancion furnommé le Gros qui efpoufa la vefue de Raynald Sire de Baugé.

VIII.Henry III.du nom Seigneur de Brancion,d'Vxelles,de Bracon,de Salins, de Beaumont,d'Ornás,
& de Vuillafans il vendit les terres de Salins ; de Bracon,d'Ornans, & Vuillafans à Hugues Duc de Bourgogne,fa femme fut Fauque de la Preuiere fille de Guillaume Seigneur de la Preuiere, & de Beaumont,
d'ouure feule fille à fçauoir.

IX. Marguerite de Brancion laquelle efpoufa Bernard de Choifeul Cheualier Seigneur de Traues
fils de Robert de Choifeul Seigneur de Traues. les Seigneurs de Vifager qui portent le nom & les armes
de Branció fe difent yffus de cette anciéne famille de Branció mais n'ayant eu aucunes inftructiõs ou memoires d'eux.Ie n'en ay rié voulu dire.Quãt à la Pofterité de Bernard deChoifeul & de Marguerite de Brá-
cion elle quitta le nom de Choifeul & prit celuy de Traues &d'eux font defcendus. Les Seigneurs de la
Porchereffe ; de Vauteau, & de S. Vrnge & de Dracy ils ont retenu neantmoins les armes, excepté qu'ils portent vint billettes fur la Croix.

ENFANS D'VLRICH SEIGNEVR DE BAVGE', ET DE
Breffe, & de N. de Chalon dame de Mirebel
fa premiere femme.

I. GVy de Baugé Cheualier Seigneur de Mirebel en l'an 1214. il conceda à la Chartreufe de Portes
en Bugey exemption de tous peages dans fa terre , & prit cette maifon fous fa protection, par
les lettres de cette conceffion Il fe dit fils d'Vlrich de Baugé, fon feau eft d'vn homme à Cheual l'Efpée
nue en la main droite , & le bouclier en la gauche auec ces mots au tour Sigillum Guidonis de Baugiaco
Domini Miribelli Il fit le voyage de la Terre Sainte, & auant fon depart il quitta à l'Abbé de l'Ifle-Barbe tous les droits, vfages , & redeuances qu'il auoit à prendre fur vne Grange dependente dudit Monaftere de l'Ifle-Barbe fituée en la Cofte de Mirebel , il mourut en ce voyage auant Vlrich de Baugé
fon

G 3

P. de S.Iulié
és antiquités
de Chalou.
pag.458. &
468.

Hift.de Ver-
gy.
Hift.Franc
fi.p.tom.4.
pag.703.
Idem.

Cartulaire
de Cluny.
Idem.

Cartulaire
Idem.

idem.

Cartulaire
de Cluny.
Cartulaire
de Cluny.
Cartulaire
de Cluny.
Cartulaire
de Cluny.

Hift.de S.
Louys.

Hift.de Ver-
gy.

Hift.Mef.de
M.d'Hozier.

Prenuts,
pag.6.

son pere, ie n'ay pas fceu en qu'elle famille il s'allia, il euft pourtant vne fille appellée Marguerite de
Baugé Dame de Miribel mariée auec Humbert V. du nom Seigneur de Beaujeu fils de Guichard V. du
nom, Seigneur de Beaujeu, & de Sibille de Haynaut, ainfi qu'a tres bien remarqué J'aradin en fes alliances
Genealogiques ; & du Chefne qui tontesfois n'ont pas fceu qui eftoit le Pere de Marguerite de Baugé,
la lettre de ce Mariage eft de l'an 1219. le 15. Iuillet le 4, iour auant la fefte fainéte Marie Magdelaine,
& porte que cette Marguerite de Baugé eftoit fille aifnée de Guy de Baugé, qui luy conftitua en dot mille liures fortes, & la ville de Miribel auec fes appartenances fous telle condition qu'il pourroit retenir ladite Seigneurie de Miribel, pendant tout le temps qu'il voudroit, en payant cent liures fortes tous les
ans, voulant que ladite terre appartint en toute proprieté audit Humbert de Beaujeu en dot audite fa-
dite fille au cas qu'il vint à mourir fans mafles; & quant à fes autres filles, il ordonna qu'elles feroient ma-
riées fuiuant fon aduis, dudit Humbert de Beaujeu, & des bonnes gents de fa terre, foit en argent ou
en Seigneuries, à la charge toutesfois que celles qui auroient leur dot en terres, en feroient hommage au
Seigneur de Baugé, & parce que ce mariage auoit efté conclu du temps de Guichard Seigneur de Beaujeu,
Guy de Baugé voulant faire le voyage d'outremer, alla en perfonne à Belleville en Beaujolois, ou luy &
ledit Humbert de Beaujeu fon gendre, en confequence dudit mariage firent les conuentions fufdites.
C'eft cette Marguerite de Baugé qui à fondé la Chartreufe de Poletins en Brefle, ainfi que nous dirons
plus particulierement en fon lieu, & laquelle en l'an 1229. confirma vn traitté fait entre Guy Abbé, de
l'Ifle Barbe, & Humbert Seigneur de Beaujeu fon mary en 1222.

Hiſt. de Bourg.lin.3. chap.89. Preuues pag. 19.

Preu.pag.11.

ENFANS D'VLRICH SEIGNEVR DE BAVGE' ET DE Breſſe, & d'Alexandrine de Vienne ſa Femme.

II. **R**Aynald Seigneur de Baugé & de Brefle.

III. Hugues de Baugé Cheualier, Seigneur de S. Triuier & de Cufery, il tenoit le Chafteau de Cufe-
fery en fief du Duc de Bourgogne auquel il en fit hommage au mois de Ianuier 1250. promettant de le
luy rendre à fa neceffité, & à condition qu'il ne le pourroit aliener dudit Duché, par don, vente, ou fide-
juffion, à charge auffi que le Duc de Bourgogne n'en ayant pas befoin, le rendroit à Hugues de Baugé.

IV. Beatrix de Baugé Epoufe d'Amé de Geneue Seigneur de Gex lequel par titre du 4. Iuin 1227.
promit de luy affigner en cas de reftitution de fa dot quatre cents dix liures en fons de terre monnoye de
Mafcon, & vingt marcs d'argent.

Tit. de la Chambre des Compt. de S.

Idem.

RAYNALD DE BAVGE' IV. DV NOM XIV. SEIGNEVR de Breſſe & de Baugé.

CHAPITRE XXXVII.

V mois de Septembre de l'an 1230. il fit hommage à l'Abbé de Tournus fur Saone, à cau-
fe de ce qu'il tenoit de luy en fief, ce que Sibille de Baugé reitera depuis en l'an 1281.
En l'an 1231, il prit la Chartreufe de Montmerle, & tous les biens en dependans fous fa
garde, deffence, & protection pour le falut de fon ame, d'Alexandrine fa Mere, de S. fauncf-
me, & de tous fes Predeceffeurs, Les Religieux de S. Pierre de Mafcon (ils font auiourd'huy
Chanoynes) en fuite de l'affociation qu'ilz auoient fait d'Vlrich Seigneur de Baugé en la moitié de l'O-
bediencerie de Marfonnas firent des femblables conuentions auec Raynald de Baugé pour les Obedienceries de Longchamp, S. Martin le Chaftel, & Cuifia en Brefle à la charge de l'hommage par titre de l'an
1235. fcellé des Seaux d'Aymeric Archeuefque de Lyon, & d'Aymon Euefque de Mafcon, dont les Comtes
de Sauoye Succeffeurs des Sires de Baugé on fait diuersfois l'hommage aux Prieur & Religieux de S.
Pierre, comme Amé IV. le fit en la ville du Pontdeueyle à Geoffroy de Charlieu Prieur de S. Pierre en
l'an 1296. & le Comte Edoüard en l'an 1312. le Comte Aymon au mefme Geoffroy de Charlieu dans la
ville de Baugé en l'an 1330. & à Guillaume de Mars en 1341. le Comte Verd à Eftienne de Chandée
Prieur à Chaftillon les Dombes en 1349, & Amé VII. Comte puis I. Duc de Sauoye à Roffillon en
l'an 1411. Seuert recite que Raynald de Baugé fit hommage à Aymon Euefque de Mafcon du Chafteau
de S. Triuier en la Sale de l'Euefché le iour de la fefte de S. Ligiet 1237. auec pouuoir qu'il donna à l'Archeuefque de Lyon à la iurifdiction duquel il fe foufmit pour fe contraindre fes fucceffeurs à la
preftation de cet hommage, au cas qu'ilz en voulufent faire refus, Seuert par equiuoque à nommé ce
Raynald, Bernard, mais ce n'eft pas au nom feulement que cet Autheur à fait faute, parce qu'il ne rend
pas la caufe de cet hommage qui prouenoit d'vn engagement que ce Princeauoit fait à l'Euefque de Mafcon de fon Chafteau de S. Triuier ce mefme iour pour la fomme de trois cens foixante liures monnoye
de Mafcon dont l'Euefque s'eftoit rendu caution pour le Sire de Baugé enuers vn Bourgeois de Bellevi-
le, auec promeffes de faire rendre ledit Chafteau tandis qu'il le tiendroit en fa puiffance, ainfi que
cela fe void en vn Ancien Carthulaire de l'Eglife de Mafcon figné de Canali. En l'an 1247. le mefme
Raynal de Baugé fit vn traitté le iour de la fefte fainct Michel auec l'Abbé, & le Monaftere de Tournus.
Il donna à la Chartreufe de Montmerle en Brefle, deux cent liures pour faire baftir les Cellules des
Chartreux.

Son Teftament eft du 18. Aouft 1249. & euft trois mafles, & trois filles. En cette mefme année il tran-
figea auec Seguin Euefque de Mafcon en la ville de Lyon fur quelques infractions des traittés de Paix
faits entre leurs predeceffeurs, & par cette tranfaction le fire de Baugé promit de faire rendre à l'Euefque
                               tout

P. de S. Iul. es an. de Teur- nus pag. 527. Preu.pag.11.

P. de S. Iul. es anti.de Maſ- con.lin.chap. 240.

In Epiſc.ma- tiſe. in Ay- mon § 8.

Preu pag. 11. Kalend ier de la Chart. de Montmer- le. Tit. de la chambre des Comptes de Sauoyes.

tout ce qui auoit esté pris sur luy. De luy payer huit cents liures pour les dommages qu'on luy auoit fait, & de luy delaisser le Chasteau de Romenay, & que Iusques à ce qu'il auroit satisfait, il remettroit son Chasteau de S. Triuier en depost entre les mains de Philippes de Sauoye Esleu Archeuesque de Lyon Il fit le voyage de la Palestine ou il mourut, le nom de sa femme n'est pas autrement connu que par la premiere lettre de son nom S. comme nous auons dit cy dessus elle se remaria à Pierre le Gros Seigneur *Senert. in Ep.* de Brancion, Elle gist au Cloistre de saint Vincent de Mascon auec cette Epitaphe *Hic iacet Comitissa de* *Matiscon.* *Balgiaco Vxor quondam Petri le Gros Cuius anima requiscat in pace Amen. Obiit anno Domini M. CC.* *LXV. Kalend. Augusti.* Ce qui nous apprend qu'elle estoit fille d'vn Comte, voicy leurs enfans.

I. Guy Seigneur de Baugé, &c.

I I. Sybille de Baugé Religieuse de Nostre Dame du Lys à laquelle Sibille dame de Baugé sa niece fit *Tit. de la* legat par son testament. *Chambre des*

San.
I I I. Raynald de Baugé Cheualier Seigneur de S. Triuier, de Bourg, de Sagy, & de Cusery qui *Ibid.* mourut sans estre marié, c'est luy qui en l'an 1255. fit hommage au Duc de Bourgogne du Chasteau de Cusery sous mesmes conditions portées par l'hommage d'Hugues de Baugé son oncle.

I V. Alexandre de Baugé destiné à l'Eglise, qui fut heritier de son frere Raynald: & fut Seigneur de *Tit. de la* Bourg, de S. Triuier, de Cusery, & de Sagy, il mourut sans estre marié, & fit son heritier Philippes de *chamb. des* Sauoye Esleu Archeuesque de Lyon par testament du mois de Nouembre 1266. *Comtes de* *Sau.*

V. Beatrix de Baugé femme de Guichard Seigneur de Chastillon en Michaille, selon vne vieille Ge- nealogie de la maison de Baugé, que M. l'Euesque de Salusces m'a communiqué, dont toutefoisie n'ay veu aucune preuue.

V I. Iane de Baugé.

GVY XV. SEIGNEVR DE BAVGE'
& de Bresse.

CHAPITRE XXXVIII.

R A Y N A L D de Baugé son Pere l'ayant laissé ieune Philippes de Sauoye Archeuesque de Lyon luy donna, & à Raynald de Baugé son frere, Berard de Lyonnieres Cheualier pour Curateur, de l'authorité duquel ces deux freres affranchirent les habitans de Baugé, de Bourg, & du Pont de Vaux, & leur concederent de grands priuileges en l'an 1252. le- *Titr. de l'E-* dit Guy Sire de Baugé fit hommage au Prieur & aux Religieux de S. Pierre de Mascon de *glise de sainct* ce qu'il tenoit d'eux en fief en suyte du traitté fait entre eux & Vlrich Sire de Baugé. il mourut en son *Pierre de* Chasteau de Baugé, & fut enterré en l'Eglise de S. André hors la ville de Baugé auec cette Epitaphe *Mascon.* en lettres Gotthiques assés difficile à lire.

Hic iacet Dominus Magnificus G. Do... De Bugié. * *Guygo.*

. . . .

MCCLXVIII.

Son testament est du 5. d'Auril 1255. Par lequel il Institua son heritier vniuersel le posthume qui nais *Titr. de la* troit de la Dauphine sa femme Il eust à femme Beatrix de Montferrat vefue d'André de Bourgogne, Dau- *chambre des* fin de Viennois, & Comte d'Albon fille de Boniface, Marquis de Montferrat dit le Geant, & de Marguе- *Comtes de* rite de Sauoye de laquelle il n'eust qu'vne fille nommée. *Sauoye.*
Pingnon in
I. Sibille dame de Baugé, & Bresse, l'Eloge de laquelle est au Chapitre suyuant. *arb. General.*
Apres le decés de Guy Sire de Baugé. Beatrix de Montferrat sa vefue se remaria auec Iean Seigneur de *Dom. sab.* Chastillon, puis à Pierre Seigneur de la Roüe & de S. Bonnet. *in 17. & 18.*
gradu.
Du Chesne
hist. des Dau-
fins.
Pingnon.

AME' IV. DV NOM SVRNOMME' LE GRAND
Comte de Sauoye.

ET SIBILLE DE BAVGE' XVI. SEIGNEVRS
de Baugé, & de Bresse.

CHAPITRE XXXIX.

L' EXTRACTION de cette Princesse à esté ignorée de la pluspart des historiens, les vns n'en ayant rien sceu dire, les autres en ayant parlé auec tant de contrarieté, & d'absurdité, qu'il eut esté malaysé de s'y resoudre, si la famille des Sires de Baugé ne nous eut esté con- nue; car Paradin parlant de son mariage auec Amé IV. du nom Comte de Sauoye, dit *En son Hist.* simplement Que Sibille Dame de Baugé, & de Bresse estoit vne riche heritiere sans faire *de Sauoye.* mention de son Pere, n'y de sa Mere, ayant en cela suiuy la vieille Chronique de Sauoye Manuscripte
qui

qui la fait seulement fille du Dom de Baugé sans le nommer; vne autre Chronique de Sauoye qui est en l'Abbaye d'Haute Combe en parchemin collée sur des ais porte que la Damoyselle Sibille de Baugé, estoit fille du Duc de Baugé, ce qui est vne erreur, car iamais les Sires de Baugé n'ont porté le titre de Duc, l'Autheur du Caualier de Sauoye a fait la mesme faute, parce qu'il nomme cette Sybille Duchesse de Baugé. François de Rosieres; Claude Paradin en ses Alliances Genealogiques, & Iaques Seuert en

In Steph. t,
§. 1.

ses Euesques, de Mascon, ont confondu nostre Sybille de Mascon femme d'Amé I I. du nom. Comte de Maurienne, Marquis de Suze, Seigneur de Tarentaise & premier Comte de Sauoye quoy qu'elles ayent vescu en des temps fort esloignés. En effet Sybille de Mascon viuoit en l'an 1140. & Sybille de Baugé en l'an 1270. l'vne ayant espousé Amé I I. & l'autre Amé I V. Pingon, Claude Paradin en ses Alliances, Lud della Chiesa Hist. di Piemonte, & MM. de S. Marthe liu. 30. chap. 11. de leur histoire Genealogique la nomment Isabelle au lieu de Sybille, & VVuanderburch donne à Sybille de Baugé les mesmes armes qu'a Alix de Bourgogne femme de Philippes Comte de Sauoye quoy qu'elles estoient bien differentes. Quant à ceux qui ont voulu nommer le Pere de Sybille, ils s'y sont presque tous abusé. Fustailler en

In stemm.
Duc Sab. &
in vita A-
med. 4.
In chron. rer.
Burgund. ad
ann. 1281.

son histoire des Antiquités de Mascon Manuscripte, l'a creu fille d'Vlrich Sire de Baugé, & apres luy Bugnon en la Chronique de Mascon & VVanderburch Doyen de nostre Dame d'Vtrect. Anthonius Albißius in stemm. Princ. Christianorum. Nicolas Vignier, Elias Reusnerus in opere Genealog. Domus Saxon. In stemmate VVitichindi. P. de S. Iulien liu. 11. des Antiquités de Mascon; & Paulus Meryla Cosmograph. lib. 3. part. 3, cap. 43. Vlrichus Basgei Comes, & Bressia Dominus (dit-il) filiam reliquit

In Amed 4.

unicam, & haredem Sibillam, quam cum Vxorem duxisset Amedeus IV. Sabaudiæ Comes VIII. Comitatum Basgensem, totamque Bressiam suæ fecit ditionis. Claude Paradin en escrit douteusement, car il fait cette Sybille fille de Guy, ou d'Vlrich; cependant il est tres veritable, que Sybille estoit fille vnique de Guy Sire de Baugé, ainsi que l'ont tres bien remarqué Pingon in arb. Gentil. Dom. Sabaud. & Papyre Masson In Elog. Amed. 4. à quoy s'accorde l'Obituaire de l'Abbaye d'Haute combe en Sauoye, & l'Epitaphe de ladite Sybille qui y est enterrée.

    Elle fut accordée en mariage à Amé Prince de Sauoye fils de Thomas I I. du nom Comte de Maurienne, Prince de Piemont, & de Beatrix de Flisc par l'entremise de Philippes Comte de Sauoye, & de Bourgogne Oncle d'Amé, la lettre de ce mariage est en datte du Mardy apres l'Octaue de la sainct Iean Baptiste l'an 1272. sous le seau de l'Euesque de Geneue, en consequence dequoy Amé de Sauoye du consentement de son Oncle donna à ladite Sybille la Seigneurie & Chasteau de sainct Genis en Sauoye Par

Tit. de la
chamb. des
Compt. de S.
Preuues pag.
13.

titre du 9. Iuillet suyuant, & promit de faire quitter à la Daufine dame de S. Bonnet Mere de sa femme le douaire qu'elle auoit sur la terre de Baugé; ce mesme iour Sybille de Baugé traitta auec Philippes

Preuues pag.
14.

Comte de Sauoye & de Bourgogne des droits qu'il auoit en la succession d'Alexandre de Baugé son Oncle Seigneur de Bourg; de sainct Triuier; de Cusery & de Sagy. Comme heritier par luy institué, & par le traitté Sybille laissa au Comte de Sauoye les Villes & Chasteaux de Bourg, & de Chastillon sur Chalaronne auec leurs mandemens, c'est en cette mesme année qu'Amé de Sauoye receut les hommages de tous les Gentilshommes de Bresse. P. de sainct Iulien s'est mesconté de cent ans qui cotte ce mariage en l'an 1172. Par ce traitté Sybille se côstitua en dot tous les biens à la reserue de ceux qu'elle tenoit en fief de la Contesse de Forests, & de la Dame de Beaujeu, & faut remarquer en cet endroit vne chose digne d'obseruation, c'est qu'au téps dudit traitté de mariage; le mary de Sybille s'appelloit simplement Amé de Sauoye sans autre qualité; cependant la Vieille Chronique de Sauoye Manuscripte & Guillaume Paradin disent qu'Amé de Sauoye espousa ladite Sybille apres qu'il fut reconnu Comte de Sauoye, ce qui ne peut pas estre, car si lors de son mariage, il eust esté desja Comte de Sauoye, il n'eust pas manqué d'en prendre la qualité en vn acte de cette importance, d'ailleurs il se void au traitté fait de Beaujoulois vn traitté fait le Ieudy deuant la Pentecoste de l'an 1272. (peu de temps auant ledit mariage) entre ledit Amé, au nom de Thomas de Sauoye son frere aisné, & Louys Seigneur de Beaujeu, touchant la somme de trois mille liures pour reste de la dot d'Eleonor de Sauoye sa femme, au payement de laquelle somme, Amé s'obligea, & donna pour cautions Iaques de Boczezel, Guy de Gletins, Guy Seigneur de Grolée, & Humbert de Boczezel Cheualiers, en presence, & sous le seau de Bernard Euesque de Belley, & toutefois, il ne prend autre qualité que d'Amé de Sauoye, & son sceau est d'vn Lyon, bien plus, c'est que cét Amé ne fut appellé au Comté de Sauoye, qu'apres le decés de Philippes Comte de Sauoye, & de Bourgogne son Oncle qui arriua en l'an 1285. bien que Pingon le rapporte à l'an 1283. en quoy il a failly, parce qu'en la Chambre des Comptes de Sauoye, il y à plusieurs titres de ce Philippes Comte de Sauoye de l'an 1285. ou il se qualifié Philippus Comes Sabaudiæ Palatinus, & Marchio in Lombardia, or encor que Pingon, ayt escrit que Philippes crea Amé, Comte de Sauoye de son viuant. Pour vnider le different qui estoit entre cet Amé, & Thomas de Sauoye son frere aisné qui pretendoit que le Comte Philippes ne pouuoit appeller au Comté de Sauoye ledit Amé son frere à son exclusion suyuant la loy de succession establie en la maison de Sauoye; neantmoins quand ainsi seroit, il n'a iamais esté appellé Comte du viuant du Comte Philippes, pour preuue dequoy, il ne faut que quelques exemples, au titre d'Affranchissage des habitans du Pont de Vesle, fait par ledit Amé & ladite Sibille en l'an 1280. Amé se qualifié Amedeus de Sabaudiæ Dominus Baugiaci, & Sibilla eius vxor Domina dicta terra &c. de mesmes en vne concession faite par eux aux Chartreux de Mont-Merle en la mesme année; mais en l'an 1286. que Philippes Comte de Sauoye estoit mort, Amé se dit Comte de Sauoye, & chargea l'Aigle en ses armes, & en cette qualité traitta auec le Seigneur de Beaujeu, & Eleonor de Sauoye sa femme.

    Ce fut par le moyé de ce mariage que les Seigneuries de Baugé, & de Bresse entrerêt en la maison de Sauoye, ce qui aggrandit bien les Estats d'Amé 4. à la bien seance duquel elles estoient, car au lieu que la Riuiere d'Ains luy estoit frontiere, il l'a poussa iusqu'aux portes de Mascon, & de Lyon. Belle forest à creu que la Bresse fust desja vnie à la maison de Sauoye par le mariage d'Alix De Suze auec Humbert aux Blanchemains, mais son erreur vient qu'ayant leu les Autheurs qui ont escrit en latin auparauant luy, qui disent que cette Alix estoit fille Marchionis Segusiani, il à pris Segusiani pour Sebusiani, ou bien à
                                                               Estimé

eſtimé que c'eſtoit vn meſme peuple, veu que pluſieurs Geographes, ont appellé les Breſſans Seguſianos, quoy que veritablement la difference en ſoit grande ainſi que nous auons eſclaircy cy deſſus, & qu'en cet endroit *Marchio Seguſianus* doit eſtre entendu du Marquis de Suſe en Piemont: en paſſant il ne faut pas obmettre la faute, qu'ont fait Fuſtaillet, Bugnon, Cl. Paradin, Ant. Albiſſius, Vignier, & Merula, leſquels donnent à Sibille le titre, tantoſt de Comteſſe de Breſſe, tantoſt de Comteſſe de Baugé, d'autant qu'elle, n'y ſes Predeceſſeurs n'ont iamais porté le titre de Comtes; ains ſeulement de Sires de Baugé ainſi qu'il à deja eſté dit cy deuãt, Elias Reuſnerus, & Gabriel Michel de la Rochemaillet en ſon theatre Geographique & l'Autheur de la ſeconde Sauoyſienne, ont fait vne plus grande faute, quand ils ont appellé Sibille, Comteſſe de Bugey, Dame de Breſſe pour autant qu'elle eſtoit Dame de Baugé, & non pas de Bugey qui eſtoit deja en ce têps là vne Prouince ſeparée de la Breſſe, & du Patrimoine des Coſtes de Sauoye, l'affinité de ces deux noms Baugé & Bugey les a trompés, Ludouico della Chieſa en ſon hiſtoire de Piemont l'appelle fille du Comte de Beaujeu.

Tous ces *faicts* & Equiuoques eſclaircis, il reſte à parler des actions particulieres d'Amé, & de Sibille, non point que ie vueille entreprendre d'eſcrire au long la vie entiere de ce Prince & de ſes ſucceſſeurs, puis que Paradin, Pingon, VVanderburch, Ludouico de la Chieſa, & le P. Monod l'ont deja fait, mais comme en qualité de Mary de Sibille de Baugé & autrement, il à fait pluſieurs choſes qui regardent l'hiſtoire de Breſſe, & de Bugey, ie ſuis obligé de les particulariſer, racontant ſuccinctemét ce qui eſt de ſes autres actions, & c'eſt de cette façon que i'en vſeray en parlant par ordre de tous ſes ſucceſſeurs Seigneurs de Breſſe, & de Bugey; car mon deſſein n'eſt pas d'eſcrire preſentement l'hiſtoire de Sauoye, mais de remarquer principalement ce qui s'eſt paſſé ſous les Comtes, & Ducs de Sauoye concernant ces deux Prouinces pendant qu'elles ont eſté ſous leur domination me reſeruant d'en dire d'auãtage pour la gloire de cette Royale & Auguſte Maiſon, en l'Hiſtoire Genealogique de ce cette famille à laquelle ie trauaille.

Amé à eſté ſurnommé le Grand, à cauſe de ſes grandes vertus: il euſt preſque vne continuelle guerre auec le Dauphin de Viennois, le Comte de Geneue, & le Marquis de Montferrat, ſur leſquels il eut des notables aduantages, il reçeut en Sauoye l'Empereur Henry de Luxembourg, lequel il accompagna en ſon voyage d'Italie, & à ſon Couronnement dans la ville de Piſe aſſiſté de pluſieurs Seigneurs & Gentilshommes de Breſſe, & de Bugey, il fut par luy declaré Prince du S. Empire, c'eſt luy qui deffendit l'Iſle de Rhodes contre le Turc & qui ioignit à ſes eſtats les Villes d'Yurée & d'Aſt.

L'abbé du Miroir par lettres de l'an 1282.accorda à Sibille de Baugé participation aux prieres, & ſuffrages de ſon Monaſtere, tant pour ſon Salut, que de celuy de Thomas de Sauoye frere de ſon Mary. *Tit. de la chambre des Compt. de Saroye.*

Au moys de Nouembre 1286. en la Sale de S. Triuier en Dombes Amé, & Sibille traitterent auec Louys Seigneur de Beaujeu, & Eleonor de Sauoye ſa femme par l'entremiſe de l'Abbé de Sauigny, des pretentions que ladite Eleonor auoient en l'hoirie de Beatrix de Fliſc ou Fieſque ſa Mere, & de Boniface de Sauoye ſon frere, comme encor de l'hommage des terres que Louys de Beaujeu auoit en Bugey ſorties de la Maiſon de Sauoye auquel hommage le Seigneur de Beaujeu s'obliga, & ſes ſucceſſeurs. *Tit du Threſor de Beaujolou.*

Amé pretendant que la Baronnie de Coligny & la Seigneurie de Reuermont luy appartenoyent comme mouuantes de ſon fief en ſuite des conuentions faictes entre Robert Duc de Bourgogne, & Philippes Comte de Sauoye, leſquelles terres led. Duc Robert auoit eu par le traitté de Paix fait entre Humbert de la Tour Dauſin, ces deux Princes en compromirent à Bourg en Breſſe le lundy feſte de S. Martin d'hyuer 1286. au dire de Geoffroy de Clermont Doyen de Vienne & d'Hugues d'Arces Chanoyne d'Auignon à peine de mille marcs d'Argent.

Mais ce compromis n'euſt point d'effect, parce que ces deux Princes terminerent eux meſmes leur querelle, car Robert Duc de Bourgogne Sire du Reuermont fit vne conuention au moys d'Octobre de l'an 1289. auec ledit Comte de Sauoye comme mary de Sibille de Baugé Dame de Breſſe, par laquelle le Duc remit au Comte les Chaſteaux, & Seigneuries de Coligny, ſainct André en Reuermont, Treffort, S. Eſtienne du Bois, & Marbos auec leurs Chaſtellainies, & mandemens au proffit du Comte de Sauoye, de ſa Femme, & des enfans qui naiſtroient d'elle, & generalement tout ce qu'il poſſedoit en la Seigneurie du Reuermont, & de Coligny depuis l'eau appellée Ens contre la terre de Breſſe, & de Baugé en vertu du traitté fait auec Humbert Dauſin, & des ceſſions faites audit Duc par Ortho Comte de Bourgogne, & Simon Seigneur de Montbeliard à la reſerue toutefois des fiefs de Cuſeaux, de Guillaume du Meix, de Berald de Vaſſallieu, & d'Eurard de Motnay, & moyennant ſeize cent liures en fonds de terre que le Comte paya en la remiſe des Chaſteaux, & Seigneuries de Cuzery, Sagy, & Sauigny en Reuermont auec leurs appartenães eſtimées huict cent liures de rente, il reſte en ſeize mille liures Viennoiſes payées comptant. Outre quoy fut conueu entre eux que ſi le Dauſiné arriuoit au Duc de Bourgogne on aux ſiens en vertu de la ſubſtitution contenuë au traitté qu'il auoit fait auec le Dauſin, en ce cas il luy ſeroit permis de retirer la Seigneurie du Reuermont, & de Coligny pour la rendre au Dauſin, ou à ſes ſucceſſeurs, en reſtituant au Comte de Sauoye ce qu'il luy auoit baillé. Et de plus que le Duc ayderoit au Comte à recourrer la moitié de Coligny, du Val de Buenc & du Chaſteau de Colombiers, que le Dauſin eſtoit tenu de luy reſtituer, & qu'il feroit obſeruer leur traitté au Dauſin, & à la Dauſine Anne. Le titre qui contient ce traitté eſt ſellé des ſeaux du Duc, & de la Ducheſſe de Bourgogne, du Comte de Sauoye, & de Sibille ſa Femme, le ſeau delaquelle eſt d'vne femme debout tenant vne fleur en la main droite; Il eſt pareil à celuy de la Ducheſſe de Bourgogne fors que la robbe de celle cy eſt ſurſemée de fleurs de lys, en execution de ce traitté le Duc de Bourgogne eſcriuit à Girard de la Palu, & à Humbert de la Baume Cheualiers comme les principaux Seigneurs de la terre du Reuermont affin qu'ils reconnuſſent le Comte de Sauoye pour leur Seigneur, & luy rendiſſent les hommages deus, & parce que ces lettres ſont fort curieuſes ie les donne au lecteur. *Titres de la chambre des Comptes du Dauſiné.*

Robertus dux Burgundiæ, nobili viro dilecto fideli ſuo Domino Gerardo de Palude militi ſalutem, & ſynceram dilectionem vobis tenore preſentium, intimamus; quòd nos de Caſtro, & villa S. Andreæ, Caſtellania, & pertinentijs eorundem, & de Coloniaco & de tota terra Reuerſ Montis quam habuimus ex pace, & compoſitione quam fecimus cum Illuſtri viro Domino Humberto Dalſino Viennenſi, dominoque de Turre tradidimus *Idem.*

H &

& deliberauimus Illuſtri viro Domino Amedeo Comiti Sabaudiæ, & Domina Sy. Comitiſſa Sabaudiæ domine Bangiaci vxori eius ex cauſa permutationis inter nos, & eos facta, inde eſt quod vobis mandamus, & præcipimus quatenus iuramenta, fidelitates, & homagia quæ nobis feciſti, & ad quæ nobis tenemini memorato Comiti Sabaudiæ nomine ſuo, & Vxoris ſuæ prædictæ faciatæ. Obedientes in omnibus eidem tanquam nobis, ſibique ſeruitia, & vſagia debita impendentes, nos autem vos ſic faciendo de Iuramentis, fidelitatibus, & homagijs ad quæ nobis tenemini tenore præſentium abſoluimus, & quittamus, ſub harum noſtrarum teſtimonio litterarum datum & actum apud Trenorchium die Sabbati poſt feſtum Beati Michaelis Anno Domini 1189.

Robert Dux de Borgongne à Noble home, & ſon chier feal mon Sire Humbert de la Balma Cheualier & à tous ſes feaux per nom de la Seignorie de Cologné, de Trefort, de S. Eſteue, de S. Andrier, & de Marbo, & de l'autre terre den Reuermont Gemix & autrés quel qu'il ſoient ſalu, & veray amour. Sçauoir vos façons que nos tot le droit que nos auons en Cologné, en Trefort, en Marbo, en S. Eſteuen, & en S. Andrier, & en tote la terre d'ou Reuermont auons baillié, & donné à noble home, & noſtre chier Cuſin Monſeigneur Amé Comte de Sauoe & Seignour de Baugia & à ma Dame Sybile Dame de Baugia ſa feme per non d'eſchange fait entre nos & eux, porquoy nos vos mandons & commandons, que vos audi Comte des homages, Et des feances en quoy vos nos eſt és entenu reſpondois & luy faços les homages, & les feautés en quoy vos nos eſtés entenu, & facent ly les homages, & les feautés, nos volons que vos ſoés quitte des feauté, & des homages en quoy vous eſtes tenu à nos, & en cette maniere vos en quittons per ceſtes lettres en les queulx nos auons mis noſtre ſeel pendant en teſmoignage de Verroés, donnée à Tournues ſamedy apres feſte S. Michel l'an de noſtre Seigneur corant per mil ducens quatre vingis & nef.

Cependant le Daufin irrité de cét eſchange ſe mit en deuoir de renoueller la Guerre auec le Comte de Sauoye nonobſtant les precedens traittés faits entre eux, mais le Pape Clement V I I. qui tenoit le Tiltre de la Chambre des Comptes de Sauoye. ſiege en Auignon pour euiter à cela, s'intereſſa pour les accommoder en l'an 1292. & ordonna qu'ils ſeroyent iuger leurs differents par Iaques de Boczozel, Iean de Rauel, Aymard de Beaunoit, & Guy Alemand Cheualiers, & cependant qu'il y auroit trefue entre eux pour vn an. Ce qui fut iuré par l'Eueſque de Maurienne, Guichard Seigneur de Beaujeu Loys, de Sauoye Seigneur de Vaud, Aymard de Beaunoir, Iblet de Chalant, Humbert de Boczozel, Amé de Miribel & Hugues de Chandée Cheualiers pour le Comte de Sauoye, & par l'Abbé de S. Antoine de Viennois, Guy Seigneur de S. Triuier, Guygues Aleinand, Alemand du Puy & Iaquelin de Groſée Cheualiers pour le Daufin, & que s'il y auoit rupture de la Treve, le dômage ſeroit reparé au dire de Guigues Alemand, d'Aleman du Puy, d'Aymard de Beaunoir & d'Hugues de Chandée. La Treve finie & leurs difficultés n'eſtans pas terminées il y euſt nouueau traitté entre ces Princes par l'entremiſe d'Eſtienne Abbé de Sauigny, de Nicolas de Billens profeſſeur és Loix, de Rodolphe Seigneur d'Entremonts Cheualiers, de F. Aymon Abbé de S. Antoine de Viennois, de Guy Seigneur de S. Triuier, & d'Atthaud Seigneur de Roſſillon, & d'Annonay. Ce traitté contenant prorogation de trefues, iour & nuit, iuſques à ce que les Arbitres ſe contiendroient, peuſſent iuger Idem tous leurs differents, & reparer tous les dommages faits par la Guerre, ce qui fut iuré de la part dudit Daufin par ledit Abbé de S. Anthoine, les Seigneurs de ſainct Triuier, & de Roſſillon, & par Eſtienne de la Poype Cheualiers, & pour le Comte de Sauoye par l'Abbé de Sauigny, ledit de Billens, Le Seigneur d'Entremonts, & Hugues de Chandée Baillif de Viennois, ce qui fut ainſi conclu à Lyon le Ieudy deuant la feſte ſainct Marc l'Euangeliſte 1293.

Tit. de la Chambre des Comtes de Dauſiné. Il y euſt vn autre traitté fait en la Chapelle de l'Hoſpital de S. Iean entre Voyron, & Moyrenc en Dauſiné du 6. Iuin ſuyuant entre ledit Amé Comte de Sauoye, & ledit Humbert Daufin de Viennois touchant l'hommage des Baronnies de la Tour, & de Coligny, du Chaſteau de Bourgoin, du chemin qui va de la Bourdoire iuſques au Pont du Roſne, des Châteaux de Manbec, de Cheſeneure, de Paladru, & de Luys, de la garde d'Ynimont, & des Chaſteaux de S. Sorlin de Cuchet, & de Varey, par lequel le Comte quitte au Daufin tous les droits d'hommage, & de fidelité qu'il auoit és dites Baronnies de la Tour, & de Coligny, preſens Aymon Abbé de S. Anthoine de Viennois, Rodolphe Seigneur d'Entremonts, Ode Aleman Miſtral de Viennois, Guygues Aleman Seigneur de Valbonnois, Aleman du Puy Cheualier, & Faucon de Montchenu.

Idem Le voiſinage du Daufiné, & du Comté de Sauoye, & le meſlange de leurs terres leur ſuſcitoient tous les iours des nouuelles difficultés; car il ſe treuue encor vn traitté du 7. May 1304. fait entre ledit Amé Comte de Sauoye, & le ſuſdit Humbert Daufin de Viennois par l'entremiſe d'Amé Comte de Geneue, d'Anthoine de Clermont Seigneur de la Baſtie d'Albanois, & de Philippes Prohana Docteur és-loix Cheualiers de la part du Comte de Sauoye, & d'Humbert de Cholay Cheualier, Seigneur du Pont de Buringe, & d'Amblard de Beaumont pour le Daufin, par lequel il fut cônuenu. Que le traitté fait peu anparauant entre leurs Peres ſeroit obſerué, & qu'il y auroit paix entre eux, & leurs ſujets. Que le Comte remettroit au Daufin tout le droit qu'il auoit à Montluel à la reſerue du fief de Chaſtillon de Choutagne. Qu'il laiſſeroit encor au Daufin tout ce qu'il auoit à Girieu. Que ledit Comte, & le Seigneur de Beaujeu rendroient à Mayeul, & à Guillaume du Saix leur terre auec reparation des iniures à eux faites. Que le Comte feroit demolir la Baſtie de S. Iean de Vieu ſous Varcy, & en recompenſe, que le Daufin luy remetroit les Chaſteaux, & villages de ſainct Germain d'Amberieu, & des Alymes tout le long de la Riuiere d'Albarine, en ce non preiudice la Seigneurie de ſainct Mauris, & encor tous les hommages à luy remis par Robert Duc de Bourgogne, le Comte d'Auxerre, & le Seigneur de Beaujeu. Que ledit Comte mettroit entre les mains du Daufin, les Chaſteaux de Balon, & de Confort. Que le Daufin en recompenſe de la demolition du Chaſteau de Girieu donneroit au Comte des fonds, à Fontaines au mandement & en la terre de ſainct Simphorien, & en la terre du Seigneur de Chandieu des biens qui forent iadis au Seigneur de Montluel. Que le Pape decideroit la difficulté qui eſtoit entre eux pour l'hommage du Sire de Villars. Que le Daufin rendroit la Baſtie de Suze. Que le Comte rendroit au Daufin de Geneue tous ſes Chaſteaux. Que le Daufin ſe departiroit de l'hommage de Foucigny, & quitteroit tout le droit qu'il auoit à Meximieux, & au Bourg S. Chriſtophe. Que le Comte rendroit le Chaſteau de Monthous, & ceux du Sire de Villars. Et finalement que le Chaſteau des Alymes ſeroit rendu au Comte de de Geneue pour en ordonner ainſi qu'il verroit, preſens à ce traitté Amé de Roſſillon Seigneur du Bou-chage, Hugues du Chaſtellard Cheualiers & autres.

Il ſemble que la haine des Daufins; & des Comtes de Sauoye eſtoit hereditaire, car quoy qu'Amé euſt fait diuers traittés de paix auec Humbert Daufin de Viennois, & Sire de la Tour; neantmoins il ſuruint vne nouuelle matiere de brouillerie entre luy, & le Dauphin Iean fils, & heritier dudit Humbert, ſur ce que le Daufin luy detenoit le Chaſteau de Montreuel en Viennois auec ſon mandemant, le fief du Bouchage, la maiſon de S. Laurent nouuellement edifiée par le Daufin, & le Chaſteau de la Buyſſe.

Le Daufin Iean au contraire ſe plaignoit de ce que le Comte luy occupoit iniuſtement la Ville d'Am-bronay auec toute iuſtice, le fief de Villeneuue de Marc, & de la Palu, & tout ce qu'Aymar de Beaunoir te-noit es dits lieux de Villeneuue, & de la Palu qu'il diſoit eſtre du Daufiné, outre ce le fief du Seigneur de Chandieu, le Chaſteau, Ville, & mandement de S. Iean de Bornay en Viennois, le fief de Haut-Vil-lats au Dioceſe de Grenoble, la Baſtie de Montbriſſon au mandement d'Aualon, & le fief du Chaſteau & mandement d'Entremonts. Sur ces mutuelles pretentions il y euſt tranſaction paſſée entre eux par l'entremiſe de Bertrand Archeueſque de Tarantaiſe, & de Guillaume Eueſque de Grenoble, de Philip-pes de Sauoye Prince d'Achaye, & de Guygues Aléman Seigneur de Valbonnois par laquelle le Com-te euſt Ambronay (à la charge que s'il arriuoit quelque doubte entre les lieux d'Ambronay, S. Rambert, & Luyſandre, & ceux de ſainct Germain, & des Alymes, qu'il ſeroit terminé par des limites) ſainct Iean de Bournay, Maubec, Villeneuue de Marc, la Palu, & Dolomieu, Haut-Villars, la Buyſſe (dont le Cha-ſteau ſeroit de moly par le Daufin ſans iniure) l'Iſle de Ciers, & Entremonts à condition que le Comte donneroit à Rollet d'Entremonts frere d'Aymar, & d'Humbert pour le droit qu'il auoit au Chaſteau, & Seigneurie d'Entremonts cent vingtſix liures Viennoiſes monnoye de Sauoye de cens annüel mouüant de ſon fief, ou bien deux mille cinq cens liures Viennoiſes au choix de Rollet & de plus il fut dit que le Prieuré de Lémans dependant de l'Abbaye d'Ambronay ſeroit conferé à celuy que le Daufin nomme-roit. Le Dauphin de ſon coſté euſt par ce traitté le Chaſteau d'Entezieux, S. Laurent en Viennois, les fiefs de Meyſieu, & du Bouchage, & fut conuenu que le Comte demoliroit la Baſtie de Montbriſſon, & qu'il ne pourroit iamais baſtir fortereſſe au mademat d'Aualo du coſté des Molettes, Et que Guygues Aleman & Hugues de la Rochette Cheualiers ſeroiét arbitres du differét d'entre le Seigneur de Villars, & Iean de Barrio touchant l'occupation du Chaſteau, & mandement dudit Barrio faite par le Seigneur de Villars, ſur ledit Iean, auec reſerue au Comte de Sauoye, & au Daufin du droit qu'ils diſoient auoir en l'hommage du Sire de Villars, Il fut encor dit que les ſuſdites Seigneuries ſeroient limitées par Hugues de la Rochette, & Pierre François Cheualiers de la part du Comte de Sauoye, & de celle du Daufin par Hugues de Comiers, & Andreuet de .... Cheualiers. Que le tout ſeroit iuré par qua-rante Gentilshommes du Daufin & par quarante du Comte de Sauoye, Et finalement que les alliés du-dit Comte iureroient auſſi ladite paix dans deux mois, ſçauoir Pierre de Sauoye Archeueſque de Lyon Louys de Sauoye, Guichard Seigneur de Beaujeu, & le Sire de Villars, ce traitté fut fait en l'Egliſe de Villars le 10. Iuin 1314, preſens Guygues Aleman, Hugues de la Rochette, Humbert de Baux, Iean de Luyrieux, Humbert de Montbel, Berlion de Riuoire, & Pierre Mareſchal Cheualiers.

Cette paix ſi ſolemnelement Iurée, & cimentée par le mariage de Guillaume Comte de Geneue auec Agnes de Sauoye fille d'Amé IV. & de la Princeſſe Sybille, & par celuy du Seigneur de Foucigny auec Marie de Sauoye fille du meſme Almé, & de Marie de Brabat ſa troiſieſme, féme ne dura que deux ans, le ſujet de la rupture fut, que trois Religieux du Monaſtere d'Ambronay originaires de Daufiné, Ennemis de leur Abbé, le firent mourir & rendirét la Ville, au Daufin, le Côte Amé, aduerty de cela s'achemina auec des trouppes en Bugey, s'empara d'Ambronay, y eſtablit vn autre Abbé, à meſme temps le Daufin ſe mit en Campagne, & aſſiegea le Chaſteau de Mirebel en la Valbonne, entre Montluel & Lyon; Cepen-dant le Comte s'en vint à Bourg en Breſſe, d'où il eſtimoit d'aller ſecourir Mirebel, mais le Daufin l'euſt par compoſition par la laſcheté du Gouuerneur. Pour venger cette iniure le Comte aſſembla vne armée en laquelle l'hiſtoire remarque Louys de Sauoye Seigneur de Vaud, Philippes de Sauoye Prince de la Mo-rée, Pierre de Sauoye Archeueſque de Lyon, & des Alliés, le Duc d'Auſtriche gendre du Comte de Sa-uoye, le Comte d'Auxerre fils de ſa fille, Robert Duc de Bourgongne, Hugues de Bourgongne ſon fils & Guichard Seigneur de Beaujeu, auec toutes ces forces, il paſſa la Riuiere d'Ains, & alla mettre le Siege deuant la Ville de S. Germain d'Amberieu, laquelle eſtoit du Patrimoine du Daufin, & apres quelques iours de Siege, elle luy fut rendue, & le Bourg d'Amberieu enſuite, telle fut la fin de cette guerre ſuy-uie bien toſt de la mort du Daufin Iean.

Reuenant à la Comteſſe Sybille, elle fit ſon teſtament le Mardy en l'Octaue de la feſte ſainct Iean por- _Titr. de late Latine de l'an 1294. par lequel elle inſtitua ſon heritier vniuerſel en tous ſes biens Edoüard de Sauoye _Chambre desſon fils aïſné, & mourant ſans enfans, elle luy ſubſtitua Aymon de Sauoye ſon ſecond fils, & ſes en- _Comptes defans, laiſſant l'uſufruit de tous ſes biens au Comte Amé ſon Mary. Papyre Maſſon dit qu'elle deceda au _Sauoye.mois de Iuin de l'an 1295. Pingon au mois de Feurier 1294. Elias Reuſnerus en la maiſon de Saxe _In Stemmaterapporte ce decés en l'an 1335. mais l'Obituaire de l'Abbaye de Haute Combe en Sauoye, où elle giſt _witelehindi.auec Iean de Sauoye ſon ſecond fils, dit que ce fut 5. Kal. Iunij 1294. voicy les mots. *Anno Domini* 1294. *Kal. Iun. obijt Illuſtris, ac Clementiſſima Domina Sybilla Comitiſſa Sabaudia, & Domina Baugiaci filia quondam Domini Guydonis Domini Baugiaci; quondam Coniux Illuſtris, ac Magnifici viri Domini Ame-dei Comitis Sabaudia hic vnà cum Ioanne eius vltimo filo, Ipſa prid. Non Iun proximo ſequenti tumulati ani-ma eorum P. M. Domini R. I. P. I.* Les exécuteurs de ſon teſtament furent Ioſſerand Abbé d'Aïſnay ſon cou-ſin; Nicolas de Billens Docteur ès Loix Hugues Seigneur de Chandée, & Iean Flory ſon cha-pellain.

Ce meſme Autheur Reuſnerus a laiſſé par eſcrit que Sybille de Bangé apres le decés du Comte Amé, ſe remaria à Iean fils du Duc de Brabant, ce qui n'eſt pas vray puis que le Comte Amé luy ſuruéſquit. S. Iul, Bal liu. 3. des antiq. de Maſcon, & en ſon hiſt. de l'antiq. des Bourguignons liu. 1. chap. 31. & en ſes Meſlanges hiſtoriques pag. 350. en parle autrement, mais non pas mieux, car il dit qu'elle ſe

remaria

Liu.6.chap. 30.

remaria à Messire Philippe de Vienne Seigneur de Pagny, & luy porta en dot les Chastellainies de Lohans, Sagy, Cuzery S. Croix, Branges, & Montpaon quelonnomma dèslors nouuelle Bresse, & à present Bresse Chalonnoise, opinion qui a esté suyuie par Louys Gollut en ses memoires historiques de la Franche Comté de Bourgogne, laquelle pourtant n'est pas veritable, d'autant que Champier, Paradin, Pingon & autres historiens de Sauoye demeurent d'accord qu'Amé le grand eust encor deux femmes apres le decés de cette Sybille, l'vne Alix de la Tour, & l'autre Marie de Brabant de laquelle il eust six filles (VVanderburch dit qu'il n'eust que Marie de Brabant) ce qu'estant vray, la Comtesse Sybille n'a peu estre remariée puis que son mary luy auoit suruescu, Il se peut bien faire qu'vne fille de la maison, de Baugé soit Susanne, Simonne, ou Sybille ayt esté mariée auec ce Philippes de Vienne veu que ces deux Autheurs Baleure & Gollut disent en auoir veu des titres, mais que ce fut Sybille de Baugé femme d'Amé le grand Comte de Sauoye, c'est ce qui ne se peut accorder, Ce qui a trompé ces escriuains est, qu'és titres qu'ils ont veu, il y à simplement ces mots, S. de Baugiaco, & Baleure mesmes en quelques endroits n'a pas autrement exprimé cette fille que par S. de Baugé (& ainsi escriuoit on au temps passé) tellement que voyans en l'histoire de Sauoye vne Sybille dame de Baugé, & de Bresse femme d'Amé Comté de Sauoye, ils l'ont creu estre femme de ce Philippes de Vienne, quoy que de necessité il faille que ce soit vne autre Sybille, ou bien vne Simonne, Susanne, ou qui eust vn nom commençant par S, dequoy nous n'auons rien dit pour n'auoir pas connoissance de qui elle estoit fille, en effect les terres de Sagy, Cusery & Sauigny en Reuermont qui mesmes autheurs disent auoir esté portées en dot à Philippes de Vienne Seigneur de Pagny par le mariage de Sybille de Baugé, estoyent deja alienées & passées au pouuoir de Robert Duc de Bourgogne par le traitté fait entre luy & le Comte de Sauoye en l'an 1289. ainsi que nous auons dit cy dessus.

Quant au Comte Amé il mourut en Auignon en l'an 1323. & gist en l'Abbaye d'Haute Combe en Sauoye. De son mariage auec Sybille de Baugé sa premiere femme sortirent trois masles, & cinq filles, quoy que Ludouico della Chiesa en son histoire de Piemont ayt laissé par escrit qu'il n'eust que trois masles de ladite Sybille, & que les filles fussent du second lict.

I. Edouard de Sauoye duquel nous parlerons au chapitre suyuant,

I I. Aymon de Sauoye Seigneur de Baugé, de S. Triuier; de Pont de Vaux, d'Esnes, Asnieres, Marbos, sainct Martin le Chastel, Pont de Vesle; Chastillon, Foissia, Boissey, sainct Laurent & S. Germain d'Amberieu. Puis Comte de Sauoye dont nous donnerons l'eloge, apres celuy du Comte Edouard son frere aisné.

Pingon. Pingon.

I I I. Iean de Sauoye mort en Ieunesse, il gist à Haute Combe en Sauoye auec sa Mere,

I V. Bonne de Sauoye femme de Iean Daufin de Viennois, puis d'Hugues de Bourgogne frere d'Otthon Comte de Bourgogne.

V. Beatrix de Sauoye, promise en mariage à Guillaume fils d'Amé Comte de Geneue, ce mariage ne fut pas accomply, car elle eust pour mary le Duc de Clarence en Angleterre, apres le decés duquel elle espousa en l'an 1517. Henry Roy de Boheme, & de Pologne, elle decedan l'an 1330, VVanderburch la fait fille du troisiesme lit apres Paradin.

M.de S.Marthe liu.30. chap.11. Hist del Piemonte.

V I. Alienor, ou Leonor de Sauoye mariée auec Iean Comte de Forests en l'an 1291, puis auec Guillaume de Chalon Comte d'Auxerre, & de Tonnerre Seigneur de Montjay, & de sainct Agnan, elle mourut en l'an 1325. Ludouico della Chiesa ne fait point de mention de cette fille, non plus que de la seur Marguerite de Sauoye, laquelle il à toutesfois mise au rang des filles du Comte Amé I V, en son arbre de la maison de Sauoye.

Pingon.

V I I. Marguerite de Sauoye, accordée en mariage auec Iean Daufin, fils du Daufin Humbert, ce qui n'eust point d'effect, elle fut depuis mariée à Iean Marquis de Monferrat en l'an 1196.

V I I I. Agnes de Sauoye espouse de Guillaume Comte de Geneue, laquelle n'a pas esté connuë à Paradin, l'Obituaire de l'Abbaye d'Haute combe en Sauoye dit qu'elle gist auec Sybille de Baugé, & qu'elle mourut le quatriesme des Kal. d'Octobre 1322. cette fille à esté aussi inconnuë à Ludouico Della Chiesa en son hist. de Piemont, mais il l'a depuis adioustée à son Arbre de la maison de Sauoye.

Trophées de Brabantpag. 333.

De Marie de Brabant sa troisiesme femme fille de Iean Duc de Brabant & de Marguerite de Flandres le Comte Amé eust quatre filles.

I X. Marie de Sauoye femme, d'Hugues Daufin Seigneur de Foucigny.

X. Catherine de Sauoye alliée auec Leopold Duc d'Austriche.

X I. Blanche de Sauoye alliée auec Galeas Viscomte, Seigneur de Milan.

Hist.di Piemonte.

X I I. Ieanne de Sauoye laquelle eust pour mary Andronic Paleologue Empereur de Constantinople; Ludouico della Chiesa n'a point parlé d'elle,

EDOVARD COMTE DE SAVOYE XVII. SEIGNEVR de Bresse, & de Bugey.

CHAPITRE XL.

In Elog Duc. Sab.

IL nasquit au Chasteau de Baugé le 8. de Feurier 1281. selon Papyre Masson, Pingon dit que ce fut en l'an 1284. du viuant de son Pere, il n'auoit autre qualité que de Baron de Baugé, & de Coligny, & en ses seaux il portoit la Croix de Sauoye brisée d'vn Lambel de quatre pendans & au reuers le Lyon de Baugé, c'est luy qui apres le decés de Sybill e de Baugé sa mere, infenda ou consirma come Seigneur de Bresse la pluspart des iustices de ce Pays de l'Authorité d'Amé 4. so Pere.

Ce

Ce Prince fut liberal, & vaillant, & donna des preuues de son courage en l'an 1304.au voyage qu'il fit *Hist. de Sauoye.*
en France pour le Roy Philippes le Bel auquel il mena des trouppes contre les Flamans, & par lequel il *Histor. de France.*
fut fait Cheualier deuant la Bataille, il fut couronné Comte de Sauoye en l'an 1323. & à mesme temps
il eut guerre auec le Seigneur de Foucigny, Guillaume, & Amé Comtes de Geneue lesquels il deffit, l'vn
prés des Alinges, & l'autre au Mont du Mortier.

En l'an 1326. luy & Guichard Seigneur de Beaujeu compromirent auec le Daufin Guygues des diffe- *Tittre de la Chambre des Comptes de Sauoye.*
rens qu'ils auoient ensemble entre les mains de Philippes d'Aurillia Legat du Pape, à la charge qu'il pren-
droit l'aduis d'Anthoine de Clermont, & d'Amblard de Beaumont. Cheualiers, cet arbitre pronõça sur
leurs difficultés au mois de Septembre de la mesme année, & porte sa Sentence. Que la ville, Chasteau,
& Seigneurie de Montluel auec son mandement, ressort, hommages, & arrierefiefs appartiédroit au Daufin
comme ayant droit du Seigneur de Montluel. Que dans ladite Seigneurie de Montluel, & aux lieux ou le
Seigneur de Beaujeu, comme Seigneur de Miribel n'auoit rien par indiuis, le Dauphin auroit seul le
droit de Mareschaussée. Que le Seigneur de Beaujeu vseroit aussi du mesme droit és lieux de sa terre de
Miribel ou il seroit seul Seigneur. Qu'aux endroits ou le Daufin, & le Seigneur de Beaujeu seroient con-
seigneurs ledit droit leur appartiendroit par induis. Que les hommes demeurans à Montluel & à Miribel reconnoistroient respectiuement au Daufin, & au Seigneur de Beaujeu les redeuances à eux deuës.
Que le village de Rillieu pretendu en toute Iustice par le Daufin, & par le Seigneur de Beaujeu appartiédroit à l'Abbé, & au Monastere de l'Isle Barbe sans qu'ils y peussent pretédre droit de garde, ny de protection, ny sur les biens en dependens, que du consentement de l'Abbé & du Monastere. Que le lieu appellé de Malbuet de là le Rhosne seroit propre à l'aduenir par indiuis entre le Daufin, & le Seigneur de
Beaujeu. Que le Daufin auroit le Lac d'Elches, & le Seigneur de Beaujeu en recompense de la moytié
qu'il y auoit, auroit le lieu appellé Auancy. Que les traittez de Paix faits cy deuant entre les Seigneurs de
Beaujeu, & de Montluel par l'entremise dudit Comte de Sauoye, & d'Humbert sire de Thoire, & de Villars seroient entretenus. Le reste concerne les Isles, & Broteaux du Rhosne lesquels se deuoient partager
entre le Dauphin, & le Seigneur de Beaujeu, & iusques à ce demeureroient entre les mains de sa Saincteté. Et finalement qu'aux lieux communs, & indiuis entre eux, aucun d'eux ne pourroit faire bastir
forteresse. Et pour le particulier du Comte de Sauoye fut dit par le Legat, que le Chasteau de
Ioannage en Dauphiné luy demeureroit en toute Iustice, & au Daufin le port dessus le Rosne appellé
de la Bastie de Montluel.

Nonobstant ce traitté il suruint vne nouuelle matiere de Guerre entre luy, & le Daufin ; car le Comte
Edouard se voulant vanger d'Hugues de Geneue Seigneur d'Anthon, & de Varey qui auoit assisté le
Comte de Geneue son Ennemy, se resolut d'assieger le Chasteau de Varey en Bugey, & pour y paruenir
il fit assemblée de toutes ses trouppes à Bourg en Bresse, & de là alla mettre le siege deuant Varey, le Daufin
qui se voulut interesser à la conseruation d'Hugues de Geneue qui tenoit de luy en fiefs les Chasteaux
d'Anthon & de Varey vint en personne auec vne puissante armée pour faire leuer le siege de Varey ; ces
deux Princes se donnerent Bataille en la plaine de S. Iean de Vieu en l'an 1325. mais le Comte Edouard
y fut deffait, & les Principaux Seigneurs de son armée prins Prisonniers, entre autres Robert fils du Duc
de Bourgogne, le Comte d'Auxerre, & Guichard Seigneur de Beaujeu, & peu s'en falut que le Comte de
Sauoye ne fut du nombre, mais Guillaume de Boczezel Hugues son fils, & le Seigneur d'Entremonts
l'osterent d'entre les mains du Seigneur de Tournon, & d'Auberjon de Maleys qui l'auoient arresté, & l'a-
menerent au Chasteau du Pontdains, La vieille Chronique manuscrite de Sauoye en parle ainsi.

*Durant encore la bataille vint vn homme d'Armes du Daufin que l'en appelloit Auberjeon de Maleys qui
entre les autres choisit le Comte Edouard son Seigneur, & lepressa si estroitemēt qu'il fut son prisonnier, & afin qu'il
le peut plus seurement garder, luy & le Seigneur de Tournon le menent hors de l'Estour, passant par deuant
le Seigneur de Boczezel qui estoit ancien Cheualier, lequel cria à son fils, qui forment se combattoit, ha ! Hugue
l'en emmene Prisonnier le Comte Edouard son Seigneur, & le mien, tost tost apres luy, car ie suis Vieil, & feble,
& durement blessiés pourquoy n'y pourroye aller, à la parolle du Prodomme, messire Hugues de Boczezel se party de la melée, & prestement s'en alla apres ceux qui menoient le Comte prisonnier, rencontrant le Seigneur
d'Entremonts, l'y dist suiués moy hastiuement, car l'en emmene prisonnier nostre Seigneur, ils s'en allerent eux
deux, & trennerent le Seigneur de Tournon, & Auberjon de Maleys lez vn buisson qui deja vouloient oster le
bacinet au Comte, si frapperent de grand randon sur eux, si qu'ils occirent Auberjon de Maleys, & mirent le
Comte Edouard à cheual, & l'y firent passer le Pontdains, entant que le secourut le Comte Edouard, le Seigneur de Tournon cria au Seigneur du Sassonnage, secourés, secourés Messire Albert l'en nous oste le Comte de
Sauoye que nous auons pris, quand messire Albert du Sassonnage qui voloit grand bien au Comte onyt ces parolles, semblant fit de non les onyr, & se ficha en la bataille auec les siens, & le Seigneur d'Entremonts, & messire
Hugues de Boczezel s'en retournerent aussi en l'Estour ou ils demeurarent prisonniers.* Paradin, & les autres *Titres de la chambre des Comptes de Sauoye.*
historiens qui ont parlé de la Bastaille de Varey, disent bien que Guichard Sire de Beaujeu qui tenoit le
party du Comte Edouard fut prisonnier du Daufin, mais ils n'ont rien particularisé du traitté que ledit
Guichard fit auec le Daufin pour sa rançon quoy que fort necessaire pour la verité de ce Pais, ils traitterent doncq à S. Vallier le 24. Nouembre 1327. par l'entremise de Iean Comte de Forests, d'Aymar de
Poitiers fils aisné d'Aymar Comte de Valentinois, & de Diois. & de Guillaume de Beaujeufrere dudit Guichard, par laquelle transaction ledit Guichard remit au Daufin les Seigneuries, & Chasteaux de Meximieux, & du Bourg S. Christophle, & la directe de la grande ruë de Villars, de la maison de Loyes, & des
Poypes du Montelier, de Corsieu, & de Montjeu, & l'arrierefief de Chastillon de la Palu, & de Gordans que
luy denoit le Sire de Villars, en recompense de quoy le Dauphin consentit à sa deliurance & renuoya sans
rançon Hugues de Marzé, Angelin l'Anglois de Farges, & Girard de Chintré Cheualiers, qui auoient esté
pris prisonniers auec ledit Sire de Beaujeu, outre quoy ledit Guichard prit en fief du Daufin le Chasteau,
Bourg, & mandement de Miribel en toute Iustice qui luy estoit propre auparauant, & fut faicte confederation entre eux enuers tous, & contre tous, à la reserue de la part de Guichard de Beaujeu du Roy de France, de l'Eglise de Lyon, du Duc de Bourgogne, du Comte de Clermont, & des Abbés de l'Isle Barbe, &

H 3   de

de Cluny, & furent caution de la part dudit Guichard, Iean Comte de Forests, ledit Aymar de Poitiers fils, & Guillaume de Beaujeu, Aymé, & Louys de Poitiers, Hugues de Bressieux Seigneur de Virnille, Pierre de Rochefort, & lesdits de Farges & de Marzé. Et pour le Daufin, Henry Daufin Seigneur de Montauban, & de Meuillon, lesdits Comte de Forests, & Aymar de Poitiers, Humbert Seigneur de Thoire, & de Villars, & Humbert de Villars son fils, Guy de Grolée Seigneur de Neyrieu & Guichard Seigneur de Clerieu.

Du Chesne en l'histoire des Daufins, en la vie du Daufin Guygues V. du nom, dit que Guichard sire de Beaujeu apres auoir esté deliuré par le Daufin eust guerre auec luy laquelle fut terminée par vn accord de l'an 1327. en execution duquel Guichard pour reparation de ce qu'il auoit fauprisé le Comte de Sauoye contre le Daufin luy ceda les Chasteaux de Meximieux, & du Bourg S. Christophle auec quelques hommages & arrierefiefs, mais en cela il s'est trompé, parce que ce fut vne des clauses du traitté de sa desliurance, Or parce que ledit Seigneur de Beaujeu auoit relasché beaucoup de belles terres au Daufin pour cela il poursuiuit son dedommagement aupres du Comte de Sauoye pour lequel il auoit esté pris prisonnier à la Bataille de Varey, & entre eux fut conuenu le 29. Ianuier 1328. par l'entremise de l'Archeuesque de Lyon en la ville de Baugé, que le Comte de Sauoye luy bailleroit les Chasteaux de Coligny, & de Buenc & que Guichard de Beaujeu prendroit en fief de luy les Chasteaux, & Villes de Toissey, & de Lent en Dombes auec leurs dependences, en consideration dequoy le Comte payeroit au sire de Beaujeu quarante mille liures Viénois es presens, Guillaume de Beaujeu, Arnoul Seigneur d'Vrfé, Iean Seigneur de Franchelins, le Galois de la Baume Seigneur de VValefin, & Hugues du Chastelard Cheualiers.

Le Comte Edouard apres le malheur de la Bataille de Varey, s'addressa au Duc de Bourgogne son beau pere, & au Duc de Bretagne son gendre pour auoir des nouuelles forces pour tirer raison du Daufin & comme ce secours se negocioit à Paris il y mourut en l'an 1329.

Il auoit eu à femme Blanche de Bourgogne fille de Robert II, du nom Duc de Bourgogne, & d'Agnes de France laquelle il espousa le 27. Septembre 1307, & parceque par leur contrat de mariage il luy auoit promis six mille liures Viénois es de Doüaire en fonds de terre, Aymon Comte de Sauoye frere & successeur du Comte Edouard, luy remit en payement dudit douaire, la Seigneurie de Bresse consistant pour lors és Villes, Chasteaux, & Mandemens de Bourg, Treffort, Coligny, Iasseron, S. Estienne du Bois, S. Triuier, Pontdevaux, & Pontdeveyle. & outre cela la Seigneurie de S. Symphorien d'Auzon & la maison du Temple de Lyon, ce traitté fut fait en la ville de Bourg le 8. Feurier 1330. par l'entremise, de l'Aduis, & en presence de Iaques Euesque de Belley, de Louys de Sauoye Seigneur de Vaud, de Bugey & de Valromey, d'Estienne de la Baume le Galois sire de Valefin, de Girard Seigneur de Varax dit la Guespe & d'Aymé de la Chambre Cheualiers, & Conseillers du Comte de Sauoye.

Tiltre de la Chambre des Comptes de Sauoye.

Du Mariage du Comte Edouard, & de Blanche de Bourgogne ne sortit qu'vne fille appellée Ieanne de Sauoye, que la vieille Chronique de Sauoye manuscripte, Paradin, VVanderburch, & Argentré nomment mal Marguerite, elle fut espouse de Iean Duc de Bretagne, Comte de Richemont & Vicomte de Limoges. La Chronique de Bretagne de Pierre le Baud l'a fait fille d'Othon Comte de Sauoye, leur mariage fut celebré en l'Eglise de Chartres le 21. Mars 1329. cette Princesse pretendit le Comté de Sauoye, les Seigneuries de Bresse, & de Baugé, comme fille vnique du Comte Edouard, mais elle en fut excluse par la loy de la maison de Sauoye qui n'admet pas les filles à la succession. Argentré dit que le Duc de Bretagne traitta auec Aymon Comte de Sauoye de cette pretention; mais cela n'est pas veritable, car Ieane de Sauoye estant vefue de luy, & n'en ayant eu enfans, donna par Testament tous les droicts qu'elle auoit en la maison de Sauoye, & Seigneurie de Bresse, & de Baugé à Philippes Duc d'Orleans, Comte de Valois son cousin fils du Roy Philippes, & depuis le Roy au nom dudit Duc d'Orleans quitta toutes ces pretentions au Comte Verd par traitté fait à Chambery le 25. Feurier 1346. par lequel le Comte de Sauoye de l'adquis de Louys de Sauoye, Seigneur de Vaud de Bugey & de Valromey, & d'Amé Comte de Geneue ses Tuteurs, donna au Duc d'Orleans vint mille liures de rente sur le Thresor du Roy, la maison de Vincestre sus Gentilly, & le Chasteau de Milly en Auxois, ce que le Roy Philippes promit de faire ratifier au Duc de Normandie son fils aisné, au Duc de Bourgogne son frere, à Philippes de Bourgogne son Neueu, à Blanche de Bourgogne Comtesse de Sauoye, au Duc d'Orleans, & au Comte de Bar quand ils seroient en aage presens audit traitté, le Seigneur de Gramont, Aymard de Seyssel, Pierre de Montgela, Iacques de Clermont, Thibaud de Chastillon, Pierre de Montdragon, & les Seigneurs de Maubec, de la Chambre, d'Entremons, de S. Amour, de Miribel, & de Fromentes.

Hist. de Bretag liu 4. chap. 22. M. de S. Marthe. Du Chesne.

Ieanne de Sauoye mourut au Chasteau de Vincennes le 29. Iuin 1344. & non pas en l'an 1355. comme a voulu dire Pingon, & fut enterrée en l'Eglise des Cordeliers de Dijon.

Quant à Blanche de Bourgogne sa Mere, elle mourut à Dijon le 18. Iuillet 1348. & non point en l'an 1347. & à Paris ainsi que cite VVanderburch.

Du Chesne. Pingon.

AYMON COMTE DE SAVOYE XVIII. SEIGNEVR DE Bresse, & de Bugey.

CHAPITRE XLI.

Pingon.

LA pluspart des historiens qui ont parlé de ce Prince l'appellent Amé confondans Amé auec Aymon quoy que les noms soient differends, il vint au monde à Bourg en Bresse le 15. Decembre 1291. & succeda en l'an 1329 au Comté de Sauoye, Seigneuries de Bresse, & de Bugey au Comte Edouard son frere, nonobstant les pretentions de Ieanne de Sauoye Duchesse de Bretagne sa Niepce, il estoit en Auignon aupres du Pape Iean XXII. quand son frere Edouard mourut, ou il receut les Ambassadeurs de Sauoye qui l'amenerent à Chambery.

Cc

Ce prince euſt groſſe guerre auec Guygues Dauſin de Viennois, de laquelle les hiſtoriens de Sauoye ont remarqué quelques exploits, mais des motifs de cette guerre, ils n'en ont heu aucune connoiſſance. Le Roy Philippes s'entremit de les accommoder, & leur enuoya à cet effet Guillaume Flotte, & Guy de Cheuriers ſes Conſeillers, & Cheualiers pour connoiſtre de leurs differens, cette deputation toutesfois ne reuſſit pas, ce qui fut cauſe que le Roy deputa de nouueau Guillaume de Sure Chanoyne, & Archidiacre en l'Egliſe de Lyon, le Seneſchal de Beaucaire, & Guillaume de Villers Iuge des appellations de Tholoſe, auſquels ces deux Princes donnerent chaſcun leurs demandes, & plaintes dont les originaux ſe voyent encor aujourd'huy en la Chambre des Côptes de Dauſiné, du Cheſne les à tranſcrites és preuues de la Genealogie des Dauſins de Viennois, & parce que cette piece eſt curieuſe, & ſert beaucoup à l'eſclairciſſement de l'eſtat auquel eſtoient pour lors les Pays de Breſſe, & de Bugey, i'ay ingé à propos de la mettre icy entiere, `Pag.47.48. 49 & ſequ.`

CE SONT LES DEMANDES DV DAVFIN POVR ly, & ſes adherens contre le Comte de Sauoye.

L'An de grace M CCC & XXX. l'11. Iour d'Aouſt, aux nobles, & diſcrets hommes Monſieur Guillaume de Sure Archediacre de Lyon, & au Seneſchal de Beauquaire, & à Maiſtre Guillaume de Villers Iuge des appeaulx de Tholoſe Commiſſaires de tres excellent Prince Monſeigneur Philippes par la grace de Dieu Roy de France arbitre communellement eſten à plein poair, entre Monſieur Guygon Dauſin de Viennois d'vne part, & Monſieur Aymé Comte de Sauoye d'autre part furent baillées par la partie dudit Dauſin, les Requeſtes & demandes cy deſſou.

Premierement le Chaſtel de Geneue qui eſtoit du Comte Guillaume de Geneue, homme lige, & aidant du Dauſin lequel Chaſtel fu prins & deſtruis tantoſt emprés la mort du Dauſin Iean par force d'armes, le Dauſin qui ores eſt moindre de 14. ans demourant lors, hors du Pays auec le Roy Philippe noſtre Seigneur cui Dieus abſoille, & lequel Chaſtel eſtoit du Comte de Geneue qui tient au fief du Dauſin certaines choſei, mommées en ſa reconnoiſſance, & tout ce qu'il ne tient d'autre Seigneur. Item le Chaſtel de la Courbiere en Geneuois qui eſtoit à la main du Dauſin lequel ly Cuens Amieu de Sauoye print par force, & ly Cuens de Sauoye le tient, Item comme li dit Cuens de Sauoye ſans raiſon ayt deſſendue au Chaſtel de Geneue qui ores eſt fils dudit Comte Guillaume lige du Dauſin, qu'il ne le ſerue comme ſon Seigneur lige, & empeſché encor l'ayde de la Comtée de Geneue de laquelle ſe deuroit ayder lidiz Dauſin comme celle qui ſe tient de luy generallement, & ſpecialement les Chaſteaux qui s'enſuiuent c'eſt aſſauoir le Chaſtel de Gorſié, Chaſtel-Gailhart, le Borc d'Veu, la Balme, Chaumont, Ruinillien en Albanois, le Borc de la Roche, Aneſſieu, Cruſſillieu, Ternier, Clermont, & Chaſtel en Semine, & pluſieurs autres Chaſteaux du Comté de Geneue qui ſe tiennent dudit, Dauſin auec tous hommages, & maiſons de force qui ſont de ladite Comtée deſquelles choſes lidix Comte de Sanoye dit que ly Cuens de Geneue eſt ſes homs liges, & ſur ce empeſche ledit Dauſin, & l'y fait queſtion, & debat, demande ly Dauſins que ly queſtions, & debats, & les choſes deſſuſdics ſoient miſes en la main noſtre Seigneur le Roy, & puis adingées audit Dauſin par force de la ſubmiſſion faite audit noſtre Seigneur le Roy, cognen que lidis Cuens de Sauoye n'a nulle raiſon d'empeſcher ledit Dauſin és choſes deſſuſdites, Item le Chaſtel de S. Germain d'Amberieu auec aucunes choſes que ly Cuens de Sauoye tient de ſes appartenances que print Monſieur Amicus iadis Cuens de Sauoye emprés la mort du Dauſin Iean, lequel tient Monſieur Aymés Comte de Sauoye fils, & hoirs dudit Comte de Sauoye. Item le Bourc d'Amberieu que print à force d'Armes ly Comtes Amieu de Sauoye, & deſrocha, & deſtruiſant dommage au Dauſin, & ſes gens de deux cents mille ſlorins, & plus. Item le Chaſtel de Balon, & grand Confort, & autres Granges, & maiſons leſquelles ſont au mandemant de Balon, les priſt ly Cuens Edoarz de Sauoye qui mors eſt par force d'Armes & nouuellement qui eſtoient du Seigneur de Villarz homme lige, & aidant du Dauſin & les tient ly Comtes de Sauoye qui ores eſt, Idem la maiſon de Bezenains qui eſt du ſieu du Seigneur de Villars homme lige du Dauſin laquelle maiſon tient Monſieur Aymé Cuens de Sauoye, & la occupé n'a pas gram temps par force d'Armes, Item la terre, & la rente que les hoirs de Percinal de Bardoneſche homme lige du Dauſin ont à Suiſe, & en autres lieux en Sauoye par raiſon de la terre dudit Percinel, laquelle terre, & rente lidis Cuens de Sauoye, & ſes gens ont occupé puis la mort dudit Dauſin Iean en ça, & pluſieurs autres terres, & heritages des hommes du Dauſin qu'ils ont en Sauoye. Item la maiſon fort Monſieur Mahieu du Saix homme lige du Dauſin auec les appartenances de ladite maiſon, laquelle eſtant à la main, & à l'ayde du Dauſin ont aydié à prendre, & deſtruire les Gens Monſieur Aymé Comte de Sauoye qui maintenant eſt & les enfans dudit Monſieur Mahieu prins en icelle maiſon, en laquelle maiſon quant elle fu priſe furent mors puis qu'il furent pris XXIV. hommes, & la femme dudit Monſieur Mahieu fut naurée en telle maniere que des maues que elle priſt, elle mouru leſquels choſes ont eſté faites, puis la paix faite par noſtre Seigneur le Roy entre le Dauſin Guyguon, & le Cuens Odoart de Sauoye. Item comme li Cuens de Sauoye emprés la mort du Dauſin Iehan : empeſchant au Dauſin ſon chemin publique, par lequel ly Dauſin & ſes genciers ont accouſtumé, d'aller de Lagnieu vers Varey & vers Chaſtillon de Corneille qui ſont du Dauſiné, & Gencuois en faiſant foucés, & terraux grands au plan d'Ambronay, des Ambronay iuſques à la Riuiere d'Enz, en telle maniere que ly Dauſins ne autre ne peut paſſer librement ne à ſa volenté par ledit chemin, ainſi commé ſes deuanciers auoient accouſtumé de paſſer, demande ly Dauſins que leſdits foucés, terraulx, & la queſtion d'iceux ſoient mis en la main du Roy, & qu'il ſoit cogneu que les terraulx ſoient applané, & abbatu, & tourné en l'eſtat ou il eſtoient ainçois qu'ils fuſſent fait. Item le Chaſtel, & le lieu de Corcelles qui eſt de Guillermin du Saix homme, & aydant du Dauſin lequel ont aydié à prendre les gens au Comte de Sauoye puis ladite paix, & n'a eſté deſtruis, & encore tiennent le mandement, & ſes appartenances à force. Item la Ville-noue qui eſt és confins de Bourgogne qui eſt Monſieur Hugues de Geneue homme lige, & aydant du Dauſin, & à ly appartient par raiſon de ſa femme, laquelle ville nouuellement les gens dudit Monſieur Aymé Comte de Sauoye ont priſe par force d'armes, & tiennent le mandement, & les appartenances

Item

Item le Chaſtel de S. Martin du Freſne qui eſt du Seigneur de Villars, homme lige, & aydant du Dauſin lequel lidis Cuens de Sauoye qui ores eſt à pris par force noüuellement, & tient. Item la Baſtie de Corlieu qui eſt
dudit Seigneur de Villars laquelle à prins lidis Cuens de Sauoye par force orendroit & la tient Item lo Chaſtel de Monceulx en la terre de Foucigny lequel eſt de Imbert Dauſin frere aydant, & homme lige du Dauſin
lequel Chaſtel lidis Comtes Aymés de Sauoye orendroit tient, & à prins à formes d'Armes ſans deſſiament, &
ſans ce que lidiz Imberz luy euſt rien meſſait, liquel Humbers Dauſins ſelon ledit Comte de Sauoye, doit
tenir en ſieu d'Iceluy Comte vne partie de la terre de Faucigny nommée en ſes requeſtes, en laquelle partie eſt
lidiz Chaſteaux de Monceulz; pourquoy certainne choſe eſt que lidiz Chaſteaux doit eſtre mis en la main
noſtre Seigneur le Roy, & que lidiz Cuens de Sauoye à perdu tout le droit qu'il auoit contre ledit Imbert en
la terre de Faucigny deſſuſdite; Car qui offence le Vaſſal ſi Vaſſaux eſt en ſes forces, & en les choſes du ſieu ſans
cauſe cogneue, pert ſon droit, & ſa Seigneurie, & pour ce noſtre Seigneur le Roy doit, auoir en ſa main ledit Chaſtel, & inger ledit Comte de Sauoye auoit perdu tout le droit qu'il porroit auoir contre ledit Vmbert en
ladite terre de Foucigny. Item le Chaſtel de la Pierre en Greſſeuoudan lequel tenoit en paix, & puis que paix
fu pronunciée par ledit noſtre Seigneur le Roy entre le Dauphin, & le Comte Edouard de Sauoye, los Gens
dudit Comte de Sauoye l'ont pris à force d'Armes & encore le tient lidiz Cuens de Sauoye; nonobſtant ce que
lediz Chaſteaux fut eſté mis en la main du Roy autrefois, & encore non eſtoit ouſtée. Item le Chaſtel de Geonnages en Viennois lequel lidiz Dauſins auoit aſſiegé en deſſendant ſoy dudit Comte de Sauoye Aymé en de-
ſtourbant qu'il ne ly offendit en la terre de Foucigny n'y autre part, & pour ce qu'il ſe oſtat du Siege de Monceulx qu'il auoit aſſiegé, lequel Chaſtel de Geonnages euſt prins ly Dauſins ſine iuſt la doffence du Roy noſtre
Seigneur, liquiex le mit à ſa main, & le fit prendre en ſon nom par le Mar. Bertrant, & le Seneſchal de Beaucaire, & promit audit Dauſin ledit Chaſtel tenir à ſa main iuſque à tant qu'il en euſt fait raiſon. Item le Chaſtel de Bordex en Sauoye, & ſes appartenancès liquel eſt du fief Aynardet de Bellecombe homme lige, &
aydant du Dauſin, & ly eſt commis pour ce que ly Sire d'Aix qui le tient ne ly à reconneu le ſieu, & ly Cuens de
Sauoye par force empeſche touz-jours ledit Aynardet qu'il n'en vſe de ſon droit à recouurer ledit Chaſtel. Item
le Chaſtel, & la Ville de Tolnon, & de Veyron en la Diocese de Grenoble qui appartienent au Dauſin dequoy
il ſera foy & deſquels à eſté contentious & debaz entre eulx. Item le Chaſtel de Septeine en Viennois auec ſes
appartenances eſquelles appartenances eſt fundé ly Chaſteaux de S. Iorges d'Eſperanchu, lequel tient ly Cuens
de Sauoye, & appartient audit Dauſin deſquels à coſté contentious & debaz entre eulx. Item la Ville, & le lieu
d'Ambronay auec ſes appartenances que tien lidiz Cuens de Sauoye, & appartient au Dauſin. Item Malbec,
& le fief dudit lieu auec ſes appartenances, & l'hommage du Seigneur de Malbec, ſpecialement le chaſtel de
Cheſenone, le Chaſtel de S. Aubuin, & les appartenances, & toutes ſes autres choſes que y appartenoient au
temps paſſé au Chaſtel de Malbec. Item la Ville noue den Marc, & le fié de la Palu, & tout ce que Monſieur
Aymar de Beauuoir tenoit, & poſſedoit eſdits lieux, & és appartenances, leſquelles appartiennent au Dauſin, & ſont occupées par le Comte de Sauoye. Item la maiſon de Dolemien, & les appartenances qui ſont du fié
au Dauſin leſquiex ly Comte de Sauoye à pris, & tient à ſa main. Item le Chaſtel, & la Ville de S. Iean de
Bournay, & ſes, appartenancs qui ſont au Dauſin, & ly Cuens de Sauoye les à occupez, & tient, Item le fief
de Haut-Villar en Greiſſuaudan. Item les Chaſteaux, Ville, & appartenances d'Entremontz en la diocese de
Grenoble qui ſont du Dauſin, & ly Cuens de Sauoye les à prins, & occupés par force. Item l'Iſle de Ciers auec
ſes appartenances que lidiz Cuens de Sauoye à occupé & tient qui ſont dudit Dauſin, & de ſon fié, & de ſa
Iuriſdiction des l'eau Correat Rieſſac d'Oreſt & ladite Iſle deſſus vers S. Genies. Item le Chaſtel de Verſoy deſſus Geneue auec ſes appartenances liquiex appartient au Dauſin. Item le fié de Chaſtillon de Michaille qui
ſont, & doiuent eſtre du fié au Dauſin, & li Cuens de Sauoye les à occupés. Item la Cluſe en Geneuois. Item
la maiſon de la Rauette qui eſtoit à Rogemont qui eſtoit du fié au Dauſin qui il ont abbatue.

CE SONT LES LIEVX LESQVIES LY CVENS
de Sauoye demande pour ly, & ſes Aydans eſtre rendus par le
Dauſin, leſquiex appartiennent tant à luy comme à
ſes aydans par le bon droit.

Premierement le Chaſtel de Montluel, le Bourc, & les appartenances liquel eſtoient du fié dudit Comte,
& ly ſont commis par bonnes cauſes euidens. Item le Chaſtel, & le mandemant de Girieu liquieux fut pris, &
deſrochiez par les gens du Dauſin durant les trieues de la Royne Iohanne que Dieux abſolle, & demande ſix
mille liures de petits tournois leſquiex eſtoient ordonnées contre celuy qui briſeroit les trieues. Item le fié de Villars que tient ly Sires du dudit Comte, c'eſt aſſauoir Villars, Mornay, Montdidier, & Verſoy, &
pluſieurs autres appédices deſdiz fiez, liquiex ſont aquis audit Comte par bonnes cauſes euidens. Item le Borc,
& le mandemant de Gordans qui eſtoit du fié audit Comte, & les tient Monſieur Hugue de Geneue, & ſont
commis audit Comte par bonnes cauſes euidens. Item Vaſſilhieu, le chaſtel, & le mandemant leſquieux à occupé le Sire de Villars, & liquel appartienent par bon droit au fil Monſieur Odde de Chandeya homme lige
dudit Côte. Item le Chaſtel, & mandemant de Varey liquel doiuent eſtre aydans audit Dauſin par connenan-
ces faites par le Comte Amey de Geneue iadiz, & l'en à fait le contraire dudit Chaſtel Item la Baſtie de Suy-
ſe laquelle eſt dudit Comte, & la occupée le Dauſins Item la maiſon qui fu Monſieur Ioſerant de Vaugreinoſe
laquelle à priſe, & occupée ly Sire de Villars en temps de trieue. Item vne partie de la terre de Faucigny, le
Chaſtel, & la Ville de Bonne Ville, le Chaſtel, & la Ville de Bonne, le Chaſtel, & le Borc de Buſlins, le
Chaſtel de Chaſtelet, de Coodiu, le Chaſtel & le Borc d'Alinges le Viel, & le Chaſtel, & la Ville de Hermance
& les mandemens, & appartenances deſditz lieux, & generalement tonte la terre qui ly Sire de Faucigny
tient de l'eau de Gyeſſre en Aual leſquiex choſes eſtoient du fié dudit Comte, & ſont commis audit Comte Comte par bonnes cauſes euidens. Item le fié du Seigneur de Gex, & le fié de Copet liquel ſont commis audit Comte par bonnes cauſes euidens ainſi comme deſſus. Item le fié de Charnay qui fu pris
du

du Daufin en fié liquieux eſtoit deuant, eſtre encores du fié dudit Comte. Item la iuriſdiction de S. Lorent en
Viennois laquelle appartient audit Comte. Item demande lidiz Cuens eſtre rendu au Sire de Beaujeu ſon aydant
les Chaſteaux, leurs fiez, & rereſiez deſſous eſcrips, leſquinx euſt ly Daufins à moins de droit pour la deliurance du Seigneur de Beaujeu. Premierement, le Chaſtel, ville & mandement de Meximieux & du Bourg
S.Chriſtophe, le fié de Denie, le Bourc de Villars deuers l'Egliſe dudit lieu Item le fié du Chaſtel, & du Bourc de
Loes, le fié de Montouz en Breſſe, le fié de Montuillier, le fié de Corzié, le rereſié de Chaſtillon de la Palu,
le rereſié de la maiſon de Inis, le rereſié de S. Oline, le fié de la moitié de Beauregart, & de Cinquante liures
de terres au plus prés le fié du Chaſtel de Gordans, la garde de la Priové de Neo, le rereſié de Monſieur Pierre
Breſſent. Item demande li Cuens eſtre rendu incontinent à Madame Marie de Sauoye ſa ſuor femme iadix
Monſieur Hugne Daufin Seigneur de Faucigny le douaire à elle aſſigné par ledit Monſieur Hugues, en certains
Chaſteaux, villes, ſeux, rentes, choſes, & biens, & promis, Iurés, & pleigez par le Daufin Iehan pere du Daufin
qui ores eſt, & de Vmbert ſon frere, & puis par Monſieur Henry Daufin regent adoncques le Daufiné, & le
mariage de ladite Marie deſquieux eſt appareillez de faire foy par publiques inſtrumens, lettres, & loyaux do-
cumens, & les mariage, & dovaire à promis, & iuré li Daufins rendre à ladite Madame Marie dez maintenant
qu'elle en fera foy. Item demande lidiz Cuens en ſon nom en la terre de Faucigny le Pont de Buringe, liquieux
eſtoit de ſon fié, & li eſt commis par bones cauſes puis ladite paix en ça. Item tou les fiés lequel ſe tiennent
du Seigneur de Faucigny dés la ville de Seyſſel iuſques à Fribourg leſquieux tenoit le ſire de Faucigny en fié dudit Côte, & li ſont commis par bones cauſes puis la paix. Item le fié de Vains, & de Gions leſquieux tenoit li ſire
d'Anton du fié lige dudit Comte, & maintenant les tient Monſieur Hugue de Geneue aydant du Daufin, &
ſont commis audit Comte par bonnes cauſes puis ladite paix. Item le fié du Mornay, & le rereſié de Voloigué,
& la maiſon de Montdidier qui fu de Monſieur Hugón Chambu. Item le fié, & la maiſon Monſieur Pierre de
Vaugrenieuſe leſquieux tenoit, & tient li ſire de Villars aydant dudit Daufin du fié dudit Comte, & ſont commis par bonnes cauſes puis ladite paix. Item les biens Amedé de la Balme homme lige dudit Comte leſquieux
tient occupés li ſire de Villars pour la guerre dudit Comte. Item le fié de Verſay que tient le ſire de Villars eſt
commis par bonnes cauſes puis ladite paix. Item les rentes, & diſmes de l'Egliſe d'Ambronay
qui tient occupez li Daufin, & ſes gens pour la guerre dudit Comte leſquieux furent prononcez eſtre miſes à la
main le Roy par Monſieur Guilliaume Flotte, & Monſieur Guy Cheuriers commiſſaires du Roy Monſeigneur.
Item Gordans, & les appartenances de Gordans leſquieux ſont de l'heritage de la Dame de Richemont, ou de ſa
fille bonnes fames dudit Comte leſquieux a occupé, & tient Monſieur Hugues de Geneue. Item le dommage donné par les gens au Daufin en la deſtruction de la ville de Montmelian lequiex dommage monte plus quatre
tans, que le dommage du Bourc d'Amberieu. Et les choſes deſſus eſcrites lures lidiz Comtes à luy appartien-
rant par ſoy comme par ſes adherens, aydans, & ſubjez ainſi comme deſſus eſt dit, & demande qu'elles ſoient
miſes à la main du Roy noſtre Seigneur, ſelon la forme de la ſubmiſſion, & del'Ordonance du Roy, & celles miſes demande lidiz Cuens eſtre adiugiés, & rendues par le Roy noſtre Seigneur dudit Comte, & à ſes adherans, aydans, & ſubjez ainſi comme deſſus eſt dit par le meilleur maniere que elles leur peuent appartenir, & des cauſes par leſquelles ces choſes deſſuſdites appartiennent tant audit Comte, comme à ſes adhérans, aydans, & ſubjez
lidiz Cuens eſt appareillez de faire foy toutefois qu'il plera au Roy noſtre Seigneur, & autrefois en à il fait foy
par Monſieur Guillaume Flotte, & Monſieur Guy Cheuriers, & Conſeillers du Roy notre Seigneur Commiſaires deputés par luy ſu le fait du Comte, & du Daufin.

Cependant la guerre ne laiſſa pas de s'allumer entre ces deux Princes par la priſe, & repriſe du Chaſteau de Monthous, & par le ſiege de la Perriere, ou le Daufin Guygues fut tué.

Le Comte Aymon tranſigea au mois de Septembre 1332. auec Iean de Saligny Eueſque de Maſcon, Titre de l'E.
gliſe de Maſ-
con. & par le traitté, il fut conuenu que le Comte feroit hommage à l'Eueſque, de qu'il tenoit en fief de luy;
que la Iuſtice, & la garde de S. Romain auec les droits demeureroit indiuiſe entre eux, à la charge
qu'en temps de guerre, le Chaſteau de S. Romain ſeroit gardé ſucceſſiuement par les Chaſtelains de Romenay, & de S. Triuier) Que l'Eueſque auroit toute Iuſtice ſur ſes hommes du Village de Sermoyé:
que les Seigneuries de Romenay, de S. Triuier, & du Pontdevaux ſeroient limitées par Renaud de Virizet pour l'Eueſque; Iean Seigneur de Feillens pour le Comte, & par vn tiers qui ſeroit Girard Seigneur
de Varax dit la Gueſpe; que l'Eueſque auroit auſſi toute Iuſtice és villages d'Auites, de Reſſouſe, & de
la Fayole, à condition que le Comte les pourroit rachepter en donnant des fonds equiualens, & que le
traitté ſeroit ratifié par Blanche de Bourgogne doüairiere de S. Triuier, & du Pontdevaux, & aggré
par le Roy de France, ce fut vne ſuite des differens que le Comte Aymon auoit eu peu de temps auparauant auec Nicolàs Eueſque de Maſcon qui l'obligerent de ſe mettre ſous la protection du Roy Charles le In Epiſt.ma-
ſiſe.in Nicol.
Bel dont Seuert à eu connoiſſance.

Il ſemble que la haine ayt eſté hereditaire entre les Daufinois, & les Sauoyſiens; car la mort du Daufin § 4.
Titre de la
Chambre des
Comptes de
Daufiné. Guygues fut ſuyuie de la guerre preſque continuelle entre ces deux Eſtats Pour y'arreſter Philippes de Sauoye Prince d'Achaye Beatrix Dame d'Arlay, Catherine de Viennois femme dudit Philippes de Sauoye.
G. Archeueſque de Bruduſe, Rodolphe de Montbel Abbé de S. Michel de la Cluſe, Anthoine de Cler-
mont Seigneur de la Baſtie, Philippes Prohana, & Humbert de Cholay Cheualiers firent trefues entre
eux le 22.May 1334.preſens Iean Seigneur de Corgenon, Girard Seigneur de Varax dit la Gueſpe, Galois
de la Baume Seigneur de Valeſin, & de Montreuel, Hugues de Feillens, & Humbert de Langes Cheualiers, tandis que le Roy Philippes moyennoit vne Paix dans la ville de Lyon, laquelle fut arreſté le 27.
May 1334. Les entremetteurs furent, ſçauoir de la part du Comte de Sauoye, Amé Comte de Geneue,
Anthoine de Clermont Seigneur de la Baſtie d'Albanois, & Philippe Prohana Cheualiers; & pour Humbert Daufin, Humbert de Cholay Seigneur du Pont de Buringes, & Amblard Seigneur de Beaumont. Pa- Hiſt. de Sau.
l. 1.cap. 143
radin qui à eu lumiere de ce traitté de Paix, ne nomme pour Entremetteurs que le Comte de Geneue,
Philippes Prohana (qu'il appelle mal Philippes de Prouence.) Anthoine de Clermont, & le Seigneur de
Beaumont qu'il nomme Humbert; & lequel Ludouico della Chieſa appelle mal Amblard de la Combe Hiſt. de Piemonte.
Docteur és Loix. Ce traitté de paix porte que ces deux Princes ratifient l'accord du 10. Iuin 1314. duquel nous auons parlé cy denant. Qu le Comte cede au Daufin tout le droit qu'il auoit ſur les Seigneu-

I ries

ries de Montluel, & de la Valbone à la reserue des fiefs de Chastillon en Choutagne, & de Girieu, & de ceux deus par Mayeul; & Guillaume du Saix. Que le Comte feroit démolir le fort de S. Iean de Vieu, que luy, & le Seigneur de Beaujeu rendroient à Guillaume du Saix sa terre. Qu'Amé rendroit au Daufin le Chasteau de Motous, ensemble tous les Chasteaux qu'il auoit pris sur le Comte de Geneue, & au Daufin tout ce qu'il tenoit en Faucigny auec les fiefs de Meximieux, & du Bourg S. Christophle, moyennant toutefois la somme de Cinquante mille liures que le Daufin luy deuoit payer, outre quoy le Daufin quitta au Comte la ville & Chasteau de S. Germain d'Amberieu, la Seigneurie des Alymes, & les fiefs de Balon, & de Grand Confort. Quant au fief de Villars, & de Beauregard pretendu par le Sire de Beaujeu, & qu'il auoit cedé au Daufin pour sa rançon apres la Bataille de Varey, il fut couuenu que le Pape en seroit l'arbitre. Cette paix n'ayant gueres duré, & la guerre s'estant renouuellée entre ces deux Princes, ils firent vn autre traitté de paix qui fut arresté le 7. Nouembre 1335. qui ne contient autre chose, qu'vne promesse d'obseruer celuy de l'an 1334. auec cette difference pourtant qu'en celuy cy on donna des cautions qui furent Bertrand de Baux Comte de Montescayoso, Amé Comte de Geneue, Hugues de Geneue Seigneur d'Anthon, Humbert fils du Sire de Villars, & Girard de Rossillon Seigneur d'Anjou en Daufiné.

Titr. de la chambre des Comptes de Sauoye.

Depuis estans suruenuës quelques difficultés, entre les Officiers du Daufin, & du Comte de Sauoye pour les limites de leurs Iustices és Montagnes qui sont entre les Chasteaux de Rossillon, de Luys, sainct André de Briord, & sainct Sorlin en Bugey; le Comte de Sauoye deputa le 18. Octobre 1336. Anthoine de Clermont, Iaques de Richelin Cheualiers, l'Official de Belley, & Pierre de Rauays Iuge de Sauoye, & le Daufin nomma Guygues de Grolée, Amé de Rossillon, Nicolas Constant Cheualiers, & Amblard de Beaumont Docteur és loix pour limiter lesdites Iustices.

Idem.

Nous auons dit cy dessus, que le Comte Edoüard en l'an 1328. fit vn traitté auec Guichard Seigneur de Beaujeu pour le desdommager de la rançon qu'il auoit esté contraint de payer au Daufin pour auoir esté pris prisonnier à la Bataille de Varey tenant le party du Comte de Sauoye. Or pour executer ce traitté de poinct en poinct, Aymon Comte de Sauoye, & Edoüard Seigneur de Beaujeu par contrat datté en l'Abbaye d'Ambronay le 5. Iuillet 1337. firent des paches, & conuentions par lesquelles le Comte de Sauoye se departit entierement en faueur dudit Edoüard des Villes, Chasteaux, & Seigneuries de Toissey, Lent, de Buenc, & de Coligny, auec Iustice haute, moyenne, & basse sans y rien retenir, n'y reseruer, à la charge que le Seigneur de Beaujeu, & ses successeurs les tiendroient en fief de luy, en feroient hommage, & seroient tenus de l'assister en guerre, outre quoy le Comte de Sauoye donna audit Edoüard les quarente mille liures Viennoises promises, auec reserue neanmoins faite par le Seigneur de Beaujeu, de la fidelité par luy deuë au Roy de France, au Duc de Bourgogne, au Duc de Bourbonnois, à l'Archeuesque de Lyon, & aux Abbés de Cluny, & de l'Isle Barbe, & par le Comte de Sauoye que l'hommage auquel le Seigneur de Beaujeu s'obligeoit enuers luy pour lesdites Seigneuries seroit tel que celuy pour Louys de Sauoye Seigneur de Vaud, Iaques de Sauoye Seigneur de Piemont, & le Comte de Geneue debuoient à la Couronne de Sauoye, en consideration de toutes lesquelles choses, le Seigneur de Beaujeu quitta audit Comte de Sauoye tout le droit qu'il pouuoit auoir sur les Chasteaux, & Seigneuries du Bourg S. Christophle: & fief de Villars, comme aussi sur le Chasteau de Beauregard sur Saone, se reseruant toutesfois le droit de fief qu'il auoit sur le Chasteau, & Seigneurie de Gordans, presens audit traitté Iacques Euesque de Belley, Amé Comte de Geneue, les Abbés d'Ambronay, & de S. Sulpis, Iean Seigneur de Corgenon, Iean de la Baulme Seigneur de Fromentes, Hugues Seigneur de Gramont, Anthoine de Clermont Seigneur de la Bastie d'Albanois, Hugues de Marzé, Philippes de Chazayard, Iaques de Richarme, Pierre de Compeys, Tiburce de Septain, & l'Osserand de Laye Cheualiers. Et parce que toutes les quarente mille liures Viennoises portées par ce traitté, ne furent pas dessiurées reellement audit Seigneur de Beaujeu quelque confession qu'il en eust faite, le mesme Iour par deuant les mesmes tesmoins, il y eust vne conuention par laquelle le Comte de Sauoye pour ce qui estoit du reste de ladite somme, luy donna quelques hypotheques, & pour Cautions, Amé Comte de Geneue, & Iean de la Baulme Seigneur de Fromentes, Hugues Seigneur de Gramont, Anthoine de Clermont Seigneur de la Bastie d'Albanois, Verruquier de la Baulme, & Pierre de Rogemont dit le Veau Cheualiers, Aymonet de Pontuerre, Iaquemet Prost de Virieu, Peronin d'Estrés, & Estienne de Lambert Damoiseaux, ils traitterent encor par ce mesme Contrat du payement de cinq mille liures tournoises que le Comte de Sauoye auoit promis au Daufin de payer au Seigneur de Beaujeu pour le fief qu'il auoit quitté au Sire de Villars, plus d'vn depost de cinq mille & deux cents liures qui auoit esté fait entre les mains de Guichard Seigneur de Beaujeu par Iean Comte de Forestz au profit du Comte Edouard. Finalement du prix de la vente faite par ledit Guichard de Beaujeu au Roy de France de la maison, & Seigneurie du Plessis appartenante audit Comte Edouard.

Idem.

Titr. de la Chambre des Comptes de Sauoye.

Ce Prince fit vn traitté auec le Pape Benoist XII. le 6. Avril 1339. par le ministere d'Anthoine de Clermont Seigneur de la Bastie d'Albanois, de Guillaume de Chastillon Seigneur de la Ringe, Cheualiers, & de Iean Bertrand Preuost d'Ayre ses Ambassadeurs, par lequel moyennant cent cinquante mil florins d'Or, il fut conuenu que le Comte de Sauoye reconnoistroit en fief de sa Saincteté, & de la S. Eglise Romaine, toutes les Villes, Chasteaux, & Seigneuries qu'il auoit & tenoit allodialement és Baronnies de Viennois, Noualese, Bresse, Baugé, & Coligny auec leurs territoires mandements, & Iustices. Qu'à cause dudit hommage le Comte seroit tenu de seruir sa Saincteté vn moys de Chasque année auec cent Gentilhommes. Que le Comte ne pourroit point faire de Ligue ou d'alliance auec les Ennemys de l'Eglise. Qu'à la promotion du Pape, le Comte seroit obligé de se trouuer auec quarante Cheualiers, & Qu'au iour de son exaltation, il donneroit à sa Saincteté vn Cheual blanc couuert des Armes de l'Eglise, & que ce iour là il seruiroit sa Saincteté à table, & conduiroit le Pape par le frein du Cheual sinon qu'il y eust des Roys pour le conduire, que s'il ne s'y treunoit qu'vn Roy present, que le Comte de Sauoye ou le Daufin conduiroient sa Saincteté de l'autre costé, & si le Comte & le Daufin s'y treunoient tous deux en ce cas le Pape prefereroit le plus Ancien d'eux au plus Ieune; mais on ne void point si ce traitté fut executé.

Aymon

Aymon Comte de Sauoye mourut au Chasteau de Montmelian en Sauoye le 24. Iuin 1343. & fut Enterré en l'Abbaye d'Haute Combe en vne chappelle magnifique qu'il auoit fait construire , il fonda le Couuent des Religieux de sainct Dominique de Montmelian, & la Chappelle du Chasteau de Chambery, c'est luy qui ayant esté attaint d'vne grieve maladie , & n'ayant peu recontrer du soulagement par le secours humain , se voüa à sainct Claude en Comté ou estant allé, & n'ayant esté guery, il se voüa encor à l'Eglise Nostre Dame de la Ville de Bourg ou il alla la veille de l'Assomption de la Vierge offrit deux Cierges ardens à perpetuité, & n'eust pas plustost rendu son veu, & fait son Offrande qu'il fut entierement guery, en memoire dequoy il ordonna qu'a chasque iour de ladite feste Assomptiõ nostre Dame seroit dite vne messe solemnelle, & qu'au milieu d'icelle se feroit vne commemoration, & predication pour memoire de sa guerison ce qui se prattique encor à present, On a remarqué que pendant qu'il fut Comte de Sauoye , il ne leua sur ses suiets qu'vn seul subside de six gros par feu duquel encor il se repentit. Son Testamẽt est de l'11. Iuin 1343. duquel il fit executeurs l'Archeuesque de Tarentaise, les Euesques de Syon, de Maurienne, & de Belley, l'Abbé de sainct Michel de la Cluse, Guillaume de Montbel Seigneur d'Entremonts, Pierre Seigneur d'Vrtieres, Pierre Mareschal, & Pierre de Mongelas Cheualiers. George du Solier Iurisconsulte & sr. Pierre de Coysia Religieux de sainct François.

Yolãd Paleologue fut sa femme fille aisnée de Theodore Paleologue Marquis de Mõtferrat & d'Argẽtine Spinola laquelle il espousa l'an 1320. il ne laissa que deux fils, & deux filles, le Testamẽt de cette Princesse est du 14. de Septembre 1342. & fut fait au Chasteau de Chambery. presents Amé Comte de Geneue, Guichard Euesque de Syon, frere Pierre de Coysia Religieux de l'ordre de sainct François, George du Solier Iurisconsulte & autres.

I. Amé V. du nom Surnommé le Comte Verd qui aura son Eloge.

I I. Iean de Sauoye decedé en Ieunesse en 1345. Il eust cinq, mil liures de rente en fons de terre par Testament de son Pere.

I I I. Blanche de Sauoye femme de Galeas Viscomte, Seigneur de Milan à laquelle son Pere fit legat de Trente mil liures.

I V. Catherine de Sauoye à laquelle Pingon donne pour mary le Comte de Tonnerre ce qui n'est pas veritable.

VVanderburch baille pour seconde femme an Comte Aymon Catherine de Luxembourg fille de Charles I V. Empereur , ce qui est destitué de preuue.

Il eust encor quatre enfans naturels.

Oger, & Amé à chacun desquels il donna Cent liures de rente en fons de terre; Iean Chantre en l'Eglise de Geneue & vne fille Religieuse à Bons en Bugey.

AMÉ V. DV NOM, COMTE DE SAVOYE SVRNOMMÉ le Comte Verd XIX. Seigneur de Bresse, & de Bugey.

CHAPITRE XLII.

AYMON Comte de Sauoye qui laissoit ce Prince en l'Aage de neuf ans Voulut preuenir les desordres qui arriuent ordinairement dans les Estats pendant la minorité de leurs Souuerains , en laissant à son fils des Tuteurs, & des Conseillers, par l'aduis desquels toutes les affaires se deuoyent conduire ; Il ordonna donq par son testament que Louys de Sauoye Seigneur de Vaud , de Bugey & de Valromey son Cousin. & Amé Comte de Geneue son neueu seroient ses Tuteurs, & leur donna pour Conseillers necessaires , sçauoir en Sauoye Guillaume de Montbel Cheualier Seigneur dudit lieu, & d'Entremonts, Pierre Seigneur d'Vrtieres, Pierre Mareschal & Pierre de Mongelas Cheualiers: En Viennois Hugues Seigneur de Maubec. Amé Seigneur de Miribel, Pierre de Montbel, Guillaume de Miribel Seigneur de Faramans, Amé de Beauuoir, Godemar du Pay & Girin de sainct Symphorien Cheualiers: en Bresse Pierre de la Palu Seigneur de Varébon, Iean Seigneur de sainct Amour, Iean de la Baume Seigneur de Fomentes , Galois de la Baume Seigneur de Valesin , & Iean Seigneur de Corgenon Cheualiers : en Chablays Guichard Euesque de Syon , Rodolphe Seigneur de Blônay, & Pierre de Saillon ou de Chillou Cheualiers, en la Val d'Aouste Nicolas Euesque d'Aouste, Guillaume du Quart Archidiacre d'Aouste, & Pierre de Chalant conseigneur de Montjouuet; & en la Valée de Suze Rodolphe de Montbel Abbé de S. Michel de la Cluse: Mais Louys de Sauoye Seigneur de Vaud estant decedé , & les Sauoysiens se desfians du Comte de Geneue choisirent vn autre Gouuerneur au ieune Comte, sçauoir Guillaume de la Baume fils de Galois de la Baume Cheualier Seigneur de Valesin, qui estoit en reputation du plus sage, & politique de tout cet Estat; & pour Conseillers on esleut les Seigneurs de S. Amour, & de Grandmont, & Louys de Ryuoire. Guillaume de la Baume reussit si bien en cette education que le Comte fut l'vn des grands Princes qui eust encor esté de sa maison, en effet il fit de memorables actions, &c'est luy qui ioignit les villes de Quiers, & de Cony au Piemont, qui conquit le pays de Gex , desfit les Daufinois à Dolomieu, & aux Abrés, reünit la Baronnie de Vaud à la Couronne de Sauoye , se signala à la bataille de Crecy , vainquit le Marquis de Saluces , rangea celuy de Monferrat, & le Viscomtes Seigneurs de Milan à leur deuoir , assista de ses forces le Duc d'Anjou en la Bataille qui fut assignée pres de Montauban contre les Anglois , desliura Iean Empereur de Constantinople des prisons du Roy de Bulgarie, & chassa les Turcs de la Grece , ou il mena vne tres belle armée sous la conduite d'Estienne Bastard de la Baume , Amiral de Sauoye , il y eust plusieurs Seigneurs, & Gentils-hommes de Sauoye, Bresse, & Bugey qui suyuirent le Comte en ce voyage, entre autres Iean de Montbel Seigneur d'Entremonts, Aymar de Seissel Seigneur d'Aix en Sa-

I 2   uoye,

Tit. de la Chambre des Comp. de Sauoye.

Paradin hift.
de Sauoye.
uoye, Aymé de la Palu Seigneur de la Chambre, & autres remarqués par Paradin, aufquels la Chronique Manufcripte de Sauoye adioufte, Iean de Grolée Seigneur de Neyrieu en Bugey, & le Seigneur de
fainct Amour, tous ces grands exploits luy acquirent tant de reputation, que l'Empereur Charles I V.
le crea Vicaire General de l'Empire en Italie, & le Pape Gregoire X I. le reconnut pour protecteur des
droits du fainct Siege.

Tit. de la
Chamb. des
Comp. de
Daufiné.
Au moys d'Aouft de l'an 1353. Il fit traitté auec Iean de Saligny Euefque de Mafcon, & luy quitta
certaines redeuances qui luy eftoient deües dans la terre de Romenay, moyennant quoy Iean de Saligny
luy remit tout ce qu'il auoit és Villages d'Auites, Reyfloufe, & la Feole dans la Chaftellainie du Pont
de Vaux, prefens Iean Seigneur de la Chambre, Hugues Seigneur de Grandmont, Guillaume de la Baume Seigneur de l'Abbergement, & Pierre de Crangeac Cheualiers.

Humbert dernier du nom Daufin de Viennois ayant refolu de quitter le monde, fut longtemps en
peine à qui il laifferoit fes eftats, les vns luy perfuadoient de s'en deffaire en faueur du Pape, ou du Roy
de France, & les autres du Comte de Sauoye, cependant le Roy Iean fut preferé, & comme la negociation s'en faifoit à Paris, le Comte Verd y enuoya Guillaume de la Baume fon principal Confeiller, &
miniftre; mais quand il arriua en Cour, le traitté eftoit defia conclu auec le Roy; neantmoins il ne laiffa
pas de rendre vn fignalé feruice à fon Prince, parce qu'il fut l'Autheur, & l'entremetteur du traitté fait à
Paris le 5. Iannier 1354. entre le Roy Iean, Charles fon fils aifné Daufin de Viennois, & le Comte
Verd, duquel les hiftoriens de Sauoye n'ont parlé que legerement bien qu'il contienne plufieurs chofes
remarquables; par ce traitté donq le Roy donna au Comte de Sauoye l'Hoftel de Boheme proche la porte
fainct Honoré à Paris à la charge de luy en faire hommage auec le Vicomté de Mauleurier qui auoit efté
cy deuant donné en fief à fes predeceffeurs, Et le Comte de Sauoye promit de defiurer à fainct Laurent prés du Daufin le Lendemain des Brandons, Icanne fille de Philippes Duc de Bourgogne
libre de veu de mariage, ou de Religion, moyennant quarante mille florins de Florence pour eftre mariée à la volonté du Roy, à autre toutesfois qu'au Daufin fon fils aifné : Deplus le mefme Comte remit
au Daufin Charles, & à fes fucceffeurs Daufins, tout ce qu'il poffedoit de là la Riuiere du Guyer, depuis
le Viennois, & l'Ifere, Iufques à l'endroit que le Guyer entre dans le Rhofne, & en outre les Chafteaux, villes, & mandemens des Auenieres, & de l'Ifle de Cier, à la charge que le tout feroit limité par quatre Gentils-hommes, fçauoir le Seigneur de Montchenu, & Amblard Seigneur de Beaumont, de la part du Daufin, &
le Seigneur de Grandmont, & Pierre de Montgelas pour le Comte de Sauoye : le Comte remit encor au
Daufin toute fa terre de Viennois conciftant és Chafteaux, Villages, & lieux de Chabüil, Bochezel,
la Cofte S. André, Azieu, Lalanier, la Verpillere, Dolomieu, la Baftie des Abrés, Ioannage, fainct
George d'Efperanche, & fainct Saphorin d'Auzon auec les hommages, & fiefs des Chafteaux, & Seigneuries d'Ornacieu, de Bochezel, de l'Efclufe, de Bournay, de Maubec, de fainct Alban, de Chefeneue, Chatonay, de Fortemont, de Villeneue de Marc, de Chandieu, de Meyfieu,
de Fauerges, de la Palu, & generalement tout ce qu'il auoit entre le Rhofne, & l'Ifere, à condition que le
Daufin reftitueroit trois mille Efcus d'or à Humbert Achard pour la charge que la terre de Ioannage par engagement, & quatre mille florins à Aymar de Beauuoir qui Iouyffoit du Chafteau des Auenieres, En recom-
pence dequoy le Daufin donna en Efchange au Comte Verd, les Seigneuries de Foucigny, & de Gex,
les hommages que luy deuoit le Comte de Geneue, Hugues de Geneue, & Aymon de Geneue fon fils,
les Villes, Chafteaux & Mandemens de Miribel, Montluel, fainct Chriftophle, Peroges Meximieux,
Gordans, Saconay en Breffe, Varey, & fainct Mauris de Remens en Bugey & Anthon en Daufiné auec
les fiefs, & hommages du Sire de Villars, des Seigneurs de Chaftillon-de la Palu, de Charnay, de Varey, & d'Arbent, & generalement tout ce qu'il auoit, de çela les Riuieres d'Ains, & d'Albarine, à la referue feulement des hommages deus par Iean de Chalon Seigneur d'Arlay, le Comte d'Auxerre, & par
Henry de Vienne. Plus les Villes, Chafteaux, & mandemens de fainct Sorlin de Cucher, fainct André
de Briord, Luys, Lanieu, & tout ce qu'il auoit entre les Riuieres du Rhofne, d'Ains, & d'Arbarine à la
charge de les tenir en fief du Daufin, & de fes fucceffeurs au Daufiné. Il fut encor coûenu qu'apres que les
terres efchangées auroient Efté deliurées de part, & d'autre, que tous prifonniers de guerre feroient ef-
largis, Que le Daufin, & le Comte demeureroient refpectiuement quittes de toutes promeffes, & traittés de paix faits cy-denant entre leurs predeceffeurs Daufins, & Comtes de Sauoye. Que le Roy feroit
defchargé de quatre Vingts-quinze mille florins de Florence Efquels il eftoit tenu au Comte par le traitté fait en Auignon, & par mefme moyen le Comte Verd, de tout ce qu'il deuoit au Duc de Bourgogne
Que fa Majefté obferueroit le Traitté fait entre le Roy fon pere & ledit Comte de Sauoye, touchant les
pretentions qu'auoit la Dücheffe de Bretagne fille du Comte Edoüard fur la maifon de Sauoye; Que le
Roy, le Daufin, ny le Comte n'aquerroyent aucune chofe és lieux qu'ils s'eftoyent remis en efchange,
fous quel pretexte que ce foit, Qu'ils feroient à l'auenir bons Amys, & s'ayderoient les vns, les
autres contre tous, perticulierement contre le Roy d'Angleterre, à la referue de l'Empereur de la part du
Comte de Sauoye; & du Daufin de celle du Roy; & finalement que en confideration dudit Traitté Da-
moyfelle Bonne de Bourbon Coufine du Roy feroit donnée en mariage audit Comte Verd auec trois
mille liures tournois de rente, prefens audit traitté de la part du Roy R. Pere en Dieu Regnaud Euefque
de Chaalons; Aymar Chanoyne de Valence, Aymon Seigneur de Garancieres, Guillaume Flotte Seigneur de Rauel, Simon de Bucy Confeiller de fa Majefté, Henry Seigneur de Montagny au Diocefe de
Lyon, de la part du Côte de Sauoye, Guillaume de la Baume, les Seigneurs de Grandmont, & de S. Amour,
de Iean de Rauays, & Iean Meftral. Ce traitté fut aggreé par le Comte de Sauoye, mais il ne fut pas fi toft

Tit. de la
Chamb des
Comtes de
Daufiné.
executé de fon Cofté, tellement que pour fatisfaire à ce qu'il auoit promis, il defpecha par lettres dattées à Bauge le 16. Mars 1357. Aymar de Seyffel Cheualier Seigneur d'Aix, Aymé de Chaftillon Seigneur
de Bochard Girardd'Eftrés Chancelier de Sauoye, Pierre de Murs, Guichard de Marchant, Aymé de Bon-
ninard, & François de Bouczar Baillif de Sauoye, pour remettre au Daufin les terres, & Seigneuries de
là le Guyer, & de l'Ifere en execution dudit Efchange.

               Le

Le 20. Fevrier 1377. il y euft traitté fait à Paris en l'hoftellerie de l'Ours entre ce Prince, & Edouard *Tit. du Trefor* Seigneur de Beaujeu par lequel le Seigneur de Beaujeu, outre l'hommage de Lent, & de Toiffey en Dom- *de Beauiolois.* bes, de Buenc, & de Coligny en Breffe qu'il deuoit au Comte de Sauoye, prit encor de luy en fief les Villes, & Chafteaux de Chalamont, Montmerle, Villenenfue, & Beauregard en Dombes.

Les Vifcomtes Seigneur de Milan ayans guerre auec les enfans de Iean Marquis de Monferrat, &, af- *Chroniq. M.* fiegé la ville d'Aft, le Comte Verd les affifta de fes forces, & y enuoya vne armée en laquelle la Chroni- *S. de Sauoye.* que Manufcripte remarque qu'eftoient Amé Comte de Geneue, Humbert fils du Sire de Villars, Hugues Seigneur de Riguy, Iean de Granffon Seigneur de Pefmes, Guillaume de Granffon, Ieau de Montfau- con, le fire d'Entremonts, & celuy de Miribel compagnons d'armes, Gafpard de Montmayeur, Hugues Seigneur de Saffenage, le Seigneur de Coffonay, Odo de Villars, le Seigneur de Varax, le Seigneur de S. Croix, le fire de Corgenon, Girard de Grandmont, & le Baftard du Vernay compagnons d'Armes, Amé de Bonniuard, Pierre de Genoft, Amblard de la Baulme, Yblet de Monjouuet, François d'Arenthon, Antoine du Saix, Richard de Mufard, & Henry de Valins defquels Paradin n'y VVanderburch n'ont eu aucune connoiffance.

Enfin le Duc d'Anjou allant faire la Guerre au Royaume de Naples, le Comte Verd le fuiuit accompa- *Paradin.* gné de quinze cents Cheualiers (entre lefquels l'Hiftoire remarque, Pierre Comte de Geneue, Odo de Villars, & Boniface de Chalant) ou il mourut de maladie en vn lieu de la Prouince de l'Apoüille appel- lé S. Eftienne au mois de Mars 1383. fon Corps fut apporté à Hautecombe en Sauoye; il auoit tefté le *Tit. de la* 27. Fevrier de la mefme année, & par fon Teftament, il fit legat à Bonne de Bourbon fa femme de l'Vfu- *Chambre des* fruit des Chafteaux d'Euian, de Fefterne, Ripaille, Tonon, Alinges, Hermance, Et du Bourget, & luy laiffa *Comptes de* la Tutelle d'Amé de Sauoye fon fils, fon regne fut de quarante ans, il auoit pris naiffance à Chambery le *Sauoye.* 4. Ianuier 1334.

La ville de Bourg, luy eft redeuable de fon ancienne armoirie qui eft party de Synople, & de Sable, dela- *Tit. de l'Ho-* quelle il l'a voulu gratifier, & luy faire part de la Couleur qu'il aymoit le mieux. L'Ordre de l'Annoncia- *ftel de ville* de, luy doit auffi fon inftitution; mais la caufe n'en fut pas telle que raconte Fatin. Il dit que le Comte *de Bourg.* Verd ayant reçeu de fa Dame la faueur d'vn bracelet de cheueux treffé, & cordonné en lacs d'amour, efta- *Theat. d'hon.* bly cét ordre qui fut appellé du commancement l'Ordre militaire du lacs d'Amour, depuis l'Ordre de *& du Cheual.* l'Annonciade, & que ces quatre lettres F. E. R. T. entrelaffées aux lacs d'amour fignifioient Frappés, En- *liu. 8.* trés Rompés Tout, deuife propre aux amoureux; car tant s'en faut que la caufe de l'inftitution d'vn fi bel ordre fut quelque amourette, comme de celuy de la Toyfon d'Or, & de la Iarriere, qu'au contraire ce fut la feule deuotion que le Comte Verd auoit à Noftre Dame, & à l'Ordre des Chartreux dont il ne faut autre témoignage, que la fondation de la Chartreufe de Pierrechaftel en Bugey, ou il ordonna qu'il y au- roit quinze Chartreux pour y dire Meffe chafcun iour, à l'honneur des quinze ioyes de la Sainte Vierge, & pour le falut de quinze Cheualiers de fon Ordre, & les quatre lettres F. E. R. T. veulent dire *Fortitu-* *Chroniq. M.* *do eius Rhudum tenuit*, en memoire du grand Côte Amé qui auoit pris Rhodes. Fanin s'eft encor méconté *S. de Sauoye* d'auoir auancé que cét ordre s'appelloit l'Ordre Militaire du lacs d'Amour; parce qu'en fa premiere inftitution, il fut appellé l'Ordre du Collier, & eftoit fait comme vn collier de Levrier au rapport de l'an- cienne Chronique Manufcripte de Sauoye, qui en parle ainfi *Enx affemblés, Efleut le Comte quatorze* *Cheualiers, & luy fut le quinZieme, fi fit vn ordre d'vn Collier comme d'vn Leurier, ou auoit efcrit par deffus en* *lettres d'Or F. E. R. T. F. E. R. T. F. E. R. T. & à l'annel du Collier eftoient trois mos laffés enfemble, l'vn affes* *pres de l'autre. &c.* On fit bien des ftatuts de cet Ordre, mais ils ne fe treuuent point ceux que nous auons eftans d'Amé VII. Comte, puis premier Duc de Sauoye, & du Duc Charles ainfi qu'il fera dit en fon lieu, les noms des quinze premiers Cheualiers font:

Amé V. Comte de Sauoye.
Amé Comte de Geneue.
Anthoine Seigneur de Beaujeu, & de Dombes.
Hugues de Chalon Seigneur d'Arlay.
Aymon de Geneue Seigneur d'Anthon, & de Varey.
Iean de Vienne Seigneur de Rollans, & de Bonencontre, Amiral de France.
Guillaume de Grandfon Seigneur de fainéte Croix.
Guillaume de Chalamont Seigneur de Meximieux, & de Montanay.
Roland de Veyffi Gentilhomme du Pays de Bourbonnois.
Eftienne Baftard de la Baume Seigneur de fainét Denys de Chauffon Amiral, & Marefchal de Sauoye,
Gafpar Seigneur de Montmayeur d'ou defcendent les Comtes de Montmayeur, de Bardeffant, & de Brandis.
Barle de Foras, ou de Foural, d'où fe pretendent yffus les Seigneurs de Bourneuf, & de Baleyfou en Sauoye.
Thennard de Menthon de l'Illuftre maifon de Menthon en Geneuois.
Amé de Boniuard d'ou viennent les Seigneurs de Grilly au pays de Gex, & de Lompnes en Bugey.
Richard Mufard Gentilhomme Anglois, duquel les Seigneurs de Montfort en Sauoye fe di- fent yffus.

Amé V. fut marié deux fois, la premiere auec Marguerite de Luxembourg, fille de Charles de Luxem- *Meffieurs de* bourg, Roy de Boheme, de laquelle il n'euft enfans. La feconde auec Bonne de Bourbon fille de Pierre *S. Marthe.* Duc de Bourbon, & d'Ifabel de Valois en l'an 1355. dont il euft deux mafles.

I. Amé VI. du nom Comte de Sauoye duquel l'eloge fera au chappitre fuyuant.

II. Louys de Sauoye deccedé Ieune, né au Bourget en Sauoye en l'an 1362. ou il mourut en *Pingon.* l'an 1368. *Matthieu*

VVanderburch adioufte vn autre Enfant qu'il nomme Iean de Sauoye Patriarche de Conftantinople, *ex, ælian. de* & Doyen de faint Appollinar, d'autres luy donnent encor pour fils vn Edoüard de Sauoye; mais tout ce- *Franc. & de* la eft deftitué de preuue. *Sauoye.*

I 3 *AME*

AME' VI, SVRNOMME' LE ROVGE, OV LE ROVX Comte de Sauoye, & XX. Seigneur de Bresse,& de Bugey.

CHAPITRE XLIII.

V viuant du Comte Verd son Pere,il fut Baró de Baugé Seigneur de Bresse,& de la V albonne, parce que ces terres luy furét données suiuant la coustume de la maison de Sauoye,en attendát qu'il fut Comte de Sauoye,au temps que la Loy de l'Estat,le luy pourroit faire esperer, il vint à Bourg capitale de Bresse pour en prendre possession,& y fit conuoquer tous les Gentils-hommes, & Seigneurs ses feudataires , & Vassaux pour luy rendre hommage. Edouard Seigneur de Beaujeu, & de Dombes,ne fut pas oublié, non point qu'on pretendit hommage de luy pour la Seigneurie de Dombes , ainsi que plusieurs Historiens mal asseurez ont creu,mais seulement pour les villes de Lent, Toissey,Chalamont, Montmerle,Villenefue,& Beauregard en Dombes,Buenc,& Coligny en Bresse,en Execution des traittés du 5. Iuillet 1337.& du 20.Feurier 1377. desquels nous auons parlé

Chroniq. M. S. de Sauoye.

cy dessus éz Eloges du Comte Aymon,& du Comte Verd; neantmoins Edouard de Beaujeu fit refus de venir, ce qni obligea le Seigneur de Bresse d'enuoyer Estienne de la Baulme Cheualier Seigneur de Fromentes au Comte Verd son Pere pour apprendre de luy, ce qu'il auoit à faire.le Comte fit responce qu'il falloit mettre le Seigneur de Beaujeu à la raison par les armes , puis qu'il n'obseruoit pas ce qu'il auoit promis. Voilà donq ouuerture de Guerre entre ces deux Princes , l'Armée du Seigneur de Bresse ne fut pas plutost preste , qu'il entra en Dombes , prend d'abord le Chasteau de Beauregard sur Saone par assaut puis la Ville, & Chasteau de Lent, & comme il estoit en Estat de faire de plus grands progrés, Philippes

Tit. du Tresor. de Beaujolois.

le Hardy Duc,& Comte de Bourgogne,& Louys I I. du nom Duc de Bourbon s'entremi.ent de les accommoder,& pour y paruenir,ils firent en sorte qu'il y eut treve entre eux pour vn an,laquelle fut arrestée

Mem. M S.de M.Perrard.

à Morges le 15. Decembre 1380. le temps de la treve estant prest à finir,le Duc Bourgogne enuoya en,

Froiss.Vol. 2. chap.143

Bresse Bertrand de sainct Pastour, & Renaud de Monconnys Cheualiers ses Ambassadeurs,pour en obtenir la continuation pendant vne année , ce qui luy fut accordé.

En l'an 1381, le Roy Charles V I. ayant entrepris de faire guerre aux Flamans , & aux Anglois, le Seigneur de Bresse luy mena sept cents Lances,luy ayda à faire leuer le Siege d'Ypre , & à prendre Bourbourg,& se treuua auec luy à la Bataille de Rosebeque,estant de retour en Bresse, & la nouuelle treve expirée, voyant qu'on l'amusoit de l'esperance d'vn traitté, il remit son armée sus pied, r'entra en Dombes,

Chron. M.S. de Sauoye.

surprit la Ville de Toissey,& reçeut le Chasteau par composition,en cette occasion, la Chronique remarque qu'il estoit assisté du Comte de Geneue,d'Hugues de Chalon Seigneur d'Arlay,de Iean & de Philippes de Montbeliard, du Seigneur de S. Croix,& de Gauthier de Vienne, delà l'armée alla mettre le siege deuant Chalamont qui fut pareillement pris.

Cependant la nouuelle de la mort du Comte Verd arriuée en l'an 1383. apporta du changement aux affaires ; car le Seigneur de Bresse deuenu Comte de Sauoye, fut contraint d'aller à Chambery pour y

Chron. M.S. de Sauoye.

estre reconu,& couronné, où il reçeut l'anneau de S. Maurice que Gaspard Seigneur de Montmayeur,luy apporta du Royaume de Naples, par le commandement du Comte Verd son Pere, cét accroissement de dignité , ne changea pas la resolution qu'il auoit prise auparauant de se vanger du Seigneur de Beaujeu, tellement que sur l'aduis qu'eurent les Ducs de Berry,de Bourgogne,& de Bourbon, & le Sire de Coucy, leurs Amys communs des preparatifs qu'il faisoit pour recommencer la guerre en Dombes,ils enuoyerent des Ambassadeurs pour les disposer à vne Paix, laquelle apres plusieurs allées, & venües fut enfin conclüe entre le Comte de Sauoye, & le Seigneur de Beaujeu, à Chambery le dernier jour de May 1383.

Tit du Tresor de Beaujolois.

Par le traitté il fut arresté, que le Comte de Sauoye Seigneur de Bresse, pour l'amour du Roy Charles V I. de Messieurs les Duc de Berry,de Bourgogne,& de Bourbon , & de Monsieur de Coucy,le departiroit de tout ce qu'il auoit conquis en Dombes, à la reserue du Chasteau de Beauregard sur Saone sa vie durant, & à la charge qu'Edoüard Seigneur Beaujeu,outre les villes de Lent,& de Toissey en Dombes,de Buenc, & de Coligny en Bresse,prendroit encor en fief de luy, la Seigneurie de Montmerle en Dombes,ceux qui se treuuent presens à ce traitté furent le Duc de Bourbon,Enguerrand Sire de Coucy,Guy Abbé de sainct Michel de l'Estoile,Philibert de l'Espinasse Seigneur de la Clayette,Iblet de Chalant Seigneur de Monjouuet,Girard d'Estrés Chácelier de Sauoye,Philibert de la Baume Seigneur de Valefin,& de Montreuel, Humbert de la Baume Seigneur de Fromentes,Guillaume de Corgenon Seigneur de Chaumont , Louys de Chaumont,Louys de Cossonay,& Estienne Bastard de la Baume, Charlesde Hangest,Iean de la Guiche , & Iean de Poquieres Cheualiers. l'Assistance que le Duc de Bourbon rendit en ce rencontre à

Tit. du Tresor de Beaujolois.

Edouard Seigneur de Beaujeu,luy fut vtile,d'autant que n'ayant point d'Enfans,il luy fit depuis donation de toutes les terres qu'il auoit,tant au Royaume,qu'en l'Empire par Cótrat passé à Paris le 23.Iuin 1400.

Hist.Gen.Les chap.4.

du Chesne en sa Genealogie des Seigneurs de Beaujolois, & de Dombes n'a pas touché precisement la cause de cette donation; mais Messieurs de saincte Marthe reconnoissent fort bien que l'entremise du Duc de Bourbon pour la negociation de cette Paix en faueur du Seigneur de Beaujeu attira cette liberalité, & par ce moyen Edouard Estant decedé quelques années apres sans posterité, les Terres de Beaujolois, & de Dombes passerent en la maison de Bourbon, Pingon n'a rien sçeu de cette guerre, & Paradin qui estoit Doyen de Beaujeu la teu par discretion.

Apres de si beaux commencemens en la personne du Ieune Comte Amé,il ne falloit rien attendre de luy que de grand, & de genereux , il le tesmogna bien en ce qu'ayant appris , que les Valesans auoient chassé Edoard de Sauoye Euesque de Syon leur Prince & son Parent, il y mena vne puissante armée auec

Chroniq. de S. M S.

laquelle il assiegea,& prit la ville de Syon,les Chasteaux de Martenac,d'Ardon,& de Châmosson,& restablit l'Euesque en son Siege ; la Chronique Manuscripte recite qu'au siege de Syon le Ieune Comte

fait

fait Cheualier de la main de Guillaume de Grandson Seigneur de sainct Croix, & nommé entre les principaux Seigneurs, & Gentilshommes qui l'accompagnerent en cette Expedition, Amé de Sauoye Prince de la Morée, Louys de Sauoye son frere, Yblet de Chalant Seigneur de Monjouuet, Amé de Chalant, les Comtes de Valpergue, de sainct Martin, de Castellemont, Humbert Seigneur de Colombier Baillif de Vaud, Henry de Montbelliard Seigneur d'Orbe, Gauthier de Vienne, le Seigneur de Paigny, le Seigneur de Longuy, Iean de Coligny Seigneur d'Andelot, Charles de Bouuille Gouuerneur du Dauphiné, le Sire de Villars, Philibert de la Baume Seigneur de Valesin, Ieà de la Baume Seigneur de Monreucl, le Seigneur de Fromentes, le Seigneur de Varax, le Sire de la Chambre, les Seigneurs de Myolans, d'Entremôts, d'Aix, & de Cheurô Pierre de Villette frere dudit Seigneur de Cheurô, laques de Villette, Amé Seigneur d'Aspremôt, les Seigneurs de Grolée, de Luyrieux & de Grâdmont, Sibuet, & Pierre de Ruyoire freres, le Comte de Grueres, Raoul de Grueres son fils, Guillaume de Grandson, le Seigneur de la Tour d'Irlains, Nicod de Blonnay, Guillaume de Stauayé, Iean du Vernay, & Estienne Bastard de la Baume Mareschaux de Sauoye, Arthaud Seigneur de Mons, & le Seigneur de la Serra desquels Paradin ne fait aucune mention.

Apres ces Exploits Frideric Marquis de Saluces ayant deffait quelques Trouppes du Comte, sous pretexte qu'elles faisoient des actes d'hostilité dans ses terres, Amé pour s'en vanger, s'empara d'vn fort appellé la Motte de Moillebrune, & du Bourg de Villenouette, & comme la guerre s'alloit eschauffer entre ces deux Princes, le Comte receut des Lettres du Roy Charles V I. par lesquelles il le conuioit de l'accompagner vne armée au voyage qu'il alloit faire en Angleterre pour y faire guerre, Ce Genereux Prince qui auoit grande Inclination pour la France, se rendit en l'an 1385. à l'Ecluse en Flandres suiuy du Comte de Geneue & de mille Cheualiers, mais le Roy ayant esté diuerty de faire ce voyage, & s'en estant retourné à Paris, le Comte Amé s'en reuint en Sauoyé, & ce qui hasta son despart fut la nouuelle qu'il eust que les communes du Cananeys s'estoient rebellées contre les Comtes de Valpergue de sainct Martin, & de Castellemont ses Vassaux, aussi tost qu'il fut arriué en Piemont, il enuoya Othe de Grandson auec des Trouppes au pays de Cananeys, on mit tout ce peuple à la raison; & parce que le Marquis de Monferrat qui estoit Autheur de cette reuolte estoit de la partie & auoit assiegé Verrue, le Comte y alla en personne, mais cette guerre n'eust pas plus grande suite, parce que le Comte de Vertus pacifia leurs differends, & les rendit bons amys.

Edoüard de Sauoye Euesque de Syon en Valays ayant esté nommé par le Pape à l'Archeuesché de Tarentaise, Humbert de Billiens neueu du Comte de Grueres fut Esleu Euesque de Syon, toutefois les Valesans ne le voulurent point reconnoistre, & procurerent l'Eslection d'vn autre, ce qui n'estant pas agrée par le Comte de Sauoye, il alla en personne au pays de Valays auec des Trouppes, & rendit Humbert de Billiens paisible possesseur de son Euesché.

En l'an 1389. Hugues Seigneur de Grandson Cheualier fut accusé d'auoir fabriqué trois titres qui faisoient vn notable preiudice au Comte de Sauoye son Prince naturel, le premier estoit vne declaration dattée à Montbar le 24. Feurier 1388. faite par Philippes Duc de Bourgogne par laquelle il prenoit en sa protection ledit Seigneur de Grandson contre tous, & par exprés contre Estienne Comte de Montbelliard, son fils & la dame de Neuf-chastel à la reserue seule du Roy de France, la seconde estoit d'Aymon Comte de Sauoye, dattée à Dijon le premier Auril 1339. sellée des seaux du Duc de Lorraine, d'Otho Comte de Bourgogne Palatin Sire de Salins, & d'Henry Comte de Bar, par laquelle le Comte de Sauoye reconnoissoit de tenir en fief lige d'Eudes Duc de Bourgogne, le Chasteau, & Ville de Chambery, le Chasteau du Bourget, Montmelian, Montfalcon, Seyssel, Montluel, la Ville & Chasteau de Bourg en Bresse, le Chasteau du Pont de Veyle, le Chasteau du Pont de Vaux, le Chasteau de sainct Triuier, & le Chasteau & Ville de Baugé auec leurs appartenances, & dependances, le Troisiesme titre estoit vne ratification faite par l'Empereur Henry de cette reconnoissance de fief, Le Comte de Sauoye ayant esté aduerty que le Seigneur de Grandson auoit monstré ces pretendus titres en plusieurs lieux, le fit prendre, & arrester prisonnier au Chasteau de Nyons au Diocese de Geneue, on luy donna pour l'Interroget Guygues de Rauays Seigneur de sainct Mauris Conseiller, & Maistre d'Hostel de Bonne de Bourbon Comtesse de Sauoye, ce qu'il fit en presence de Thibaud Seigneur de Neufchastel; de Iaques Paris Baillif de Dijon, & de Iean de Varanges licentié és droits Ambassadeurs du Duc de Bourgogne, de Boniface de Chalant Seigneur de Fenis Mareschal de Sauoye, de Guillaume de Rouorée Cheualier, & de Maistre Luquin Pascal Medecin de la Comtesse de Sauoye, le Seigneur de Grandson auoüa la fausseté de ces titres, & que ce qu'il en auoit fait estoit principalement pour se vanger du Côte de Montbelliard son ennemy, cependant comme cela Interessoit le Comte de Sauoye bien auant, lequel on rendoit par ce moyen feudataire du Duc de Bourgogne duquel il ne releuoit point du tout, & que le Seigneur de Grandson se soustrayoit de la fidelité deüe au Conte de Sauoye il voulut que le procés luy fut fait par Rodolphe Seigneur de Langins Cheualier, & Baillif de Vaud, lequel sur les confessions le condemna à mort (soubs le bon plaisir toutesfois du Comte de Sauoye) par l'aduis, & en l'assistance de plusieurs Gentilshommes, sçauoir de Michel Seigneur de Montricher, Nicolas Seigneur de sainct Martin du Chesne, Louys de Bieres Cheualiers, de Guillaume de Montrichier, Girard Seigneur de Molieres, Iean d'Irleins, Iean de Bussy, François de Billiens, Pierre de Duyn, Aymé de Dysi, & Edoüard Prohana Damoyseaux. Mais l'on void pas, si cette sentence fut executée.

Le Comte Rouge auquel son aage promettoit vne plus longue vie, & son grand courage vne mort glorieuse, estant allé à la chasse en la Forest de Lorme sus Thonon en Chablays tomba de Cheual en poursuiuant vn sanglier, & se blessa si fort à la Cuisse qu'il en mourut à Ripaille le premier du moys de Nouembre 1391. & fut enterré à Hautecombe, on croid que sa mort auancée par son Medecin, & Otho Seigneur de Grandson fut soupçonné d'estre complice de ce Crime, parce que ce Medecin ayant esté chassé faute de preuue, il luy auoit donné retraite en ses Terres, iusques au Comté de Bourgogne, cette accusatiô fut cause que ce Seigneur de Grandson quitta les Estats de Sauoye, & se retira en Angleterre, & à la fin luy cousta la Vie ainsi que nous dirons en nostre Histoire Genealogique de Sauoye.

Le

(marginal notes) Paradin. / Froissard. Vol 2. Chap. 140. / Chroniq. de Sau. M. S. / Idem. / Idem. / Titre de la maison de Chasteau-nieux.

Le testament du Comte Amé V I. est datté à Ripaille le premier de Nouembre 1391. par lequel il fit Amé V I I. son fils son heritier Vniuersel, & fit legat de Cinquante mille florins à Bonne de Sauoye sa fille, ordonna que les autres Legats seroient payés par Bonne de Bourbon sa Mere de l'aduis de Louys Seigneur de Coslonny, presens audit Testament Ottho de Grandson Seigneur de saincte Croix, Amé d'Aspremont, Guy de Grolée, Petremand de Rauays, Iean de Chignin, Henry de la Fleschiere Cheualiers, & autres.

Il eust pour femme Bonne de Berry fille de Iean Duc de Berry & d'Auuergne, Pair de France, & de Ieanne d'Armagnac ; ce mariage fut conclu à Valence en Dausiné le 7. May 1371. presens Guillaume de Bourbon, Philibert de la Baume, Renaud de Brezolles Cheualiers Humbert Seigneur du Peschin, Gaspard de Montmayeur, Guillaume de Chalamót, & Hubert de la Baume Seigneur de Froinentes mais

il ne fut consommé qu'an mois de Decembre 1376. en quoy Matthieu s'est mesconté qui cotte ce mariage sous l'an 1370. cette Princesse fut conduite iusques sur le pont de Mascon, ou les deputés du Comte Verd la receurét & l'amenerét à Pórt de Vesle, & de là au Chasteau du Pórt d'Ains, ou le Prince l'attendoit. la Chronique remarque que cette mesme nuit, le feu se mit au Chasteau du Pont d'Ains, & brusla les principaux appartemens, ce qui contraignit le Comte Verd, le Seigneur de Bresse son fils & la nouuelle Espouse d'aller à Geneue ou estoit Bonne de Bourbon Comtesse de Sauoye; de Ladite Bonne de Berry le Comte Amé V I. eust trois Enfans.

I. Amé V I I. du nom, Comte puis premier Duc de Sauoye duquel sera plus amplement parlé.

I I. Bonne de Sauoye mariée en l'an 1403. à Louys de Sauoye Prince de la Morée, elle fonda l'Hospital de Carignan en Piemont, & gist en l'Eglise de sainct François de Pignerol.

I I I. Ieanne de Sauoye posthume, femme de Iean Iaques Paleologue Comte de Cossane, puis Marquis de Monferrat, filz de Theodore Paleologue I I. du nom Marquis de Monferrat, & de Ieanne de Bar.

Outre lesdits enfans legitimes Amé V I I. eust vn fils naturel sçauoir.

Humbert de Sauoye Cheualier, Comte de Romont Seigneur d'Artuillars, de Molettes, & de Lorme qui testa le 28. Decembre 1374. Il eut à femme Marguerite de Villette de Chéuron en Sauoye de laquelle il eust plusieurs Enfans sçauoir.

I. Humbert de Sauoye Cheualier Seigneur d'Aruillars, de Montaguy, Corbieres, Grandcour, S. Mauris en Veilles, la Moliere, Coudrefin, & Stauayé mary de Catherine des Clés fille d'Albert des Clés Seigneur de la Val des Clés. Il n'eust que deux Enfans, Iean de Sauoye Cheualier Seigneur d'Aruillars, & Catherine de Sauoye alliée auec Iean Aleman Cheualier Seigneur d'Vriage en Dausiné, ledit Humbert de Sauoye Seigneur d'Aruillats fit deux testamens, l'vn le 4. Iuin 1421. auquel temps viuoient ses enfans, l'autre est du 10. Decembre 1450. par lequel il fit legat des Chasteaux, & Seigneuries de la Molicre, & de S. Mauris en Veilles au pays de Vaud à Antoine l'Anglois Gétilhomme Bressan, fils de Pierre l'Anglois son neueu il fit certaine liberalité à Humbert de Lyarens Cheualier Seigneur de Surpierre aussi son neueu, & fit son heritier Vniuersel Louys Duc de Sauoye, les Executeurs de son testament furent George de Saluces Euesque de Lausanne, Philippes de Sauoye Comte de Geneue, Pierre de Marchant Chancelier de Sauoye, Louys Seigneur de Raconis, & Iean de Seissel Seigneur de Barjat Mareschaux de Sauoye, Barthelemy de Chabod President des Comptes en Sauoye, ledit Humbert de Lyarens Seigneur de Surpierre, Guillaume de Bolomier Seigneur de Nercia, Maistre des Requestes de Sauoye, & Guygne de Gerbais Cheualier, & Humbert l'Anglois Docteur en decret, Prieur de sainct Ours en la Vald'Aouste.

I I. Amé de Sauoye Cheualier Seigneur de Molettes, & de l'Orme duquel on n'a pas sçeu la posterité.

I I I. Catherine de Sauoye Espouse de Guillaume de Luyrieux Cheualier Seigneur dudit lieu, & de Prangin.

I V. Anthoinette de Sauoye.

AMÉ VII. DV NOM. I. DVC DE SAVOYE, ET XXI.
Seigneur de Bresse, & de Bugey.

CHAPITRE XLIV.

A Vieille Chronique de Sauoye en François Manuscripte finit au Comte Rouge, & ne dit rien d'Amé V I I. son fils, sinon qu'estant fort ieune, il fut fait Cheualier de la main de Guillaume de Grandson Seigneur de saincte Croix ; Il succeda à la Couronne de Sauoye à l'aage de huit ans, le Gouuernement de sa personne, & de ses Estats fut pretendu par Bonne de Bourbon son ayeule, & par Bonne de Berry sa Mere. Paradin en son histoire de Sauoye a touché fort legerement leur different, & Pingon n'en a dit mot bien qu'il soit tres remarquable, & que peut s'en fallut qu'il ne suscitast vne Cruelle guerre en Sauoye ; car comme ces deux Princesses auoient quantité de Seigneurs & de Gentilshommes de leur party ; la Sauoye se vit diuisée en vn Instant.

Bonne de Bourbon, disoit que la Tutelle de son petit fils luy appartenoit suyuant le Testament du Comte Amé V I. son fils qui la luy auoit confiée, & Bonne de Berry soustenoit que comme Mere, elle deuoit estre preferée à l'Ayeule. du party de Bonne de Bourbon estoient Amé de Sauoye Prince de la Morée, Louys de Sauoye son frere, les Sires de Villars, & de Beaujeu, le Comte de Grueres, Guillaume de Vienne Seigneur de S. George, Ode de Villars, le Seigneur de Monjouuet, Iean Seigneur de Ternier, Iean du Vernay dit le Bastard, Nicod Seigneur d'Auteuille & autres, pour Bonne de Berry les Seigneurs de la
Chambre,

Chambre, de la Tour d'Irlains, & de Myolans, Humbert Bastard de Sauoye Seigneur de Montagny, & de Corbieres, & Iean de Clermont, Iean de la Chambre, & autres. Le Roy Charles V I. & les Ducs de Bourgogne, de Berry, & d'Orleans, preuoyans les desordres qui naistroient de cette diuision, deputerent les Euesques de Noyon, & de Chalon, les Seigneurs de Coucy, de la Trimouille, & de Giac pour tascher à disposer ces deux Princesses à vn accommodement, Louys Duc de Bourbon s'en mesla aussi, & fut en Sauoye, ou en sa presence & par son entremise il fut conclu, & arresté le 8. May de l'an 1393. que le Ieu- ne Comte Amé demeureroit au Chasteau de Chambery, & auroit pour son Gouuerneur, & compa- gnon Odo de Villars, & pour la garde du Chasteau, Amé d'Aspremont, qu'il se feroit vne assemblée à Chalon sur Saone au iour de sainct Michel suyuant, pour resoudre le mariage du Comte de Sauoye auec la fille du Duc de Bourgogne, & que Bonne de Bourbon auroit le Gouuernement de l'Estat, à la charge qu'elle ne feroit rien sans l'aduis de Louys de Sauoye, des sires de Villars, & de Beaujeu, d'Odo de Villars, du sire de Monjouuet, de Raoul de Grueres, & d'Estienne de la Baume Cheualiers, de Maistre Pierre Colomb. Prieur de sainct Pierre de Mascon, & de Maistres Pierre de Murs, & de Guichard de Mar- chant Docteurs és Loix, ce qui fut ainsi iuré, & signé par le Duc de Bourbon par les deux Comtesses de Sauoye par Amé de Sauoye Prince de la Morée, Louys de Sauoye, Humbert sire de Villars, Edouard sire de Beaujeu, Iean sire de la Chambre, Anthoine sire de la Tour, Iean sire de Miolans, Humbert de Sauoye, & par Amé de Sauoye Seigneur de Molettes.

En execution de ce traitté Iean fils de France Duc de Berry, & d'Auuergne, Comte de Poitou, & Phi- lippes Duc, & Comte de Bourgogne, se treuuerent à Tournus sur Saone pour la conclusion du mariage du Ieune Comte Amé V I I. auec Marie fille du Duc de Bourgogne, & à cét effet escriuirent à Odo de Vil- lans, au sire de la Tour, à Raoul de Grueres, aux sires de Varax, & de Corgenon, à Iean de la Baume Sei- gneur de Valesin, à Philibert de la Baume Seigneur de Montrenel, & à Pierre Colomb Prieur de S. Pierre de Mascon de leur mener le Comte à Tournus auec promesses que dans vn mois apres que les Fiançailles auroient esté faites, ils le feroient conduire en toute seureté en Sauoye, ces Seigneurss'y resolurent, & le Comte ayant esté mené à Tournus, son Mariage fut arresté auec Marie de Bourgogne, & le Prince rame- né à Chambery, mais la garde, & le Gouuernement de sa Personne furent changés de l'aduis des Ducs de Berry, & de Bourgogne, car on luy donna pour Gouuerneurs Odo de Villars comme son principal com- pagnon, le sire de Monjouuet, Girard de Thurey Cheualiers, & Amé d'Aspremont Escuyer, & pour Con- seillers necessaires, le susnommé Odo de Villars, & les Seigneurs de Monjouuet, de Thurey, d'Aspre- mont, le Chancelier de Sauoye, les sires de la Chambre, de Valesin, de Grueres, de Corgenon, de Miolans, & de Chalant.

Titre de la Chambre des Comp. de Sauoye.

Entre les premieres actions de ce prince, celle-cy est remarquable que les habitans de la ville & Chastel- lainie de Bourg, obtinrent de luy l'exemption de Lods des heritages qui changeroient de main par le moyen des Testamens, Codicilles, Legats, Donations à cause de mort; Donations entre vifs, constitu- tions de Dot, & Eschanges; les Lettres de ce priuilege qui s'obserue encor à present en toute la Bresse, sont dattées à Bourg le 5. Iuillet 1397. presens Odo de Villars Gouuerneur de Sauoye, le Seigneur de Corgenon, Iean de Conflens Chancelier de Sauoye, Iaques de Sostion, & Amblard de Gerbais à la relation de Iean Seigneur de Corgenon son Conseiller & Baillif de Bresse Chastellain de Bourg, & d'André de sainct Amour son Conseiller & Maistre d'Hostel & Chastellain de sainct Triuier de Courte.

Preu. pag. 22.

En l'Année suyuante 1388. Philippes Duc de Bourgogne enuoya à Bourg aupres du Comte Amé, Guil- laume de Vienne Cheualier Seigneur de sainct George, & de saincte Croix, & Iean de Saux Maistre des Requestes de son Hostel pour luy demander ayde, & secours pour la rançon & deliurance du Comte de Neuers son fils, qui estoit prisonnier de Bajazet.

Titre de la Chambre des Comptes de Bourgogne.

Edoüard Seigneur de Beaujeu, & de Dombes, ayant esté conduit prisonnier à Paris pour vn rapt par luy commis à la personne d'vne ieune fille de Villefranche en Beaujolois, les Gentils-hommes de Dom- bes apprehendants quelque Sinistre Euenement pour leur Seigneur, & que n'ayant aucuns Enfans, ils n'eussent quelque successeur qui ne fut pas à leur gré, se ietterent entre les bras d'Amé V I I. & luy de- manderent sa protection comme Vicaire General de l'Empereur, Ils vindrent donq en la ville de Bourg & le 8. Septembre 1398. dans la maison du Seigneur de Corgenon luy firent hommage, & le Comte leur promit de les maintenir en leurs anciennes franchises, libertés, & coustumes, les noms de ces Gen- tils-hommes sont, Guy de S. Triuier, Antoine Seigneur de Iuys, Hugonin de Laye Seigneur de Mexi- mieux, Mayeul du Saix, Henry de Iuys, Henry Seigneur de Glettins, Troillard de Glettins, Meraud Sei- gneur de Franchelins, Fromentin du Saix, Girard d'Estrés Seigneur de Banains, Pierre de Franchelins, Humbert Seigneur de Chanins Cheualiers, Estienne de Chailloures, Antoine du Saix, Iean de Buffart, Phillippes de Laye fils de Miles de Laye, & Hugonin fils de Verruquier de Laye Damoyseaux, pre- sens audit hommage Iblet Seigneur de Chalant Cappitaine de Piemont, Iean de Conflens Chancelier de Sauoye, Boniface de Chalant, & Iean du Verney Mareschaux de Sauoye, Iean Seigneur de Corgenon, Henry Seigneur de Varax, Erard du Fort Baillif de Bourgogne, Amé d'Aspremont, François de Mont- jouuet, Pierre de Marmont, Amblard de Gerbais Seigneur de Billia, Pierre de Gerbais Seigneur de Cha- steauneuf, & André de S. Amour Cheualiers, & Guigues de Marchant Secretaire du Comte de Sauoye.

Titre de la Chambre des Comptes du Dauphiné. Bodin. liu. 1 de la Republ. chap 9.

Ce Prince par lettres dattées au Bourget le 5. Auril 1407. confirma aux habitans de Bourg toutes leurs anciennes franchises à eux accordées tant par les sires de Baugé que Comtes de Sauoye ses predecesseurs nommement pour les taillables, & mainmortables de son Domaine, lesquels venans habiter à Bourg, il declaira libres passé an, & iour, leur permettant de disposer de leurs biens à leur Volonté.

Tit. de l'Ho- stel de ville de Bourg.

Quelque temps apres Louys I I. du nom Duc de Bourbon & Comte de Forests, prit possession des Seigneuries de Beaujolois, & de Dombes par le décés d'Edouard Seigneur de Beaujeu son Donateur, & comme Amé Comte de Sauoye luy fit demander l'hommage des villes, & Chasteaux de Beauregard, Lent, Toissey, Montmerle, Villeneufve, & Chalamont suyuant le traitté de l'an 1337. fait auec Edouard Seigneur de Beaujeu, il demanda terme, tellement que le Comte apres plusieurs delays

K   voyant

Tltr. de la chambre des Comptes de Sauoye.

voyant que Iean de Bourbon fils & heritier dudit Louys n'eſtoit pas de meilleure volonté , ſe mit en deuoir de luy faire la gerre , mais cette reſolution fut diuertie par la propoſition qu'il ſe fit de deputer de part , & d'autre, des perſonnes de qualité pour connoiſtre de leur different ; les deputés de Iean Duc de Bourbon furent le Chancelier de Bourbonnois, Guichard Seigneur d'Vrſé, & le Baillif de Beaujolois, ceux du Comte de Sauoye Guichard de Marchant Chancelier de Sauoye, Henry Seigneur de Menthon, & le Seigneur de Chandée, leſquels le 2. Mars 1408. reſolurent que l'hommage eſtoit deu au Comte de Sauoye pour leſdits Chaſteaux tant ſeulement , neantmoins le Duc de Bourbon Prince du Sang de France , ne ſe voulant pas aſſujettir trop librement à cét hommage , deſira vne nouuelle conférence pour vn plus grand eſclairciſſement , la iournée fut aſſignée à Villars , ou ſe trouuerent pour le Duc de Bourbon, Louys de Bourbon Comte de Vendoſme Grand Chambellan de France, Iean de Montagu Vidame de Laonnois Souuerain Maiſtre d'Hoſtel du Roy, Guichard Daufin Seigneur de Ialigny, Louis de Liſtenois ſire de Montagu , Gauthier de Paſſac Seigneur de la Crozette , l'Hermite Seigneur de la Faye , & Iean Seigneur de Chaſtelmorand , pour le Comte de Sauoye , Louys de Sauoye Prince de la Morée , Odo de Villars Seigneur de Baux , Iean de la Baume ſire de Valeſin , Girard Seigneur de Ternier, Humbert de Villars Sexel Seigneur de ſainét Hyppolite , & d'Orbe , Guichard de Marchant Chancelier de Sauoye, Antoine Seigneur de Grolée, Humbert Baſtard de Sauoye Seigneur de Montagny

Titre de la Chambre des Comptes de Daufiné.

& de Corbieres , leſquels s'eſtans aſſemblés en l'Egliſe de Villars , demeurerent d'accord que Philippe de Bourbon Comte de Clermont Baron de Beaujeu & Seigneur de Dombes, petit fils dudit Duc Iean feroit hommage au Comte de Sauoye des ſuſdites Villes , & Chaſteaux dans la ville de Chaſtillon léz Dombes , preſens Guillaume de Layre Gouuerneur de Daufiné , Philibert de Cormoran Seigneur de l'Eſpinaſſe , Ponchon de Langeac Seneſchal d'Auuergne , & Perceual de la Baulme Seigneur de Perés , ce qui fut ratifié par le Duc de Bourbon par lettres datées à Villefranche le 20. May 1409. & le 28. ſuyuant le Comte de Clermont vint à Chaſtillon trouuer le Comte de Sauoye auquel il fit ledit hommage en la grande ruë deuant la Haſlé , qui moyennant ce ſe departit de la Iouyſſance du Chaſteau de Beauregard en Dombes , à la charge toutefois dudit hommage , preſens l'Eueſque de ſainét Flour , Louys de Bourbon Comte de Vendoſme , Louys de Sauoye Prince de la Morée , Conrad Comte de Neuf-Chaſtel & de Fribourg , Iean Comte de Tierſtain , Guillaume de Layre Gouuerneur du Dauphiné , Odo de Villars Seigneur de Baux , Iean de la Baume ſire de Valeſin , Humbert de Villars Sexel Seigneur de ſainéte Hyppolite & d'Orbe , Henry Seigneur de Menthon , Boniface de Chalant Mareſchal de Sauoye , Guillaume de Grolée Seigneur de Neyrieu , Iean de Montbel Seigneur de Fruſaſque Bailly de Breſſe , Humbert Baſtard de Sauoye , Humbert de Luyrieux Seigneur de la Ceüille, Robert de Chaluz Seigneur de Bothon , Louys d'Eſtrés Seigneur de Banains, Iean de Stauayé , Iean Baſtard de la Chambre, Hugonard de Chabod Doéteur és Loix, Iean le Viſte Doéteur ez loix Chancelier de Bourbonnois , Guichard Seigneur d'Vrſé , Philippes Seigneur de l'Eſpinaſſe Baillif de Beaujolois, Antoine de Fougeres Seigneur d'Yoin , Guillaume de Châles Conſeiller , & Maiſtre d'Hoſtel du Comte de Sauoye , Robert de Trezettes Seigneur de l'Eſtoile , & Henry de Varennes Seigneur de

In Arch. Lug. pag. 290.

Rappetour. Pingon & Seuert n'ont point eu raiſon d'auancer que cét hommage auoit eſté rendu en l'an 1435. pour tout le pays de Dombes , puis que ce fut en l'an 1409. & pour cinq Chaſteaux ſeulement.

Le penultieme de May 1410. Amé Comte de Sauoye, deſirant de maintenir l'honneur de l'Ordre du Collier qui auoit eſté Inſtitué par le Comte Verd ſon Ayeul, en fit dreſſer des ſtatuts dans la ville de Chaſtillon lez Dombes de l'aduis de Louys de Sauoye Prince de la Morée , d'Odo de Villars Seigneur de Baux , de Iean de la Baume Seigneur de Valeſin & de Montreuel, d'Humbert de Villars Sexel Seigneur de ſainéte Hypolite , & d'Orbe , de Boniface de Chalant Mareſchal de Sauoye , & d'Antoine Seigneur de Grolée Cheualiers dudit Ordre , & ſes Conſeillers ordinaires , qui en promirent, & Iurerent l'obſeruation , preſens Guichard de Marchant Chancelier de Sauoye , Amé Seigneur d'Aſpremont , & Hugonard de Chabod , ce qui fut encor depuis promis , & iuré par Girard Seigneur de Ternier , Iean Comte de la Chambre & Vicomte de Maurienne , & Iean Seigneur de Lugny Cheualiers dudit Ordre. Icy Fauin s'eſt trompé qui dit que ce Prince changea le nom de cét Ordre , & luy donna celuy de l'Annonciade , & qu'il en fit les ſtatuts en l'an 1344. car cela ſe fit en l'an 1410. quoy que

Au Theatre d'honn. & de Cheua. liu. 8.

Pingon die que ce fut en l'An 1409. Il eſt bien vray qu'eſtant à Pierrechaſtel , il fit quelques additions auſdits ſtatuts le 13. Fevrier 1434. en preſence , & de l'aduis du Marquis de Saluces , du Comte de Montreuel , d'Anthoine Seigneur de Grolée, d'Humbert de Sauoye , du Seigneur de Monchenu de Iean de Montluel Seigneur de Chouſtagne , de M. de Saluces Mareſchal de Sauoye , & de Louys de Sauoye Prince de la Morée Cheualiers dudit Ordre ; mais ce ne fut qu'en ſuite de ceux qu'il auoit deja precedemment faits en l'an mille quatre cents & dix , & quant au changement du nom de l'Ordre , il ne fut point fait par ledit Comte ; ains par Charles Duc de Sauoye ainſy que nous dirons en ſon lieu.

Le voiſinage engendre touſiours querelle ; les Officiers de la Seigneurie de Toiſſey en Dombes , & ceux du Pont de Veſle ayans faits quelques entrepriſes de Iuriſdiétion les vns ſur les autres faillirent à

Tltr. de la Chambre des Comptes de Sauoye.

brouiller le Comte de Sauoye , & le Duc de Bourbon ; mais cela ſe termina plus doucement , parce qu'ils conuinrent de limiter les Iuſtices de ces deux Seigneuries , à cet effet le Duc de Bourbon deputa Roller ou Robert de Trezettes Cheualier , Damas de la Porte Eſcuyer , & Peronin de Roſſet Maiſtre des Comptes en Beaujolois ; & le Comte de Sauoye, Iean de Feillens Cheualier de l'Ordre de ſainét Iean de Ieruſalem Commandeur de la Muſſe , & Guillaume de Genoſt Eſcuyer qui le premier iour de Iuin 1410. limiterent leſdites Seigneuries par le Ruiſſeau d'Auanon , & par vn foſſé de huiét pieds commançant en la Riuiere de Saone , & finiſſant au lieu appellé la Groſſe planche qui eſt encor aujourd'huy la limite de Dombes , & de Breſſe de ce coſté.

Ce fut enuiron ce temps là, qu'Amé de Viry Gentilhomme Sauoyſien de l'Illuſtre Maiſon de Viry en Geneuois, entreprit de faire la guerre au Duc de Bourbon, de laquelle les Hiſtoriens ont parlé fort diuerſement.

Vol.1.Ch.51.
Liu.3. Chap.
9.

Hist.de Frã-
ce Liu.9.

D'Orronuillé

Titre de la
Chambre des
Comptes de
Sauoye.

Hist.de Frã-
ce liu. 20.

Hist.de Piem.
lib.30.

De Exam.
Doctr.lit N,
sub fin.

Titre de la
Chambre des
Compt. de
Bourgogne.

sement, car Monstrelet, Alain Chartier en sa Chronique, & Paradin en l'Histoire de Sauoye, ont creu que c'estoit Amé Comte de Sauoye qui auoit suscité le Seigneur de Viry à cause de la difficulté qu'il auoit auec le Duc de Bourbon pour l'hommage de Dombes; mais ce differend estoit deja-vuidé ainsi que nous auons dit; Dailleurs Amé de Viry en ce temps là n'estoit plus à la solde du Comte de Sauoye; Du Haillan à creu que c'estoit vn tour du Duc de Bourgogne, pour se vanger du Duc de Bourbon qui estoit du party Orleannois; En effect Amé de Viry estoit à sa solde, & n'auoit que des Bourguignons en son Armée, & d'Orronuillé en la vie de Louys Duc de Bourbon est de mesme opinion que Du Haillan, l'Autheur de l'Apologie Françoise pour la maison de Sauoye soustient que cela se fit par ordre exprés du Roy, & du Dauphin; quoy qu'il en soit Amé de Viry auec ses Trouppes entra en Dombes, prit Chalamont, Amberieu, & Lent, le Duc de Bourbon pour s'opposer à luy, enuoya Iean de Chasteaumorand qui treuua Viry au Siege de Toissey lequel il luy fit leuer; Au Seigneur de Chasteaumorand, se joignit Robert de Chalus,& tous deux poursuiurent Viry insques à Reyrieu, & Rochetaillée, & le contraignirent de passer en Bugey, & sur l'aduis qu'ils eurent qu'il vouloit retourner en Dombes, ils luy allerent au rencontre au Pont d'Ains; maiscomme ils ne bougeoit point, ils attaquerent vne maison de l'Abbé d'Ambronay, la pillerent, & firent quelque degast aux enfans du Seigneur de Bouuens partisan du Seigneur de Viry, d'où ils allerent assieger Amberieu qui se rendit par composition; Cependant vinrent les nouuelles d'vn grand secours pour le Duc de Bourbon, sous la conduitte des Comtes d'Eu, de sainct Paul, de Harcourt, d'Alençon, de la Marche & de Vendosme; & des Seigneur d'Albret & de Coucy; ce qui fit retirer Viry, & ses Trouppes, d'Orronuillé dit que le Comte de Sauoye desauoüa Viry, & son procedé, & liura mesmes Viry au Duc de Bourbon pour en faire ce que bon luy sembleroit, ce qui témoigne bien que Viry n'auoit pas esté ennoyé par luy, pour faire guerre au Duc de Bourbon.

Thomas Marquis de Saluces ayant eu guerre auec le Comte Amé où il auoit eu du desauantage, il y eut traitté fait entre eux le 22. Iuin 1413. presens Iean de la Baume Seigneur de Valefin & de l'Abbergement, Boniface de Chalant, Gaspard de Montmayeur, Henry Seigneur de Menthon, Anthoine Seigneur de Grolée, Guy de Monbel Seigneur de d'Entremonts, Amé de Chalant, Hugonin Seigneur de Chandée, Perceual de la Baume, & Iean de Montluel Seigneur de Choutagne.

Trois ans apres & au mois de Feurier, l'Empereur Sigismond erigea le Comté de Sauoye en Duché, & crea Amé premier Duc de Sauoye, non point à Cambray comme du Haillan la laissé par escrit, n'y à Montluel en Bresse ainsi que Paradin, Vvanderburch, & autres Historiens l'ont asseuré, mais à Chambery capitale de Sauoye comme Ludouico della Chiesa, & Pingon In Augusta Taurinorum l'ont reconnu; Il est vray que la Chiesa a failly de cotter cette action sous l'an 1417. Melancthon en sa Chronique dit que cela se fit au Concile de Constance. Cét euenement si glorieux, & les ceremonies qui s'y firent seront descrites plus au long en nostre Histoire genealogique de Sauoye.

Le Docte Gerson recite qu'en l'an 1424. il se treuua vne femme à Bourg en Bresse, laquelle se vantoit de faire des miracles, & d'estre l'vne des cinq femmes enuoyées de Dieu pour rachepter des ames de l'Enfer, elle disoit qu'elle lisoit les pechez des personnes au front, qu'elle auoit deux charbons aux pieds qui luy faisoient de la douleur toutes les fois qu'il descendoit vne ame en Enfer, qu'elle auoit pouuoit d'en tirer tous les iours trois de l'Enfer; mais ayant esté gardée soigneusement on reconnut que ce n'estoit qu'imposture, son procez luy fut fait, & comme elle fut appliquée à la question, elle auoüa son crime; neantmoins on ne la fit pas mourir parce qu'elle témoigna vne serieuse repentance.

Le 17. Iuin de l'an 1430. le Duc Amé estant à Chambery, fit des statuts & Ordonnances, tant pour la Iustice, que Politique au soulagement de ses sujets, en presence & de l'aduis de ses principaux Conseillers, entre lesquels ceux-cy sont nommez, Gaspard Seigneur de Mont-mayeur Mareschal de Sauoye; les Seigneurs de Miolans & de Coudrée, Henry de Colombier, Lambert Oddinet President de son Conseil, Claude du Saix President de sa Chambre des Comptes, le Seigneur de Chasteauuieux, Iean Oddinet, Claude de la Chambre, Louys de Luyrieux, Pierre de Cuynes, Robert de Montuagnard son Maistre d'Hostel, Pierre de Menthon, Guillaume Favre Iuge Maje de Sauoye, Amé de Belletruche, Claude, & Rollet de Candie, Iean de Diuonne & autres.

Le Pape Martin V. ayant conuoqué vn Concile general à Basle en l'an 1431. les Peres du Concile eurent dessein de le transferer en Bresse, & y enuoyerent Pierre de la Teille Docteur és Loix, Archidiacre de Lodeue qui visita le lieu; mais il ne fut pas aggrée.

Le Duc de Bourgogne estant entré à main armée en Beaujolois en l'an mil quatre cent trente quatre, & pris Belleuille, la Duchesse enuoya le Seigneur de Talmey, Louys de Chantemerle Seigneur de la Clayette son Maistre d'Hostel, & Iean de Noydent Conseiller & Maistre d'Hostel du Duc, Bailly de Dijon, à Mascon & à Pont de Vesle, prendre garde à la seurté desdites Places, & & pour empescher que le Duc de Bourbon, ou ceux de son party ne s'en emparassent.

Apres la question terminée entre les Ducs de Sauoye, & de Bourbon pour l'hommage de quelques Chasteaux du pays de Dombes, & la limite des Seigneuries de Toissey & du Pont de Vesle; il sembloit qu'il n'y auoit plus rien à demesler entr'eux; mais il suruint vn nouueau sujet pour les broüiller: Iean Duc de Bourbon Seigneur de Beaujolois, & de Dombes faisoit battre monnoye à Treuoux, Hugues Seigneur de Chandée, Lieutenant general au Gouuernement de Bresse, suyuant l'Ordre qu'il en eust de son Prince, enuoya à Marie de Berry Duchesse de Bourbon, Iacques de Loriol Cheualier Docteur és Loix pour se plaindre à elle de cela, comme d'vne entreprise sur les droits, & authoritez que le Duc de Sauoye son Maistre auoit au pays de Dombes, elle respondit que le Duc de Bourbon ne reconnoissoit point de Superieur à Treuoux, n'y au reste du

K 2   pays

pays de Dombes dont le fief n'estoit pas deu au Duc de Sauoye, & qu'il auoit pouuoit d'y faire
battre monnoye, veu mesme que les Sires de Thoire, & de Villars dont il auoit le droit faisoient battre
monnoye à Treuoux, ou les coings se voyoient encor, & par ce que la question estoit de consequence,
la Duchesse demanda du temps pour sçauoir la volonté du Duc de Bourbon son mary qui estoit prisonnier de guerre en Angleterre, declarant neantmoins, que si on vouloit prendre jour, & s'assembler,
elle feroit connoistre son droit, la chose ayant demeuré longtemps en cet Estat, en attendant cette conference, le Duc Iean de Bourbon mourut en sa prison en l'an 1434. Le Duc de Sauoye qui auoit cette

M. de S. Mar-
the. affaire à cœur, enuoya au mois de Iuillet 1436. à Charles Duc de Bourbon son fils, & successeur, Iean
du Saix Cheualier Seigneur de Banains pour apprendre ses Intentions, & comment il desiroit de terminer ce different, le Duc de Bourbon ayant respondu qu'il consentoit à vne assemblée, tant pour cela
que pour quelques Entreprises de Iurisdiction faites par les Officiers de Bresse sur ceux de Dombes il y
eust Iournée assignée à sainct Trinier en Dombes au mois de Nouembre suyuant, ou le Duc de Sauoye
deputa Iean de Seyssel Seigneur de Barjat Mareschal de Sauoye, Lancelot Seigneur de Chasteauuieux,
& Iaques de Loriol Cheualiers, & le Duc de Bourbon y enuoya Pierre de Toulon Seigneur de Genat
Chancelier de Bourbonnois, Iean Seigneur de Chaseron, & Amé Seigneur d'Vrfé Baillif de Forests lesquels reglerent bien les autres difficultés; mais pour celle de la monnoye de Treuoux, il fut dit que les
Princes enuoyeroient leurs Ambassadeurs à Mascon ou la question se termineroit.

Enfin le Duc Amé, ennuyé du tracas du monde se retira en l'an 1438.au Prieuré de Ripaille qu'il
auoit fondé sur le bord du lac de Geneue de l'Ordre de sainct Augustin. les compagnons de sa retraitte
furent Claude du Saix Seigneur de Riuoyre en Bresse, & Henry Seigneur de Colombier au pays
de Vaud ses plus fideles sujets & Conseillers, ce fut là ou il institua l'Ordre des Cheualiers Hermi-

Amed. Paci-
fic pag.46. tes de sainct Maurice, les six premiers Cheualiers de cet Ordre dont vn Autheur moderne n'a conneu que
les deux Premiers furent, Claude Seigneur de Colombier, Lambert Oddinet, François de Bussy
Seigneur dudit lieu & d'Erya, Amé de Champion, & Louys de Cheuelu, il fut tiré depuis de ce
Monastere pour estre Pape ayant esté Crée au Concile de Basle, l'Election luy fut signifiée le
17. Decembre 1439. le 24. Iuin suyuant, il se rendit à Basle, son exaltation se fit le 29. Iuillet sous
le nom de Felix V. le 17. Nouembre il celebra sa premiere messe, crea des Cardinaux, & alla tenir son
siege à Lausanne en l'an 1441. Ie ne dis rien presentement de ce qui se passa en cette Election n'y de la
demission qu'il fit du Pontificat en faueur de Nicolas V. pour le repos de la Chrestienté; parce qu'il y
en a vn liure entier Intitulé Amedeus Pacificus fait par le Docte Pere Monod Historiographe de Sauoye
qui a esté Inseré presque mot à mot au 17. tome des Annales de l'Eglise & que cette matiere est reseruée
pour nostre Histoire Genealogique de la maison de Sauoye. Me suffisant de dire, que les principaux entremetteurs d'vne action si genereuse furent, Louys Aleman de la maison d'Arbent en Bugey, Archeuesque
d'Arles, & Cardinal, & Iean de Grolée Chanoyne en l'Eglise & Comte de Lyon Preuost de Montjou
fils du Seigneur de sainct André de Briord de la maison de Grolée, qui estoient confidens de
Felix Cinquiesme qui nonobstant sa demission, demeura Euesque de Sabine, premier Cardi-
Cardinal de l'Eglise, & Legat perpetuel en tous les Estats de Sauoye, Piemont, Monferrat, Saluces,
Comté d'Ast, & dans les Dioceses de Lyon deçà là Saone, de Lausanne, Basle, Strasbourg; Coire &
Syon, & tout ce qu'il auoit fait comme Pape confirmé, outre cela il eust l'administration de l'Euesl-
ché de Geneue, & des Monasteres de Nantua, de Payerne, de Roman-Moustier, & de sainct Balain, Il
testa le sixiesme Decembre. 1439. à Ripaille, ordonna que son Corps seroit porté à Haute-combe en Sa-
uoye, & son Cœur au Prieuré de Ripaille donna le Côté de Romôt à Hubert de Sauoye son frere Bastard,
recommanda à son heritier Iean de Seyssel Seigneur de Barjat Mareschal de Sauoye, & Guillaume de
Bolomier qui auoient esté nourris en sa Cour auec luy dès son bas aage, Claude du Saix Seigneur de Ryuoire, François de Bussy, Lambert Oddinet, Amé de Champion, & Louys de Cheuelu ses Compagnons
& Cheualiers de son Ordre de sainct Maurice. Par son testament il fit son heritier Vniuersel Louys de
Sauoye son fils aisné establissant le droit de primogeniture en la maison de Sauoye, les executeurs de sa
volonté furent l'Archeuesque de Tarentaise, & les Euesque de Geneue, & de Lausanne, presens
Oger Euesque de Maurienne, Pierre Mouton Prieur de Ripaille, Louys Patiset Doyen d'Annecy,
Frere Claude de Reuel Prieur des Hermites de S. Augustin de Thonon, Claude du Saix Seigneur de Ry-
uoire, Amé de Charansonay Lambert, Oddinet, & Louys de Cheuelu Cheualiers de l'Ordre de S. Maurice.

Il mourut à Geneue au moys de Ianuier 1451. en reputation de Saincteté, sa femme fut Marie de Bourgogne, fille de Philippes le Hardy Duc & Comte de Bourgogne & de Marguerite de Flandres, Leur
mariage fut traitté en l'an 1383. estans encor fort Ieunes depuis il fut consommé sçauoir en l'an 1393. de
ce mariage le Duc Amé eust plusieurs enfans, sçauoir.

M. S. Marthe
liu. 11.
chap.2.
Pingon, I. Amé de Sauoye Prince de Piemont, il fut fiancé au moys d'Auril 1431. auec Anne de Lusignan fille
de Iean de Lusignan Roy de Chypre; mais il mourut au moys d'Aoust suyuant auant que de l'Espouser
il gist au Conuent de sainct François de Pignerol.

I I. Louys Duc de Sauoye qui aura son eloge cy dessous.

I I I. Philippes de Sauoye Comte de Geneue Baron de Foucigny Seigneur de Beaufort, & de Gordans,
Tit. de la
Chamb. des
Compt. de
Sau. Il fut crée Côte de Geneuois par le Duc Amé son Pere par lettres du 7. Nouëb. 1434. dont la Ceremonie
se fit à Ripaille, presens François Euesque de Geneue Ieã Euesque de Lausãne, Oger Euesque de Mauriéne,
Ieã de Beaufort Chancellier de Sauoye, Hubert Bastard de Sauoye, Manfroy des Marquis de Saluces Ma-
reschal de Sauoye, Iaques Seigneur de Miolans, Richard Seigneur de Montchenu, Iean de Chontagne,
Louys Bastard d'Achaye, Lancelot Seigneur de Luyrieux, Henry Seigneur de Colombier, Claude du Saix
Humbert de Lyatens Seigneur de Virieu le Grand, Iean de Compeis Seigneur de Gruffi, Rodolphe
d'Alinges Seigneur de Coudrée, Pierre de Menthon, Seigneur de Montrotier, Robert de Montuagnard
Cheualiers, & Guillaume de la Forests Escuyer. Le Duc Amé son Pere, outre, le Comté de Geneuois, luy
delaissa encor par son Testament, tant pour sa portion hereditaire, que pour les droits de Ma-
rie de Bourgogne sa Mere, la Baronnie de Foucigny, & les Seigneuries de Beaufort, & de
Gordans

Gordans , à la referue toutesfois des Villes Chafteaux , & Mandemens de Rumilly en Albanois, *Tit. de la*
Balcyfon , Troches, Chafteau Gaillard, Ternier, les Peages du Pont d'Arue, de Geneue , & de Viry *Chambr. das*
l'hommage du Seigneur d'Auteuille,& les Chafteaux de Beaufort, & d'Hermâce,en recôpence defquelles *Compt. de*
terres, & chofes referuées, on luy bailla les Villes, Chafteaux, & Mandemens de Fauerges , Grefy , Sef- *Sauoye.*
fains ,le Vieux,& Neuf Arlod, la Tour de Chafte, Monthous, & Vgine, à la charge de tenir le tout fous
l'hommage, Souueraineté, & Reffort du Duché de Sauoye, Ce Prince ne fut pas marié , & mourut en
l'an 1452. fon corps fut porté en l'Eglife d'Annecy, où il gift.

  I V. Anthoine de Sauoye.

Iumeaux, & decedés en bas âge. }

  V. Anthoine de Sauoye le jeune.

  V I. Marie de Sauoye mariée en l'an 1427. auec Philippes-Marie Vifcomte Duc de Milan, elle euft
en dot cent mille ducats d'Italie, elle mourut fans enfans en l'an 1458. & gift à Thurin.

  V I I. Marguerite de Sauoye decedée en jeuneffe.

  V I I I. Marguerite de Sauoye la jeune femme de Louys Roy de Sicile & de Ierufalem Duc d'Anjou, *Pingon.*
puis de Louys de Bauieres, Comte Palatin Electeur de l'Empire , & enfin d'Vlrich Comte de Vyir- *M de fainĉte*
temberg. *Marthe liu.*

  I X. Bonne de Sauoye promife à François de Bretagne Comte de Monfort, depuis Duc de Bretagne, *21.Chap.11.*
mais elle mourut auant la confommation de ce mariage.

LOVIS I. DV NOM, II. DVC DE SAVOYE, ET XXII.
Seigneur de Breffe, & de Bugey.

CHAPITRE XLV.

A Ville de Geneue donna naiffance à ce Prince le 24. Fevrier de l'an 1400. pendant qu'Amé
de Sauoye Prince de Piemont fon frere aifné Vefquit ; il portoit le titre de Comte de Geneue ; mais eftant decedé en l'an 1431. Amé Duc de Sauoye par lettres du 7. Septembre *Tit. de la*
1434. le declara Prince de Piemont, & Lieutenant general en tous fes Eftats,tant deçà que *Chambre das*
delà les Monts, prefens Philippes de Sauoye Comte de Geneue, François Euefque de Ge- *Compt. de*
neue, Iean Euefque de Laufanne, Oger Euefque de Maurienne , François Abbé d'Abondance , Iean de *San.*
Grolée Preuoft de Montjou, l'Abbé de Bonmont , Iean de Beaufort Chancelier de Sauoye , Humbert
Baftard de Sauoye, Manfroy des Marquis de Saluces Marefchal de Sauoye, Iacques Seigneur de Miolans,
Richard Seigneur de Montchenu , Iean de Montluel Seigneur de Choutagne, Louys Baftard d'Achaye,
Lancelot Seigneur de Luyrieux, Henry Seigneur de Colombier, Claude du Saix, Humbert de Lyarens
Seigneur de Virieu le Grand, Iean de Compeys Seigneur de Gruffy, Rodolphe d'Alinges Seigneur de
Condrée, Pierre de Menthon Seigneur de Montrotier, Robert de Montuagnard,Guillaume de la Forefts,
Amé de Chalant, Iean des Comtes de Valpergue, Guillaume de Sauoye, Pierre de Groflée , & Guygues
de Gerbais Cheualiers; Et après l'Election faite du Duc Amé au Concile de Bafle pour eftre Pape, eftant *Tit. de la*
à Thonon , il emancipa ledit Louys de Sauoye & luy remit tous fes Eftats comme à fon vray, & legitime *Chambre des*
fucceffeur, & voulut qu'il fut tenu, & reconnu pour Duc de Sauoye; le titre contenant vn acte fi folem- *Compt. de*
nel eft datté au Chafteau de Thonon le 6. Ianvier 1440. en prefence de Louys Aleman Cardinal de *San.*
fainĉte Cecile, Archeuefque d'Arles, Louys Baftard d'Achaye Seigneur de Raconys Marefchal de Sauoye,
Iean de Montluel Seigneur de Choutagne, Iacques de la Baume Seigneur de l'Abbergement , & de Iean
de Compeys Seigneur de Torene.

  Louys Duc de Sauoye ne fe contentant pas de l'hommage que Philippes de Bourbon Comte de Clermont , Baron de Beaujeu , & Seigneur de Dombes auoit rendu en l'an 1409. au Duc Amé fon Pere pour
les Villes & Chafteaux de Villencufve, Lent, Chalamont, Toiffey, Montmerle, & Beauregard en Dombes , pretendit qu'il le luy deuoit encor pour le refte du pays de Dombes nommément pour Treuoux,
Amberieu , le Chaftellard , & autres terres prouenües de la maifon de Thoire & de Villars , ce que
le ieune Comte de Clermont ayant denié, il y eut affemblée à Ville-Franche en Beaujolois le 23. Iuillet *Tit. de la*
1441. Entre les Ambaffadeurs de ces deux Princes, du confentement de Charles Duc de Bourbon , & *Chambre des*
d'Auuergne, Comte de Clermont & de Forefts Seigneur de Beaujeu , & de Chafteauchinon , Pair, & *Compt.de*
Chambrier de France, Pere dudit Philippes de Bourbon , en laquelle fut decidée cette importante , & ce- *San.*
lebre queftion, en cette forte. Qu'en execution du traiĉté fait à Paris auec Edouard Seigneur de Beaujeu
en l'an 1377. le Baron de Beaujeu feroit hommage au Duc de Sauoye des Villes de Lent, Toiffey , Chalamont, Ville-neufve , & Beauregard,enfemble des Chafteaux, & Chaftellainies du Chaftelard , & d'Amberieu procedées du fire de Villars. Qu'en augmentation dudit Fief, le Duc de Sauoye donneroit au
Baron de Beaujeu la rierce partie de trois mille liures de rente à luy deüe , pour le droiĉt de Refue de
Lyon, & de Mafcon : Que moyennant le fufdit hommage, le Duc fe departiroit au profitdu itBaron
de Beaujeu,& de fes Succeffeurs de la Souueraineté & Reffort qu'il pretendoit fur les Villes,Chafteaux,
Chaftellainies, & Mandemens de Thoiffey, Mont-merle,Lent, Beauregard ,Villeneufue, Chalamont,
Amberieu, le Chaftellard,fainĉt Trinier,la Flefeliere, & autres terres venües tant de la maifon de Villars,
que de Beaujeu ; Que par mefme moyen le Duc de Sauoye, renonceroit à tous droits , authorités , &
préeminences qu'il pretendoit fur le pays de Dombes comme Vicaire general de l'Empereur , & que le
Seigneur de Beaujeu pourroit faire battre monnoye; à la charge que les monnoyes de Sauoye , & autres y auroient cours. Que la Souueraineté & Reffort des Seigneuries, Chafteaux , & mandemens de
l'Abbergement , de Buenc , & de Boha demeureroient audit Duc de Sauoye, & à fes fucceffeurs ; Que la

Ville

Ville Chaſtellainie, & mandement de Treuoux, ne ſeroit point compriſe audit traicté; Que les repreſailles, & gagemens ceſſeroient entre les Habitans de Dombes, & ceux des Eſtats de Sauoye; Qu'il y auroit commerce entre ces Peuples de toutes choſes; Et finalement remiſſion reſpectiue de tous cas à ceux qui auoient tenu l'vn, ou l'autre party, les Ambaſſadeurs, & deputez qui ſignerent ce memorable Traicté, furent de la part du Duc de Sauoye, Pierre de Marchant Chancelier de Sauoye, Iean de Seyſſel Seigneur de Barjat, & de la Rochette Mareſchal de Sauoye, Guillaume de Bolomier Maiſtre des Requeſtes de Sauoye, Iacques de Valpergue Docteur és Loix, & Iean de Lornay Eſcuyer d'Eſcuyerie, & pour le Baron de Beaujeu, le Seigneur de la Fayette Mareſchal de France, le Seigneur de Chalamont, le Seneſchal de Bourbonnois, le Seigneur du Chaſtel, Gaſtonet Gaſſe Cheualier Seigneur de Luppé, le Baillif de Beaujolois, Maiſtres Giſart Baſtier Docteur és Loix, Lonys de la Vernade Iuge de Foreſts, & Pierre Balarin Licentié és Loix, Iuge de Beaujolois, ce que Lonys Duc de Sauoye, & Charles Duc de Bourbon ratifierent depuis au Chaſteau de Chambery l'11. Septembre ſuyuant par l'entremiſe de Gilbert de la Fayette Mareſchal de France, Pierre de Marchant Docteur és Loix Chancelier de Sauoye, Iean de Seyſſel Seigneur de Barjat, & de la Rochette Mareſchal de Sauoye, Iacques de Chabanes Seigneur de Charlus Mareſchal de Bourbonnois, Guillaume de Bolomier Cheualier Maiſtre des Requeſtes de Sauoye, Lonys de la Vernade Iuge de Foreſts, & Pierre Balarin Iuge de Beaujolois, preſens à ladite ratification Philippes de Sauoye Comte de Geneue Baron de Foucigny, Louys de Beaufort Comte d'Alais, & Seigneur de Canillac, Iacques de la Baume Seigneur de l'Abbergement Lieutenant General, & Baillif de Breſſe, Guillaume Seigneur de Tournon, Lancelot Seigneur de Luytieux, Louys de S. Prieſt, Vrbain Seigneur de Chevron, Iean du Chaſtel, Iacques Seigneur de Mont-mayeur, Bertrand Seigneur de Botheon, Gaſpard Seigneur de Varax, le Seigr de la Cueille, Guillaume Seigr de Menthon, le Seigr de Varey, Cagnó de la Chaſſaigne Seigneur de la Moliere, Baillif de Beaujolois, Barthelemy de Chabod Seigneur de Leſcherenne Preſident de la Chabre des Comptes de Sauoye, Iean de Compeys Seigneur de Gruffi, Pierre de Menthon Seigneur de Montrotier, Guygues de Rouorée Seigneur de Curſinge, Iean du Saix Seigneur de Banains, Iean de Lornay, Guillaume de la Foreſt, & Guillaume de la Fleſchiere: Ce meſme iour il y euſt traitté d'Adgerence entre Louys Duc de Sauoye, & Charles Duc de Bourbon, traittant pour Philippes Baron de Beaujeu ſon fils pour la Ville, & appartenace de Treuoux, preſens Pierre de Marchat Chancelier de Sauoye le Seigneur de Barjat Mareſchal de Sauoye, Iean de Montuel Seigneur de Choutagne, Lancelot Seigneur de Luytieux, Guillaume de Bolomier Maiſtre des Requeſtes de Sauoye, & Guy de Rouorée Seigneur de Curſinge, Tout cela monſtre bien clairement que les Ducs de Sauoye n'ont iamais pretendu l'hommage de tout le pays de Dombes; ains ſeulement de quelques Terres, & que pour le ſurplus, ils n'y auoient aucune ſuperiorité, & ainſi Pingon s'eſt meſpris d'auancer en l'eloge de ce Prince, que le Duc Charles de Bourbon, luy auoit fait hommage de toute la Dombes.

Tit. du Treſor de Beaujolois.

Nonobſtant tous ces traittez, il ſuruint nouuelle matiere de querelle entre ces deux Princes, pour l'hommage des Chaſteaux de Bereins & de Beſenens; du Dixme de Bouligneux, la Garde de l'Egliſe de Clemencia, & le Guet du Chaſteau de Riortiers ſur Saone, ſurquoy leurs deputés s'aſſemblerent à Villars au mois d'Octobre 1445. ſçauoir pour le Duc de Sauoye Iaques de la Baume Seigneur de l'Abbergement Baillif de Breſſe, Iean de Genoſt Seigneur de la Feole, Iean du Saix Seigneur de Banains, & Iean de Chauanes; & pour le Duc de Bourbon, Philippes de Roſſet Seigneur d'Arbain Baillif de Beaujolois, Anthoine de Laye Seigneur de ſainct Lager, Anthoine de Glettins Seigneur de Iarnioſt, & Edoüard de Roſſet Seigneur de Chanaïns, mais on ne void point quel ſuccés euſt cette conference, & il faut bien qu'il n'y fut rien conclu, puiſque pour le meſme hommage du Chaſteau de Beſenens, il y euſt encor difficulté en l'an 1460. ainſi que nous dirons cy deſſous.

Tit. de la C. des Compt. de Dauf.

En l'an 1450. Il auint vn Euenement tres remarquable en Sauoye duquel Champier, Paradin, Vvanderburch, & Pingon n'ont fait aucune mention; c'eſt que les principaux Seigneurs & Gentils-hommes des Eſtats de Sauoye, furent bannis, & Chaſſés, & contrains de recourir au Roy Charles VII. à la priere duquel ils furent reſtablis en 1454. le Papé Pie II. en ſa Coſmographie en à eu quelque legere connoiſſance *Nobilitas* (dit-il) *noni Ducis indignationem ſubiens, ad Regem Franciæ confugit, cuius opibus adiuta in Patriam rediit*; Le meſme Author ſous vn autre nom en à parlé ailleurs de cette façon. *Multa in Sabaudiâ nouitates exortæ ſunt, poſt Amedei Pontificatû, Nobiles contra Nobiles contenderunt.* La Chronique Latine de Sauoye M-S. en parle ainſi *Tandem Ioannes de Seyſſello Mareſcallus Sabandiæ, Franciſcus de Palude Dominus de Varembone, & Anthonius de Palude eius Fratres, Gulielmus de Luyriaco Miles Dominus Culiæ, Lancelotus Dominus de Luyriaco cum Gulielmo eius filio, Dominus Petrus de Menthone, cum Domino Nicodo, & Claudio eius liberis, Ioannes, & Claudius de Lornay, Dominus de Viriaco, Iacobus de Chalant cum multis aliis nobilibus maioribus Patriæ Sabandiæ, fuerunt Banniti à Sabandia, & fuit lata ſententia in Ponte Belli vicini præſentibus Domino Delphino Franciæ, Duce & Duciſſa Sabandiæ, fuit que demolitum funditus Caſtrum de Varembone ex dicta ſententia, & Ordinatione Ducis Anno 1451. Ex quo maxima ſucceſſerunt Inſortunia, tàm ipſimet Duci, quàm eiſdem Nobilibus, Inde toti Patriæ Sabandiæ hoc procurante Anna Duciſſa Sabandiæ,* &c. Oliuier de la Marche en à eſcrit auec plus de particularités; Voicy ce qu'il en dit enuiron l'an 1451. La Nobleſſe de Sauoye & les plus grands furent enſemble contre Meſſire Iean de Compeys Seigneur de Thorenc, & fut outragé ledit Seigneur de Thorenc de ſa perſonne, dont le Duc Lonys, & la Ducheſſe furent moult mal contens, & ſoustindrent ledit de Compeys, par ledit debat auint que par le conſeil, & aucu du Daufin qui auoit Eſpouſé la fille de Sauoye furent banys Nobles du pays, & la place de Varebon raſée, & abbatuë dût certes le pays euſt moult à ſouffrir, & ſe meſla pour iceux Seigneurs le Roy de France; & le Duc de Bourgogne, car pluſieurs y auoit qui furent ſujets du Roy, & aucuns dudit Duc, & eſtoient d'icelle guerre contre ledit Seigneur de Thorenc, le Seigneur de Barjat Mareſchal de Sauoye, le Seigneur d'Entremons, le Seigneur de la Cueille, Seigneurs de Luyrieux, de Varembon, Varax, Chalant, Viry, & de Menthon, & Iuſques à vingt cinq ou trente Chef d'Hoſtel, Barons, Bannerets, & Seigneurs laquelle porta, & ſouſtint ledit Compeys moult courageuſement, & fut cette matiere appaiſée par le Roy Charles, & le Duc de Bourgogne.

De Europa.
cap. 42.
Gobel. rer.
geſt. à Pio II.
Chronicon
Sab. M. S.
Liu. 1. de ſes
mem cp. 11.

Mais

Mais voicy au vray comme la chose se passa auec toutes ses circonstances, Iean de Compeys Cheualier Seigneur de Thorenc, gentil-homme de tres ancienne maison de Geneuois fut en assés grande consideration aupres d'Anne de Chypre Duchesse de Sauoye, & pendant cette haute faueur au lieu de se faire des amys par ses seruices, il s'attira la haine des principaux Seigneurs de cette Cour par plusieurs desplaisirs qu'il leur procuroit en tous rencontres, ceux ausquels il s'en prit du commencement furent Iean de Seyssel Cheualier Seigneur de la Rochette Mareschal de Sauoye, François de la Palu Cheualier Seigneur de Varembon Comte de la Roche, & Guillaume de Luyrieux Cheualier Seigneur de la Cueille, & de Sauigny en Reuermont, ceux cy se voyans choqués par vne personne Inferieure à eux, Ils resolurent de perdre Compeys, & à cet effet assemblerent leur principaux Parens, & firent vne espece de ligue contre le Seigneur de Compeys, & tous ceux qui tiendroient son party, à la reserue toutesfois du Duc de Sauoye, des Princes ses enfans, des Cheualiers de son ordre du Collier, & de ses principaux Ministres & Officiers de son Conseil ; Ceux qui iurerent cette ligue furent ledit Iean de Seyssel, le Seigneur de Varembon, le Seigneur de la Cueille, Lancelot Seigneur de Luyrieux, son fils, Iacques de Montbel Seigneur dudit lieu & d'Entremons, Gaspard Seigneur de Varax, & de Richemont, Iaques de Chalant Seigneur de Varey, Amé Seigneur de Viry, Philibert de la Palu Seigneur de sainct Iulin & Anthoine de la Palu Seigneur d'Escorent & de Monthous freres, Pierre de Menthon Seigneur de Montrotier, & Nicod de Menthon, Seigneur de Nernier & de Pontuerre, & Claude de Menthon Seigneur de Gresy, & de Cormand ses enfans, Hugonin Aleman Seigneur d'Arbent, Aymé de Seyssel Seigneur de Montfort, Iean & Claude de Lornay & autres ; & afin que leurs ennemys ne prissent pas de là pretexte de leur rendre quelque mauuais office aupres du Duc de Sauoye, les Seigneurs de Varembon, & de la Cueille luy firent voir le traité d'alliance, auec protestation qu'ils le romproient s'il luy desaggreoit, le Duc l'ayant gardé long-temps sans leur témoigner s'il appreuuoit ou impreuuoit leur procedé, Compeys fut rencontré à la chasse par des Domestiques des Seigneurs de Barjat, de Varembon, & de la Cueille, qui luy firent affront, & luy donnerent des coups d'espée au visage, le Duc sçachant cela fit proceder criminellement contre tous les Gentils-hommes Liguez, tant à cause de cette action, que de leur alliance ; mais craignans son indignation, ils se retirerent en Dauphiné, d'où ils enuoyerent au Duc le Seigneur de S.Priest, & Maistre Guichard Bastier de Lyon faire leurs excuses & se iustifier, cela n'ayat rien operé ; Amé Cardinal Euesque de Sabine & Legat du sainct Siege, cy-deuant Pape Foelix, iugeant que cet affaire ne deuoit pas aller plus auant, vint expres de Basle en Sauoye, & fit en sorte que tous les Seigneurs, & Gentils-hommes susdits furent rappellez, à la charge qu'ils demanderoient pardon au Duc de tout ce qu'ils auoient fait au cas qu'il s'en soit offencé ; ils vinrent donc, le Duc leur pardonna en presence du Legat, du Prince de Piemont, de trois Cardinaux, & de plusieurs Euesques, Abbez, & Gentilshommes, apres cela leur differend d'auec ledit Compeys s'accommode ; mais le Cardinal de Sabine estant mort, le Duc ne se voulant pas ressouuenir de ce qui s'estoit passé sur ce sujet, à la persuasion d'Anne de Chypre sa femme, de Louys Daufin de Viennois, & de Iean de Compeys duquel l'esprit n'estoit pas satisfait, s'en alla au Pont de Beauuoysin où à la requeste du Procureur general de Sauoye, tous lesdits Seigneurs & Gentils-hommes furent citez, & parce qu'ils ne voulurent pas comparoir en personne leurs Procureurs ne furent point ouys, & le Conseil du Duc rendit sentence en l'an 1451. par laquelle ils furent tous bannis des Estats de Sauoye, leurs biens confisquez & leurs charges & Offices donnez, & ordonné que le Chasteau de Varembon seroit demoly & peu de temps apres le Heraut d'Armes Sauoye fut enuoyé aux Seigneurs de Barjat, de Varembon & de la Cueille pour leur demander le Collier de l'Ordre.

Ces Gentils-hommes dans ce desordre recoururent au Pape Nicolas V. & au Roy d'Aragon qui ne peurent rien obtenir du Duc de Sauoye, Philippes le Bon Duc de Bourgogne s'y employa aussi, & enuoya pour eux en Sauoye le Baillif de Chalon, & Maistre Iean Iaquelin Lieutenant de Mascon qui reuinrent sans rien faire ; Enfin ils allerent en France & s'addresserent au Roy Charles VII. qui leur donna sa protection & son secours pour leur restablissement, par le memoire qu'ils luy donnerent signé de la pluspart d'eux : Ils disent qu'ils recourent à luy comme à celuy qui est le plus haut & le plus noble Roy du monde & nommé auant tous autres. *Le Tres-Chrestien Roy, protecteur de l'Eglise, Chef & Colonne de* Preuues pag. 16. *toute Noblesse, à qui toutes Gens desolées contre raison treuuent & ont accoustumé de treuuer souuerain remede;* Ils rencontrerent le Roy en humeur de leur accorder ce qu'ils demandoient ; Car estant piqué côtre le Duc de Sauoye de ce qu'il auoit promis Charlotte de Sauoye sa fille en mariage au Daufin son fils sans son cōsentement, il fut bien ayse d'auoir treuué cette occasion de s'en venger ; Il en escrit donc au Duc de Sauoye qui s'excuse, & represente qu'il a fait Iustice; sur ce le Roy vint en Forests, où le Duc de Sauoye l'estant allé voir, sa Majesté luy parla de cet affaire & le pressa si fort, que le Duc s'engagea par promesse de sa main dattée à Cleppié du 27. Octobre 1452. de restablir tous ces Gentils-hommes dans trois moys, Preuues pag. 28. & comme le Duc n'executoit pas sa promesse, le Roy luy enuoya l'Euesque d'Aleth & le Seigneur de Charlus Grand Maistre de son Hostel pour l'en ressouuenir, à quoy le Duc rapporta tous les delays imaginables. L'année suiuante 1453. ledit Duc Louys conuoqua tous les Estats de ses Pays dans la Ville de Tit. de l'Eglise de Lyon. Geneue, apres la tenüe desquels estant de nouueau conjuré par le Roy de tenir parolle, il luy depescha l'11.Iuillet 1454.L'Euesque de Syon, Maistre Anthoine Piochet Chantre en l'Eglise de Geneue ses Conseillers, & Pierre d'Annessié son Secretaire pour declarer à sa Majesté qu'il luy donnoit tout pouuoir d'y ordonner ce qu'il auiseroit, auec promesse d'y satisfaire de son côté; Le Roy ensuite de cela le 6.d'Aoust de ladite année dit en presence des Ambassadeurs, que le Duc de Sauoye de son authorité casseroit la sentence du Pont de Beauuoysin, restabliroit lesdits Gentils-hommes chassez, leur feroit rendre leurs biens Preuues pag. 28. & 29. charges & offices, feroit rebastir les Chasteaux demolys, & donneroit au Seigneur de Varembon douze mille escus dans trois ans pour la recompense de la demolition de son Chasteau de Varembon, ce que le Duc de Sauoye ratifia à Annecy le 23. dudit mois d'Aoust, presens Pierre de la Baume Seigneur de la Seigneur de la Roche du Vannel, & Louys de Bonniuard Maistre d'Hostel du Duc.

Au voyage que le Duc Louys fit à Feurs en Forests pour y visiter le Roy Charles VII. dont nous venons

venons de parler, il y euſt vn traitté d'alliance fait entre eux à Cleppié prés Feurs le 27. Octobre 1452. tant en conſideration de celuy de l'an 1354. qu'à cauſe des Mariages qu'ils auoient proietés de faire de leurs enfans, par lequel traitté le Duc s'obligea de ſeruir le Roy de ſes forces iuſques au nombre de quatre cents Lances accompagnés de gens de Trait ſelon la couſtume du Pays, contre toutes ſortes de Perſonnes excepté le S. Pere & l'Empereur, à la charge que le Roy les ſoudoyeroit, ce que le Duc promit de faire iurer à deux cents Gentils-hommes Chefs d'Hoſtel de ſes Eſtats, tels que le Roy voudroit nommer & choiſir, autres toutesfois que ceux qui auoient eſté chaſſés par la Sentence du Pont de Beauuoyſin.

L'Année ſuyuante le Duc de Sauoye eſtant venu à Lyon au Moys d'Octobre, alla à Paris pour voir le Roy, bien qu'il fut diſſuadé de faire ce voyage (à cauſe des incommodités qu'il ſouffroit de ſa Goutte) par ſes principaux Conſeillers qui eſtoient dit la Chronique Latine, Aymery Eueſque de Montdeuis, Iean de Compeys Abbé de Six Chancelier de Sauoye, Antoine Piochet Chanoyne de Lauſanne & Chantre de Geneue, Amblard de Viry Protonotaire Apoſtolique & Abbé d'Abondance, Iacques Richard Preſident, Nicod de Menthon Cheualier & Iean de Champion ſon Maiſtre d'Hoſtel.

Ce fut au retour de ce voyage qu'eſtant à S. Porſain le 16. Decembre 1455. il nomma ſuyuant les intentions du Roy leſdits deux cent Chefs d'Hoſtel pour l'execution du traitté de l'an 1452. voicy la Declaration.

Louys Duc de Sauoye, de Chablays, & d'Aouſte Prince, & Vicaire perpetuel de S. Empire, Marquis en Italie, Prince de Piemont, Comte de Geneue, & de Baugé, Baron de Vaud, & de Faucigny, Seigneur de Nice, de Vercel, & de Fribourg, comme nous eſtans en la ville de Cleppié prés Feurs en Foreſts le 27. iour d'Octobre 1452. euſſions à noſtre grande priere & requeſte fait & priſes nouuelles alliances, amitiés & confederations pour nous & nos ſucceſſeurs Ducs de Sauoye auec noſtre tres-redouté Seigneur Monſieur le Roy & ſes ſucceſſeurs Roys de France, & ſur ce baillé, & octroyé nos lettres Patentes, par leſquelles entr'autres choſes, euſſions promis faire iurer à deux cents Chefs d'Hoſtel de nos Pays & Seigneuries, tels que mondit tres-redouté Seigneur le Roy voudroit choiſir, (exceptés ceux qui par noſtre Sentence eſtoient hors de noſtre dit Pays,) de tenir & entretenir leſdites alliances & tous les points contenus en noſtre dites lettres comme par icelles dont la teneur s'enſuyt peut plus à plein apparoir, Louys Duc de Sauoye de Chablays, & d'Aouſte, Prince & Vicaire perpetuel du S. Empire, Marquis en Italie, Prince de Piemont, Comte de Geneue & de Baugé, Baron de Vaud & de Faucigny de Nice & de Vercel Seigneur, comme preſentement ſoyons venus par deuers le Roy Charles VII. de ce nom, mon tres-redouté Seigneur & luy ayans remonſtré les anciennes alliances qui de tres-long temps ont eſté entre ſes Predeceſſeurs Roys & la maiſon de France & les Comtes & Ducs nos predeceſſeurs & la maiſon de Sauoye & la grande confiance que noſdits Predeceſſeurs ont touſiours eu à ladite maiſon de France, ayans requis & ſupplié le Roy mon dit tres-redouté Seigneur que leſdites alliances luy plaiſe entretenir & continuer & icelles renouueller entre luy & nous, laquelle choſe de ſa grace il ait liberalement accordé en la forme plus à plein declairée en ſes lettres preſentes, qu'il nous a ſur ce baillées : Sçauoir faiſons que nous les choſes deſſuſdites conſiderées & l'alliance qui eſt à preſent entre mondit tres-redouté Seigneur & nous par le moyen du mariage d'aucuns ſes enfans auec nos faits de nos Predeceſſeurs, eu ſur ce l'aduis, Conſeil & deliberation des gens de noſtre Conſeil, en enſuyuant leſdites Anciennes alliances & meſmement celles qui furant priſes par feu de bonne memoire le Roy Iean & Charles ſon fils ſes predeceſſeurs en l'an 1354. aueccques Amé Comte de Sauoye noſtre Predeceſſeur qui lors eſtoit, ayons en faueur des choſes deſſuſdites priſes & faites, prenons & faiſons par ces preſentes alliance, amitié & confederation perpetuelle pour nous & nos ſucceſſeurs, Dics de Sauoye aueccques mondit tres-redouté Seigneur Monſieur le Roy & ſes ſucceſſeurs Roy de France en la maniere que s'enſuyt. Et premierement affin que ces preſentes alliances, amitié & confederation ſoient plus fermes & mieux entietenues, nous auons renoncé & renonçons à toutes alliances & promeſſes quelconques que nous auons, ou pourrions auoir fait, ou priſes auec quelconques perſonnes que ce ſoit au preiudice de mondit tres-redouté Seigneur de ſa Seigneurie, & de ſes alliés & promettons pour nous & noſdits ſucceſſeurs ne offendre, ne iamais ſouffrir offendre par les noſtres, mondit tres-redouté Seigneur, ſeſdits ſucceſſeurs, ne leurs terres & ſuiets deſondit Royaume, ne ſes alliés; mais ſeruir luy, & ſeſdits ſucceſſeurs audit Royaume contre toutes perſonnes quelconque excepté tant ſeulement Noſtre S. Pere le Pape & l'Empereur, iuſques au nombre de quatre cents Lances accompagnées de Gens de trait ſelon la couſtume du Pays, leſquels nous ſerons tenu luy ennoyer deux mois apres qu'il nous en aura requis, en les payant par luy de telle & pareille Soulde, qu'il à accouſtumé de payer le ſiens, à commencer le payement incontinent qu'ils auront paſſé la riuiere de la Saone & auons iuré & promis, iurons & promettons par ceſdites preſentes pour nous, & nos Succeſſeurs par la Foy & Serment de noſtre Corps en parolle de Prince, & ſur noſtre honneur, les choſes deſſuſdites auoir aggreables, fermes & ſtables & les tenir & faire entretenir & garder de poinct en poinct ſelon leur forme & teneur, ſans aucunement aller, ne venir a venir à l'encôtre en quelque maniere ne par quelconque cauſe ou occaſion que ce ſoit & pour plus grande ſeurté des choſes deſſuſdites & chacune d'icelles, auons ſigné ceſdites preſentes de noſtre Seing mannuel, & à icelles, fait mettre, & apoſer noſtre Seel, & auec ce promettons comme deſſus, faire iurer à 200. leſdits d'Hoſtel de nos pays & Seigneuries tels que mondit tres-redouté Seigneur Monſieur le Roy voudroit choiſir (Exceptés ceux qui par noſtre ſentence ſont hors de noſtre dit pays,) de tenir, & entretenir les choſes deuant declarées, & ſur ce faire bailler les lettres ſeellées des ſeaux de leurs armes deſdits deux moys apres ce qu'ils nous auront eſté nommés depar mondit tres redoubté Seigneur Monſieur le Roy donné à Cleppié prés Feurs en Foreſts le 27. iour d'Octobre 1452. Nous deſirans entretenir, & garder leſdites alliances, & les promeſſes contenues en icelles, auons commandé enioint, & Ordonné, Commandons, Enioignons, & Ordonnons à deux Cents Cheualiers, & Eſcuyers de nos pays, & ſujets cy apres nommés pour, & en lieu deſdits deux Cents chef d'Hoſtel, pour & ſelon l'eniention, & vouloir de mondit tres redouté Seigneur, c'eſt aſſauoir Meſſire Louys de Chalon Prince d'Orenge, & Seigneur d'Arlay Meſſire Iean de Neuf-Chaſtel Comte de Fribourg en Briſgavv, François Comte de Gruere, Iean de Vergy Seigneur de Champvans. Iean de Vergy Seigneur de Montrichier, Guillaume Seigneur de la Serra Seigneur de Boſſenan, Humbert de Colombier Seigneur de Euillerans, Richard de Colombier Seigneur de Vouflans s Meſſire Iean Seigneur de Vaumarcoul, Meſſire Iean

Seigneur

Seigneur de Blonnay, Anthoine de Montagne Seigneur de Breſſuin, Boniface de Chalant Seigneur de Villar-ſé, George de la Moliere Seigneur de Fons, Iean de Champion Seigneur de Valru, Amé Seigneur de Voulſpans, Veiremand de Gumois Seigneur du Broley, Humbert de Glene Seigneur de Crigié Amé de Stanayé Seigneur de Channux, Guy de la Baume Seigneur d'Attalens; Meſſire Iean de Gingin Seigneur de Diuonne, Louys de Bonniuard Seigneur de Grilly, Guillaume de Chalant Seigneur de Chaſtel, Iean de Grueres Seigneur de Montſernant, François d'Auancby Seigneur de Combremont, François Ruſſin Seigneur d'Aleman, Guillaume de Tannel Seigneur de Granges, Meſſire François de Blonnay Seigneur de ſaint Paul, Iean Seigneur de Valeze, Guillaume d'Alinge Seigneur de Coudrée, Meſſire Guygnes de Rouorée Seigneur de Curſinge, Pierre Seigneur de Noue-ſelle, Amé de Rouorée Seigneur de ſainct Tiſon, Philibert de Compeys Seigneur de la Chappelle, Pierre Seigneur de Baleyſon, Amblard, Seigneur d'Iuoire, Meſſire Girard Seigneur de Montchenu, Philibert de Montchenu Seigneur de Langins; Meſſire Iean de Compeys Seigneur de Thorene, Iean de Compeys Seigneur de VVpillieres, Galeas Seigneur de Salenoue, Iean de Menthon Seigneur de Beaumont, Philibert de Lornay Seigneur de Suyrieu, Amé de Villette Seigneur de Limon, Iean Aleman Seigneur d'Eyſerié, Pierre Seigneur de Conſignon ... N ... de Menthon Seigneur des Clés, Amé de Compeys Seigneur de Gruffy, Philibert de Menthon Seigneur de Couettes, Pierre Seigneur de Lucinge, Iaques Seigneur de Charanſonay, Claude Seigneur de Montfort, Henry de Vaugrineuſe Seigneur de Tol-N .... Seigneur d'Eſpagnet, Robert Seigneur de Chaſteluiel de Duyn, George de ſainct Ioyre Seigneur de la Baſtie en Geneuois, Charles de Menthon Seigneur de la Baume, Aymé de Grilly Seigneur de Ville en Geneuois, Guygnes de Baleyſon Seigneur de Beauregard, Guillaume Seigneur d'Auanchy, Antelme Seigneur de Miolans, Iaques de Montbel Seigneur d'Entremonts, Meſſire Bertrand de Duyn Seigneur de la Vald'yſere, Geoffroy de Seyſſel Seigneur de ſainct Caſſin, Meſſire Iaques de Clermont Seigneur de ſainct Pierre, Meſſire Amé Seigneur d'Vrtieres, Iean de Cuyne Seigneur de Riband, Iean de Chabod Seigneur de Leſcherencs, Louys de Gerbais Seigneur de Saonas, Iean Seigneur d'Arnillas. N .... de Villette Seigneur de Bonnillars. N .. de Duyn Seigneur de Chaſtel ſur Conſiens, Louys de la Rauoyre Seigneur de la Croix, Meſſire Louys de Luyrieux Seigneur du Villars, Meſſire Iean de Montluel Seigneur de Choutagne, Seguiran de Gerbais Seigneur de Billia, Meſſire Gaſpard Seigneur de Varax, Pierre de Seyſſel Seigneur d'Aiguebelette N .... de Verbos Seigneur de Chaſtel, André de Moyria Seigneur de Mailla, Iaques de Grolée Seigneur de Luys, Amé de Villette Seigneur de la Cou, Anthoine de Buſſi Seigneur d'Erya, Guygues de Rogemont Seigneur de Verneaux, George de Luyrieux Seigneur de Montueran, Guillaume de Moyria Seigneur de Chaſtillon de Corneile: Meſſire André de Martel Seigneur de Gramont, Meſſire Louys François Seigneur des Alymes, Sibond de Rynoire Seigneur de Domeſſin, François de Rynoire Seigneur de Gerbais, Amé Seigneur de Mondragon, Claude de Longecombe Seigneur de Thuey, Iean Seigneur d'Eſcrinieux, Guillaume de Montfalcon Seigneur de Flaccien, Meſſire André de Mareſte Seigneur d'Aſpremont, Iean de Foras Seigneur de Murs, Guillaume Bouchard Seigneur de Manflory, Anthoine de Cordon Seigneur de Pluuy, Amé de Boczezel Seigneur de Martel, Amé de Roſillon dit Bouuard des Seigneurs de Beaurepont, Meſſire Seigneur d'Aymenigne, François Seigneur de Chenelu, Claude d'Oncieux Seigneur de Douures, Anthoine du Clos Seigneur de ſaint Mauris. N ... Seigneur des Terreaux, Pierre de Coucy Seigneur de Geuiſſia, Perceual de Matafelon Seigneur de Martigna, Iean Seigneur de Longecombe, Claude de Dortans Seigneur du Villars, Claude de la Baume Comte de Montreuel, Iaques de la Baume Seigneur de l'Abbergement, Meſſire Guillaume de Coligny Seigneur d'Andolot, Guygues de la Palu Seigneur de Chaſtillon, Euſtache de Chandée Seigneur de Vaſſalieu, Meſſire Iaques Comte de Mont-mayeur, Hugues Seigneur de Chandée, Meſſire Iean du Saix Seigneur de Banains, Claude de Chambut Seigneur de Pomiers, Meſſire Humbert Mareſchal Seigneur de Meximieux, Anthoine de Genoſt Seigneur de la Feole, Anthoine Seigneur de Genoſt, Louys de la Baume Seigneur du Genetey, Guichard d'Vrſé Seigneur d'Eſpey, Iaques fils de Marin Amé de Chalant, Seigneur du Saix, Meſſire Claude Seigneur de Franchelins, Iaques Seigneur de Marmont, Louys de Leal Seigneur de Loeſe, Meſſire Humbert Seigneur de Glareus, Sibued Seigneur de Feillens, Morelet de la Baume Seigneur de Peres, Guy de Ferlay Seigneur de Satonay, Antoine Seigneur de Verſey, George Seigneur de Chaſtel-vieil; Meſſire Louys de Nancuyſe Seigneur de Boba, Iean de Molon Seigneur de Villereueſiure, Pierre Seigneur de Monſerrand; Claude de Briora Seigneur de la Serra; Anthoine de Corſant Seigneur de Broces, Iean Seigneur de Cornon, Louys Seigneur de Guerrenans, Meſſire Anthoine de Varax Seigneur de Romans; Meſſire Boniface du Saix Seigneur de Rignia, Eſtienne Seigneur de Lucinge, Anthoine Seigneur de la Geliere, Guillaume de Montbel Seigneur du Montelier, Claude de Seyturier Seigneur de Cornod, Meſſire Louys de Sauoye, Hugonin de Sauoye, Hugonin de Saluces Seigneur de Cardé, Meſſire Theode de Valpergue, Meſſire Boniface de Valpergue, Amé de Valpergue, Pierre des Comtes de Mazin, Hugonin des Comtes de Mazin, Pernet des Comtes de ſainct Martin, Gabriel des Comtes de ſainct Martin, Louys d'Aiglié des Comtes de ſainct Martin, Martin Capra, le Prenoſt des Seigneurs, & Comtes de Caſtelamont, Louys Coſte, Meſſire Iean Coſte, Meſſire Tolet de Ferruchas, Raoul de Ferruchas, Richard Comte de Chreſcentin, Boniface de Colobien, Thomas de Colobien, Ardouin de Caſenoue, Franciſquin de la Motte, Iean-Iaques des Seigneurs de Ferrion, Chapin des Seigneurs de Ferrion, Louys de Valpergue Seigneur de Rampol, Abonde des, Seigneurs de Burons, Pierre des Seigneurs de Lainy, Amé Probana Seigneur de Lainy, Iean Arcator Seigneur d'Anceſſay, Secondin de S. George Seigneur de Balanger, le Vicomte de Varammomme, Amé de Pioſaſque, Iaques des Seigneurs de Pioſaſque, Boniface des Seigneurs de Caſtignol, Pierre des Seigneurs de Riuolte, Odon Royer Seigneur de Poiurey, Meſſire Amedée Seigneurs de Luſerne, Bartholomé deſdits Seigneurs de Luſerne, George du Soulier Seigneur de Carel, Franciſquin du Soulier Seigneur de Monaſterol, Amé Cantal des Seigneurs de Combeniane, Thomas Truchet des Seigneurs de S. Martin, Charles Cacheran Seigneur d'Ozaſque, Georges Cacheran Seigneur de Briqueras, & Philippes Seigneur de Colergue Qu'ils baillent leurs lettres, & ſeellé à mondit tres redouté Seigneur le Roy par leſquelles ils iurerōt & promettront tenir, & entretenir les choſes declarées en noſdites lettres; & neantmoins auons voulu, & conſenty, voulons, & conſentons, que s'il auenoit que Dieu ne veuille, que nous, & nos ſucceſſeurs Ducs de Sauoye fiſſions aucune choſe contre, & au preiudice deſdites alliances, qu'en ce cas le deſſus nommés, ne aucuns d'Eux ne ſoient tenus, ou aſtraints de nous ſeruir, ayder, fauoriſer, ne ſouſtenir contre noſtre tresredouté.

L   Seigneur

Seigneur le Roy, ne ſon Royaume & qu'à ce faire ne les puiſſions contraindre par priſes, ou arreſts de leurs perſonnes, ne de leurs terres & Seigneuries ne par quelconque autre voye que ce ſoit, & voulons qu'au Vidimus de cette, foy ſoit adjouſtée comme à l'Original donné à S. Pourçain, le 16. iour de Decembre l'an de grace 1455. Signé Louys, preſens Meſſieurs Iean de Groſlée Preuoſt de Montjou, Claude de la Baume Comte de Montreuel, Iacques Comte de Mont-mayeur, Iacques de la Baume Seigneur de l'Abbergement, Antoine des Marquis de Romagnan Preſident de Piemont, Martin le Franc Prevoſt de Lauſanne, Humbert de Montluel Seigneur de Chaſteaufort, Amé de Chalant Seigneur de Varey, Iean du Saix Seigneur de Banains, Iean Michel Preuoſt de Vercel, Guillaume de Viry Preſident des Comptes, Iean Seigneur de Blonnay, Guillaume Seigneur de la Serra, Amé Seigneur d'Vrtieres, Louys de Bonniuard Maiſtre d'Hoſtel, Humbert Veluet, Antoine Bouuier, & Guillaume de la Foreſt.

En execution de quoy le Duc par lettres datrées à Bourg en Breſſe le dernier iour de Mars 1456. ordonna auſdits Seigneurs, & Gentils-hommes d'envoyer leurs lettres, & ſeellés, preſens Meſſieurs Iacques des Comtes de Valpergue Chancelier de Sauoye, Iean de Seyſſel Seigneur de Barjat Mareſchal de Sauoye, François de la Palu Comte de la Roche Seigneur de Varembon, Amé de Chalant Seigneur de Varey, Guillaume de Viry, & Iean Seigneur de Lornay : Amé Prince de Piemont Seigneur de Breſſe, & de Vaud, fils aiſné du Duc y conſentit pour regard des Gentils-hommes de ſes pays de Breſſe, & de Vaud par lettres données à Ganat en la meſme année.

Le Roy Charles ayant envoyé en Daufiné, Antoine de Chabanes Comte de Dammartin pour ſe ſaiſir de la perſonne du Daufin Louys ſon fils, pour les raiſons touchées par les Hiſtoriens du temps ; il ayma mieux ſe jetter entre les bras de ſes ennemis, que de ſon Pere ; Il partit donc ſecretement de Daufiné au moys d'Aouſt de l'an 1456. accompagné entr'autres de Iean Baſtard d'Amaignac Seigneur de Gourdon, Mareſchal de Dauphiné trauerſa le Bugey & alla à S. Claude en Comté, où eſtant, Guy Euſſque de Langres envoyé de la part du Roy, l'alla treuuer pour le ramener en France ; mais le Daufin qui eſtoit dans vne grande defiance ne s'y peũt iamais reſoudre ; le Roy irrité de ce depart envoya des Trouppes pour ſe ſaiſir du Daufiné ſous la conduite de Iean de Laual Seigneur de Loheac Mareſchal de France & de Pregent de Coitiuy Seigneur de Taillebourg, Amiral de France, qui arriuerent à Lyon l'vnxieme Septembre ſuyuant. Et le 17. le Mareſchal, l'Amiral, Iean de Groſlée Prevoſt de Montjou & Iean de Daillon Seneſchal de Beaucaire allerent à ſainçt Pris en Daufiné pour traitter auec le Gouuerneur de Daufiné & les principaux Seigneurs du Pays de la remiſe que le Roy vouloit qu'on luy fiſt de tout le Daufiné cette negociation n'eut pas vn effect ſi prompt ; Car bien que le Roy fut venu en perſonne à Lyon au mois d'Octobre, toutesfois il y demeura tout l'Hyuer auant que les Daufinois ſe peũſſent diſpoſer à ce qu'il leur demandoit, & apres auoir fait pluſieurs voyages de Lyon à S. Pris & à Vienne en Daufiné ; Il en vint à bout, & changea tous les Gouuerneurs & Officiers du Daufin.

Chronicon Sab. M.S

La queſtion de l'hommage & du Reſſort du Chaſteau de Beſenens n'ayant pas eſté terminée par la Conference de Villars en l'an 1445. Elle fut renouuellée en l'an 1460. Iean Duc de Bourbon ſouſtenoit qu'il eſtoit des anciennes dependances de Dombes, où il eſtoit Souuerain : Le Duc de Sauoye au contraire que c'eſtoit vn arrierefief de Breſſe, que cette terre auoit eſté acheptée par Matthieu Baſtard de Bourbon, qui n'auoit pas voulu en faire hommage au Duc de Sauoye, n'y au Prince de Piemont ſon fils Seigneur de Breſſe, & de Vaud ; Le Roy pour entretenir la bonne intelligence qui eſtoit entre les maiſons de Sauoye, & de Bourbon, par Lettres datrées à Molinherne en Anjou le 19. d'Octobre 1462. declara qu'il conſentoit d'eſtre leur Arbitre. Et leur envoya Maiſtre Iean le Roy ſon Notaire & Secretaire, pour

Inuent, du Treſor des chartes de France. Tit. du Treſor de Beau-jolois. Tit. de la Chambre des Comptes de Sauoye.

ſçauoir d'eux s'ils l'aggreéoient : Ce qu'ayant eſté fait le Roy envoya depuis en Beaujolois & en Sauoye, Amanion d'Albret Seigneur d'Orual, Guillaume Couſinot Baillif de Roüen & Triſtan l'Hermite Prevoſt des Mareſchaux de France ſes Ambaſſadeurs leſquels firent en ſorte qu'il y euſt treſue entre ces deux Princes, qui eſtoient ſur le point de venir aux mains, la treſue finie, le Roy deputa de nouueau l'Eueſque de Viuiers, Maiſtres Hudric Viuiſy, & Laurent Paterin Docteur ès Loix, & le Baillif d'Alençon, puis le Seneſchal de Valentinois ; mais tout cela n'ayant rien operé qu'vne prolongation de treſues, Guillaume Iuuenel des Vrſins Cheualier Seigneur de Trainel cy-deuant Chancelier de France, Pierre Doriole autrefois General des Finances de France, & Humbert Veluet Preſident de Genevois s'en entremirent en l'an 1464. par ordre du Roy, & toutefois on n'a pas ſçeu ce qu'ils en arreſterent ; Il y a apparence pourtant que la choſe ſe termina à l'auantage du Duc de Bourbon, puis qu'encor à preſent la Seigneurie de Beſenens eſt dependente de Dombes.

Preuues pag. 50.

En la meſme année 1460. & le 5. May ce Prince declara en faueur de la Nobleſſe de Breſſe, & à la priere de Claude de la Baume Comte de Montreuel qu'il ne luy eſtoit point deu de Lods en cas de vente des Fiefs, Terres & Seigneuries du Pays de Breſſe (excepté le Comté de Villars) cette declaration eſt datrée à Montcalier, preſens A. Marquis de Romagnan Chancelier de Sauoye, Aymé Comte de la Chambre & Vicomte de Maurienne, Gaſpard de Vatax Marquis de S. Sorlin Comte de Varax, Humbert de Martel Seigneur de Gramont, Louys de Bonniuard Maiſtre d'Hoſtel du Duc, ce qui a eſté depuis confirmé par les Ducs de Sauoye ſes Succeſſeurs, & par le Roy Henry II. & s'obſerue encor à preſent.

Le Duc eſtant allé à Lyon en Decembre de l'an 1464 tomba malade des Gouttes qui eſtoit ſon incommodité ordinaire, & y mourut le 24. Ianuier 1465. ſon corps fut enterré auec l'habit de S. François, en

Chronic. Sab. M.S.

l'Egliſe de S. François & ſon cœur en l'Egliſe des Celeſtins de Lyon, la Chronique Latine remarque, que dés qu'il fut decedé tous les Seigneurs & Gentils-hommes de ſa Cour ſe retirerent, ne demeurant perſonne de conſideration auprés de luy que Iaques de Sauoye ſon fils, Louys fils du Marquis de Saluces, Aymar de Poiſieur Cheualier dit Capdorat Gentil-homme Daufinois, renommé pour ſa valeur & le Seigneur de Coudrée de la maiſon d'Alinges en Sauoye.

Ce Prince Eſpouſa Anne de Luſignan fille vnique de Ianus de Luſignan Roy de Chypre & de Chatlote de Bourbon au moys d'Aouſt 1432. les Ambaſſadeurs du Duc Amé VII. qui la demanderent en mariage furent François de la Palu Seigneur de Varembon, & Iean de Compeys Seigneur de Gruffy, leſquels auec le Cardinal de Chypre l'amenerent à Chambery, ou les nopces furent celebrées en l'an 1435. elles

elles furent honorées de la prefence de Philippes Duc de Bourgogne, de la Reine de Sicile, du Duc de Bar, du Comte de Neuers, & du ieune Prince de Cleues, Paradin dit qu'à la premiere table eſtoient le Cardinal de Chypre, la Reyne de Sicile, & le Duc de Bourgogne tous trois d'vn meſme coſté, & au mil-lieu eſtoit aſſize l'Eſpouſée, & apres elle le Duc de Bar, le Comte de Neuers & le Prince de Cleues, à la ſeconde le Duc de Sauoye Amé VII. le Comte de Fribourg, le Prince d'Orenge, le Chancelier de Bolomier, & autres Seigneurs & Dames. *Hiſt. de S. liu 4. chap. 37.*

Les Hiſtoriens de Sauoye blaſmẽt le Duc Louys de ſa trop grande facilité, & d'auoir trop deferé à Anne de Chypre ſa Femme, laquelle n'ayant aupres de ſa perſonne que des Grecs, & des Cypriens, elle les auança en biens, Benefices & Charges à l'excluſion des naturels ſujets du Duc, & à l'oppreſſion du peuple; Le Pape Pie 2. l'a dit en beaux, termes, *Erat Ludouicus Vir manſuetus, & amans otij, & qui pa-rere, quàm Imperare aptior eſſet, vxorem duxerat ex Cypro Annam, audaciæ fœminam, quæ ſubeſſe veſciret, hæc Viri abuſa ingenio, regimen ad ſe traxit, Magiſtratus pro arbitrio inſtituit; atque deſtituit, ſacerdotia quibus voluit impertiuit, Cyprienſes in rerum culmine collocauit, & vn peu apres il adjoûte, Sub Imperio fœminæ cuncta per auaritiam adminiſtrata ſunt, & Græculi pro ſua libidine Sabaudienſibus inſultauere;* Elle s'eſtoit fait donner par le Duc les Seigneuries du Bourget, Rumilly, Condreſin, Quart, Chaſelles, Septin, Vgine & Ville-Franche, Le Roy Charles VII. marry de cette ſorte de Gouuernement, en eſcriuit vne lettre aux Syndicqs de la Ville de Bourg & autres de Breſſe & de Bugey dont la teneur eſtoit telle. *Gabel. lib. 7. comment. Titre de la Chambre des Comp. de San.*

Charles par la grace de Dieu Roy de France, Cheualiers & bons Amis; Nous croyons que vous connoiſſez aſſez les inconnenients & dommages puis aucun temps aduenus, & qui encor ſont en voye de plus aduenir à la Maiſon de Sauoye & tous les pays & ſujets à icelle par le mauuais Conſeil & conduite d'aucuns Eſtrangers & autres qui ont eſté & encor ſont à l'entour de noſtre tres-cher & tres amé Couſin le Duc de Sauoye, par le moyen deſquieux, tout ledit pays eſt ſenu, & nourry en diuiſion ſans Ordre, Iuſtice, ne police telle qu'il appartient à la grand foule, charge, & deſtruction d'icelles, Et pour ce que piteuſe choſe ſeroit à conſiderer, & que ſe-rions tres deſplaiſans de voir ladite maiſon, choir en telle deſolation, & Inconuenient comme la chouſe eſt en diſpoſition de venir ſe brieue prouiſion n'y eſt donnée, auſſi que deuons auoir cette matiere bien au Cuer pour la prochainetté de lignage, ancienne confederation, & alliance que ceux de ladite maiſon ont touſiours eu à la maiſon de France, & ſingulierement à l'occaſion de ce que noſtre tres Chere & tres Amée fille eſt coniointe par mariage auecques le Prince de Piemont filz aiſné de Noſtredit Couſin, auſquieux par ſucceſſion naturelle la Seigneurie doit Eſchoir par le temps aduenir: Pourquoy tres fort nous deplairoit de voir ladite Seigneurie, & ſes pays, & ſujets choir en telle deſolation. Nous deſirant ſingulierement que telle, & ſi bonne prouiſion y ſoit donnée, que ce ſoit au bien, honneur, & Exaltation de ladite maiſon, entretiennement & Augmentation d'icelles, & preſeruation des Inconueniens qui pour les Cauſes deſſuſdites, ſont en voye d'y aduenir, & à tous les ſujets dudit Pays; Auons deliberé d'enuoyer aucuns nos Ambaſſadeurs par deuers noſtredit Couſin, pour luy dire, & remonſtrer les chouſes deſſuſdites en la preſence de vous autres Gens de bonnes Villes, & trois eſtats dudit pays, affin que ſur ce par le bon aduis de vous, & autres gents deſdits trois Eſtats, ſoit miſe & donnée la prouiſion telle qu'il appartient & qu'il eſt bien neceſſaire, En quoy pour le ſingulier Amour & affection que y deuons auoir pour les Cauſes deſſuſdites, Nous auons bien deſir, & tenir la main par toutes bonnes Voyes honneſtes, & raiſonnables; Si le vous Eſcriuons comme à qui la Chouſe touche & qui deuez ay-mer le bien, honneur & exaltation d'Icelle maiſon affin que ſoyez, & aſſiſtiés au iour que noſdits Ambaſſadeurs ſeront par deuers noſtredit Couſin, qui ſera dedans le 20. iour de ce preſens moys d'Aouſt pour le plus tard, ainſi que ſur ce ayés bon aduis & Communication Enſemble & que de voſtre part vous y employés ainſi que te-nu y eſtes; Car de vous & de tous autres qui à ce vous employrés ſeronstres Contens & le reputerós à tres agrea-ble plaiſir Donné au Bois ſus Eſne le 4. Iour d'Aouſt ſigné Charles & en la ſuperſcription eſtoit eſcrit. A Nos chers, & bons Amys les Syndiques & Bourgeois de la Ville de Bourg & autres des Baillage de Breſſe & de Bugey. *Tit. de l'Ho-ſtel de ville de Bourg.*

De toutes les affaires qu'euſt le Duc Louys, il n'en euſt point qui fut ſi importante, que la difficulté qu'il euſt auec le meſme Roy Charles, car ayant pretendu que comme Duc de Sauoye, & ſouuerain en ſes Eſtats, il auoit droit de garde, Iuriſdiction, ſuperiorité, & reſſort ſur les biens des Egliſes de Lyon, Maſ-con, Cluny, Tournus, Aynay, & l'Iſle-Barbe enclauées dãs le Duché de Sauoye & Seigneuries de Breſſe, & de Bugey, le Roy s'y oppoſa, & ſouſtint qu'il eſtoit ſeul protecteur deſdites Egliſes & de tous les biens qui en dependoient ſitués dans l'ancienne Eſtendue des Gaules, pour eſclaitcir ce different qui mettoit la Souueraineté du Duc en Breſſe & Bugey en compromis, il Enuoya eu France pour Ambaſſadeurs Phili-bert de Seyſſel Cheualier Seigneur d'Aix, Amé de Chalant Seigneur de Vorey, Iean de Luyrieux Che-ualier & Docteur, François de Thomas Cheualier Preſidét de Geneuois, & Humbert Veluet premier Col-lateral de Sauoye; mais le Roy n'ayant pas eſté bien Informé des Droits du Duc de Sauoye, par l'Audiance qu'il dõnna à ſes Ambaſſadeurs Il renuoya la connoiſſance de cettre matiere à ſon Conſeil ou le Duc ſans approbation de Iuriſdiction, & par reſpect produiſir quantité de Titres pour eſta-blirſon Intention, les Eſcriptures qui furent faites depart & d'autre en cette illuſtre cauſe, ſe Voyent En-cor en vn Vieil regiſtre qui eſt en la Chambre des Comptes de Dauſiné ou il y a des ſingularités notables. *Titre de la Chambre des Comptes de Dauſiné. Chronic. Sab. M. S.*

Pour contrebalancer le blaſme que donnent les hiſtoriens ce Prince il eſt loüable de trois choſes, l'v-ne l'Edit qu'il fit le neufuieſme May 1445. par lequeil declara le domaine de Sauoye Inalienable à lade-nir comme celuy de France, l'autre de l'Eſtabliſſemẽt qu'on luy attribue du Senat de Thurin, & de celuy de Chambery, & la Troiſieſme de cette precieuſe, & rare relique du S. Suaire laquelle il euſt de Mar-guerite de Charny Dame de Villars Sexel Conteſſe de la Roche.

ENFANS DE LOVYS DVC DE SAVOYE, ET
d'Anne de Chypre.

I. A Mé VIII. du nom Duc de Sauoye duquel ſera parlé en ſon lieu.

II. A Louys de Sauoye Comte de Geneue, & Roy de Chypre, il naquit à Geneue, & euſt deux femmes; la premiere Anne Belle ſœur de Iaques Roy d'Eſcoſſe, laquelle luy fut accordée au moys de Decẽb. 1444.

L. 4   mais

mais ce mariage fut diffout du Confentement des parties, & la negotiation s'en fit par Thomas Euefque de VVeitern en Efcoffe, le latin, dit *Candida cafa*, & Iaques des Comtes de Valpergue Chancelier de Sauoye ; Ambaffadeurs & Procureux fpeciaux du Roy d'Efcoffe, & du Duc de Sauoye, ainfi
qu'on l'apprend des lettres d'aggréement du Roy d'Ecoffe, dattées à Perth, le feptiefme
May 1456,

Chronicon.
Sab. M.S.

Sa feconde femme fut Charlotte de Chypre vefve de Iean de Portugal Duc de Coimbre, & fille de
Iean de Lufignan I I. du nom Roy de Chypre & d'Helene Paleologue à caufe dequoy Louys de Sauoyé
fut Roy de Chypre, & alla prendre poffeffion de ce Royaume en l'an 1459. auec vne tres-belle fuite de
Gentils hommes de Sauoye, Breffe & Bugey ; entre lefquels la Chronique Latine de Sauoye s'eft fouue-
nenuë de ceux cy Aymé de Seyffel Seigneur d'Aix, Antoine de Buenc Seigneur de Mirigna, & de Chenauel, Aimé de Geneue, Sibued de Loriol Cheualier Docteur és Loix Chancelier de Chypre, Iaques de

Chronicon.
Sab. M.S.

Luyrieux Cheualier de l'Ordre de faint Iean de Ierufalem, Claude de Briord Seigneur de la Serra, Antoine de la Balme Seigneur du Morterey, Iean de Lornay & le Seigneur de Breffieux de Daufiné, mais Ia-

Pingo n.

ques Baftard de Chypre Euefque de Nicofie s'empara du Royaume & bien que Louys Duc de Sauoye,
Pere du nouueau Roy luy enuoyaft huict cent hommes d'armes fous la conduite de François de Langins
Seigneur de Veigié en Geneuois ; Louys Roy de Chypre, fut contraint de s'en reuenir & fe voyant fans
efperance de recouurer ce Royaume, il mourut de regret en l'an 1482. à Ripaille où il s'eftoit retiré en
folitude fans laiffer enfans ; Charlotte Reyne de Chypre fa vefve, apres auoir vainement demandé fe-
cours à fon beau Pere, au Pape & aux autres Princes Chreftiens, fe retira à Rome, ou eftant elle fit
donation & ceffion du Royaume de Chypre à Charles Duc de Sauoye fon Neueu & à fes Succeffeurs

Trattato del
titolo Regio
douute à
la Cafa di
Sauoya.

par titre du 25. Fevrier 1485. d'où vient le droit que les Ducs de Sauoye ont au Royaume de Chypre &
qu'ils ont porté & portent le titre de Roys de Chypre, comme à plus amplement traité en fçauant Hiftorien de noftre temps & ainfi que nous efperons de faire vn iour ; cette Princeffe mourut à Rome le 16.
Iuillet 1487. & fut enterré en l'Eglife S. Pierre du Vatican.

I I I. Ianus de Sauoye Comte de Geneue, Baron de Foucigny, & de Beaufort Seigneur d'Vgine, & de
Fauerges, ces qualités luy furent données par Louys Duc de Sauoye fon Pere par lettres du vingt-fixié-
me Fevrier 1460. & non point en 1466. comme à creu Pingon, il mourut à Geneue l'11. Ianuier 1491.&
gift à Annecy ; ce Prince fut marié deux fois, premierement auec Helene de Luxembourg fille de Louys
de Luxembourg Comte de S. Paul, de Brienne & de Ligny Connestable de France & de Ieanne de Bar
Comteffe de Marle, & de Soyffons. Puis auec Madelaine de Bretagne fille de Iean de Bretagne Comte de
Pentheure Vicomte de Bridiers, & de Louyfe de Laual, de cette femme, Ianus de Sauoye n'euft Lignée, &
de la premiere il n'euft qu'vne fille appellée Louyfe de Sauoye Marquife de Baugey fiancée à Charles Duc de Sauoye fon parent, mais ce mariage ne fut pas accomply, elle efpoufa depuis Iaques Louys
de Sauoye Marquis de Gex frere dudit Duc, & n'ayant eu Lignée de luy, elle fe remaria auec François de
Luxembourg Vicomte de Martigues.

Pingon.
Philippes de
Commin.
Belcar.

I V. Iaques de Sauoye Comte de Romont, Baron de Vaud, Il eft renommé en l'histoire de fon temps &
de Marie de Luxembourg fa femme Comteffe de faint Paul, de Marle, & de Soyffons fille de Pierre de
Luxembourg 3. du nom ; Comte de S. Paul, de Marle, & de Soyffons Seigneur d'Enguien & de Marguerite de Sauoye Il laiffa vne fille appellée Louyfe de Sauoye femme d'Henry Comte de Naffau fils de

La Pife hift.
d'Orenge.
Pingon.

Iean Comte de Naffau, & d'Anne de Cat-Zenelboghen qu'vn Autheur moderne appelle mal Françoife
de Sauoye fille de Iaques de Sauoye, Comte de Vaud, le Comte de Romont fon pere mourut à Ham en
Picardie le 30. Ianvier 1485.

V. Philippes de Sauoye Comte de Baugé, & Seigneur de Breffe, puis Duc de Sauoye en fon rang.

V I. Aymon de Sauoye mort au Berceau.

V I I. Pierre de Sauoye Euefque de Geneue.

V I I I. Iean Louys de Sauoye Euefque de Geneue, Abbé d'Ambronay, & de Payerne, Prieur de
Nantua, & de Roman-Mouftier.

I X. François de Sauoye Preuoft de Montjou, Euefque de Laufanne, puis Archeuefque d'Auch,
Euefque de Geneue, & Abbé d'Aulps, il euft vn fils naturel nommé Iean François de Sauoye qui fut
Euefque de Geneue.

X. Anne de Sauoye decedée Ieune.

Bouuau. hift.
Galriæ lib. 9.
pag. 485.
M. de S. Mar-
the.

X I. Charlotte de Sauoye, elle fut promife à Adolphe fils aifné d'Arnoul Duc de Gueldres puis à,
Federic fils aifné du Duc de Saxe au moys de May 1444. mais aucun de ces deux mariages ne s'accomplit
au contraire elle efpoufa Louys Daufin de Viennois qui fut le Roy Louys X I. elle euft deux cent mille
Ducats de dot, le Traitté de ce mariage fut fait à Geneue le quatriefme Fevrier 1451. Les Ambaffadeurs du Daufin qui demanderent cette Princeffe furent, Iean Baftard d'Armagnac Seigneur de Gourdon Marefchal du Daufiné, & Anthoine de Bolomier General des finances de Daufiné de la famille des
Bolomiers de Poncin en Bugey.

X I I. Marguerite de Sauoye, l'an 1445. Elle fut accordée en mariage auec Adolphe d'Egmont, Prince de Gueldres fils d'Arnauld ou Arnoulph d'Egmont Duc de Gueldres, & de Catherine de Cleues, Iean
de Chiffé Cheualier & Docteur es droits fut deputé par Louys Duc de Sauoye pour la conclufion de
ce mariage, qui ne fut pas confommé ; neantmoins les hiftoriens de Sauoye, n'ont point eu de connoif-

Lib 9 pag.
489. & eq.
M. de S. Mar-
the.

fance de cela ; Nous en auons l'Obligation au Docte Pontanus en fon hiftoire de Gueldres, cette Princeffe fut apres mariée auec Iean Paleologue, Marquis de Montferrat, puis à Pierre de Luxembourg Comte de faint Paul, que Pingon appelle mal Philippes de Luxembourg Seigneur de Cleues.

X I I I. Bonne de Sauoye mariée à Galeas Sforce Duc de Milan en l'an. 1466.

X I V. Marie de Sauoye Efpoufe de Louys de Luxembourg Comte de faint Paul, de Brienne, &
de Ligny, Connestable de France fils de Pierre de Luxembourg premier du nom, (& non de Thibaud
comme à efcrit Pingon,) Comte de faint Paul, de Brienne, & de Conuerfan Seigneur d'Enghien, & de
Marguerite de Baux.

X V. Agnes

XV. Agnes de Sauoye laquelle euſt pour mary François d'Orleans premier du nom, Comte de Dunois & de Longueuille, Gouuerneur de Normandie, & grand Chambellan de France, fils de ce Celebre Iean d'Orleans, Comte de Dunois, & de Marie de Harcourt,

XVI. Ieane de Sauoye morte ſans alliance.

AMÉ. VIII. DV NOM III. DVC DE SAVOYE, XXIII. SEIGNEVR de Breſſe & de Bugey.

CHAPITRE XLVI.

E fut le premier fils de Louys Duc de Sauoye & d'Anne de Cypre qui naſquit à Thonon le premier iour de Feurier 1435. Et quoy que ce ne ſoit pas dans le berceau que ſe traittent les mariages ; neantmoins le Duc ſon Pere conclud le ſien dans la ville de Tours le 6. d'Aouſt 1436. n'eſtant aâgé que de dix huict moys auec Yoland de France fille du Roy Charles VII. & de Marie d'Anjou, laquelle auſſi eſtoit fort jeune, car elle n'auoit que trois ans, le Roy ſon Pere luy conſtitua en dot cent mille eſcus d'or pour ſes biens paternels & Maternels, & le Duc luy promit dix mille eſcus de Doüaire MM. de ſaincte Marthe on eſcrit que le Duc Louys lors dudit mariage promit de bailler à ſon fils les Comtez de Maurienne & de Vercel, toutesfois cela ne fut point executé, auſſi ce ſont qualitez qu'il n'en porta iamais ; en effet ie treuue par bons titres que le Duc de Sauoye eſtant allé treuuer le Roy à Cleppié en Foreſt, il luy promit le 27. Octobre 1452. de donner en appannage audit Amé ſon fils les Chaſteaux & Seigneuries de Treffort en Breſſe, Goſſonay au pays de Vaud, Rumilly en Sauoye & la Roche en Geneuois, & au cas que les inſdites terres ne fuſſent ſuffiſantes pour l'entretien de leur Maiſon il promit de leur deſliurer d'autres terres en valeur de trente mille florins par an ; mais le Duc n'accompliſſant pas cela le Roy luy enuoya le Comte de Richemont Conneſtable de France & le Comte de Dunoys pour l'y obliger, ce qui fut cauſe que le Duc qui ne vouloit point irriter le Roy l'alla treuuer à ſainct Porſain où pour tout appannage il remit audit Amé ſon fils, les Seigneuries de Breſſe & de Vaud ſous pluſieurs reſeruations entr'autres du Reſſort & de la ſouueraineté, dont le Duc bailla ſes lettres patentes à ſainct Porſain le 13. Decembre 1455. preſens Iean de Groſlée Preuoſt de Montjou, Claude de la Baume Comte de Montreuel, Iacques Comte de Mont-mayeur, Iacques de la Baume Seigneur de l'Abbergement & de Marbos, Anthoine des Marquis de Romagnan Preſident de Piemont, Humbert de Montluel Seigneur de Chaſteaufort, Amé de Chalant Seigneur de Varey & Guillaume de Viry Preſident des Comptes, ſuyuant quoy le Duc pour ſatisfaire entierement le Roy, eſtant au meſme lieu de S. Porſain par autres lettres du 27. Ianuier 1456. depura Iacques de la Baume Seigneur de l'Abbergement & de Marbos, & Iean du Saix Seigneur de Banains Cheualiers ſes Conſeillers & Chambellans pour déliurer reellement leſdites terres à ſon fils, qui de ſon coſté le 29. dudit moys de Ianvier, paſſa procuration à Iean du Meſnil Simon Seigneur de Maupas, Conſeiller Chambellan & premier Valet tranchant du Roy, Baillif de Berry & à Maiſtres André de la Porte, Laurent Paterin Docteur és Loix & Guillaume Thoreau Notaire & Secretaire du Roy pour en prendre poſſeſſion, ce qui fut fait au mois de Feurier ſuyuant dont fut dreſſé procez verbal par lequel on apprend que la Seigneurie de Breſſe conſiſtoit pour lors és Villes, Chaſteaux, Chaſtellainies, & Seigneuries de Bourg, ſainct Triuier, Pont de Vaux, Baugé, Pont de Veyle, Chaſtillon, Miribel, Montluel, Gordans, Peroges, Pont d'Ains, Mont-didier, Iaſſeron, Ceyſeria, Treffort, Corgenon, & ſainct Martin le Chaſtel.

Deſlors ce Prince deſtina ſa demeure ordinaire en Breſſe, ou au pays de Vaud, & bien que ce fuſſent les terres de ſon appanage, il porta touſiours pendant la vie du Duc Louys ſon Pere, la qualité de Prince de Piemont ; l'Hiſtoire remarque qu'il fut bien ayſe que cet appanage luy donnaſt pretexte de s'eſlogner de la Cour de ſon Pere où il ne prenoit pas grand plaiſir de ſe treuuer à cauſe que la direction des affaires eſtoit principalement confiée à Iean de Seyſſel Seigneur de Barjat, & de la Rochette Mareſchal de Sauoyé, à Aymé Comte de la Chambre ſon fils, à Gaſpard Seigneur de Varax Marquis de S. Sorlin & à Guyotin de Chypre.

Quand le Duc Louys mourut à Lyon en l'an 1461. Amé Prince de Piemont eſtoit à Bourg en Breſſe auec ſa femme où il fut reconnu & ſalué Duc de Sauoye & receut l'hommage de tous ſes ſujets de Breſſe, & de Bugey, mais apres auoir conuoqué les Eſtats de Sauoye & de Piemont au 25. Mars ſuyuant, il partit de Bourg le dernier iour de Feurier auec la Ducheſſe Yoland & s'en alla à Chambery, ou le 2. May 1465. il confirma aux Habitans de Bourg, tous les Priuileges, immunitez, & Franchiſes accordées à la Ville de Bourg tant par les ſires de Baugé en 1250. que par Amé IV. & Amé VII. ſon Ayeul és années 1301. & 1407. Il ne fut pas pluſtoſt arriué en Sauoye qu'il ſe preſenta matiere de Broüillerie en ſon Eſtat, laquelle aucun Hiſtorien n'a remarqué ; Car le Roy Louys XI. qui en vouloit au Duc de Bourbon pour auoir ietté auec le Duc de Bourgogne les premiers fondemens de la Ligue du bien public, enuoya au Duc Amé pour l'inciter de faire la guerre au Duc de Bourbon en Dombes & en Beaujolois ; D'autre coſté Philippes Duc de Bourgogne oncle du Duc de Bourbon, s'employa aupres de luy pour deſtourner cet orage, & apres luy auoir fait repreſenter les anciennes, & eſtroittes alliances qui auoient eſté de tout temps entre les maiſons de Bourgogne & de Sauoye, le coniura de ne rien entreprendre contre le Duc de Bourbon, & d'eſtre pluſtoſt neutre comme ſes predeceſſeurs ; La Ducheſſe de Sauoye ſœur du Roy inclinoit du coſté de ſon frere, & auoit de ſon party Iean de Seyſſel Seigneur de Barjat & de la Rochette ; Mareſchal de Sauoye, Aymé Comte de la Chambre ſon fils, Antelme Seigneur de Miolans, Iacques Comte de Montbel, & d'Entremonts, & Claude de Seyſſel Seigneur d'Aix Maiſtre d'Hoſtel du Duc ; Amé ne voulant rien reſoudre de ſoy meſmes en vne affaire de ſi grande importance, en remit la deciſion à la tenue de ſes Eſtats ;

Hiſt. Genealog. lin. 8. Chap. 8.

Hiſt. Sab. Laſ. M. S.

Pingon in Aug. Tauvin.

L 3   Mais

Mais la reſolution des Eſtats fut qu'il falloit pluſtoſt aſſiſter le Duc de Bourbon, que de luy nuire & que la Sauoye auoit plus d'Obligation à la Maiſon de Bourgogne qu'à celle de France, les conſiderations qui feruirent beaucoup à appuyer cette reſolution furent les hoſtilitez que les Trouppes du Roy auoient fait peu de temps auparauant en Sauoye, Breſſe & Bugey lorsde la priſe de S.Genys, d'Ambronay, de La-nieu, & de Montluel & la priſon de Philippes de Sauoye à Loches que toute la Sauoye auoit ſur le Cœur.

Si cette concluſion fut deſagreable à la Ducheſſe Yoland, il n'en faut pas douter puis qu'elle voyoit l'a-mitié du Duc de Bourgogne preferée à celle du Roy ſon frere; Cependant la Nobleſſe de Daufiné ayant eu Ordre de ſa Majeſté d'entrer en Beaujolois pour y allumer la guerre, pluſieurs Seigneurs de Sauoye qui auoient inclination particuliere à ſeruir le Roy ſuiuirent les Daufinois; entr'autres Aymé Comte de la Chambre, Jacques Comte de Montbel & d'Entremonts & Claude de Seyſſel Seigneur d'Aix, leſquels arriuerent à Lyon auec grand train le 8. Iuin de ladite année 1465. de là ils allerent à Anſe en Beaujolois où eſtoit partie de l'armée, Antelme Seigneur de Miolans ſe ioignit à eux, & tous enſemble ſe rendirent à ſainct Porſain où eſtoit le Roy, aupres duquel eſtoit deja Jacques Comte de Mont mayeur, mais cette guerre qui n'eſtoit pas encor bien commencée, fut bien-toſt finie par le traitté conclu entre le Roy & le Duc de Bourbon dans Ville de Riom en Auuergne.

En ce meſme temps mourut Jean de Seyſſel Mareſchal de Sauoye en place duquel le Duc Amé en créa deux, Sçauoir le Comte de Grueres & Claude de Seyſſel Seigneur d'Aix; François Sforce Duc de Milan eſtant mort en l'an mil quatre cent ſoixante ſix Galeas Sforce Comte de Pauie ſon fils aiſné qui eſtoit en Daufiné, & s'eſtoit aydé à faire la guerre au Duc de Bourbon ayant ſceu cette nouuelle ſor-
Chronic. Sab. Lat. M.S.
tit de Daufiné en habit d'eſguiſé pour ſe rendre à Milan, & comme il eſtoit à Noualeſe à la deſcente du Mont-cenys, il fut reconnu, & arreſté par l'Abbé de Caſeneuue de l'Ordre de Ciſteaux & par Hugues Aleman Cheualier Seigneur d'Arbent en Bugey; le Duc aduerty de cette detention le fit deſliurer, & luy accorda le paſſage par le Piemont; toute-fois Galeas ne témoigna guieres de reſſentiment de cette faueur, car le Duc Amé luy ayant demandé la reſtitution de Valence ſur le Po, d'Occimian & autres Places du Mont-ferrat que François Sforce ſon Pere auoit vſurpées ſur Louys Duc de Sauoye pédant la guerre qu'il eut auec le Daufin, Galeas en fit refus; Voyla donc ouuerture de guerre entre ces deux Princes, le Duc de Sauoye ayant ſon Armée preſte en donna la conduite à Philippes de Sauoye Comte de Baugé Sei-gneur de Breſſe ſon frere qui fut aſſiſté & ſecouru des Venitiens, cette guerre dura huict moys, & l'iſſuë fut que le Duc de Milan reſtitua les ſuſdites Places au Duc de Sauoye.
Hiſt. Sab. lat. M.S.
La guerre eſtrangere ne fut pas pluſtoſt eſteinte qu'il en ſuruint vne Domeſtique d'ont le ſujet fut qu'Antelme Seigneur de Miolans, Louys de Bonniuard Seigneur de Grilly, Antoine d'Orly & quelques autres Gentils-hommes de la Cour de Sauoye auoient ſi grand credit aupres du Duc Amé que toutes choſes ſe determinoient par leur aduis & comme leur conduite n'eſtoit pas bonne, le peuple en ayant murmuré long-temps ſans que perſonne y voulut ou peût mettre la main, Louys de Sauoye Comte de Geneue, Philippes de Sauoye Comte de Baugé & Jacques de Sauoye Comte de Romont eſtans enfans, pouſſez par les principaux Seigneur de l'Eſtat, ſe reſolurent en l'an 1471. de ſe ſaiſir de ces fauoris, à cet effet apres auoir amaſſé quelques Trouppes, ils allerent à Chambery & de là à Mont-melian où ils entre-rent par force, le Duc y eſtant auec la Ducheſſe & leurs enfans; Mais le deſſein de ces Princes n'eſtant que de s'en prendre à ces Miniſtres d'Eſtat pour donner vne nouuelle face aux affaires, ils ne firent rien, par ce qu'ils ne s'y treuuent pas. Le Duc au lieu de blaſmer & de chaſtier la temerité de ſes freres qui auoient oſé forcer vne place où il s'eſtoit retiré, les reçeut tout de meſmes que s'ils fuſſent venus le viſiter par vne bonté & generoſité extraordinaire; mais comme les femmes ſont plus ſenſibles aux iniures que les hom-mes & les ſçauent moins pardonner & oublier; Yoland de France Ducheſſe de Sauoye ne peût point di-gerer cette action, au contraire apprehendant quelque changement en l'Eſtat de Sauoye ou entrepriſe ſur ſa perſonne, ou ſur ſes enfans, elle ſortit de nuict du Chaſteau de Mont-melian à l'inſceu du Duc & ſe retira à Grenoble auec ſes enfans, elle y fut ſuyuie par Antelme Seigneur de Miolans, Claude de Seyſſel Mareſchal de Sauoye, Hugonin Aleman Seigneur d'Arbent, Gauthier de Chignin, Louys François & Pierre de Bonniuard, Jean de Compeys Seigneur de Thorenc, Antoine d'Orly & autres, elle ne fut pas ſi-toſt en Daufiné qu'elle donna aduis au Roy Louys XI. de ſa ſortie & implora ſon ſecours pour auoir raiſon de cette iniure, le Roy pour contenter ſa ſœur fit leuer des Trouppes, en donna la conduite à Charles de Sauoye Prince de Piemont fils aiſné du Duc Amé qui eſtoit en France auec Ordre de con-duire la Ducheſſe ſa Mere à Chambery, ce jeune Prince apres auoir pris congé de ſa Majeſté & du Duc de Guyenne ſes Oncles partit de Paris ayant auec ſoy Antoine de Lauue Comte de Villars, Vicomte de Lautrec que le Roy luy auoit donné pour Conſeiller & conducteur, mais le Prince Charles eſtant à Or-leans mourut d'vne diſſenterie âgé d'enuiron ſeize ans, cependant les eſprits des ſujets du Duc de Sauoye eſtoient partagez, les Piemontois fauoriſoient Yoland, & les Sauoyſiens les Comtes de Geneue, de Bau-gé & de Romont, le Duc meſmes qui deſapprouua ouuertement la ſaillie de la Ducheſſe eſtoit de leur coſté & ſçachant qu'il venoit vne Armée de François contre luy, recourut à Charles Duc de Bourgogne, à ceux de Berne, & de Fribourg; enfin la Ducheſſe s'eſtant preſentée aux portes de Mont-melian en teſte des Troupes Françoiſes, elles luy furent ouuertes apres quelque reſiſtance, ſur cela ſuruint Taneguy du Chaſtel, Gouuerneur de Roſſillon enuoyé de la part du Roy & par ſon moyen ce different fut ac-commodé.

Amé ne joüit pas long-temps de cette tranquillité, parce qu'eſtant à Verçel en Piemont, il y mourut la veille de Paſque de l'an 1472. Paradin & Vuandetburch ſe ſont meſcontez en la datte & au lieu de ſon decez, car ils diſent qu'il mourut à Orleans en l'an 1471. & Pingon s'eſt auſſi meſpris en ce qu'il dit que cet-te mort arriua en l'an 1477. En effet Charles Duc de Bourgogne eſtant mort en l'an 1477. & ayant vou-lu auoir la tutelle des enfans d'Amé ainſi que nous dirons, il faut de neceſſité que le Duc Amé fut decedé quelques années auant luy; mais ce qui monſtre encor mieux l'erreur de Pingon, c'eſt que nous auons parmy les Statuts de Sauoye, vn de la Ducheſſe Yoland comme Tutrice du jeune Duc Philibert ſon fils
qui

qui est de l'an 1475. Ce Prince a esté loüé pour ses grandes vertus, particulierement par sa pieté & pour l'extraordinaire charité qu'il auoit pour les pauures & est mort en reputation de saincteté, ce qui merite vne exaggeration particuliere, laquelle nous reseruons pour nostre Histoire Geneàlogique de Sauoye Yoland de France sa vefue vesquit iusques au mois de Septembre 1478.

ENFANS D'AME VIII. DV NOM III. DVC DE SAVOYE,
& d'Yoland de France sa femme.

I. CHarles de Sauoye Prince de Piemont qui nasquit à Ganat en Auuergne le 15. Septembre *Hist.Sab. lat.* 1456. Il fut nommé Charles en memoire du Roy Charles VII. son Ayeul Maternel, son par- *M.S.* rain fut Alain Cardinal d'Auignon Legat en France, celuy qui le presenta sur les fonds fut Iean Comte de Dunois, Helie de Pompadour Euesque de Viuiers le baptisa ; Ce Prince mourut ainsi que nous auons dit en l'an 1471. sans auoir esté marié.

II. Philibert Duc de Sauoye duquel nous donnerons l'éloge au Chapitre suyuant.

III. Charles Duc Sauoye en son rang qui fut porté sur les fonds par le Seigneur de Clessy Baillif *Pingon,* de Mascon de la Maison de Damas, en l'an 1467. au nom de Charles Duc de Bourgogne.

IV. Iacques Louys de Sauoye Comte de Geneue & Marquis de Gex qui de Louyse de Sauoye sa femme fille vnique de Ianus de Sauoye Comte de Geneue, & d'Helene de Luxembourg ne laissa aucuns enfans, il mourut à Thurin le 27. Iuillet 1485.

V. Claude Galeas de Sauoye decedé au berceau en l'an 1471.

VI. Anne de Sauoye espouse de Federic d'Arragon Roy de Naples.

VII. Marie de Sauoye alliée auec Philippes Marquis d'Arberg & de Rotelin, Comte de Neuf-chastel & de Susemberg, Mareschal de Bourgogne, fils de Rodolphe Marquis d'Arberg & de Rotelin, Comte de Susemberg & de Marguerite de Vienne, Dame de S. George, & de Seurre d'où sortit Ieanne d'Arberg Comtesse de Rotelin & de Valengin Duchesse de Longueuille.

VIII. Louyse de Sauoye femme d'Hugues de Chalon Seigneur de Chasteauguyon & de Noseroy, *La Pize.* Mareschal du Duché de Lorraine fils de Louys de Chalon, Prince d'Orenge Seigneur d'Arlay & d'Eleonot *Hist.d'Oran-* d'Armagnac. *ge.*

PHILIBERT I. DV NOM IV. DVC DE SAVOYE,
& vingt-troiziéme Seigneur de Bresse & de Bugey.

CHAPITRE XLVII.

IL y a peu de choses à dire de ce Prince; car encor qu'il ayt regné dix ans, neant-moins n'en ayant vescu que seize, il n'a pas eu le temps de faire ce que la grandeur de sa naissance, & les bonnes qualitez qu'en son jeune âge on remarqua en luy, faisoient esperer, Yoland de France sa mere à qui l'éducation en estoit deüe, pretendit d'en auoir la Tutelle, & en consequence l'administration de l'Estat, Iacques de Sauoye Comte de Romont, Baron de Vaud, & Philippes de Sauoye Comte de Baugé & Seigneur de Bresse, oncles du jeune Prince la voulurent aussi; Le Roy Louys XI. & Charles Duc de Bourgogne auoient mesme pensée, les Comtes de Romont & de Baugé descouurirent d'abord leur dessein & firent connoistre à la Duchesse Yoland, qu'il estoit mieux seant & plus seur, que la conduite des affaires leur fut confiée qu'à elle, qui ne pouuoit pas supporter vn si pesant fardeau, mais ayans reconnu qu'elle vouloit gouuerner, ils resolurent de se saisir de la personne du jeune Duc & sous pretexte de Visite, allerent à Chambery auec les Seigneurs de Chandée & de Re- *Tit. de la* toutour de la Maison de Chalant & plusieurs de leurs amys dans le dessein d'enleuer le Duc ; mais com- *Chamb. des* me l'execution des entreprises de cette nature depend du secret, leur entreprise pour auoir esté commu- *Comp. de Sa-* niquée à trop de gens fut descouuerte & la Duchesse Yoland feignant de ne pas sçauoir ce qu'ils estoient *uoye.* venus faire & ne se iugeant pas toutesfois en asseurance à Chambery, mena le Duc son fils au Chasteau de Mont-melian; Cela ce semble deuoit rebuter les Comtes de Romont & de Bresse, neant-moins ils se resolurent d'attaquer Mont-melian, le Comte de Geneue leur frere se ioignit à eux, ils suiuirent le Duc & la Duchesse sa mere, se saisirent des passages, inuestirent la place, & contraignirent la Duchesse de capituler auec eux & de consentir que les trois Estats du Pays s'assembleroient pour resoudre à qui la Tutelle du jeune Duc & le Gouuernement de ses Estats seroit confié, pendant quoy il demeureroit au pouuoir de sa mere & que le Chasteau de Mont-melian seroit remis au Seigneur d'Entremonts; Ce traité ne fut pas obserué ; car dés que les Comtes de Geneue, de Romont & de Bresse furent entrez au Chasteau de Mont-melian, ils prirent le Duc & l'amenerent à Chambery, la Duchesse au lieu de les suiure prit l'espouuante & se retira en Daufiné où elle fut receüe par Iean Bastard d'Armaignac Comte de Cominges, Gouuerneur de Daufiné; c'est de là qu'elle fit ses plaintes au Roy Louys XI. son frere, au Duc de Milan, au Marquis de Mont-ferrat & à tous les Princes alliez de la maison de Sauoye; Enfin les Princes de Sauoye reuenus à eux, la chose se pacifia & le Gouuernement de la Personne & des Estats du Duc Philibert fut delaissé à la Duchesse Yoland à la charge qu'elle ne feroit rien sans l'aduis de Iean-Louys de Sauoye Euesque de Geneue.

Cet establissement dura quelques années pendant lesquelles cette Vertueuse Princesse estant à Montcalier fit vn Edit en qualité de Tutrice du Duc son fils touchant l'alienation des fiefs, en datte du 5. Iuillet 1475. en presence de Iean de Compeys Euesque de Vercel, de Pierre de S. Michel Chancelier de

Sauoye,

Sauoye, de Louys d'Auanchy son Maistre d'Hostel, & autres ; mais ce Calme fut troublé par Charles Duc de Bourgogne qui aspiroit à la tutelle du ieune Duc, & à s'entremettre par mesme moyen en la côduite de cet Estat qui estoit comme en proye, despité du mauuais succés qu'auoient eu ses armes à la bataille de Morat contre les Suysses, il sçauoit bien qu'il ny pourroit pas disposer la Duchesse Yoland parce qu'elle estoit sœur de Louys XI. son Ennemy ; il entreprit donc de se saisir de la Duchesse, du ieune Duc, & de son frere appellé Charles, & pour y paruenir, il gaigna le Comte de Romont, & l'Euesque de Geneue, lesquels engagerent la Duchesse auec ses enfans d'aller iusques à Geneue, le Duc de Bourgogne estoit en l'Abbaye de sainct Claude qui en ayant eu aduis, donna la commission à Oliuier de la Marche en l'an 1476. de se saisir de la Duchesse, & de ses Enfans, & de les luy mener à sainct Claude; vn jour donc que la Duchesse, & les deux ieunes Princes venoyent de Gex la nuit, pour retourner à Geneue, Oliuier de la Marche auec ceux qu'il auoit auec luy les attaqua, & personne n'ayant fait resistance, il prit la Duchesse, & ses deux enfans, & les mena à sainct Claude, Oliuier de la Marche recite, qu'il menoit la Duchesse Yoland sur la crouppe de son Cheual, & qu'en chemin comme il estoit nuit, le Duc Philibert luy fut enleué, la Chronique Manuscripte Latine dit, que ce fut vn Gentilhomme Piemontois nomme Riuerol qui fit cette genereuse action : Oliuier de la Marche plus croyable qu'aucun autre puis qu'il estoit le chef de cette entreprise en donne la loüange au Seigneur de Menthon qui prit soin de conduire ce soir là mesmes le Duc à Geneue.

La Duchesse Yoland fut menée au Chasteau de Rouure au Duché de Bourgogne, pendant qu'elle y fut detenüe, le Roy voulut pouruoir à la seureté de la Sauoye, & à cet effect il y enuoya le Gouuerneur de Daufiné qui fit connoistre aux principaux de cet estat, les intentions de sa Majesté ; Surquoy Philippes de Sauoye, Comte de Baugé, & Iean Louys de Sauoye Euesque de Geneue son frere auec quelques Gentils-hommes de Sauoye & de Piemont allerent à Roüane où estoit le Roy, par l'aduis duquel en attendant le retour de la Duchesse, la Tutelle du ieune Duc Philibert fut conferée à Antoine Seigneur de Miolans, & à Philibet de Grolée Seigneur d'Illins en Dauphiné, & Ordonné que Iean Louys de Sauoye Euesque de Geneue seroit Gouuerneur de Sauoye, & de tout le pays deçà les Monts, & Philippes de Sauoye de tout le Piemont.

La detention d'Yoland ne fut pas longue, à cause que le Roy son frere la fit sortir, & le Prince Charles son fils de Rouure, elle vit le Roy à Tours, & l'a, on luy fit aggréer le choix que sa Majesté auoit fait du Seigneur d'Illins pour estre Gouuerneur du Duc; Reuenue en Sauoye elle prist le mesme pouuoir qu'elle auoit auparauant, mais elle n'en iouyt gueres parce qu'elle mourut en vn Chasteau du Vercellois le 27. d'Aoust 1478. & fut extraordinairement regrettée de tous les Peuples de Sauoye Cette mort ayant changé l'Estat des affaires, les Princes, & principaux Seigneurs de Sauoye s'assemblerent à Rumilly en Albanois au moys d'Octobre suyuant pour voir ce qu'on auroit à faire touchant le Gouuernement de Sauoye, la resolution fut qu'il faloit recourir au Roy, & luy en laisser la disposition entiere. Philippes de Sauoye Comte de Baugé fut choysi pour aller en personne en Frãce pour apprendre les volontés de sa Majesté pendant quoy le ieune Duc demeura à Thurin sous la conduite, & charge du Seigneur d'Illins, & le Comte de la Chambre fut commis au Gouuernement de Sauoye, Le Roy tesmoigna d'estre fort satisfait de cette deference, & laissa les choses en cet estat, mais comme il auoit vn plus grand dessein d'estoit d'auoir le ieune Duc, il suscita le Comte de la Chambre en l'an 1481. qui feignant de n'estre pas content du choix que l'on auoit fait du Seigneur d'Illins pour estre Gouuerneur de son Prince, se saisit de sa personne, & le fit conduire au Chasteau d'Arc en Maurienne du consentement du Comte de Baugé, & du Seigneur de Miolans, dont le Roy declara ouuertement d'estre desplaisant, & pour vanger cette iniure, enuoya Philippes de Commines Seigneur d'Argenton ce celebre Historien auec vne armée pour entrer en Bresse, & en Sauoye; & tirer raison de cette Violence, tout cela se faisoit par mistere, car le Comte de la Chambre, n'auoit rien fait que par la permission du Roy; Commines arriué à Mascon eust conference auec le Comte de Baugé, renuoya secrettement vne partie de ses trouppes, & auec le surplus poussa iusques en Sauoye, & de là en Piemont, où il surprit le Comte de la Chambre, & le Duc, & les mena à Grenoble.

Le Roy estant venu expres à Lyon en l'an 1481, le Duc y fut conduit par Iean Louys de Sauoye Euesque de Geneue, & le Comte de Baugé ses Oncles; par le Mareschal de Bourgogne ; & le Seneschal de Tolose, le Roy le receut auec des grands honneurs, ce fut là où il establit Gouuerneur & Lieutenant general, de deçà les Monts ledit Euesque de Geneue pour vn an tant seulement par lettres dattées à Lyon le 17. Mars 1482. presens Philippes de Sauoye Comte de Baugé, Federic de Saluces Euesque de Carpentras, Iean de Compeys Euesque de Thurin, Vrbain de Bonniuard Euesque de Vercel, Iean Cloppet Chancelier de Sauoye, Claude de Sauoye Mareschal de Sauoye, Amé de Romagnan Protonotaire Apostolique & autres ; le 19.e du mesme mois ce Prince confirma aux habitans de Bourg le Priuilege à eux acordé en l'an 1471. par le Comte de Baugé Seigneur de Bresse son Oncle pour le fait de la Garde, Fortification, Tailles, & autres Impositions en presence des Seigneurs susnommés, d'Aymé de Geneue, d'Antoine de Rossillon, de Claude de Marcossey Maistre d'Hostel, de Pierre de Bolomier Maistre des Requestes & d'Antoine de Richardon Tresorier general des Finances; le 22. du moys d'Auril suyuant, il mourut en la mesme Ville de Lyon, ses Entrailles furent mises au sepulchre de Louys Duc de Sauoye son pere en l'Eglise des Celestins de Lyon & le Corps porté à Hautecombe en Sauoye ; il n'eust aucuns enfans de Blanche-Marie de Milan sa femme fille ainée de Galeas Duc de Milan, laquelle il espousa au moys de Feurier 1472. elle se remaria à l'Empereur Maximilian.

Chronicon. Sab. M.S.

Oliuier de la Marche en ses memoires lin. 2. chap. 8. Chronicon. Sab. M.S.

Chronic. Sab. M.S.

Pingon. Chronicon. Sab. M.S.

Chronicon. Sab. M.S.

Chronicon. Sab. M.S. Commines. Belcarius.

Chronicon. Sab. M.S.

Tit. de la C. des C. de S.

Chronicon. Sab. M.

CHARLES

CHARLES I. DV NOM, V DVC DE SAVOYE
& XXV. Seigneur de Bresse & de Bugey.
CHAPITRE XLVIII.

V Duc Philibert mort sans enfans succeda au Duché de Sauoye Charles son frere âgé de 14. ans. Le Roy Louys XI. qui estoit à Lyon ainsi que nous auons dit, se declara son Curateur & administrateur de tous ses Estats, & en cette qualité luy donna pour Gouuerneur & Lieutenant general en tous ses pays deça les Monts l'Euesque de Geneue son oncle par patentes dattées à Lyon le 12. May de l'an 1482. presens le Comte de Marle Mareschal de France & le Seigneur du Bouchage ; mais ce Prince n'exerça pas long-temps cette charge ; par ce qu'au moys de Iuillet suyuant il mourut & le Roy au mois d'Aoust de la mesme année, ainsi le Gouuernement de la personne & des Estats du jeune Duc Charles demeura libre à François de Sauoye Archeuesque d'Aufch son oncle nonobstant les empeschemens qu'y voulurent rapporter le Comte de Bresse, les Comtes de la Chambre, de Mont-mayeur & autres notables Seigneurs. Ce Prelat s'acquitta bien de son deuoir & eust si grand soin de faire esleuer le Duc & de jetter des semences de vertu en son esprit qu'il eust esté sans doute vn des grands Princes de la Chrestienté, si la mort ne l'eust rauy au temps qu'il commençoit à se faire connoistre. *Chronic. Sab. M.S.*

Ce Prince entra en des grands ombrages contre le Comte de Bresse son oncle, à cause qu'il auoit passionné extraordinairement le Gouuernement de Sauoye, ce qui sera plus particulierement esclaircy cy-dessous.

François de Sauoye ayant obtenu l'Euesché de Geneue par la resignation de Iean de Compeys successeur de Iean-Louys de Sauoye alla à Geneue en l'an 1485. pour prendre possession de son Euesché & y mena le Duc & toute la Cour où ils demeurerent long-temps. *Chronicon Sab. M.S.*

Louys Marquis de Saluces que le Duc pretendoit estre son Vassal ayant refusé de luy faire hommage de son Marquizat qu'il soustenoit estre mouuant de la Couronne de France à cause du Daufiné, le Duc picqué de ce refus luy declara la guerre en l'an 1486. & entra au Marquizat de Saluces à main armée prit Carmagnoles, assiegea Saluces & l'emporta malgré le secours qui estoit venu du Daufiné sous la conduite du Seigneur de Sassenage qui y fut prisonnier : Le Roy Charles VII. s'inreressa en cette querelle parce que le Marquis de Saluces auoit esté contraint de chercher retraitte en France & qu'il l'auoit pris sous sa protection ; Le Duc preuoyant que s'il poussoit plus auant ses conquestes, le Roy s'en irriteroit & qu'il l'auroit pour ennemy, luy enuoya François de Sauoye son oncle Euesque de Geneue en l'an 1487. Mais sa negociation n'ayant gueres operé, il delibera luy mesme d'aller en France en l'an 1488. Le Roy alla à Tours pour le receuoir, Ialigny recite que le Duc de Sauoye y arriua bien accompagné de la fleur des Seigneurs, Cheualiers & Gentils-hommes de son pays & remarque, qu'il estoit sage & se gouuernoit par Conseil, Il voulut rendre le Roy iuge de son differentauec le Marquis de Saluces ; mais la matiere fut renuoyée à son Conseil, où elle ne fut pas iugée, & cependant le Marquis de Saluces demeura depoüillé de son Estat, & le Duc apres auoir demeuré long-temps en France retourna en Sauoye en l'an 1489. & mourut l'année suyuante au mois de Mars à Pignerol. *En l'Hist. de Charles VIII. Ialigny.*

Il fut marié au mois d'Auril de l'an 1485. auec Blanche de Montferrat fille de Guillaume Marquis de Mont-ferrat & d'Isabelle de Milan ; Il eust de ce mariage *Pingon.*

I. Charles-Iean-Amé Duc de Sauoye dont l'éloge suit.

II. Yolande-Louyse de Sauoye espouse de Philibert le Beau Duc de Sauoye.

CHARLES-IEAN-AME, VI DVC DE SAVOYE,
& XXVI. Seigneur de Bresse & de Bugey.
CHAPITRE XLIX.

L'ELOGE de ce Prince sera court parce qu'il vesquit peu, il fut laissé par son Pere au berceau, sous la Tutelle de Blanche de Monferrat sa Mere, Princesse vertueuse & digne de grandes loüanges : Cette qualité de Tutrice luy fut disputée aussi bien qu'aux autres Duchesses de Sauoye qui l'auoient precedée, Philippes de Sauoye Comte de Bresse creut que cet honneur luy estoit deu comme grand Oncle du Prince & auoit de son party Ianus de Sauoye son frere Comte de Geneue, Louys Seigneur de Raconis & les principaux Seigneurs de Piemont ; d'autre costé les Sauoysiens irritez d'estre exclus de l'education de leurs Princes & de ce que leur sejour ordinaire estoit en Piemont, susciterent Louys Comte de la Chambre pour auoir part en ladite Tutelle & en l'administration des affaires : ce Seigneur assisté de ses Amys & de quelques Gentils-hommes de Sauoye, entreprit vne espece de guerre, se rendit Maistre de la Ville de Chambery & voulut mettre en possession Charles de Seyssel son parent appellé le Protonotaire d'Aix de l'Euesché de Geneue laquelle Antoine de Champion Chancelier de Sauoye auoit esté poursuiuy à la requeste de la Duchesse Blanche ; mais le Comte de Bresse auerty de ce mouuement, vint en Sauoye, attaqua le Comte de la Chambre & ses trouppes & les deffit au moys d'Aoust 1491. Apres cela les choses se pacifierent

M & la

& la Tutelle du jeune Duc fut delaiſſée, du conſentement du Comte de Breſſe à la Ducheſſe ſa Mere, à
laquelle on donna des Conſeilliers, entre leſquels le plus puiſſant, & le plus conſiderable eſtoit Merle
de Piozaſque Cheualier, & Amiral de Rhodes yſſu de l'ancienne famille des Comtes de Piozaſque en
Piemont.

Pendant le Gouuernement de Blanche de Montferrat, il n'arriua rien de memorable en Sauoye, &
en Piemont que le paſſage du Roy Charles, 8. en l'an 1494. pour la conqueſte de Naples l'hiſtoire à remarqué fort curieuſement la magnificence de la reception que la Ducheſſe fit à ſa Majeſté à Thurin,
à qui elle preſenta le Duc ſon fils qui n'auoit alors que cinq ans ; les Ioyaux qu'elle preſta au Roy, &
les ſoins extraordinaires qu'elle prit pour fournir toutes les choſes neceſſaires pour le paſſage de l'armée
eſtoient des teſmoignages de l'affection qu'elle auoit pour la France, & qu'elle nourriroit ſon fils dans
cette inclination ; mais on n'en vit pas les effets, à cauſe que le Prince mourut à Mont-calier le 16. d'A-
vril 1496. ou il giſt, on eſcrit qu'il tomba d'vne eſcabelle en ſe loüant, d'autres que ce fut de ſon lict,
Philippes de Sauoye Comte de Breſſe ſon grand Oncle luy ſucceda comme plus proche par la loy
de l'Eſtat.

PHILIPPES VII DVC DE SAVOYE, ET XXVII SEIGNEVR de Breſſe, & de Bugey.

CHAPITRE L.

Ous auons dit cy deſſus que Louys I. du nom Duc de Sauoye laiſſa neuf maſles d'Anne de
Chypre ſa femme, deſquels ce Philippes de Sauoye fut le Vᵉ. & le plus malpartagé ; car Amé
& Louys de Sauoye ſes aiſnés furẽt Ducs de Sauoye en leur rang, & quãt à Ianus & Iaques
de Sauoye auſſi ſes freres l'vn fut Comte de Geneuois, Baron de Foucigny & de Beaufort Seigneur de Gordans, & l'autre Comte de Romont. & Baron de Vaud, à cetruy cy
on ne donna pour tout Appanage en l'an 1460. que les Seigneuries de Baugé, de la Valbonne, & du Reuermont leſquelles furent erigées en Comté ſous le titre de Baugé qui n'eſtoit que la Breſſe ſeule ; car
pour Chaſey, Loyettes, & ſaincte Iulie terres ſituées en Bugey elles arriuerent à Philippes de Sauoye par
vn autre moyen, voyla pourquoy ce Prince eſtimoit ſi peu ſon Appanage qu'il ſe faiſoit appeller Philippes ſans terre, auparauant cela, on ne le nommoit en la Cour de Sauoye que Philippon ou Philippes
Monſieur, depuis on luy donna les noms de Comte de Breſſe, & de Baugé & c'eſt ſous ces noms là qu'il eſt
parlé de luy ſi ſouuent dans l'hiſtoire du temps, dans ſes titres, il prenoit encor la qualité de Seigneur de
Dombes, parce que comme Seigneur de Breſſe, il pretendoit la ſuperiorité ſur quelques Chaſteaux du
pays de Dombes ; comme il a eſté aſſes ſouuent touché cy deſſus, Iaques Seuert a creu qu'il ſe nommoit
Seigneur de Dombes à cauſe que la Dombes auoit eſté baillée en dot à Marguerite de Bourbon ſa femme, d'où vient (dit ce meſme Autheur) que Louyſe de Sauoye fille du Duc Philippes de Sauoye, & de
Marguerite de Bourbon fut heritiere de la Seigneurie de Dombes ; mais il s'eſt meſconté notablement,
car Marguerite de Bourbon n'euſt ſa dot qu'en deniers ainſi que nous dirons en ſon lieu ; & quant à
Louyſe de Sauoye il eſt vray qu'elle euſt les terres du Duché nommément le Beaujolois, &
la Dombes, mais ce fut par arreſt du Parlement de Paris contre Charles de Bourbon Conneſtable de
France, encor Louyſe de Sauoye ne les pretendit point comme heritiere de Marguerite de Bourbon
ſa Mere ; ains ſeulement comme plus proche à ſucceder à Suſanne Ducheſſe de Bourbon ſa couſine
germaine.

Philippes de Sauoye naquit à Chambéry au mois de Fevrier 1438. Prince doüé de grandes vertus, genereux, & magnanime mais trop inquiet, & entreprenant, pendant ſa Ieuneſſe il euſt beaucoup de petits differens auec Amé de Sauoye, Prince de Piemont ſon frere aiſné Beaufrere du Roy Louys XI. ſe
preualant de quelques aduantages que la Nature luy auoit donné, cela fut cauſe que le Roy commença à
l'auoir en averſion, & ce qui augmenta cette haine, fut, que Philippes de Sauoye reuenant de France
en l'an 1462. ou il auoit eſté eſleué & nourry, voulut d'abord prendre connoiſſance des affaires, & parce que les principales Charges de l'Eſtat auoient eſté conferées aux Grecs qu'Anne de Chypre ſa Mere, &
Charlotte de Chypre ſa belle ſeur auoient amenés, il entreprit de les chaſſer de la Cour, ce qu'il exe-
cuta hardiment, & qui pis is, il tua de ſa main Iean de Varax Chéualier de S. Iean de Ieruſalem,
Commandeur de la Muſſe, & fit Ietter dans vn Lac Iaques de Valpergue Seigneur de Mazin qui eſtoiẽt
les principaux Conſeilliers de ſa Mere, les Hiſtoriens de Sauoye n'ont rien dit de cet euenement non
plus que ceux de France car Philippes de Commines parlant du ſujet de la priſon de Philippes de Sauoye
à Loches & apres luy Paradin en ſon Hiſtoire de Sauoye, le P. Monod aux Alliances de France, & de Sauoye, & M de ſaincte Marthe diſent ſeulement que ce fut à cauſe de deux Chéualiers qu'il auoit fait
tuer en Sauoye ſans autre particularité. Mais le Pape Pie I l'au liure qu'il à fait des choſes memorables
aduenues de ſon temps qui à eſté imprimé ſous le nom de Iean Gobelin en à parlé plus clairement Il
dit ainſi ; rediit tandem Philippus ex Francia atque ingreſſus Palatium, paulò poſt Carlota receſſum, Grœ-
culos omnes eiecit. Duas Sabaudienſes inter primos Nobiles qui erant Matri chariſſimi, & plurimùm poſſe vi-
debantur interfecit, Ioannem Varaſium ferro ſuâ ipſe manu necauit, Iacobum Valpergium in lacum precipi-
tauit, quibus calamitatibus, afflicta Mater infelix in morbum incidit, ex quo paulo poſt expirauit. Il ne
faut pas douter que cet accident n'apportaſt du trouble en la Cour de Sauoye, & que les premiers efforts
de ce Prince ne fiſſent entrer en apprehenſion le Duc Louys, & le Prince de Piemont ſon fils, leurs plaintes
ayans eſté portées au Roy Louys XI. Il fit dés lors deſſein de ſe ſaiſir de la perſonne de Philippes ſous pretexte de luy donner des Eſtats, & appointemens en France, D'où vient que
le

le Duc Louys son Pere estant à Lyon en l'an mil quatre cens soixante trois sur le point d'aller en Cour l'y voulut mener & luy enuoya Iean de Compeys Abbé de Six, Chancelier de Sanoye qui ne peût pas gaigner cela sur son esprit à cause de la deffiance en laquelle il estoit de n'estre pas aymé du Roy, le Pere pourtant ayant resolu ce voyage, & voulant que Philippes de Sauoye luy fit compagnie l'enuoya querir à Poncin ; mais Philippes en ayant eu aduis s'en alla à Nantua pour en prendre les sentimens de Iean-Louys de Sauoye Euesque de Geneue Prieur & Seigneur de Nantua son frere auec lequel il auoit tousiours esté de bonne intelligence; ce Prelat luy ayant dit qu'il deuoit obeïr à son Pere il s'en reuint à Poncin & de là à Lyon, où il fut accompagné par le Comte de Grueres, par Boniface & Iacques de Chalant, par le Seigneur d'Escorent de la maison de la Palu & par le Seigneur de la Chapelle de la maison de Compeys. Ce Prince ne fut pas plustost arriué à Lyon, que le Seigneur de de Crussol Seneschal de Poitou & le Seigneur de Gargasalle grand Escuyer de France tascherent de luy persuader de faire le voyage de Paris auec le Duc Louys son Pere & la Princesse de Piemont sa belle sœur, mais voyant qu'on ne l'auoit fait venir à Lyon que pour cela, il s'en retourna à Nantua & de là à Gex où le Comte de Grueres l'estoit allé attendre; Cependant le Duc de Sauoye estant en France, le Comte de Baugé par l'entremise du Seigneur de Gargasalle & d'Antoine Aleman Abbé d'Ambronay ausquels le Roy Louys XI. auoit donné cette commission, se resolut d'aller voir le Roy contre l'opinion de tous les siens se fiant aux saufconduits que Gargasalle & l'Abbé d'Ambronay luy auoient fait venir de la Cour & sur l'asseurance qu'ils luy donnoient que le Roy le verroit de bon œil & que sa paix se feroit, il arriua à Lyon le Samedy Sainct dernier iour de Mars 1464. il y fit sa deuotion & en partit le *Chronic. Sab.* 3. d'Auril suiuant, accompagné de six vingt Gentils-hommes, entre lesquels on remarque Guillaume de *Lat. M.S.* la Baume Seigneur d'Irlains, Guy de la Baume son frere Seigneur de la Roche du Vannel, le Seigneur de Viry, Guillaume de Luyrieux Seigneur de Beaufort & Louys Seigneur de Genost, Gargasalle luy mesmes luy fit compagnie qui pour mieux venir à bout de son dessein faisoit marcher secrettement des trouppes apres luy pour arrester le Comte de Baugé au cas qu'il voulut s'en retourner. Le Prince qui n'estoit plus en soupçon alla iusques à Viarron en Berry, où s'estant arresté le Seigneur de Crussol auec le Grand Preuost de l'Hostel & quelques gens de guerre l'y vint surprendre de nuit & le conduisit au Chasteau de Loches par Ordre du Roy, Quant aux siens, les vns s'eschapperent, les autres furent menez prisonniers au Bois de Vincennes, à Tours & à Chinon où ils demeureront deux ans quelque instance que le Duc de Bourgogne sceut faire aupres du Roy pour leur desliurance.

Enfin en l'an mil quatre cent soixante six au moys de Mars auant Pasques Philippes de Sauoye fut eslargy & tous ses siens, en donnant par luy des cautions qu'en hayne de sa prison il n'entreprendroit rien contre sa Majesté ny contre la Maison de Sauoye, en execution duquel traitté, & pour retirer de luy les seurtez qu'on desiroit, le Duc son frere enuoya à Orleans Antelme Seigneur de Miolans, Guillaume Seigneur d'Auanchy Cheualier, Sibued de Loriol Cheualier Docteur és droits & le Seigneur de Treyuerney.

Cependant Philippes auant que de s'en retourner en Sauoye, fit prier le Duc Amé de luy rendre les terres de son Appannage qu'on luy auoit fait saisir durant sa prison, à quoy le Duc son frere rapporta quelque difficulté au commencement ; mais à la fin il les luy remit en la Val d'Aoste & le receut à hommage au mois de Iuin de ladite année 1466. & pour luy témoigner la confiance qu'il vouloit prendre en luy, il le crea estant à Pignerol Gouuerneur & Lieutenant general de tous ses Estats en laquelle qualité il fit la guerre à Galeas Duc de Milan qui auoit vsurpé quelques terres du Mont-ferrat ainsi que nous auons dit cy-dessus; La paix faite entre ces deux Princes, Philippes de Sauoye s'en alla à Geneue auec Ianus de Sauoye Comte de Geneuois son frere qui s'y maria auec Helene de Luxembourg fille du Connestable de S. Paul, de là le Comte de Baugé s'en vint à Bourg en Bresse auec Iacques de Sauoye son frere Comte de Romont, où il fut receu auec vne joye incroyable de tous ses sujets, mit Ordre à la Iustice, & restablit son Conseil & sa Chambre des Comptes.

Or bien que ce Prince eust tousiours sur le cœur sa prison de Loches, neantmoins pour témoigner au Roy la satisfaction qu'il auroit d'estre en ses bonnes graces, il alla en France auec le Comte de Romont où le Roy luy fit des caresses extraordinaires, & luy bailla le Gouuernement de Guyenne, cela pourtant ne peût pas estouffer en luy le desir qu'il auoit de se vanger ayant plus d'inclination pour le party du Duc de Bourgogne que pour celuy du Roy. De sorte qu'ayant pris congé de sa Majesté pour s'en venir en Bresse, il alla en Flandres où le Duc de Bourgogne commença à faire ses efforts pour le gagner; estant à Bruxelles il ratifia le traitté de Ligue & de confederation qui auoit esté fait en l'an 1467. Entre Amé Duc de Sauoye son frere & la Seigneurie de Venise par lettres du 2. Ianuier 1468. & estant de retour en Bresse, il se laissa enfin emporter de Charles Duc de Bourgogne qui apres plusieurs Ambassades & Negociations secrettes l'attira de son party; En effet le 24. Iuin iour de S. Iean Baptiste de l'an 1468. dans la Ville de Pont de Vaux, Philippes de Sauoye iura alliance & confederation auec le Duc *Chronic. Sab.* de Bourgogne & y receut l'Ordre de la Toyson d'Or & la charge de Gouuerneur des deux Bourgognes *Lat. M.S.* auec de grands appointemens & en consequence de cela, luy, Iean-Louys de Sauoye Euesque de Geneue & le Comte de Romont ses freres se rendirent en l'Armée du Duc de Bourgogne & de là à Peronne en Picardie où leur presence & quelques autres mal contens fit entrer le Roy (qui les tenoit déja pour ses ennemys) en grande apprehension, ainsi que Philippes de Commines a remarqué particulierement; Cette peut cousta cher au Comte de Baugé car vn iour de Samedy 17. Septembre de la mesme année, Iean Bastard d'Armagnac Comte de Comminges Gouuerneur de Dauphiné auec deux mille hommes entra en Bresse par commandement du Roy, où il fit de grandes hostilitez; Le premier progrez de cette Armée fut d'attaquer le Chasteau de Satonay qui fut pris d'abord, par ce que le Seigneur du lieu l'auoit abandonné, Montaney & Peroges resisterent pour estre garnis d'hommes & fortifiez; De là l'Armée alla camper aux enuirons de Chastillon & de Pont de Veyle auec plus de dessein de nuire, que de conquerir, Loyes & le Bourg S. Christophle furent pris & pillez, Montluel fut vigoureusement defendu par Humbert du Bourg Cheualier Seigneur de Saincte Croix & par Antoine du Bourg son frere, mais faute de

M 2   secours

secours il fut rendu aux Dauſinois, Ianus de Sauoye Comte de Geneue voyant tout l'Eſtat de ſon frere en proye, luy abſent & engagé à la guerre du Liege pour le Duc de Bourgogne, apprehendant vne plus dangereuſe ſuite, à la perſuaſion des Comtes de Gruetes & de Mont-mayeur & des Seigneurs de Myo-lans & d'Entremonts, s'allia auec le Roy & promit que le Comte de Baugé, l'Eueſque de Geneue & le Comte de Romont ſes freres quitteroient l'alliance du Bourguignon, à l'inſtant le Comte de Com-minges eut ordre de ſortir de Breſſe auec toutes ſes Trouppes & alla à Lyon le 24. Octobre iour de Dimanche ; l'Hiſtoire du temps attribue des cruautez eſtranges à cette armée & vne deſolation extraor-dinaire en Breſſe & nomme entr'autres perſonnes de qualité qui ſuiuirent le Baſtard d'Armagnac en cette expedition, le Seigneur de la Tour d'Auergne, les Seigneurs de S. Prieſt & de Chaſteauuillain de Daufiné : Le Roy pour appaiſer le Comte de Breſſe conſentit à la priere du Duc de Bourgogne, qu'il fut informé des dommages & pertes que les Breſſans auoyent ſouffert de cette inuaſion, & pour cet effet furent deputez de la part du Duc de Bourgogne. Eſtienne le Goux Licentié és Loix & en decret ſon Conſeiller & Maiſtre des Requeſtes, Iuge du Comté de Charrolòis, & Guy de Sàlins Seigneur de Vincelles, au mois de Decembre de ladite année 1468.

La guerre des Liegeois finie où Philippes de Sauoye ſe ſignala en pluſieurs occaſions, il s'en reuint en Sauoye dans la reſolution d'executer ce que le Comte de Geneue ſon frere auoit negotié pour luy au-près du Roy ; Mais comme les affaires des grands vont lentement, auſſi quoy que l'accommodement de Philippes auec le Roy euſt eſté proietté en l'an 1468. par le Comte de Geneue ſon frere ; neantmoins il ne ſe peut conclure qu'au mois de Ianuier 1471 par le mariage de ce Prince auec Marguerite de Bourbon parente du Roy.

Preuues pag. 31.

Par lettres patentes dattées à Bourg le 2. May de ladite année, ce Prince fit vne declaration en forme d'Edict en faueur des Habitans de Bourg laquelle s'obſerue encor à preſent par laquelle il ordonna que toutes perſonnes reſidantes en ladite Ville preſens & à venir ſeroient tenüés à la Garde & Fortifications de ladite Ville de quelque condition qu'elles fuſſent, à la reſerue ſeulement des Eccleſiaſtiques, du Pre-ſident & Lieutenant general de Breſſe, fors en cas de peril imminent & quant aux Tailles, Impoſitions, Foüages & leuées negoriales, que tous Habitans indifferemment y ſeroient contribuables à proportion de leurs facultez à l'exception ſeule du Preſident, Lieutenant general, Aduocat Fiſcal, Chaſtelain de Bourg & des Nobles le ſeruans à la guerre ; preſens auſdites Lettres, Claude de la Baume Comte de Montreuel, Antoine de la Palu Seigneur d'Eſcorent, Guy de la Baume Seigneur de la Roche de Van-nel, Sibued de Loriol Cheualier Chancelier de Chypre, Iean Cloppet Preſident de Breſſe, Amé de Colomb Commandeur de S. Antoine de Bourg, Iean du Saix Seigneur de la Baſtie, Claude Andreuet Seigneur de Corſant, Antoine de Roſſillon Seigneur de Beauretour Maiſtre d'Hoſtel & Iacques de Buſſy Seigneur d'Eyria Cheualiers.

Hiſt. de Frã-ce.

En l'an 1472. le Roy Louys XI. ne croyant pas d'auoir encor bien gagné le Comte de Baugé par le mariage de Marguerite de Bourbon, luy voulut bailler vn employ fort honnorable qui fut de le faire ſon Lieutenant general en l'Armée qu'il auoit enuoyé au ſiege de Parpignan contre Iean Roy d'Arragon ce que Philippes ayant accepté fit le voyage, & ſe comporta ſi bien contre les Arragonnois qu'il prit Par-pignan, & chaſſa du Comté de Roſſillon, qu'il maintint en l'obeyſſance du Roy, lequel pour le reco-noiſtre d'vn ſi grand ſeruice, luy donna le Collier de l'Ordre de S. Michel & vne Cõpagnie de cinquante hommes d'Armes, ce qui fit que Philippes s'en voulant reſſentir par quelque belle action, prit eſtant en Piemont vingt-mille eſcus que Charles Duc de Bourgogne enuoyoit à René Roy de Sicile par le Seigneur de Chaſteauguyon qui fallit luy meſme d'y eſtre pris, en quoy Philippes fit vn notable ſeruice au Roy, parce qu'il fut moyen par ce moyen des intrigues du Duc de Bourgogne pour auoir la Prouence, d'où vient que Matthieu parmy les Eloges qu'il donne à ce Prince n'a pas oublié celuy d'auoir de-ſtourné les practiques du Duc de Bourgogne ſur la Prouence.

Hiſt. de Louys XI.

Philippes qui auoit vne affection particuliere pour la Ville de Bourg Capitale de ſon Appanage, euſt ſoin de la decorer de pluſieurs Priuileges comme la ſuite de ſa vie nous le fera connoiſtre ; Car outre l'Edict qu'il fit en l'an 1471. pour les Tailles & pour la Garde & Fortification de la Ville, ſur la remon-ſtrance qui luy fut faite par les Syndics & Habitans de Bourg qu'encor qu'il y euſt quantité de Vignes en Breſſe &, nommement au Reuermont, neantmoins ſes Subjets ſe diſpenſoient d'en aller acheter en Maſconnois & ailleurs, & portoient leur argent hors du Pays, il fit vn Edict par lequel il fit deffence à tous les Subjets de Breſſe, tant Hoſtes, Tauerniers, Boulangers que d'autres de quelque eſtat & condition qu'ils fuſſent, d'acheter n'y vendre du vin dans la ville de Bourg, ſa Chaſtellainie, Mandement & Reſ-ſort d'autre creu que du pays à peine de confiſcation du vin, & de dix liures d'amande ; cet Edict fut fait à Bourg le 9. May 1475. preſens Hugues Seigneur de Chandée Gouuerneur de Breſſe, Antoine de la Palu Seigneur d'Eſcorent, Sibuel de Loriol Cheualier Chancelier de Chypre, Iean Cloppet Preſident, Amé de Geneue Seigneur de Buringe, Iean Guillod Lieutenant general au Bailliage de Breſſe, Iean de Focrand Aduocat Fiſcal, Aymé de Candie Maiſtre d'Hoſtel, & Pierre de Burges Treſorier ; c'eſt pour l'execution de cet Edict que ceux de la Ville de Bourg ont eu de nos iours vn ſi grand procez auec les Maſconnois au Conſeil priué du Roy, & ont obtenu confirmation de ce Priuilege par Arreſt con-tradictoire.

Preuues pag. 33.

Chronic. Sab. Lat M. S.

En ce temps-là viuoit Iean de Mont-chenu Commandeur de Ranuers de l'ordre de S. Antoine, hom-me abandonné à tous vices, & qui ſe preualant du credit qu'il auoit auprès de Iean-Louys de Sauoye Eueſque de Geneue auoit procuré des maux notables à la Ville de Sauoye, à la Ville de Nantua & aux Breſſans; Philippes de Sauoye indigné des violences de cét homme qui eſtoit d'ailleurs accuſé d'auoir fait empoiſonner le Comte de Tende & d'auoir entrepris la meſme choſe ſur le Roy, partie de Bourg le 4. Ianuier 1476. & ſe rendit à Geneue où il treuua Iean de Mont-chenu au lict dans le Logis de l'Eueſ-que près du Conuent des Cordeliers, le fit prendre, & conduire à Annecy au Comte de Geneue & de la à Bourg, où il fut long-temps priſonnier ; Vn Domeſtique de Iean de Montchenu qui s'eſtoit chargé de deſſuter les poiſons à vn nommé Campremy qui demeuroit en la Cour du Roy, fut pris & mené à Grenoble,

Grenoble, & de la à Paris où le Procez luy fut fait & audit Campremy, le Roy non content de cela, ayant eu opinion que le Seigneur de Pontuerre Gentil-homme Sauoyfien frere du Commandeur eſtoit de ſes complices l'ennoya demander au Comte de Breſſe, mais il ſe ſauua en ayant eu aduis.

Apres la mort d'Amé 8. Duc de Sauoye arriuée en l'an 1477. Noſtre Comte de Breſſe ſon frere vou-lut auoir le Gouuernemét de tous ſes Eſtatz au preiudice d'Yoland de France ſa vefue à laquelle les Peu-ples l'auoient volontairement delaiſſée. Le Roy Louys XI. reſmoigna du commencement qu'il vouloit fauoriſer l'intention de Philippes ayant meſmes eſcrit au Gouuerneur de Daufiné de luy dóner des troup-pes ; mais ce Prince eſtant venu en Breſſe, il y eut vn Ordre ſecret du Roy par lequel il fut deffendu aux Daufinois de l'aſſiſter, Cependant, il ne laiſſa pas de vouloir paſſer en Sauoye auec Cinq cents hommes, ceux de Nantua luy refuſerent le paſſage, ce qui l'obligea d'aller à Seyſſel ou ayant attendu long-temps, ſi les intelligences qu'il auoit en Sauoye opereroient quelque choſe, il apprit du Comte de Geneue, & de l'Eueſque de Geneue ſes freres, que ſon deſſein ne reuſſiroit point, & que le Roy ne ſouffriroit pas qu'on fit cette injure à ſa ſœur, ces conſiderations le retinrent, & firent qu'apres auoir congedié ſes Trouppes, il ſe retira au Chaſteau de Pont-d'Ains ou il declaira par lettres patentes, que tous ſes ſujets de Breſſe n'eſtoient point tenus, & ne pourroient eſtre contraints de ſortir hors de la Prouince pour al-ler à la guerre ; ains ſeulement ſeroient obligés de demeurer chaſcun dans ſon mandement, ces lettres ſont du 28. Iuillet 1477. preſens Hugues Seigneur de Chandée, Gouuerneur de Breſſe, Sibued de *Tit. de la* Loriol Chancelier, Amé de Geneue Seigneur de Buringe, Iean Guillod Lieutenant general au Bailliage *ville de* de Breſſe, Iean de Focrand Aduocat fiſcal, Pierre de Bolomier Máiſtre des Comptes, & Pierre de Burges *Bourg.* Treſorier general.

L'apprehenſion qu'euſt le Comte Philippes que le Roy qui n'auoit pas voulu fauoriſer ſon deſſein pour le Gouuernement de Sauoye n'entraſt en Ombrage contre luy, enuoya au mois de Mars de l'an 1478. Hugues Seigneur de Chandé, Iaques de Buſſy Seigneur d'Eyria, Humbert Seigneur de Lucinge, Pierre de Bolomier Máiſtre des Comptes ſes Ambaſſadeurs pour aſſeurer ſa Majeſté de ſon treshumble ſeruice ; le Roy proteſta audits Ambaſſadeurs qu'il n'auoit que de bonnes volontés pour le Comte de Breſſe auquel il vouloit donner des preuues plus particulieres de ſon affection, poutueu qu'il vouluſt s'at-tacher entierement à ſon ſeruice, & luy en donner des aſſeurances par Eſcrit, On esbaucha doncq vne eſpece de traitté par lequel le Seigneur de Breſſe s'engagea abſolument au ſeruice du Roy moyennant quelques penſions, & appointements qui luy furent promis.

Pendant ce temps la Philippes qui aymoit la Ville de Bourg fit vne declaration par laquelle il donna *Idem.* pouuoir aux Syndics, & Conſeil de ladite Ville, d'eſgaler, & departir ſur tous les habitans, toutes ſortes de Tailles, ſubſides, & Impoſitions, & de choiſir vn Collecteur pour contraindre les contribuables au payement de leurs cottes, comme encor d'eſlire vn Cappitaine pour auoir ſoin de la Garde, & Fortifica-tion de la Ville, ce qui s'eſt prattiqué, Iuſques à la reduction du Pays à la Couronne, ladite declaration eſt dattée à Bourg le 25. Aouſt de la meſme année, preſens Sibued de Loriol Chancelier, Iean Cloppet Preſident, Iean Guillod Lieutenant general, Iean de Focrand Aduocat fiſcal, & Pierre de Burges Treſo-rier general de Sauoye.

Or comme en execution du traitté fait Paris auec le Roy il y auoit diuers points à esclaircir, & pluſieurs choſes à faire qui n'auoient point eſté faites de part ny d'autre, le Comte de Breſſe deputa de nouueau les Seigneurs de Chandée & de Buringe en France pour l'accompliſſement de ce traitté, telle-ment que le 13. de Septembre 1478. il fut arreſté entre le Roy, & leſdits Ambaſſadeurs en ces mots, Que le Seigneur de Breſſe promettoit à ſa Majeſté de luy eſtre bon, & loyal parent & ſeruiteur & de le ſeruir en toutes manieres qu'il pourroit, & qui luy ſeroient poſſibles, enuers, & contre tous ceux qui peuuent viure, & mourir, ſoyent Roys, Ducs, Princes, Princeſſes, & Communautés, ou autres de quelque eſtat, authorité, & condition qu'ils ſoient ou puiſſent eſtre ; nommement contre le Duc Maxi-milian d'Auſtriche, & la Ducheſſe ſa femme ſans nul reſeruer que la maiſon de Sauoye, dont ledit Sei-gneur de Breſſe ſeroit tenu preſter ſerment, moyennant quoy, & beaucoup d'autres choſes aſſés curieu-ſes que contient ledit traitté & leſquelles le Lecteur verra quelque iour, en noſtre Hiſtoire Genealogique de Sauoye le Roy accorda à Philippes ſix millefrancs pour vne fois, & douze mille francs par an de penſion.

En cette meſme année Marguerite de Bourbon Cóteſſe de Baugé Dame de Breſſe femme de Philippes accoucha dans la ville de Bourg d'vn filz qui y fut baptiſé auec les ceremonies du temps qui conſiſtent en *Reg. des Có-* vn feu de Ioye qui fut fait en la place de l'Orme & en quelques Moreſques, la deſpence de ce Bapteſme *pres des Syn-* ou aſſiſterent les principaux Seigneurs du Pays fut de cinquante Florins, & la Comteſſe euſt de la Vil- *dics de Bourg.* le de Bourg par forme de preſent (l'Original dit que ce fut pour ſes Eſpingles) quarante huit florins, & Vn- *de l'an 1478* ze gros monnoye de Sauoye par deliberation du Conſeil de la Ville, ce qui monſtre la rareté de l'argent & la ſimplicité de ce ſiecle là.

Entre les diuertiſſemens auſquels Philipes de Sauoye auoit grande inclination, on remarque la Chaſ- *Parad. liu. 3.* ſe ; mais ce plaiſir luy coûta cher ; car en l'an 1480. chaſſant au leure, entre Chaſey, & Loyettes, terres *chap. 78.* qui luy appartenoient. il tomba de cheual, & ſe rompit vn bras, dont il fut long-temps malade, cette in-commodité de laquelle à cauſe des accidens qui ſuruindrent il y auoit peu d'apparence qu'il deuſt gue-rir, fut cauſe que Marguerite de Bourbon ſa femme fit veu de faire baſtir en l'Egliſe de Brou pres la Ville de Bourg vn Monaſtere de l'Ordre de S. Benoiſt, ce qu'elle ne péut accomplir.

La maladie de Philippes ne fut pas capable d'abbattre ſon courage, parce que le jeune Duc Philibert ſon neueu eſtant mort, en la Ville de Lyon, en l'an 1482. il pretendit le Gouuernement de Sauoye, pendant la minorité de Charles Duc de Sauoye, ſon autre Neueu ; à cet effet il paſſa en Piemont pour taſcher d'y diſpoſer les peuples, mais cela ayant de plein au Roy aupres duquel eſtoit, le Duc de Sauoye, il y euſt des Ordonnáces faites contre luy, par leſquelles on luy deffendit tres expreſſément de s'entremet-tre en façon que ce ſoit au maniement des affaires de l'Eſtat, & aux peuples de luy obeïr ; tellement que Philippes ayant eu aduis qu'on auoit meſmes deſſein de ſa perſonne, & le ſouuenir de ſa priſon de

M 3 Loches,

Loches , le firent reſoudre de s'en aller à Baſle en Suyſſe, de là en Alemagne, ou il treuua retraitte chez le Prince Palatin ſon Couſin, & le Comte de VVirtenberg ſon Oncle;cependant le jeune Duc Charles, eſtant venu à Moreſtel en Dauſiné il enuoya citer à Bourg le Comte de Breſſe ſon Oncle pour luy venir rendre l'hommage ; qu'il luy deuoit à cauſe de la Seigneurie de Breſſe, Philippes s'excuſa ſur

Chron. Sab.
lor. M. S.

le peu d'aſſeurance qu'il y auoit pour luy d'entrer en France; il enuoya vn Gentil-homme pour faire le-dit hommage à ſon nom , ce que le Duc refuſa à la perſuaſion d'Antelme Seigneur de Miolans Mareſ-chal de Sauoye , & de George Seigneur de Menthon , d'Antoine Seigneur de la Foreſt , & de Clau-de Seigneur de Marcoſſey ſes principaux Conſeillers , & confidens , & ennemis du Comte de Baugé.

La mort du Roy Louys XI. ſuruenue au mois d'Aouſt de l'an 1483. apporta beaucoup de change-ment,particulierement aux affaires du Comte de Breſſe qui en ayant ſceu la nouuelle , partit d'Alema-gne, & s'en alla à Amboyſe ou eſtoit le jeune Roy Charles VIII. ſon Neueu duquel il fut bien reçeu, toutes-fois comme il n'auoit pas encor appaiſé l'eſprit de Charles Duc de Sauoye faute d'a-uoir rendu l'hommage qu'on luy demandoit , il enuoya en Sauoye ſes procureurs pour le preſter, & pour plus grand teſmoignage de ſa volonté, il deſpecha encor eſtant à Montargis le 24. iour de Ian-vier 1484. Guygues Seigneur de Chaſteauvieux ſon Conſeiller , & Chambellan pour luy donner des aſ-ſeurances de ſa fidelité, & Obeyſſance , & le prier de le diſpenſer de faire ledit hommmage enſa perſonne à cauſe des occupations qu'il auoit pour le ſeruice du Roy, qui ne luy permettoient pas de faire ce Voyage, auec pouuoir qu'il donna audit Seigneur de Chaſteauvieux de jurer l'obſeruation du ſeellé, qu'il luy en-uoyoit,laquelle il auoit deja iuré en preſence de Iean du Mas Cheualier Seigneur de l'Iſle , de Louys Aleman Cheualier Seigneur d'Arbent, dudit Guygues Seigneur de Chaſteauvieux & de Iean du Pont Maiſtre des Requeſtes en Sauoye,ce ſeellé eſtoit tel.

Nous Philippes de Sauoye Comte de Baugié,& Seigneur de Breſſe. A tous ceux qui ces preſentes verront, ſçauoir faiſons, que combien qu'ayons deja , & de piéça fait par Procureurs le ſerment de fidelité à noſtre tres redouté Seigneur , & neueu Monſeigneur Charles Duc de Sauoye , & que juſques , n'y a cauſé de cer-tains affaires qui nous ſont journellement ſuruenu, tant parce qu'avons eſté, & ſommes occupés aux ſeruices,& affaires de Monſeigneur le Roy , que autrement ne nous ayt eſté ne ſoit encor poſſible l'aller faire en per-ſonne ; Ainſi eſt que nous veuillans, & deſirans rendre noſtre deuoir , & nous acquiter enuers luy comme de-uons,& meſmemens que ſommes bien aſſeuré qu'il eſt bon ſeruiteur, & allié de mondict Seigneur le Roy, & que pour rien il ne nous voudroit commander ne contraindre ; à choſe que luy puiſſe ou euſt deſplaire. Nous auions promis,& juré, promettons,& jurons par la Foy,& ſerment de noſtre Corps en parolle de Prince, & ſur les ſainctes Euangiles de Dieu par nous corporellement touchées en la preſence de Meſſires Iean du Mas Che-ualier Seigneur de l'Iſle, Louys Aleman Seigneur d'Arbent Cheualier, Guygues Seigneur de Chaſteauvieux,& Iean du Pont Maiſtre des Requeſtes de Sauoye d'eſtre à noſtre dit tres redouté Seigneur Charles Duc de Sa-uoye, bon & loyal ſujet , ſeruiteur & Oncle, & le ſeruir enuers & contre tous qui peuuent viure & mourir ſans procurer ne faire procurer choſe qui luy doiue deſplaire, ne qui luy puiſſe eſtre dommageable en façons quelcon-ques ; ains procurer le bien & honneur de ſa perſonne, & Eſtat, & luy eſtre bon & vray obeyſſant & en ce que pour nous, ou nos Pays ſera raiſonnable le faire obſeruer & faire faire enventir ſans contradiction quelcon-que, éviter ſon dommage,l'aduertir auſſi ou faire aduertir d'aucune choſe ſçauros,où pourrons aperceuoir qui puiſſe contrarier ou porter dommage tant à luy qu'à ſes pays , ſeigneuries & ſeruiteurs & ſubiets , & iceux proteger,garder & defendre comme les noſtres propres,ne donnerons auſſi point de faueur à aucun de ſes ſubiets ou ſeruiteurs ne à nul des noſtres pareillement qui par direct ou indirect machinaſt , traittaſt ou promit choſe au contraire de ce que deſſus ſous couleurs quelconques ains les rebouterons & en aduiſerons & en ferons adui-ſer noſtre dit tres redouté Seigneur le pluſtoſt que nous ſera poſſible ; promettons auſſi & iurons comme deſſus que incontinent que nous treuuerons auec luy en propre perſonne,ratiſierons promettrons, & iurerons tout ce que deſſus & que ſerment de fidelité peut , & doit porter,& en teſmoin de ce auons ſigné ces preſentes de noſtre main propre, fait ſeeller du ſeel de nos armes,& ſigner par noſtre ſecretaire à Montargis le XXIV de Ianuier 1484. ſigné Phelippes de Sauoye,& plus bas Saunage,ſeellé en Cire rouge à queue pendante.

Cette deputation du Seigneur de Chaſteauvieux fut bien reçeué, car comme on vid que le Comte de Breſſe eſtoit aux bonnes graces du Roy tous ceux de la Cour de Sauoye qui s'eſtoient auparauant declarés contre luy furent les premiers à perſuader au Duc Charles vne reconciliation auec ſon oncle, il luy enuoya donc vne declaration fort ample par laquelle en oubliant tout le paſſé il promit de le ſecou-rir & ayder contre tous ceux qui voudroient entreprendre quelque choſe contre luy , cette declaration eſtoit telle.

Charles Duc de Sauoye, &c. A tous ceux qui ces preſentes lettres verront, Salut ; Sçauoir faiſons que com-me cy-deuant nous ayent eſté faits pluſieurs & divers rapports de, Noſtre tres-cher & tres Amé Oncle,& Feal Meſſire Philippes de Sauoye Comte de Baugé & Seigneur de Breſſe , & ſemblablement de nous à luy & à cette cauſe nous ayt par pluſieurs fois enuoyé de ſes ſeruiteurs afin de donner à connoiſtre à vn chaſcun que ce luy eſtoi choſe tres deplaiſante & qu'il veut viure enuers nous,en bonne paix & concorde comme deuoir de na-ture requiert, & comme bon Sujet & Oncle, demettans tous regrets qui parce,n'y autrement pourroient auoir eſté conçeus, & veuillant noſtredit Oncle enuers nous ſur ſe declarer ſon Amour, deuoir, volonté & vraye in-tention, Nous a enuoyé par noſtre tres-cher, bien amé & feal le Seigneur de Chaſteauviux ſon ſeellé deu & va-lable; Que par iceluy ſe conſte ayans les choſes deſſuſdites tres-agreables veuillans nous demonſtrer enuers luy comme bon Seigneur parent & neueu; Sçauoir faiſons que pour les cauſes deſſuſdites & autres à ce nous mou-uans, meſmement à ce que noſtredit Oncle connoiſſe l'amour & dilection que luy portons de noſtre certaine ſcience propre mouuement & volonté ; Auons iuré & promis, iurons & promettons aux ſaincts Euangiles de Dieu corporellement touchez, en la preſence de nous, d'eſtre à noſtredit Oncle bon & loyal Seigneur & neueu, & de l'ayder porter & ſecourir ſes Pays & ſujets, enuers & contre tous ceux qui peuuent viure & mourir ſans procurer, ſouffrir n'y faire procurer choſe qui luy puiſſe porter ny à ſes pays, ſujets, & ſeruiteurs, dommage en maniere que ce ſoit, ains procurerons le bien de ſa perſonne & de ſon Eſtat,l'aduertiroÿs & ferons aduertir tant

de

de son dommage comme de ses sujets & seruiteurs toutes & quantes-fois il paruiendra à nostre connoissance,&
de nostre pouuoir y obuierons & iceux protegerons, garderons & defendrons comme les nostres propres, & en
outre ne donnerons faueur à aucun de ses sujets, seruiteurs ny aucun des nostres ny autre personne qui directe-
ment ou indirectement machinast, traitast ou commit chose au contraire que dessus sous couleurs quelconques,
ainçois les rebutterons & en aduertirons, & ferons aduerty nostredit Oncle & feal, le plustost que nous sera
possible & que nostredit Oncle connoisse de plus en plus l'amour & affection que luy portons, Des maintenant
oublions & voulons estre mis en oubly tous regrets que pourrions auoir conceu par le passé au moyen desdits
rapports, ny autrement à l'encontre de luy ne de nul de ses sujets ny seruiteurs en quelque maniere que ce soit
iusques au iour present, renonçant à tous seremens & autres choses qui à ce pourroient venir au contraire qu'à
cause de breuet & obmettons, promettans & iurans d'auoir toutes les choses dessusdites fermes & stables, sans iamais venir ny souffrir venir au contraire, tacitement ou autrement en quelque maniere que ce soit, ains ratia
fierons tout ce qui est dit toutes & quantes-fois que nostredit Oncle se trouuera auec nous, & que par l'y en
serons requis ; Et en témoin de verité auons signé & seellé. Donné en nostre Chastel de Chambery le
premier May 1484.

En cette mesme année le Comte de Bresse estant à Paris par ses lettres du dernier de Iuillet, confirma
aux Habitans de Bourg les Franchises à eux octroyées par les sires de Baugé Comtes & Ducs de Sauoye
ses predecesseurs. L'année suyuante mil quatre cens huictante cinq, & au mois de May il fut reçeu au
Gouuernement de Daufiné duquel il auoit esté pourueu par le Roy Charles VIII. apres quoy fut les
asseurance que le Duc de Sauoye son neveu luy auoit donné. Il vint en Bresse & de là alla en Piemont où
il reçeut des grands honneurs.

Par lettres dattées à Bourg le 4. Ianvier 1487. il permit au Prieur de Brou & au Curé de l'Eglise nostre Dame de Bourg d'imposer des pensions à prix d'argent tant sur les fonds ruraux que fiefs & atrie-
refiefs, presens à cette concession Antoine de la Palu Seigneur d'Escorent , Gouuerneur de Bresse, Iean
Cloppet Chancelier de Sauoye & President de Bresse , Iean de Focrand Aduocat Fiscal & Aymé de Candie Maistre d'Hostel.

Chacun croyoit qu'apres cette reconciliation il n'arriueroit plus de sujet de diuision entre le Duc
& le Comte de Bresse; mais trois choses faillirent a troubler l'intelligence de l'Oncle au Neveu. La premiere qu'on ne payoit pas audit Philippes vne pension de six mille florins par an que le Duc luy auoit
accordée. La seconde qu'on auoit promis d'augmenter son appannage dont rien n'auoit esté fait ; Et
la troisième que les gens des Comtes de Sauoye auoient deschargé quelques Communautez de Bresse, des
subsides & fouages esquels elles auoient esté cottisées par ordre du Comte de Bresse, en quoy Philippes
croyoit qu'on auoit choqué son authorité,& en fit plainte au Roy. Le Duc pour empescher que l'esprit
de son Oncle ne se portast à quelque nouueauté, se seruant du credit qu'il auoit en France, se preualant du pouuoir qu'il auoit comme Gouuerneur de Daufiné , luy enuoya vne Declaration sur ce sujet
dattée à Sauillan en Piemont le 14. May 1488. laquelle i'ay treuué à propos de bailler au Lecteur.

Nous Charles Duc de Sauoye, &c. Promettons par la foy & serement de nostre corps en parolle de Prince,
& sur les saincts Euangiles, corporellement touchez, d'estre bon Seigneur & Neveu de nostre tres-cher & tres
amé Oncle & feal le Comte de Baugé Seigneur de Bresse , oubliant & remettans tous regrets que par le passé
pourrions auoir heu contre luy, le porter, garder & deffendre enuers & contre tous , reserué nostre tres-honoré
Cousin & Seigneur le Roy de France, nos Cousin & Cousine Monsieur & Madame de Beaujeu, & pour les
agreables seruices que esperons nous fera nostredit Oncle & qu'il nous a promis de faire, luy entretiendrons
sa pension accoustumée de six mille florins par an, de laquelle le ferons bien contenter, nous seruant comme par
son seellé nous a promis,& en outre que si par son moyen venons à accroistre & augmenter de Terres & Seigneuries ; le reconnoistrons enuers luy de quelque bonne piece de terre pour sa recompense, promettons aussi comme
dessus de oublier & remettre, comme nous oublions & remettons par ces presentes tous regrets que pourrions
auoir heu par le temps passé iusques à present enuers & contre les seruiteurs de nostredit Oncle & sommes contens de superseder en tous les differens qui sont ou pourroient estre entre nous, & nostredit Oncle à cause des
subsides & fouages iusques à sa venue & pour les choses dessusdites, n'entendons point prejudicier au deuoir que
de droit le Seigneur & le Vassal ont l'vn à l'autre, & aussi du parentage si prochain que nous sommes , & en
témoin de ce auons signé ces presentes de nostre propre main, & fait seeller du seel de nos armes. Donné à Sauillan le 14. iour de May 1488. Signé Charles, & plus bas Richardi.

Apres cela ces deux Princes vesquirent quelque temps sans aigreur, ce qui fut cause que Philippes
de Sauoye vint de Daufiné en Bresse , & estant à Bourg par lettres du penultiéme Fevrier 1489. Il conceda aux Habitans de Bourg quatre Foires franches par an; Sçauoir le iour saincte Agathe 3. Fevrier,
sainct Iean Porte Latine 6. May, Exaltation saincte Croix qui est le 14. Septembre, & le iour S. Nicolas
6. Decembre. Delà il retourna en France, sur ce Charles Duc de Sauoye vint à mourir en l'an 1490.
Ce qui fit croire à beaucoup de gens que le Comte de Bresse demanderoit encor la Tutelle de Charles
Iean Amedée fils du Defunct, & le Gouuernement de Sauoye comme il l'auoit pretendu de ses deux
autres Neveux; en quoy on ne se trompa point : Car Philippes ayant reçeu cette nouuelle, alla en Sauoye
en diligence, où il treuua les esprits partagez; Les Piemontois estoient pour luy, & les Sauoysiens pour
Louys Comte de la Chambre duquel il vint à bout ainsi que nous auons dit cy-dessus , & toutesfois la
Tutelle demeura à Blanche de Montferrat mere du jeune Duc ; Cela fait , Philippes se retira aupres
du Roy Charles VIII. lequel il suyuit à la conqueste du Royaume de Naples auec le jeune Prince Philibert son fils & l'accompagna à son entrée dans Naples.

Au retour de ce Voyage le Roy estant à Serezane l'enuoya auec six vingts lances & cinq cens hommes de pied François , pour executer vne entreprise sur la Ville de Genes de laquelle estoient chefs les
Cardinaux Iulien de la Roüere & Paul Fregose laquelle ne reüssit point, le Roy pour reconnoissance
de ses seruices luy donna en vsufruit les Seigneuries de Sagy, Cusery & la Colomne, en la Bresse
Chalonnoise, & en proprieté la Principauté d'Alisio au Royaume de Naples, le Comté de Ville-lon-
que en Languedoq & celuy d'Ast en Piemont, & depuis sa Majesté ayant retiré le Comté d'Ast, luy
donna.

donna en place ceux de Valentinois & de Diois mais comme ce Prince estoit né pour estre plus grand, il fut appellé au Duché de Sauoye par le decez de Charles Iean Amedée Duc de Sauoye son neueu, decedé au mois d'Auril 1496. contre son attente & en vn âge qui ne luy promettoit pas cét honneur, estant âgé de cinquante-huict ans, on à remarqué qu'estant Duc de Sauoye il pardonna a tous ceux qui s'estoient declarez ses ennemis pendant qu'il n'estoit que Comte de Baugé.

Tit. de la Chamb. des Comptes de Sauoye.

Depuis son aduenement à la Couronne de Sauoye il y eut different entre ses Officiers de Bresse & ceux de Dombes du costé du Pont de Veyle, & pour le terminer il y eust iournée assignée en la ville de Chastillon les Dombes le 27. Septembre de ladite année 1496. en laquelle se treuuerent pour le Duc de Sauoye, Guy Seigneur de Chasteauuieux, Baillif & Gouuerneur de Bresse, Iean de Foctand Aduocat general de Sauoye, Gaspard de Chandée Seigneur de Vassalieu & Maistre Iacques du Renon Procureur Fiscal de Bresse ; & de la part du Duc de Bourbon Seigneur de Dombes, Iean de Ferrieres Cheualier Baillif de Beaujolois, Maistre Enemond Payen Iuge de Beaujolois, & Perrin Gayan ; Mais cette conference fut sans effet, & fut la resolution renuoyée à vne autre iournée au Lundy apres le Dimanche des Brandons de l'année suyuante sans qu'on sçache si elle fut tenüe.

Pingon. In elog. Duc Sab.

Enfin Philippes âgé de cinquante-neuf ans vnze mois & trois iours mourut à Chambery au mois de Nouembre 1497. Papire Masson s'est mesconté d'auoir rapporté son decés à l'an 1498. partie de son Corps fut porté à Haute-Combe, le reste demeura au Monastere de Lemens pres de Chambery.

Liu. 15. Chap 6.

Ce Prince fut marié deux fois, la premiere auec Marguerite de Bourbon fille de Charles premier du nom, Duc de Bourbonnois, & d'Agnes de Bourgogne, leur mariage fut conclu à Tours le 6. Ianuier 1471. Mais il ne fut consommé que le Dimanche apres Pasques de l'an 1472. Dans la ville de Moulins, elle eût en dot soixate mille escus d'or au rapport des MM. de saincte Marthe, quoy que du Tillet aye creu qu'elle n'eust que quatre-vingt dix mil cinq cens liures, elle mourut de Phtisie au Chasteau du Pont d'Ains, le 19. d'Auril 1483. & fut enterrée en l'Eglise de Brou ainsi qu'elle auoit desiré en vne tres magnifique sepulture de marbre sans inscription ; Philippes de Sauoye son Mary par titre du 7. May 1483. donna deux cens florins à Bertrand de Loras Prieur de Brou pour faire le seruice que Marguerite de Bourbon sa femme auoit ordonné y estre fait à son decez, & sursa sepulture, presens à cette donation Amé de Geneue Seigneur de Buringes Baillif de Bresse, P. Guillod President, Iean de Foctand Aduocat Fiscal, Philippes de Seyturier Maistre d'Hostel & P. de Burges Tresorier general.

Tit. de la Maison de Ville de Bourg Pingon.

En seconde nopces Philippes espousa Claudine de Brosse dite de Bretagne fille de Iean de Brosse dit de Bretagne, Comte de Pentheure, Vicomte de Bridiers, Seigneur de Boussac & de l'Aigle & de Nicole de Blois, Cela se fit au mois de Nouembre 1495. & non point en l'an 1497. comme quelques-vns ont escrit, car au mois d'Aoust de l'an 1496. Claudine de Bretagne fit son entrée à Bourg, où pour son ioyeux aduenement, la Ville luy fit present de six Tasses d'argent, cette Princesse deceda à Chambery le 13. Octobre 1513. & fut portée à Haute-Combe.

ENFANS DE PHILIPPES DVC DE SAVOYE, SEIGNEVR de Bresse, & de Marguerite de Bourbon sa premiere femme.

I. **P**Hilibert Comte de Bresse puis Duc de Sauoye dit le Beau duquel on parlera en son lieu.

I I. **L**Ouyse de Sauoye, cette Princesse naquit au Chasteau du Pont d'Ains en Bresse le 16. Feurier 1477. & non en 1488. selon Pingon & M. de Saincte Marthe ; par permission du Roy Charles VIII. elle fut mariée auec Charles de Valois Comte d'Angoulesme Seigneur de Romorantin & d'Espernay fils vnique de Iean Comte d'Angoulesme & de Marguerite de Rohan ; Philippes de Sauoye Comte de Baugé & Seigneur de Bresse pere de cette Princesse, luy constitua en dot trente-cinq mille liures tournois, & le Roy agreant ce mariage, luy donna vingt mille liures en payement desquelles il luy fit cession de la Seigneurie de Mesle en Poitou, & du Reschet de la Seigneurie de Chisé tenuë par le Duc de Nemours pour vnze mille deux cens trente Royaux d'or, & pour son Doüaire le Comte d'Angoulesme luy promit trois mille liures de rente assignées sur les terres de Romorantin, & d'Espernay & par vn acte separé du Contract de mariage, le Comte de Baugé pere de sa fille, donna Caution de la dot de sa fille, Claude de la Baume Seigneur de l'Abbergement, Claude de la Palu Seigneur de Varembon, Guillaume Seigneur de la Geliere, Iacques de Bussy Seigneur d'Etia, Philippes de Geneue Seigneur de Lullins, Gilles d'Amezin Seigneur de Connillieu, & Gabriel de la Poype Seigneur de sainct Iulin ; Elle fut mere du Grand Roy François & à cause de ce s'appelloit la Royne Louyse, & fut Regente en France pendant les voyages du Roy son fils en Italie, les Autheurs du temps luy donnent la loüange d'auoir procuré la liberté à ce Prince & la paix à la France par le traitté de Cambray. Elle deceda le 22. Septembre 1531. à Grez en Gastinois, son corps fut porté à S. Denys en France, & son cœur & ses entrailles en l'Eglise nostre Dame de Paris.

Iacq. du Breul c & la antiq. de Paris liu. 1.

ENFANS DV DVC PHILIPPES, ET DE CLAVDINE de Brosse sa seconde femme.

III. Charles de Sauoye troisiéme du nom, Duc de Sauoye en son rang.

IV. Louys de Sauoye Preuost de Montjou, decedé en l'âge de quinze ans.

V. Philippes de Sauoye Duc de Nemours, Comte de Geneue souche des Ducs de Nemours, desquels nous parlerons plus au long en nostre Histoire Genealogique de Sauoye.

VI. Philiberte de Sauoye posthume mariée en l'an 1514. auec Iulian de Medicis surnommé le Magnifique Duc de Nemours, Marquis de Suriana & de Chasene, frere du Pape Leon X. & fils de Laurent de Medicis & de Clarice Vrsin ; Charles Duc de Sauoye son frere, luy donna en dot la Seigneurie de

Follan

Foſſan en Piemont, & le pays de Gex en titre de Marquiſat auec les Seigneuries & Chaſteaux de Cha-nas, d'Yenne, du Bourget, de Modon & ſainct Iulien en Sauoye, Poncin, Cerdon, Virieu le Grand, & Billia en Bugey; Mais Iulian de Medicis eſtant mort à Florence en l'an 1516. & non à Milan (ainſi que dit Pingon) comme il conduiſoit des Trouppes en qualité de Lieutenant general de l'Armée du Pape, Philiberte de Sauoye ſa niece reuint de Rome en Sauoye où elle veſquit en reputation d'vne ſinguliere pieté & deuotion, & apres auoir refuſé pluſieurs autres partis, meſmes ce grand Capitaine Odet de Foix Vicomte de Lautrec, Comte de Comminges, Lieutenant general de l'Armée du Roy au Royaume de Naples, elle mourut au Chaſteau de Billia en l'an 1514. Matthieu en ſon Hiſtoire de Louys XI. Paradin ⟨*Hiſtoire des hommes Illuſtres de la maiſon de Medicis.*⟩ & Vvanderburch diſent que cette Philiberte eſtoit du premier lict & qu'elle fut mariée à Laurent de Medicis Duc d'Vrbin; Mais les Genealogiſtes de la Maiſon de Medicis, Pingon & pluſieurs Titres que i'ay veu de cette Princeſſe, portent qu'elle fut femme de Iulian de Medicis Oncle dudit Laurent, Eſtienne de Luſignan donne encor à Philippes vne fille nommée Madeleine, Reyne de Nauarre ce qui n'eſt pas veritable.

Outre les enfans legitimes Philippes euſt deux enfans naturels de Bonne de Romagnan Dame Pie-montoiſe ſon amye; ſçauoir Anthoinette de Sauoye Dame de Montdidier en Breſſe, eſpouſe de Iean de Grimaldi Prince de Monaco & René de Sauoye Comte de Villars, de Sommeriue, & de Beaufort, Sei-gneur d'Aſpremont, de Gordans, de ſainct Iulin, de Virieu le grand & de Verrüe, grand Maiſtre de France qui fut depuis legitimé. Il prit à femme le dixieſme Fevrier 1498. Anne de Laſcaris Comteſſe de ⟨*Tit de la maiſon d'Vr ſé.*⟩ Tende, vefue de Louys Seigneur de Clermont, Vicomte de Neboüſon fils de Triſtan de Clermont Seigneur & Vicomte deſdits lieux & de Catherine d'Amboiſe, elle eſtoit fille de Iean-Antoine de La-ſcaris Comte de Tende & de Vintimille, Seigneur de Marro, de Preſla & de Villeneuſne, & d'Iſabeau d'Anglure & ce Iean-Antoine de Laſcaris, auoit pour frere & ſœurs, Thomas de Laſcaris, Madeleine & Françoiſe de Laſcaris tous enfans d'Honorat de Laſcaris Comte de Tende & de Vintimille, Seigneur de Matro & de Margueritte de Carretto des Marquis de Final ſon eſpouſe, lequel teſta le quatriéme fe-vrier mil quatre cent ſeptante quatre.

Du mariage de René de Sauoye, & d'Anne de Laſcaris ſortit vne grande poſterité dont la dedu-ction ſe fera en ſon temps.

⁂⁂⁂⁂⁂⁂⁂⁂⁂⁂⁂⁂⁂⁂⁂⁂⁂⁂⁂

PHILIBERT VIII. DVC DE SAVOYE, II. DV NOM
ſurnommé le Beau XXVIII. Seigneur de Breſſe, & de Bugey.

CHAPITRE LI.

E regne de ce Prince fut court, il naquit au Chaſteau du Pontd'Ains en Breſſe au mois d'Auril de l'an 1480. Iour de Lundy vne heure apres minuit, du commencement il fut nommé Iean Philibert, mais ce premier nom ne luy demeura guieres, on le ſurnomma le Beau parce qu'il eſtoit tres beau de corps, comme on le peut encor remarquer auiourd'huy aux vitres de l'Egliſe de Brou, ou il eſt peint au naturel en deux diuers endroits.

Philippes de Sauoye Comte de Baugé Seigneur de Breſſe ſon Pere le fit nourrir en la Cour de Fran-ce aupres du Roy Charles VIII. lequel il accompagna au voyage de Naples & à la priſe de Gennes, du vinant de ſon Pere on l'appelloit Monſieur de Breſſe le Ieune, mais quand ſon pere luy eſcriuoit, il ⟨*André de la Vigne.*⟩ ne luy faiſoit pas tant d'honneur, I'ay l'original d'vne lettre qu'il eſcriuoit à ce Ieune Prince du temps qu'il demeuroit en Cour aupres du Roy, où pour toute qualité, il ne le nomme que Philibert, elle eſt aſſez curieuſe, contient des particularitez pour l'Hiſtoire du temps & monſtre la ſimplicité de ce ſiecle là, en la ſuperſcription il n'y a autre choſe ſinon à Philibert, au dedans il y a ce qui ſuit. I'ay veu ce que tu mas eſcrit & te ſçay bon gré de ce que tu m'eſcris toutes nouuelles affin que ie connoiſſe que tu ne pers pas temps en cort; Au regard des lettres que tu me mandé Il n'y a pas choſe de grande importance ne trop mauuaiſe, mais tu peux bien dire à Monſieur de Milan que l'entretenement que l'on luy fait de là les Monts, eſt plus pour l'endormy & luy faire ſon domage & le mien que autre choſe, car il ont vn entende-ment particulier auec le Roy des Romains pour fere beaucoup de ſoles choſes ſe le Roy auoit quelque peu d'affaire.

Et pour ce qui vois que le pays eſt contre eux & qui ne ſçaue coman ſe ſauué, ils ſont de leurs Ennemys leurs amys, attendant que ce qu'il deſire ſoit aduenu.

Il me ſemble que Monſieur de Myolans, Monſieur de Bourbon & Madame ont beau beſogner quand le Roy ſera à Lyon, car le ſieur Galeas n'y ſera point & d'autre choſe le Roy entendra bien que les choſes ne ſont pas ſi bien preparé en Italie que le ſieur Ludouic luy auoit donné à entendre. Ie ſuis courroucé du fait de Mon-ſieur d'Armence, & voudrois bien que ſes affaires allaſſe mieux qu'il ne ſon, car il eſt homme qui le vaut & luy dis de ma part que ſi veut rien que ie puiſſe, ie le feray de bon cœur, car ie ne luy vondrois pas faillir plus qu'à moy meſme.

I'ay mandé à Chaſteauuieux le tout par Lyobard & luy dites que ie ne luy eſcris pas, pour ce que ie aye de luy toutes nouuelles leſqueles ie attands & les tiennes & me eſcrips ſouuent de ce que ſuruiendra & le fait ſçauoir à ma fema que ie me mandera, Ie ſçay bien voulu que tu euſſe ſegu le Roy ſi peu & te contregar-de, & fais ce que Monſieur de Chales te conſeillera ce tu me veux obeyr, eſcrit à Diuone le dernier iour de Iuin, Si d'auenture le Roy te demande là où ie ſuis, ne que ie fais, di l'y que ie m'en ſuis venu en ce pays de Vaud pour ce qu'il n'a pas grand affaire de moy, & qu'il ſe ſert de tout le monde fors que de moy & que ie ayme mieux viure en ce cartier en entretenant les Allemans & faire ſeruice à Madame que de perdre temps & mon ſeruice mal reconnu. Philippes de Sauoye.

N   Par

Par là le Lecteur void comme Philippes de Sauoye Comte de Baugé traittoit son fils, il se relascha depuis de cette seuerité quand il eust esté appellé à la Couronne de Sauoye, car il donna dés lors à son fils le Comté de Bresse pour son Appannage & le traittoit de Prince comme nous l'apprenons d'vne autre lettre que le Duc Philippes luy escriuit laquelle est telle,

Philibert, Boissier, & le Tresorier Vuillioud m'ont ennoyé certains memoires qui touchent ton affere de Bresse que ie te ennoye afin que tu y fasses donner les remedes necessaires, & par ce appelle ceux de ton Conseil, & les fais conduire par maniere que ie cognoisse que tu es bon menagier & m'aduertis souuent de tes nouuelles, & à Dieu qui t'ayt en sa saincte garde, escrit à Thurin l'11, iour de Iuillet, Ton Pere Philippes ; Et au dessus il y auoit *A mon fils le Prince,*

Auton Hist. de Louys XII.

Depuis le Prince Philibert deuenu Duc de Sauoye & le Roy Louys XII. ayant entrepris la conqueste du Duché de Milan, il luy mena vne Compagnie de deux cens hommes d'armes. Il fit quelques Edicts pour le repos de ses Subjets, & par traitté du 20. Septembre 1502. regla auec François de Rohan Archeuesque de Lyon les droits & les authoritez que les Archeuesque de Lyon, & leurs Officiaux pretendoient d'auoir en Bresse & Bugey dans le Diocese de Lyon.

Paradin. Hareus in Annal. Brab.

Le 13. Auril 1503. il receut dans la Ville de Bourg Philippes Archiduc d'Austriche son Beaufrere qui l'estoit venu visiter, l'année suyuâte il y eut traitté entre ce Prince & Estienne de Longuy Euesque de Mascon, touchant les limites de la terre de Romenay, les Arbitres furent Guy de la Baume Seigneur de la Roche, Angelin Prohana President Patrimonial de Sauoye, & Antoine Favre Lieutenant general au Baillage de Bresse, pour le Duc, & pour l'Euesque Girard de Longuy Seigneur de Giury & de Pagny, Philibert de la Ferté Seigneur de Blagny President au Parlement de Bourgogne & Iean Robert Chanoine de Mascon. Et comme en l'an 1504. ce Prince qui demeuroit bien souuent au Chasteau du Pont d'Ains, voulut aller à la chasse du costé de Lanieu en Bugey son chasteau se prepara le disner aupres d'vne fontaine à S. Burba sur le bord du Rhosne; mais cette fraischeur qu'il y rencontra fut si grande qu'il en tomba malade & ayant esté ramené au Pont d'Ains, il y mourut au mois de Septembre en la Chambre où il auoit pris naissance n'ayant laissé aucuns enfans, En cette mesme année il y eut vne famine extreme en Bresse, Dombes & pays Voisins.

Pingon.

Ce Prince fut marié deux fois, la premiere auec Yolande-Louyse de Sauoye fille de Charles Duc de Sauoye & de Blanche de Mont ferrat, laquelle il espousa au mois de May 1499. Le mariage ne dura qu'vn an. Sa seconde femme fut Marguerite d'Austriche fille de Maximilian Archiduc d'Austriche (puis Empereur) & de Marie de Bourgogne laquelle auparauant auoit esté accordée en mariage en l'an 1483. au Roy Charles VIII. lors Daufin de France par la negociation de Philippes de Sauoye, Comte de Bresse, ce mariage ayant esté dissout, cette Princesse fut mariée en l'an 1497. auec Iean Prince de Castille, fils & heritier de Ferdinand Roy d'Arragon & d'Isabelle Reyne de Castille qui mourut en la mesme année de son mariage, tellement que Marguerite d'Austriche en troisiéme nopces eut pour mary le Duc Philibert au mois Nouembre 1501. la ceremonie de ce Mariage se fit à Roman-Moustier au pays de Vaud par l'Euesque de Mautienne, d'où le Duc & la Duchesse allerent à Geneue où ils furent receus en grande solemnité. Et delà vinrent à Bourg où pour rejouyssance de ce mariage, les Syndicqs firent battre de grandes pieces de bronze & de cuiure, où d'vn costé estoient les effigies du Duc & de la Duchesse, auec ces Paroles au tour,

Hareus in Ann. Brab.

> PHILIBERTVS DVX SABAVDIAE VIII.
> MARGA. MAXI. CAES. AVG. FI. D.SA.

Au reuers il y a l'escu party des Armes de Sauoye & d'Austriche, auec ces mots,

> GLORIA IN ALTISSIMIS DEO;
> ET IN TERRA PAX HOMINIBVS BVRGVS:

Cette vertueuse Princesse supporta la perte de ce dernier mary auec vne constance merueilleuse, ce qui luy fit prendre pour deuise, fortune, infortune, fort, vne de laquelle nous donnerons vne plus particuliere explication au Chapitre de Brou : Elle fit enterrer le cœur du Duc Philibert en la Chappelle de la Ville du Pont d'Ains, puis fit porter le corps en vne tres-belle & magnifique sepulture de marbre au milieu du Chœur qu'elle luy fit faire ; dans vne des vitres du grand Autel où est le portrait du Duc Philibert, il y a cette inscription laquelle marque le temps de son decez.

> DIVVS PHILIBERTVS DVX
> SABAVDIAE HVIVS NOMINIS
> II. M. D. IIII. IV. IDVS
> SEPTEMB. VITA FVNCTVS.

Apres cette mort Marguerite d'Austriche eust difficulté auec Charles Duc de Sauoye frere de son Mary pour l'execution des conuentions portées par son contract de mariage, surquoy elle prit occasion d'aller au Comté de Bourgogne, & de là en Allemagne aupres de Maximilian Roy des Romains son pere en attendant ce que le Conseil de Sauoye voudroit determiner sur ses pretentions. Par son contract de mariage le Duc Philibert luy auoit promis douze mille escus d'or au coin de France tous les ans pour son Doüaire, ou en la place, les Seigneuries de Bresse, Vaud & Faucigny. Or elle estimoit que le reuenu de ces pays là ne valoit pas les douze mille escus; tellement qu'elle vouloit le supplement, ou

ne

en argent, ou en autres terres, le Duc Charles qui ne defiroit que de la contenter, enuoya Amé Baron de Viry, Amblard Goyet Abbé de Filly, Hugues de la Balme Seigneur du Tiret & Iean du Four Iurif-confulte fes Ambaffadeurs à Maximilian Roy des Romains, l'affemblée fe fit à Strasbourg, où en pre-fence de Maximilian, il fut conuenu & arrefté dans la maifon des Cheualiers de fainct Iean de Ierufa-lem, que la Princeffe auroit pour fon douaire fa vie durant, les pays de Breffe, Vaud & Foucigny & pour fupplement le Comtéde Villars & la Seigneurie de Gordans auec toute Iuftice haute, moyenne & baffe, premier & fecond degré de Iurifdiction, l'hommage des Nobles, pouuoir d'Inftituer des Offi-giers, mefmes vn Confeil en la place du Iuge des appellations, & outre cela vne Chambre des Comptes & de rachepter les biens du Domaine de Breffe qui auroient efté engagés pour iufte prix à la fondation de Brou, fous la referue de la Souueraineté, du reffort, des biens des Criminels de leze Maiefté, de la fa-brication de la monnoye, des Mines d'or & d'argent, des Trefors treuués, des Tailles, Subfides & Im-pofts, de conceffion de nouuelle Iurifdiction, de l'vfage des eaux des fleuues, des graces & remiffions, des Protocholles des Notaires & des biens des Vfuriers, moyennant quoy la Princeffe fe departit du Comté de Sommeriue, des Chafteaux de Verrue, d'Afpremont, & de Thurin que le Duc Philibert luy auoit donné apres leur contract de Mariage; Il y à plufieurs autres claufes, referues & conditions audit traitté que le Lecteur verra en vn autre ouurage, cela fut fait le 5. May 1505. prefens Henry Duc de Brunfuich & de Limbourg, Guillaume Duc de Iuliers, Sigifmond Comte de Franuemberg & Sei-gneur de Has, Floret Doyen de Meyffen, Guy de la Baume Comte de Montreuel Cheualier, Gafpard de Montmorot Baron de Beaufort & Bailly de la Baffe Alface, Philippes de Loyettes Cheualiers, Claude de Carondelet Baillif d'Amont, Iean-Louys des Comtes de Piofalque & Mercurin de Gattinara Do-cteur és droicts, Charles Duc de Sauoye apres le retour de fes Ambaffadeurs, ratiffia le traitté à An-necy le 5. d'Aouft fuyuant aux proteftations toutesfois qu'il n'entendoit pas, par la remife de la Sei-gneurie de Vaud, qu'elle fut en façon que ce foit demembrée du Duché de Sauoye pour ne contre-uenir au traité fait l'an 1477. entre la Ducheffe Yoland & les Magnifiques de la ligue d'Allema-gne, ce que la Princeffe Marguerite agrea par fes lettres patentes dattés au Pont d'Ains le quatorziefme du mefme mois.

Pendant fon fejour en Breffe, elle fonda & fit baftir cette fuperbe Eglife de Brou de laquelle nous dif-courrons plus amplement ailleurs, elle fut appellée en Flandres en l'an 1506. pour en prendre le Gou-uernement pour Charles d'Auftriche fon Neueu, où elle fe conduifit auec grande prudence & fatisfa-ction de ces peuples. Auant fon defpart de Breffe, par lettres dattées à Bourg le dernier d'Auril 1506. elle confirma aux habitans de Bourg toutes leurs franchifes & particulierement celui qui concerne la per-fonne des Taillables & des Mainmortables qui y viennent demeurer. La paix conclue au Chafteau-Cambrefis entre les maifons de France & d'Efpagne qui apporta vn repos general à toute la Chreftien-té fut acheminée par fon entremife & par celle de Louyfe de Sauoye Mere du Roy François I. Vladiflas Roy d'Hongrie la rechercha en mariage apres le decez du Duc Philibert, mais on ne l'y peut iamais re-foudre pour auoir efté trop malheureufe en fes marys : elle deceda à Malines le Ieudy premier Decem-bre 1530. vne où deux heures apres minuit âgée de cinquante-vn an, apres auoir poffedé la Breffe à titre de douaire l'efpace de 25. ans, ayant longtemps auparauant difpofé de fes biens par vn Teftament & par vn Codicille; par le Teftament qui eft du 20. Fevrier 1508. fait à Bruxelles, elle ordonne que fon Corps fera inhumé à Brou & fait quantité de legats pies aux Eglifes de Bourg en Breffe, & fur tout à celle de Brou qu'elle declare vouloir fonder de douze cents florins monnoye de Sauoye de rente annuel-le & perpetuelle & inftitua fon heritier Charles d'Auftriche Prince de Caftille fon neueu qui fut l'Em-pereur Charles V. elle fit Executeurs de fon Teftament le Prince de Chimay, Henry Comte de Naffau, les Seigneurs de Chieures & de Berghes, Mefire Guy de la Baume Comte de Montreuel fon Cheua-lier d'honneur, Laurent de Gorreuod Baron de Montanay, Mercurin des Seigneurs de Gattinara Pre-fident du Comté de Bourgogne & Louys Ochin fon Confeffeur & Aumofnier : Son Codicille fut fait à Malines le 28. Nouembre 1530. & parce que lors qu'elle le fit, la plufpart des Executeurs de fon te-ftament eftoient morts, elle nomma ceux cy, le Comte de Naffau Grand Efcuier & Chambellan de l'Empereur, Mefire Antoine de Lalain Comte de Hoochftrate fon Cheualier d'honneur, Mefire Iean Seigneur de Berguës Cheualiers de l'Ordre, Meffire Louys de Flandres Seigneur de Praet fecond Cham-bellan de l'Empereur, Mefire Pierre Seigneur de Rofimbos fon premier maiftre d'Hoftel, Mefire An-toine de Montoüis fon Confeffeur & Aumofnier, Mefire Iean-Ruffaut Cheualier, Seigneur de Neufuil-le, Treforier general des Finances de l'Empereur & pour le maniment & diftribution des deniers quils employeroient à executer fa volonté, elle deputa Meffire Iean de Marnix Cheualier, Seigneur de Tho-loze fon Treforier general & Mefire Guillaume des Barres fon Secretaire.

Plufieurs grands perfonnages firent des Oraifons funebres pour celebrer la memoire de cette Illuftre Princeffe en diuers lieux comme à Brou, frere Antoine du Saix Commandeur de fainct Antoine de Bourg & Abbé de Cheyfery au mois de Iuin 1532. ou on luy fit des fomptueufes funerailles, fon Oraifon eft *Henrici Cor-*
imprimée parmy les Oeuures de Gilbertus Cognatus, Henry Corneille Agrippe fon Confeiller & Hi-*nel. Agripp.*
toriographe harangua auffi pour elle en Flandres & à remarqué qu'elle voulut que fon corps fut enter-*orat. 10.*
ré à Bourg en Breffe, il à voulu dire Brou, fon cœur à Bruges & fes entrailles à Malines *Hoc amoris of-*
ficium marito (dit il) *Illud fanguinis, & natura neceffitate parenti, hæc beneuolentiæ vinculis patriæ*
debebantur.

CHARLES III. DV NOM, IX DVC DE SAVOYE, & XXIX. Seigneur de Breſſe & de Bugey.

CHAPITRE LII.

NTRE les enfans de Philippes VII. Duc de Sauoye cettuy-cy eſtoit le ſecond & fils de Claudine de Broſſe dite de Bretagne ſa ſeconde femme, il naquit au Chaſteau de Chaſey en Bugey au mois d'Octobre 1486. le Duc Philibert le Beau ſon frere aiſné eſtant mort ſans enfans, il fut appellé à la Couronne de Sauoye en l'âge de dix-huict ans, le commencement de ſon regne fut fort tranquille, mais la fin ne fut pas ſemblable.

Ce Prince voyant que l'ordre du Collier de Sauoye inſtitué par le Comte de Verd, & augmenté par le Duc Amé VII. eſtoit en quelque façon deſcheu de ſa ſplendeur, le voulut reſtablir; à cét effet il en fit des nouueaux Statuts au Chaſteau de Chambery l'11. Septembre 1518. & voulut qu'il fut d'oreſenauant appellé l'Ordre de l'Annonciade en l'honneur de la tres glorieuſe Vierge Marie adiouſtant quinze roſes blanches & rouges aux quinze lacs du Collier auec l'ancienne deuiſe *FERT*. Et qu'au pendant du Collier, il y auroit la repreſentation de l'Annonciation de noſtre Dame; Ces nouueaux Statuts furent jurez tant par le Duc qui ſe declara Chef & Souuerain de l'Ordre, que par Philippes de Sauoye Comte de Geneue ſon frere, Iean Comte de Grueres, & Thomas de Valpergue Comte de Maſin, qui furent des premiers qui entrerent dans ledit Ordre apres ce changement lequel n'arriua pas en l'an 1434

Au Theatre d'honneur & de Chenalerie. comme a creu Fauin. Enſuite de ce reſtabliſſement, la ceremonie de la feſte Annonciation Noſtre Dame ſe fit le vingt-ſixiéme Mars de l'an mil cinq cens dix-neuf en la Saincte Chappelle du Chaſteau de Chambery, où ſe treuuerent Charles Duc de Sauoye Chef & Souuerain de l'Ordre; Philippes de Sauoye Comte de Geneuois Baron de Faucigny & de Beaufort; Iean Comte de Grueres Baron de d'Aubonne & Seigneur d'Oron, Claude de Sauoye Seigneur de Raconis, René Comte de Chalant & de Valengin, Baron de Baufremont, Iean Philibert de la Palu Comte de Varax & de la Roche Seigneur de Varembon, François de Luxembourg Vicomte de Martigues, Seigneur du Freté, de Cuyſieu, & de Duyn, Thomas de Valpergue Comte de Maſin, Hugues Baron de Myolans & d'Armance, Comte de Mont-mayeur, Guillaume de Vergy Baron de Fonuens Seigneur de Champlite Mareſchal de Bourgogne par Procureur & Claude de Stauayé Eueſque de Belley Chácelier de l'Ordre, il y euſt encor pluſieurs autres perſonnes notables qui aſſiſterent à cette belle & nouuelle Ceremonie comme Louys de Gorreuod Eueſque de Maurienne, Iean de la Foreſts Abbé de Payerne Prieur de Nantua grand Auſmonier de Sauoye, le Seigneur de Balaiſon Capitaine des Archers, le Seigneur de Lucinge, & des Alymes Capitaine des Gentils-hommes, les Seigneurs de Preſſia & de Tiret Maiſtres d'Hoſtel du Duc, le Seigneur de Bordeaux de la maiſon de Seyſſel y eſtoit en qualité de grand Maiſtre, & le Seigneur de Muſinens de grand Eſcuyer. Cette piece qui eſt fort curieuſe; auec tous les Statuts de l'ordre qui n'ont point encor eſté imprimez : verront le jour dans noſtre Hiſtoire Genealogique de Sauoye.

Ce Prince fut ſurnommé le Bon & fut le plus infortuné de ſa maiſon, ſoit qu'il y ayt eu du manquement en ſa conduite, ou de la fatalité en ſes Eſtats qui receurent vne eſtrange reuolution; Car le Roy François premier conquit ſur luy comme nous dirons bien-toſt la Breſſe, le Bugey, la Sauoye & le Piemont, les Bernois chaſſerent l'Eueſque de Lauſanne, s'emparerent de cette Eueſché & des pays de Vaud & de Gex; Ceux du pays de Valais d'vne partie du Duché de Chablays, & Geneue ſe ſouſleua contre ſon Eueſque; Brefil ne reſta au Duc Charles de tous ſes Eſtats que Nice, Aouſte & Vercel où il mourut le 15. Septembre 1553. apres auoir long-temps & vainement imploré le ſecours de l'Empereur.

Il euſt ſix maſles & trois-filles de Beatrix de Portugal ſa femme, fille d'Emanuel Roy de Portugal & de Marie de Caſtille tous morts en bas âge, fors.

Emanuel-Philibert Duc de Sauoye dont nous parlerons en ſon rang.

FRANCOIS I. DV NOM, ROT DE FRANCE, XXX. Seigneur de Breſſe & de Bugey.

CHAPITRE LIII.

V 1 s que la vie de ce Prince a eſté amplement eſcrite par pluſieurs de nos Hiſtoriens, ie né diray de luy ny du Roy Henry ſecond ſon fils que ce qui concernera principalement la Breſſe & le Bugey afin de n'eſtre pas à charge au Lecteur.

Ce grand Prince ayant heureuſement conquis la Breſſe & le Bugey par vn preſage que ces pays ſeroient à l'auenir irreuocablement vnis à la Couronne. Il importe auant toutes choſes d'eſclaircir les cauſes, le temps & la ſuite de cette conqueſte. Les Hiſtoriens en ont parlé diuerſement, Martin du Bellay, Iean de Serres, François de Beaucaire, l'Autheur de la première & ſeconde Sauoyſienne *Liu.3. de ſon Hiſtoire de Sauoye.* & le P. Monod en l'Apologie Françoiſe pour la Sereniſſime maiſon de Sauoye diſent que le Roy ne declara la guerre à Charles Duc de Sauoye qu'en l'an 1536. & toutefois la Breſſe & le Bugey furent reduits ſous l'obeyſſance du Roy, déja en l'an 1535. ainſi qu'il ſe verra. Paradin ne deſigne pas le temps

appartenir

ny la cause de cette guerre, il dit seulement que ce fut à cause de certain droit que le Roy pretendoit luy *Lin. 10.*
appartenir en Sauoye du chef de Louyse de Sauoye sa Mere, qui est l'opinion de Sleidan : Paul Ioue recite que le Duc auoit refusé de rendre Nice au Roy quoy qu'il ne le tint que par engagement de ses *Hist. L. 34.*
predecesseurs & que les persuasions de Beatrix de Portugal sa femme, il se jetta dans le party *Hist. di Pie-*
de l'Empereur Charles V. ce qui desobligea le Roy qui n'attendoit pas cela de son Oncle. Ludouico *monte.*
della Chiesa dit que le sujet de cette guerre fut la concession faite audit Duc Chales, par l'Empereur *En la vie de*
Charles V. du Comté d'Ast, & du Marquisat de Ceue. Iean de Serres allegue cette raison, sçauoir que le *François I.*
Roy François premier ayant fait dessein de tirer raison de l'injure qu'on auoit faite au Seigneur de Mer-
ueilles son Ambassadeur à Milan, il depescha Guillaume Comte de Furstemberg en Allemagne pour faire
leuée de vingt Enseignes de Lansquenets, & qu'ayant fait demander passage au Duc de Sauoye par ses *Mem. liu. 4.*
Estats, il le luy refusa ; De sorte que ce refus poussa le Roy à rechercher les droits de Louyse de Sa- *& 5.*
noye sa mere, à quoy s'accordent Martin & Guillaume du Bellay, & François de Beaucaire ; Mais ils ad- *Lin. 10.*
joustent d'autre motifs de cette guerre : A sçauoir les bagues & joyaux que le Duc de Sauoye auoit pre-
sté au Duc de Bourbon apres sa reuolte. Les Lettres gratulatoires que le Duc auoit écrit à l'Empereur
de la prinse du Roy, deuant Pauie, l'inuestiture du Comté d'Ast ancien Patrimoine de la maison d'Orleans, le refus de prester Nice pour l'entreueuë du Pape Clement & de François premier. Et finalement
que le Duc auoit fait offre à l'Empereur de luy remettre tout le pays qu'il possedoit deçà les Monts depuis Nice iusqu'à l'entrée des Ligues y comprenant Geneue, en eschange d'autres Terres in Italie.
Taboué adjouste, que le Roy se plaignoit de ce que le Duc auoit vsurpé, Thurin, Pignerol, Montcalier, *In Geneal.*
Carignan & autres Villes & Chasteaux de là le Po, le Comté de Nice & le Port de Ville-franche sur la *Sab.*
maison d'Anjou. Que les Ducs de Sauoye auoient distrait du Marquisat de Saluces mouuant du Daufiné
quelques places qu'ils s'estoient attribué; Et que le Duc Charles auoit refusé l'Ordre de saint Michel que
le Roy luy auoit presenté auec vne Compagnie de cent hommes d'armes & vne pension de douze mil
escus par an; Vvanderburch Doyen d'Vtrect apres auoir examiné toutes les causes de cette guerre rap- *In Hist. Sa-*
portées par Paul Ioue, du Bellay & Taboué conclud que ce ne fut autre que l'ambition du Roy *baud.*
François premier.

Or par la Commission que le Roy bailla à Philippes Chabot Admiral de France pour faire la guerre au
Duc de Sauoye, le Roy n'allegue pas tant de raisons, il se plaint seulement de l'vsurpation du Comté de
Nice, de ce que le Duc luy retenoit le droit successif qui auoit appartenu à Louyse de Sauoye sa mere,
mesmes és biens allodiaux & feodaux sujets à diuision, & partage esquels les femmes peuuent succeder,
qu'il occupoit plusieurs Terres, Chasteaux, Villes & Places faisans portion du Marquisat de Saluces, &
qu'il luy auoit denié l'hommage du Foucigny, & d'autres terres tenuës & mouuantes de la Couronne
de France. Le Caualier de Sauoye, & l'Autheur de l'Apologie Françoise pour la maison de Sauoye,
ont tasché d'excuser leur Prince en tout ce qu'ils ont peu & demonstrer sur tout que le Roy n'auoit aucunes legitimes pretentions du chef de sa Mere, par ce que par l'ancienne Loy de cet Estat, les filles ne
succedent point & que Louyse de Sauoye lors de son mariage auec Charles de Valois Comte d'Angoulesme auoit renoncé, ce qui n'est pas sans replique; car Philippes Comte de Baugé Seigneur de Bresse,
puis Duc de Sauoye, ainsi que nous auons deja dit espousa Marguerite de Bourbon de laquelle il eust le
Duc Philibert, & Louyse Sauoye mere du Roy François premier. En secondes nopces il espousa Claudine de Bretagne fille du Côte de Pentheure dont il eust entr'autres enfans Charles Duc de Sauoye, & le
Duc de Nemours: Le Duc Philibert mourut sans enfans, de sorte que sa sœur Louyse qui estoit seule du premier lict luy deuoit succeder non seulemét par la prerogatiue de l'âge & de ce qu'elle estoit conjointe des *Taboue in*
deux costez ; mais par la conuention contenuë au contract de mariage d'entre Philippes Duc de Sauoye *Geneal. Sab.*
lors Comte de Baugé, & Marguerite de Bourbon, par laquelle il estoit dit que les enfans qui naistroient *Vvander-*
de leur mariage succederoient audit Philippes de Sauoye indistinctement sans auoir égard au sexe, à quoy *buch.*
les Estats de Sauoye auoient consenty, tellement que quand le Duché de Sauoye & autres Estats en dependans n'eussent pas appartenu à Louyse de Sauoye parce que les femelles sont excluses d'y succeder
(ainsi qu'on pretend tant qu'il y a des Masles quoy qu'en degrez fort éloignez) tousiours deuoit elle
auoir le Comté de Baugé & la Seigneurie de Bresse qui auoient esté données audit Philippes, & aux
siens en appannage.

Pour esclercir ces droits, le Roy enuoya au Duc Charles, Guillaume Poyet quatrième President du
Parlement de Paris auec quelques Iurisconsultes pour en auoir raison, à quoy le Duc ne voulut entendre; tellement que pour la derniere fois le Roy ayant sommé le Duc de luy donner ce qui luy appartenoit en cette succession & n'en ayant tenu compte, il luy declaira qu'il en auroit raison par armes. Il est
bien vray que René Comte de Chalant Mareschal & Gouuerneur de Sauoye vint en France de la part du
Duc, mais non pas pour se mettre à la raison desdites pretentions, ains seulement pour s'excuser de ce
que les Trouppes du Duc auoient desfait la Compagnie de Rence de Cere, de sorte que le Roy declaira
la guerre à ce Prince & en donna la commission à l'Admiral Chabot à Lyon l'11. iour de Feurier 1535. *Preuues pag*
54.

Or si les Historiens ne se sont pas accordés entr'eux dutemps & de la cause de cette guerre, aussi ne
sont ils pas d'accord du Chef que le Roy choisit pour la faire, Du Bellay & Iean de Serres disent que ce
fut François de Bourbon Comte de sainct Paul & cependant il est tres certain que ce fut Philippes Chabot Comte de Busançois & de Charny Admiral de France & Gouuerneur pour le Roy du Duché de
Bourgogne ainsi qu'on l'apprend de sa commission; ce qui a esté remarqué par Paul Ioue & par François
de Beaucaire Euesque de Mets, du moins c'est bien luy qui conquit la Bresse, Bugey, & Valromey en
moins de trois semaines en l'an 1535. Il y rencontra cette tât de facilité parce que le Duc de Sauoye fut sur-
pris n'ayant mis aucun ordre à la garde de sa frontiere, outre qu'ayant esté extraordinairement affoibly
en la guerre de Geneue & par la perte de Lausane & des pays de Gex & de Vaud ; il ne pouuoit arrester
le torrent impetueux de nos armes, de sorte que l'Admiral Chabot apres cette prompte & heureuse conqueste passa en Piemont auec vne belle armée & auant son depart ensuite du pouuoir qu'il auoit du
Roy, il deputa Iean de la Baume Cheualier Comte de Montreuel & Iacques Godran Conseiller au

N 3   Parlemente

Parlement de Dijon & Garde des Seaux de la Chancellerie de Bourgogne, pour ſe tranſporter en Breſſe, Bugey & Valromey pour receuoir des habitans, & Gouuerneurs des Villes & Chaſteaux, le ſerment de fidelité, les contenir en l'obeyſſance du Roy, y commander & adminiſtrer la Iuſtice de la part de ſa Majeſté, ce qu'ils executerent exactement & en dreſſerent vn procez verbal duquel ie fais part au pu- bliq à cauſe des rares particularitez qu'il contient, les lettres de cette deputation ſont en datte du 23. Mars 1535.

Preuue, pag. 54.

Quelques hiſtoriens mal affectionnez à la France ont voulu blaſmer cette guerre comme entrepriſe contre le traitté de paix conclu à Cambray en l'an 1529. mais on a reparty à cela que le Duc de Sauoye ainſi qu'a remarqué Guichardin n'y ayant point eſté nommement compris, ſa Majeſté pouuoit tirer rai- ſon de luy par les armes puis qu'il ne la luy auoit pas voulu faire d'ailleurs, quoy qu'il en ſoit. Ce point ne doit pas eſtre decidé par vn Hiſtorien.

Lib. 19.

Le Roy laiſſa des teſmoignages de ſa bienueillance aux habitans de Bourg capitale de Breſſe par la confirmation pure & ſimple qu'il leur accorda de tous les priuileges, franchiſes & conceſſions que les Princes de Sauoye leur auoient octroiées ce qu'il fit à Paris au mois de Iuin de l'an 1539.

Depuis ſur la remonſtrance que luy firent les gens du tiers Eſtat de Breſſe, Bugey & Valromey, Que de toute ancienneté ils eſtoient quittes de la quatriéme partie des lods de toutes les acquiſitions qu'ils faiſoient des fonds mouuans de ſon Domaine, ſa Majeſté commit Ozias de Cadenet Seigneur de No- ard, Maiſtre de ſes Comptes en Breſſe pour informer de ladite couſtume pour au cas qu'elle fut veritable la confirmer, les lettres de cette conceſſion ſont dattées à Fontainebleau l'11. Decembre 1543. en exe- cution de laquelle ledit de Cadenet ayant informé de ladite couſtume ſa Majeſté par declaration du 25. May 1544. accorda ladite exemption. Il viſita ladite ville de Bourg en l'an 1546. & comme il auoit deſ- ſein de la faire fortifier, il fit faire ce beau baſtion qui eſt entre la Verchere & la porte de la Haſle.

Preuues pag. 60.

Thuan Hi- ſtorian lib. 2. ſub finem.

Enfin ce grand Roy apres tant de belles actions dont l'Hiſtoire du temps eſt remplye, mourut au Chaſteau de Rambouillet le dernier iour de Mars de l'an 1547. laiſſant le Roy Henry II. ſon fils ſuc- ceſſeur au Royaume & en la Seigneurie de Breſſe & de Bugey.

HENRI II. DV NOM, ROY DE FRANCE,
XXXI. Seigneur de Breſſe & de Bugey

CHAPITRE LIV.

APres la mort du Roy François I. Henry II. ſon fils fut reconnu & ſacré Roy, il euſt tant de bonne volonté pour la ville de Bourg & generalement pour tous les Breſſans & ceux de Bugey, qu'en toutes occaſions il les fauoriſa pendant ſon Regne, ſoit parce qu'ordinairement on traitte plus doucement les pays de frontiere, ſoit à cauſe de la gran- de affection que ces peuples nouuellement conquis auoient pour le bien de la Couronne; en effet par lettres patentes dattées à Fontaine-Blean au mois de Mars 1547. il confirma en faueur des Habitans de Bourg, tous les Priuileges, Franchiſes, & Immunitez que les Comtes & Ducs de Sauoye leur auoient accordées, ce qui fut depuis verifié au Parlement de Sauoye le 12. Fevrier 1549. & en la Chambre des Comptes de Bourg, le 23. Mars 1553. & comme il Prince ſe voyoit menacé de guer- te il voulut reconnoiſtre luy meſme l'eſtat des Villes de la frontiere; A cet effet il alla à Langres, Dijon, Beaulne, Auxonne & à Bourg en Breſſe en l'an 1548. vn autre teſmoignage de ſa bienueillance enuers le General du pays parut en ce que par lettres patentes en forme d'Edict dattées à Rheims au mois de Nouembre 1552. il affranchit tous les ſubjects Taillables & Mainmortables de Breſſe, Bugey & Valromey moyennant certaine finance pour l'execution duquel Edict furent commis Claude Paſchal Sei- gneur de Valentier & Benoit Craſſus, l'vn premier Preſident & l'autre Conſeiller au Parlement de Sa- uoye. Apres cela il fit vn autre Edict pour le fait des Notaires; car venans à mourir leurs protocolles ap- partenoient au Prince à l'excluſion des heritiers pendant la domination de Sauoye & cependant le Roy par lettres dattées à Anet le 23. d'Auril 1554. ordonna que les Notaires de Breſſe & de Bugey mourans, leurs protocolles appartiendroient à leurs heritiers pour les expedier aux parties & en retirer les emolu- ments, ce qui fut Verifié au Parlement de Chambery le 15. Nouembre ſuyuant auec cette modification; ſçauoir que les heritiers & ſucceſſeurs des Notaires ſeroient tenus dans quinzaine apres le decez deſdits Notaires & auparauant que de s'entremettre en l'adminiſtration de leurs protocolles de faire faire In- uentaire de tous les Actes & Contrats y contenus par les Officiers des lieux & en laiſſer copie au Greffe.

Thuan. Hiſtor. lib. 5. ſub fine.

Tit. de la maiſon de Ville de Bourg.

En cette meſme année le Roy fit don à la Ducheſſe de Guyſe & à Iean Comte de la Chambre de tous les Lods qui luy eſtoient deus en Breſſe des acquiſitions, Donations & Eſchanges faites depuis la con- queſte du pays, des biens Nobles & Feodaux, & parce que la Breſſe auoit eſté declarée exempte deſdits Lods (fors dans le Comté de Villars) par diuerſes Declarations des Ducs de Sauoye; non ſeulement, les Gentils-hommes auſquels on s'eſtoit addreſſé pour eſtre payé deſdits Lods s'oppoſerent audit don; mais encor les deputez de l'Egliſe, de la Nobleſſe & du tiers Eſtat; De ſorte qu'apres vne longue conteſtation au Parlement de Sauoye, le Roy ayant eſté informé du Priuilege des Breſſans, le leur confirma, & reuo- qua le don par lettres du 28. Fevrier 1556.

Tit. de la ville de Bourg.

Sur la plainte des deputez des trois Eſtats, ce meſme Prince par Edict du 22. May 1553. donné à S. Germain en Laye, ſupprima tous les Bureaux de la Traitte-Foraine qui auoient eſté introduits en Breſſe & Bugey du temps du Roy François, pour l'execution duquel Edict fut commis Louys Porquier, Lieu- tenant particulier au Bailliage de Bugey, & par Declaration dattée à Paris le 8. Mars 1556. il deſchar- gea les Gens des trois Eſtats de Breſſe & de Bugey du droict de Reſue ou Impoſition Foraine eſtablie

ſur

sur le Pont de Mascon, & du droict de dix deniers sur chasque quarte de Sel qui passeroit, & seroit ti-
rée le long de la Riuiere de Saosne, où par autres endrois du Masconnois pour estre conduite & menée
en Bresse. Mais ce Prince pour ne rien oublier de ce qui luy pouuoit acquerir parfaitement l'affection
de ces peuples, quitta à tous les Habitans de Bresse & de Bugey pendant dix ans toute la contribution
d'Octroy & de foüages qu'il receuoit d'eux de trois en troisans, ensemble tous les cens & seruis qui luy
estoient deus par Lettres patentes données à Paris le 8. Feurier 1557. dont il laissa l'execution au Seigneur de la Guiche son Gouuerneur, & Lieutenant general esdits pays, & au Vicomte de la Riuiere
Capitaine & Gouuerneur de la Ville de Bourg; Outre cela il deschargea les mesmes Habitans de l'em-
prunt qu'il auoit ordonné estre fait sur tous les aisez de son Royaume par patentes du moys de May de
ladite année.

Cependant Emanuel Philibert Duc de Sauoye qui apres la perte que le Duc Chales son Pere auoit
fait de ses Estats, auoit recouru à l'Empereur, esperoit tousiours d'y rentrer; & en attendant
qu'il eut assez de forces pour l'entreprendre ouuertement, il gaigna quelques Gentils-hommes de Bresse,
& de Bugey pour y former des desseins qui luy fussent auantageux. Ceux-là furent, Charles de Lucinge Seigneur des Alymes, Claude de Granget Seigneur de Mions, Claude du Puy, Buscard de Lyatod
Seigneur de Briod & les Capitaines Rosset, & Verdet lesquels emportez par l'affection que les Sujets ont
ordinairement pour leur Prince naturel, eurent grosse conference auec Nicolas Baron de Poluilliers
l'vn des principaux Capitaines de l'Empereur & confident du Duc de Sauoye, auec lequel ils
firent vne entreprise pour surprendre Lyon, esperans qu'apres cela ils viendroient facilement à
bout de la Bresse & de Bugey, tandis que ce complot se faisoit, duquel le Seigneur de Mions qui s'e-
stoit retiré aupres du Duc de Sauoye estoit l'entremetteur, arriua la malheureuse journée de S.Quentin
laquelle accreut les esperances du Prince Emanuel-Philibert qui enuoya des lettres en Bresse & Bugey
dattées au Camp deuant S.Quentin le 15.d'Aoust 1557. par lesquelles il qualifioit la conqueste de la
Sauoye; Bresse & Bugey vsurpation, & en promettant aux peuples de les venir deliurer des mains du
Roy, les sollicitoit de prendre les armes & se ranger de son Party, dont le Roy ayant eu aduis,en fit publier d'autres données à S. Germain en Laye 13. Octobre suyuant, par où il rasseure les peuples, les ex-
horte à demeurer en son obeyssance, les dissuade de deferer aux persuasions du Duc & leur fait entendre
qu'il n'estoit point vsurpateur; parmy temps Poluilliers auec 2000. hommes de pied, & 1100. Cheuaux Allemans qu'il auoit eu du Roy de Boheme, partit du Comté de Ferrette & apres auoir eu des
viures des Comtois contre l'alliance qu'ils auoient auec le Roy,se rendit à Treffort en Bresse où il sejour-
na quelque temps & y publia vne espece de Manifeste par où il se plaignoit des injures qu'il disoit auoir
receuës du Roy,qu'il estoit entré en Bresse auec vne Armée pour s'en venger, & pour remettre ce pays-là,
& ceux d'enuiron au Duc de Sauoye leur naturel & vray Seigneur dans l'esperance qu'il auoit que par ce
moyen le Peuple se soufleueroit, & que son entreprise sur Lyon reussiroit, & d'autant que ces pieces
sont assés curieuses, i'ay treuué bon de les inserer icy.

MANIFESTE DV DVC DE SAVOYE.

*MANVEL-PHILIBERT Par la grace Dieu Duc de Sauoye, Prince de Piemont
Comte d'Ast. A nos amez, & feaux Subjets. Comme ainsi soit que le feu Roy François de France
aye contre tout droit, & raison inhumainement dechassé de ses Pays, feu le Duc Charles Monseigneur & Pere en son viuant vostre Prince, & naturel Seigneur, sans autre plus grand fondement
que pour s'en vouloir accommoder en ses affaires, & pour auoir commodité par iceux pays pour ses entreprises
fins & desseins & que nonobstant toutes les diligences faites par nostredit feu Seigneur & Pere à tous costez,
& par tous moyens conuenables, l'on ne soit iamais peu paruenir à ce qu'il en voulsit faire la restitution, quoy
que l'on luy ay fait offre moyennant icelle (qui se deuoit prealablement faire, puis que de fait il estoit spolié)
luy respondre du droit par deuant tous Iuges competents, sur ce que pour colorer ce fait, il disoit y pretendre,
ce que iamais l'on n'a peu obtenir de luy; seulement entendons nous qu'au temps qu'il estoit en extreme, &
se reconnoissoit de son tort en cecy, entr'autres admonitions qu'il fit au Roy moderne de France son fils, il luy en-
chargea bien expressément de faire la restitution desdits pays, que tant iniustement il occupoit, ce que ledit Roy
à present regnant, a refusé de faire tant du viuant dudit feu Monseigneur & Pere que depuis à nous, & n'y a
profité instance quelle qu'elle soit que l'on luy en aye fait, demeurant en ce obstiné, se sauciant peu de deschar-
ger la conscience de son dit feu Pere & la sienne, ayant d'auantage fait ce qu'a peu pour nous despouiller du
surplus comme en partie il a fait, nous tenant en miserable oppression sous sa dure tyrannie, quoy voyans,
Nous auons tousiours cherché tous moyens pour vous en deliurer estans bien certains que quoy que par force
vous soyez esté empeschez de rendre auec l'effet, le deuoir en nostre endroit que vous eussiez bien désiré, la volonté vous est demeurée entiere pour satisfaire à vostre pouuoir, si vne fois vous pouuez, secouer l'insupportable
jong de telle seruitude, Et puis qu'il a pleu à Dieu le Createur nous donner le moyen de vous y ayder par la
victoire qu'il luy a pleu par sa diuine bonté nous donner en la charge que nous auons du Roy d'Espagne &
d'Angleterre de son Armée, ayans gaigné la bataille contre le Connestable de France qui pensoit secourir
S. Quentin auec toutes les forces principales de France qu'il amenoit auec soy, & que nous les auons defaict à
plat & luy prins, & si grand nombre de Seigneurs de la Noblesse de France qu'il aura bien à faire à s'en resoudre, mesmes qu'auec si puissante Armée nous sommes dedans ladite France, où il y a la peur & l'estonnement
que vous pouuez penser, & mesmes que Dieu qui est iuste Iuge, chastie maintenant l'iniustice & mal'heureu-
ses pratiques contre la Chrestienté bien & repos d'icelle, & les confederations qu'ils ont auec le Turc ennemy
de nostre saincte Foy & Religion par le moyen duquel ils ont tant fait de maux, & perdu tant d'ames & leur
donne maintenant en Italie & ailleurs si contraires succez à leurs desseins auec tant grandes pertes à tous costez, outre ce que vous verrez, les forces qui vous approchent lesquelles entreront dedans France & comme nous
esperons,*

esperons, y prospereront & mesmes qu'à tant de costez l'on donne & donnera affaires esdits François qu'ils seront assez empeschez de defendre leur ancien patrimoine sans se souuenir de vous & il nous a semblé vous deuoir representer par cette nostre la presente occasion, & vous sommer de vostre deuoir afin que vous preniez les
armes, que vous dechassiez de vous, ceux qui vous oppressent & que vous retourniez à nous qui de droict, & par
naturelle succession vous sommes Seigneur & Souuerain Prince, & vous attendons auec bras ouuerts pour vous
receuoir comme vostre bon Prince oubliant tout ce que par contrainte vous pourriez auoir de si long-temps seruis
à l'encontre de nous, nous confians que ce n'a esté nullement de vostre volonté & vous pardonnerons tres volontiers pourueu qu'à ce coup que Dieu vous en donne le moyen & que nous faisons ce que nous pouuons pour
vous assister vous.vous aydés de vostre costé n'estant le nombre que vous auez des François si grand que vous
n'en puissiez aysement estre les maistres & vous ressentir contre ceux qui vous ont si cruellement traittez &
considerer la iuste cause du ressentiment que nous auons contre vous si à ce coup il y auoit faute, ce que nous ne
pourrions aucunement penser; mais que vous nous monstrerez affectionnez suiets enuers celuy qui vous est &
veut à iamais demeurer vostre bon, & tres affectionné Prince & affin que cette nostre intention puisse venir
à la connoissance de tous, nous voulons qu'à la coppie authentique de cettes collationnée aux originaux soit donnée entiere foy & creance comme ausdits originaux, donné au Camp deuant sainct Quentin le quinzieme
d'Aoust 1557. ainsi signé E Philibert.

MANIFESTE DV BARON
de Poluilliers.

Icolas Baron de Poluilliers, à tous ceux des pays de Sauoye, Bresse & terres à l'enuiron & à tous
autres quels qu'ils soient salut, sçauoir faisons, que nous ayant le Roy de France moderne & de
longue main à iniuste & desraisonnable cause fait plusieurs iniures, & procuré de par les siens lors
qu'estions auec charge contre l'ennemy de nostre saincte & Catholique foy nous faire & à nous
pauures suiets de Vaux & de Villiers tous les maux & malefices qu'il a peu iusques à les saccager & brusler
sans occasion que ce fut & que l'en eussions stimulé en façon du monde, pour n'auoir iamais serny à l'encontre
de luy & que pour cette cause nous ayons tousiours eu le vouloir entier de nous vanger de telle iniure contre
Dieu & raison à nous faite de sa part dequoy nous n'auons eu le moyen comme non suffisant par enuers pour entendre contre vn Roy iusque à present que Dieu qui est le souuerain Iuge le nous à donné & que nous retrei-
gnons auec Armée de gens de guerre suffisante pour luy faire la part, sans celle qui nous vient iournellement
& viendra cy-apres, auec ce que sçauons plusieurs pays & Regions & mesme lesdits pays de Sauoye & Bresse auoir estez grandement iniuriez & sont iournellement pour les auoir mis sous sa tirannie & vsurpé à leur
naturel Prince ce que luy compete & appartient, ce qu'il a fait à beaucoup d'autres mesme au sainct Empire & à ceux de nation Allemande, les Prince duquel encore qu'il en quelque patience ne le laisserons
à repos, bien voyans que par ce que desia il a fait & qu'il voudroit volontiers mettre le pied par ses cautelles
mal-heureuses en Allemagne, & qu'ils sont aduertis comme nous sommes d'auoir desia fait partage de ce
qu'estoit en deça le Rhein & specialement en nostre endroit à peu de bien qu'il a pleu à Dieu nous bailler en
quoy lesdits du saint Empire sont grandement iniuriez, sur quoy il est bien à preuoir qu'ils mettront les armes en main à l'encontre de luy & se ioindront auec nous & autres qui adherer nous voudront pour en prendre
leur raison, non seulement en ce que luy compete mais sur son patrimoine, auec ce que nous entendons bien,
que vous lesdits de Sauoye, Bresse & pays à l'enuiron ayez tousiours le cœur à vostre Prince & qu'il n'a resté
à vostre bon vouloir, auquel Prince nous voudrions tres volontier seruir, fauoriser & donner ayde pour la
reintegrance en ses pays, aussi pour l'encommencement de nostre vengeance à l'encontre dudit Roy & apres à
autres iniuriez qui se voudront ayder, Nous vous faisons à sçauoir que tous ceux qui se voudront ioindre auec
que nous les armes en main pour se vanger d'vn tel Tyran qu'ils seront les tres-biens venus & ausquels nous
donnerons toute ayde, faueur, & assistance, de nos personne & gens de guerre, si que à nostre ayde ils pour-
ront estre suffisans & specialement lesdits de Sauoye, Bresse & lieux à l'enuiron competans & appartenans
audit Seigneur Duc de Sauoye, vous enhortant pour ce tres expressement que bien entendiez à secouer le ioug
de seruitude, où vous estes constituez à iniuste raison & le traitement qu'auez eu parcy-deuant durant le regne de vostre naturel Prince enuers luy qui vous est fait presentement, aussi qu'il vous est permis selon Dieu
& les hommes le reconnoistre & que vous voyez, nostre force, & celle de plusieurs autres iniuriez comme
vous pour vous ayder, que non seulement vous ayez, de vos viures, pouuoirs & bien nous faire assistance
mais que vous preigniez les armes en main & soigniez auec nous pour vostre bien & singulier proffit &
qu'ayez, en souuenance vostre bon Prince en quoy nous vous pousserons tout outre & s'il se treune quelqu'vn
qui ne soit de nostre ligue, nous les asserons des maintenant qu'ils nous sont vrays ennemis & que procede-
rons à l'encontre deux & de leurs biens par sac, feu & sang, en outre declairons que ceus qui se tiendront
en leurs maisons,& ne s'absenteront pour nostre venuë, nous les tenons pour amis & ceux qui s'en partiront
seront comme les autres nos vrais ennemis bien consideré que ce qu'ils en feront sera pour demonstrer le mauuais vouloir à l'encontre de leur naturel Prince. Donné à Treffort en l'an mil cinq cents cinquante-sept.

DECLA

DECLARATION DV ROY.
De par le Roy.

A nos tres-chers & bien amez Subjets les Gens des trois Eſtats de nos pays & Duché de Sauoye & Breſſe.

ENCORES *que par tou, bons effets, vraye & apparente demonſtration de vos actions, auons nous ayez aſſés fait connoiſtre la fidelité loyalle & denote affection que vous nous portez comme à voſtre Prince & Seigneur Souuerain pour en auoir ſerment, nous auons entiere & parfaite aſſeurance, & ne ſoyons pour douter que iamais vos cœurs & intentions ſoyent pour changer, ny aucunement diminuer, ne s'alterer en noſtre endroit pour quelque cauſe & occaſion que ce ſoit; neantmoins ayant veu certain mandement que le Prince Emanuel-Philibet de Sauoye à indiſcretement, & temerairement enuoyé ſemer eſdits, pays contre l'honneur de l'heureuſe, & digne memoire de feu noſtre tres honoré, Seigneur & Pere que Dieu abſolue, & le noſtre par lequel en voulant vous faire croire que nous poſſedons iniuſtement leſdits pays, il vous penſe perſuader & appeller en vne ſedition & rebellion contre les Foy & ſerment que vous auez iniuſtement, donné, de fidelle obeyſſance, enuoyant pour fauoriſer & donner plus de vigueur à ſon deſſein vne Armée ce dit-il par dela auec laquelle il eſpere que vous ferez, & vous ſomme de voſtre deuoir pour prendre les armes contre nous, & les noſtres, & vous retirer du joug inſupportable de ſeruitude où vous eſtes : Nous auons bien voulu par la preſente vous faire entendre que tout ſondit deſſein ne tend qu'à vous piller, ranconner & effencer en vos biens, femmes & familles ayant ſur cela aſſigné le payement d'enuiron cinq ou ſix mille hommes de pied, gens perdus & ſans adueu, & quatre ou cinq cens Cheuaux qu'il a fait ramaſſer par vn Poluilliers conducteur de cette Trouppe mal en point, qu'il appelle vne Armée, afin de ſe vanger comme il s'eſt laiſſé entendre de pluſieurs dont nous auons aduis de ceux deſdits Pays qui ont monſtré ferme & conſtant deuoir en l'obeyſſance & fidelité qu'ils nous portent; connoiſſans que nous poſſedons de bonne foy leſdits Pays, pour le droit que nous y auons à cauſe noſtre ſeüe treſchere & tres amée Dame & grand Mere Madame Louyſe de Sauoye, dont jamais le feu ſon Pere ne luy auoit voulu faire raiſon, auſſi ayans ſenty le doux & gratieux traittement & ſoulagement que vous auez touſiours receu, & receuez de nous fort contraires à la ſeruitude qu'il publie par ſondit mandement, Vous priant tres-affectueuſement mettans en bonne & meure conſideration tout ce que deſſus & le cruel danger où luy, qui dit tant vous aymer taſche à vous precipiter & troubler l'heureux repos, où nous auons iuſques icy mis peine de vous conſeruer, voulair continuer & preſerver en la fidelité affectionnée & bonne volonté que vous nous auez ey-deuant demonſtré; ſans croire ne vous laiſſer aller aux vaines & mal fondées perſuaſions d'vn Prince paſſionné comme il eſt, paunre, ſans pouuoir, ny moyen de bien ou mal vous faire, mais comme fermes & conſtans rejetter & repouſſer verinenſement de pouuoir & de cœur par vos effets, meſmes les folles & impoſſibles promeſſes qu'il vous fait, Vous aſſeurans que nous auons donné tel ordre à bien chaſtier & repouſſer les Brigands qu'il a enuoyé par dela, que nous eſperons vous preſeruer du mal qu'ils vous veulent faire & que la ruine, & plus grand dommage en tombera ſur eux, la honte eu demeurera audit Prince Emanuel, qui ſeruira à corriger, & reparer l'inſolence & impudence dont il uſe en ſes eſcrits prouenant d'vn peu d'heur que Dieu a donné ces jours paſſés à ſon Maiſtre, lequel nous eſperons auec ſa grace, ne luy durera gueres, en quoy faiſans, & vous demonſtrans tels que vous denez eſtre, Nous donnerez occaſion de vous aymer, embraſſer & ſoulager de plus en plus au bien & repos de vous & des voſtres; que faiſant autrement ſentirez, à jamais ſi auant l'indignation de noſtre iuſte courroux, que le regret, & le mal vous en ſeroient inſupportables. DONNE' à S. Germain en Laye, le treziéme Octobre mil cinq cens cinquante ſept. Par le Roy de l'Aubeſpine.*

POLVILLIERS doncques diſſimulant le principal ſujet de ſon voyage s'en vint à Bourg au moys d'Octobre mil cinq cens cinquante ſept, auec tout l'appareil d'vn Siege ; Cormier en l'Hiſtoire d'Henry ſecond dit qu'il auoit vnze mil hommes de pied & mil cinq cens Cheuaux ; Il campa le premier iour à la Sardiere & à Chales, d'où il enuoya quelques hommes à cheual pour reconnoiſtre la ſituation de la Ville, En ce temps-là le ſeigneur de Digoine de la maiſon de Damas Lieutenant au Gouuernement de Breſſe & de Bugey en l'abſence du Seigneur de la Guiche ſe treuua dans Bourg auec quelques Trouppes, entr'autres le Regiment de Champagne commandé par Guillaume de Dinteuille Seigneur d'Eſchenets qui en eſtoit Maiſtre de Camp auſquels ſe joignit François de Vendoſme, Vidame de Chartres auec deux mil hommes de l'Armée que le Duc de Guiſe rameſnoit du Royaume de Naples, dés que le Seigneur de Digoine eut aduis de la venue de Poluilliers, il munit & repara la place, ſit le degaſt aux enuirons pour incommoder l'ennemy & pour premier exploit, il ſit tirer le Canon ſur la Trouppe que Poluilliers auoit enuoyée pour reconnoiſtre & en tua vnebonne partie, tellement que Poluilliers le lendemain changea ſon Camp, & paſſant la Riuiere de Reyſſouze au molin de Roſieres s'alla loger au deſſus de l'Egliſe ſainct Iean, ſur le chemin de Bourg à Maſcon, mais les noſtres firent vne furieuſe ſortie de nuict, & deſſirent notable Trouppe d'Allemans, apres quoy le Seigneur d'Eſchenets en ſit vne autre de jour où il batrit & chaſſa les Ennemys iuſques dans leurs retranchemens ; Poluilliers doncques voyant qu'il n'y auoit pas grande apparence de pouuoir prendre Bourg, & ayant eu aduis que l'entreprinſe de Lyon eſtoit deſcouuerte; Que le Capitaine Verdet y eſtoit detenu priſonnier; Que le peuple ne

O

ſe

se reuoltoit point, ainsi qu'on luy auoit fait esperer, Que le Duc d'Aumale, & le Seigneur de la Guiche s'auançoient pour secourir Bourg, Que partie de leurs Trouppes estoient déja arriuées auprès de Montreuel, & qu'à Lyon & Mascon on faisoit de grandes leuées d'hommes, mal satisfait de ceux qui l'auoient fait venir, & incommodé des continuelles pluyes, leua le siege de nuict & se retira en Comté, par Mont-july & Ceyseria, son arriere-garde fut pourfuiuie iusques aux auenuës du Comté par le Seigneur d'Eschenets ainsi s'éuanouyt ce grand dessein, Verdet neanmoins n'ayant rien voulu confesser quoy qu'appliqué à la question ordinaire & extraordinaire fut relasché; De Rubys donne la principale loüange de la descouuerte de cette entreprise sur Lyon au Seigneur de Grignan Gouuerneur dudit lieu; mais bien que Verdet par sa constance eust échappé la Iustice de Lyon, toutesfois on ne laissa pas de luy faire son procez par contumace au Parlement de Chambery, & à tous ceux de ce party comme criminels de leze Majesté dont ils eurent abolition après la paix de l'an 1559.

Monsieur de Thou a descrit fort elegamment ce Siege auec toutes ses particularitez, & François de Beaucaire Euesque de Mets; Mais ils n'ont pas eu connoissance de l'entreprise que Poluilliers auoit sur la ville de Lyon pour laquelle courut & pour en attendre le succes, il forma le Siege de Bourg. Les Memoires de Monsieur de Tauanes portent que Gaspard de Saux Seigneur de Tauanes depuis Mareschal de France, conduisit l'Armée de Monsieur de Guise reuenant d'Italie, & que c'est luy qui fit leuer le siege de Bourg.

Or encor que les Habitans de Bourg eussent bien seruy le Roy en cette occurrence, & qu'ils eussent fait deuoir de bons Subjets; neantmoins parce que plusieurs de la Prouince de diuerse condition s'estoient jettés dans le party de Poluilliers, ou auoient abandonné leur demeure, sa Majesté conceut vne si mauuaise opinion des Bressans qu'elle se resolut de ruiner entierement la Bresse, & la rendre deshabitée, & à cet effect y enuoya le Duc d'Aumale pour en treuuer les moyens, mais tous les Corps luy ayans temoigné bonne volonté, & inclination pour le seruice de l'Estat, le rapport qu'il en fit au Roy addoucit vn peu son esprit, outre quoy les trois Estats deputerent le Seigneur de Feillens en Cour qui moyenna enuers le Roy vn pardon general à tous ceux qui auoient suiui le party du Baron de Poluilliers, à la reserue seulement de ceux qui seroient autheurs, aydans & fauorisans son entreprise, & coniuration; Les lettres de ce pardon sont données à Fontainebleau le trente-vniéme Mars mil cinq cens cinquante huict, lesquelles furent verifiées au Parlement de Sauoye le dix-septiéme May suyuant. Peu après fut conclue la paix de l'an mil cinq cens cinquante-neuf, entre les Roys de France & d'Espagne appellée par le Mareschal de Montluc, La mal'heureuse & infortunée paix, par laquelle on rendit cent nonante huict Places où le Roy tenoit garnison, & fut arresté le mariage de Marguerite de Valois sœur du Roy Henry second, auec Emanuel-Philibert Duc de Sauoye, auquel en suite dudit traitté on rendit la Bresse, Bugey, Valromey, la Sauoye, & le Piemont à la reserue seulement de Thurin, Quiers, Chiuas, Pignerol, & Ville-neufue d'Ast qui demeureroient au Roy iusques à ce qu'il eust fait esclaircir les pretentions qu'il auoit contre le Duc de Sauoye, pour la succession de Louyse de Sauoye sa Grand'Mere, les Lettres patentes pour cette restitution sont du troisiéme Iuillet mil cinq cens cinquante-neuf; La dessus suruint la mort d'Henry second peu auant laquelle se firent à Paris les nopces du Duc & de la Princesse Marguerite sans solemnité, Bertrand du Bnel Seigneur de l'Isle & de la Bastie, sur Cerdon Conseiller & Maistre d'Hostel de ce Prince fit la principale negociation de cette paix & dudit mariage pour son Altesse de Sauoye, laquelle fut acheuée par le Seigneur de Montfort de la maison d'Oddinet en Sauoye.

Hist. de Lyon

Hist. libr. 19.
Comment.
ver. Gallic.
lib. 17.

Pag. 404.

Thuanus.

✿✿✿✿✿✿✿✿✿✿✿✿✿✿✿✿✿✿✿✿✿✿✿✿✿✿✿✿✿✿✿✿✿✿✿✿✿✿

EMANVEL-PHILIBERT, DVC DE SAVOYE & XXXII. Seigneur de Bresse & de Bugey.

CHAPITRE LV.

EN execution du traitté de paix dont nous venons de parler Emanuel Philbert-Duc de Sauoye, estant à Paris depuis le huictiesme Iuillet mil cinq cens cinquante-neuf René Comte de Chalant Mareschal de Sauoye & Cheualier de son Ordre pour prendre la reelle possession de tous ses Estats tant deçà que delà les Monts & le quatorziesme du mesme mois le Roy François II. par lettres patentes, ordonna à François de Lorraine Duc de Guyse, Pair & Grand Chambellan de France, Gouuerneur & Lieutenant General en Sauoye de le souffrir, Il commit Guillaume de Portes President au Parlement de Sauoye, pour faire la deliurance du Duché de Sauoye, & autres Estats deçà les Monts au Comte de Chalant suyuant l'intention du Roy: Le Comte de Chalant arriua à Chambery Capitale de la Sauoye le troiziesme d'Aoust de ladite année & le lendemain, il s'addressa au President de Portes, luy fit veoir le pouuoir qu'il auoit du Duc de Sauoye, & luy demanda d'estre mis en possession de ses estats, ce qui luy fut accordé le septiesme suyuant, dans la Sale du Chasteau de Chambery, où le President de Portes seant en vn siege de velours violet à la droite & le Comte de Chalant à la gauche, receut les clefs de la ville de Chambery par les mains du sieur de Monterminod premier Sindicq, lesquelles il remit à l'instant au Comte de Chalant & après s'estre leué de son siege fit asseoir ledit Comte de Chalant & se retira, cette ceremonie qui est assez curieuse & les conditions sous lesquelles fut fait ledit delaissement; sont assez amplement descrites par le Procez verbal qu'en dressa ledit President de Portes, que nous insererons Dieu aydant aux preunes de l'Histoire Genealogique de la Royale Maison de Sauoye à laquelle nous trauaillons.

Cependant que le Comte de Chalant prenoit possession de la Sauoye, Philibert de la Baume Cheualire lier de l'Ordre de sainct Iacques, Baron de Montfalconnet & Comte de Coligny le Neuf, par luy deslegué la prenoit des pays de Bresse & de Bugey, il vint à Bourg le quatriesme Aoust & le cinquiesme François du Puget Conseiller du Roy, Inge des appellations de Bresse, Commis Lieutenant au Gouuernement de Bresse, suyuant le pouuoir qu'il en auoit eu du Roy & du Duc de Guise, remit au Seigneur de Montfalconnet ladite ville de Bourg & tout le pais de Bresse & de Bugey,

Le Duc ayant apris que le traitté auoit esté fidellement executé, partit de Paris passa par la Bourgogne, se mit sur la Saone à Grey & alla à Lyon, d'où il vint à Bourg, ou il fit son entrée l'11. Octobre mil cinq cents cinquante-neuf. Ce Prince pour tesmoignage de l'affection qu'il auoit pour la ville de Bourg, par lettres dattées à Nice le septiesme d'Aoust mil cinq cents soixante, luy permit d'adiouter la Croix de saint Mauris d'argent sur l'escu party de sinople & de sable qui estoient ses anciennes armes, laquelle armoirie la ville de Bourg à retenuë iusques à present,

Le Roy Charles I X. estant venu à Lyon au mois de Iuin mil cinq cents soixante-quatre le Duc & la Duchesse de Sauoye partirent de Chambery pour l'aller visiter, dont le Roy ayant eu aduis, s'auança à Mirebel en Bresse pour le receuoir & les emmena à Lyon. *Paradin Hist. de Lyon liu. 3. c. 16.*

Nous auons dit cy dessus en l'Eloge du Duc Charles, que les Bernois & ceux du pays de Valays s'estoient emparé des Pays de Vaud, de Gex & de Chablais, le Duc Emanuel Philibert Prince genereux en voulant auoir raison, il y eust traitté conclu entre luy & la Seigneurie de Berne le trentiesme Octobre mil cinq cents soixante-quatre par lequel les Bernois luy restituerent toute la Seigneurie de Gex & ce qu'ils auoient conquis au Duché de Chablais de la le Rosne & le Lac & le Duc leur delaissa ce qui luy restoit du Pays de Vaud, auec les Seigneuries & villages de Nions, Veuay, la Tour-Chillon & la Ville-neufue situez deça le Lac, les Ambassadeurs du Duc de Sauoye qui furent les entremetteurs du traitté sont Pierre Maillard Cheualier Seigneur du Bouchet, Baron de Cheuron, Gouuerneur de Sauoye, Louys Oddinet Seigneur de Montfort, de Greysieu & de Longefan President de la Chambre des Comptes de Sauoye, Louys Millet President au Senat de Chambery, Claude de Bellegarde Seigneur de Montaigny Cheualier au Senat, Michel de Villette Baron de Cheuron, & Iean-Gaspard de Lambert Seigneur de la Croix. Et quant à ce que les Valesans occupoient au Duché de Chablays, ils le rendirent à son Altesse de Sauoye par traitté du 4. Aoust 1569.

En l'an mil cinq cents septente-six le Duc apres auoir enuoyé le collier de l'Ordre de l'Annonciade à Charles de Sauoye Prince de Geneuois, fit de nouueaux Cheualiers, sçauoir Bernardin de Sauoye Seigneur de Cauours, Proper de Geneue Seigneur de Lullins, Iean-Federic Madruze Seigneur d'Aue & d'Arberg Marquis de Sutiana, Philippes Marquis d'Est, Amé Bastard de Sauoye, Federic Ferrier Seigneur de Cauasalon, Marquis de Romagnan, Louys de la Baulme Seigneur de Perez, Baron de sainct Amour, Robert de Rouere Seigneur de sainct Seuerin, Thomas Isnard Comte de Sinfred, Bosse Ferrier Marquis de Masseran, Honorat Grimaldi Baron du Beuil, François Comte de Martinengue & Anée Pie de Sauoye Seigneur de Sassola. *Pingon in Augusta Taurinor.*

Trois ans apres la Reyne Catherine de Medicis, vint à Montluel ou le Duc de Sauoye & le Mareschal de Bellegarde se treuuerent, le suiet & le succez de cette Conference sont assez expliqués en la vie du Connestable de Lesdiguieres. Enfin le Duc Emanuel Philibert apres auoir donné vne nouuelle face à ses Estats, fortifié ses frontieres & fait plusieurs Loix, Ordonnances & reglemens tres vtiles pour ses suiets mourut à Thurin le 30. Aoust 1580. *Hist. du Connestable de Lesdiguieres.*

Il n'eust qu'vn fils vnique de Marguerite de France Duchesse de Berry sa femme, fille du Roy François I. & de Claude de France, sçauoir Charles-Emanuel Duc de Sauoye duquel l'Eloge sera au Chapitre suiuant.

Ce Prince eust encor quatre enfans naturels. Marie de Sauoye femme de Philippes Marquis d'Est. Amé de Sauoye Marquis de sainct Rambert, Philippes de Sauoye Cheualier de l'Ordre de Ierusalem dit de Malte mort le deuziesme Iuin mil cinq cens nonente-neuf, Et Matilde de Sauoye femme de Charles de Simiane Cheualier Seigneur d'Albigny.

CHARLES-EMANVEL DVC DE SAVOYE
& XXXIII. Seigneur de Bresse & de Bugey.

CHAPITRE LVI.

V O I C Y le dernier Prince de la maison de Sauoye qui a esté Seigneur de Bresse & de Bugey dernier en ordre; mais premier en toutes sortes de vertus & d'eminentes qualitez, Prince pieux, Vaillant, liberal, sçauant & qui est mort dans l'estime d'vn des plus grands Capitaines de la Chrestienté, ie n'entreprens pas de luy dresser vn Eloge tel que le Cours illustre de sa vie & la suite de tant de belles & de genereuses actions me pourroit fournir. Cette matiere merite plus de loysir & quelque iour nous le ferons dans nostre grand ouurage. Ie diray seulement auec ma briefueté ordinaire & pour ne me point departir de l'ordre que ie me suis prescrit au commencement de tous ces eloges. Que ce grand Prince naquit à Riuoles en Piemont le lundy quatriesme Iuin mil cinq cens soixante-deux il succeda au Duc Emanuel-Philibert son Pere en l'âge de dixhuict ans, il donna la charge de grand Chancelier de Sauoye à Louys Millet premier President au Senat de Chambery duquel descendent les Comtes de Fauerges en Geneuois & celle de premier President audit Senat à René de Lyobard Seigneur du Chastellard personnages de haute erudition & integrité.

En l'an mil cinq cens quatre-vingt-deux les Bernois ayans eu opinion que le Duc de Sauoye auoit dessein sur eux, & qu'il leuoit des trouppes sourdement, enuoyerent quelques soldats à Ripaille pour en apprendre des nouuelles & quoy que ce bruit se treuuast faux, les soldats Bernois neantmoins s'eschappperent à des grandes menaces, le Duc en ayant esté aduerty & ne voulant point souffrir cette iniure leua vne petite armée composée de cinq cents Prouençaux commandez par Espiard & Boucicaud, de deux cents Italiens, de quinze cents Suisses leuez par Iean de Chabod Seigneur de Iacob & quinze cents Sauoysiens conduits par Iean François de Lucinge des Alymes, Baron de Viry & bon nombre de Caualerie menée par le Comte de Martinengues, le chef de ces Trouppes fut Bernardin de Sauoye Seigneur de Raconis; mais cette leuée de bouclier ne fit point d'effect, parce que les Cantons de Suysse s'y estans interessez, & ayans reconnu que les Bernois auoyent eu vne vaine frayeur, la chose se pacifia.

Sur la fin de l'an mil cinq cents quatre-vingt-trois Charles-Emanuel fut grieuement malade à Thurin, mais les prieres de ce sainct personnage Charles Borromée Archeuesque de Milan qui le visita, luy firent recouurer la santé, l'Apprehension que ses subjets eurent de le perdre, luy fit penser à se marier, on luy proposa les filles de Charles Duc de Lorraine, & de François de Medicis grand Duc de Toscane & sœur d'Henry Roy de Nauarre mais il eust plus d'inclination pour Catherine Infante d'Espagne, apres les resolutions prises, il enuoya visiter par Dom Amé de Sauoye son frere naturel en l'an mil cinq cents quatre vingt-quatre & l'année suyuante, il s'embarqua à Nice & y alla en personne accompagné des plus grands Seigneurs de ses Estats, le mariage ayant esté solemnisé auec magnificence, le Duc amena en Piemont la Duchesse sa femme, ils firent leur entrée a Thurin l'vnziesme d'Aoust mil cinq cents quatre vingt-cinq; en memoire de cette alliance ce Prince fit battre des Medailles d'or & d'argent, où d'vn costé Estoit son effigie, auec ses qualitez autour, & au reuers *Instar omnium*, pour tesmoignage qu'il auoit preferé cette alliance à toutes les autres & qu'il ne craignoit plus rien.

Il en donna bien depuis de plus grandes preuues; car se preualant des desordres que la guerre de la Ligue auoit excitez en France, il se saisit en l'an mil cinq cents quatre vingt huit, de la Ville & Citadelle de Carmagnole, & de tout le Marquisat de Saluces : cette action produisit d'estranges effects en son temps & comme c'estoit le dessein de ce Prince de fomenter la Ligue en France, Il donna de trouppes à Ioachim de Rye Marquis de Treffort, Gouuerneur de Bresse & de Bugey pour fauoriser le Duc de Nemours son parent qui estoit grand Ligueur ; mais le Duc n'y treuua pas son compte; car le Connestable de Montmorency ayant eu aduis que le Duc de Nemours se vouloit saisir de Montluel, le fit petarder le huictiesme Nouembre mil cinq cents nonente-quatre & demeura Maistre de cette place iusques à la paix y d'autre costé le Mareschal de Biron le vingt-vniesme Auril mil cinq cents nonente-cinq prit la ville de Baugé & le lendemain Pontdeuelle, Villars qui voulut resister fut battu du Canon & pillé.

Henry quatriesme de France ne fut pas plustost paisible du Royaume qu'on luy auoit contesté iniustement, qu'il voulut auoir raison de l'vsurpation du Marquisat de Saluces, voyla pourquoy la paix ayant esté conclue à Veruin entre les deux Roys le deuxiesme May mil cinq cents nonente-huict il fut dit que les differens qui estoient entre le Roy & le Duc de Sauoye se ingeroyent par sa Saincteté dans vn an & iusques à ce que toutes les choses demeureroyent en estat. La publication de cette paix fut faite à Bourg le Dimanche quatorziesme Iuin mil cinq cents nonente-huict & le *Te Deum* chanté en l'Eglise de Nostre-Dame, le Roy faisoit instance qu'on luy rendit son Marquisat, le Duc s'en excusoit, Iean de Chabod Seigneur de Iacob, le President de Rochette, le Marquis de Lullins, le Cheualier Breton & le Secretaire Roncas firent plusieurs voyages a Paris mais sans fruict, il se resolut d'aller treuuer le Roy, esperant que sa presence opereroit plus que les negociations des siens, il arriua à Paris le quatorziesme de Decembre mil cinq cents nonente-neuf, l'Histoire du temps n'a pas oublié de descrire les magnificences de sa reception, les grandes liberalitez qu'il y fit & ce qu'il menagea a la Cour quand il vit qu'il ne pouuoit plus rien gaigner sur l'esprit du Roy qui estoit a heurté a auoir le Marquisat & son A. a le retenir, enfin par traitté fait à Paris le vingt-septiesme de Feurier mil six cents, le Duc promit au Roy de luy rendre le Marquisat de Saluces dans le premier de Iuin ou le pays de Bresse iusque à la Riuiere d'Ains, y compris Bourg & sa Citadelle, & de plus Barcellonette & la ville & Chasteau de Pignerol. Trois ou quatre iours apres le Duc partit de Paris & arriua à Bourg le quatorziesme Mars, iour de Mardy. Logea chez Guillaume Bachet Seigneur de Vaulẍysant, disna le lendemain à Brou & reuint

Matthieu Hist. de la Paix.

coucher à la Ville, il fut dans la Citadelle & quand il en sortit, on remarqua qu'il auoit la larme à l'œil, ce qui tesmoignoit le regret qu'il auoit de quitter cette place, estimée l'vne des plus fortes de l'Europe, on jugea dés là qu'il n'executeroit pas trop librement le traitté de Paris, en effet le iour que la restitution du Marquisat de Saluces se deuoit faire estant passé, le Roy pressa le Duc par ses lettres de tenir parolle. Roncas alla en Cour pour auoir nouueau deslay, on le luy refusa & sa Majesté ennuyée de ces retardemens, alla à Lyon le huictiesme Iuillet, où se rendirent Gaspard de Geneue Marquis de Lullins Cheualier de l'Ordre de Sauoye, Gouuerneur du Duché d'Aouste, Iean-François Berliet Seigneur de Chiloup Conseiller d'Estat, Archeuesque & Comte de Tarentaise, Ambassadeur ordinaire du Duc de Sauoye en France & Pierre Leonnard Roncas Conseiller d'Estat de son Altesse ses Ambassadeurs, qui declairerent au Roy que leur Maistre auoit opté & que conformement au Traitté de Paris, il rendroit le Marquisat de Saluces & proposerent pour l'execution de cette declaration plusieurs articles, ausquels le Roy respondit & comme tout fut conclu le penultiesme Iuillet, les deputez de son Altesse de Sauoye refuserent de signer sans auoir vn nouueau pouuoir de luy, le Roy sur ce refus declara, qu'il ne vouloit point aussi s'obliger & que si dans le cinquiéme d'Aoust suyuant, il n'apprenoit la resolution du Duc sur le contenu desdits Articles ausquels sa Majesté ne vouloit rien changer, elle pouruoiroit à ses affaires.

Les Peuples de Sauoye, & de Bresse estimoyent que par cette conference la paix estoit arrestée entre le Roy & le Duc qui n'estoit pas marry qu'on le creut, la nouuelle en fut apportée à Bourg le quatriéme d'Aoust; mais Roncas qui estoit allé en Piemont pour auoir la derniere resolution du Duc ne retenant point

point dans le temps qu'il auoit promis, & le Roy asseuré que le Duc ne vouloit que temporiser en attendant le secours que le Comte de Fuentes luy promettoit, partagea ses forces, enuoya Lesdiguieres du costé de Chambery, & le Mareschal de Biron en Bresse. Melchior Comte de Mont-mayeur estoit Gouuerneur de la ville de Bourg, le Marquis de Lullins luy escriuit que le Duc de Biron l'alloit attaquer, des Alymes que les petards estoient partis de Lyon, Charles-Maximilian de Grillet Comte de sainct Trinier au retour de Mascon s'estoit meslé auec les Trouppes du Duc de Biron, se mit defiant, & vint dire à Bourg que le Mareschal de Biron n'estoit qu'à vne lieuë de là : mais tous ces aduis en vne chose de cette importance, ne profiterent de rien, en telle sorte, que le douziéme d'Aoust, iour saincte Claire fur les trois heures apres minuit, la porte de Bourg-mayer fut petardée : Matthieu remarque qu'on faisoit si mauuaise garde, que quand on fut prés de la porte, la Sentinelle ayant crié, Qui va là, on repartit le petard, la porte ayant esté ouuerte par le petard, les Trouppes entrerent ; à la teste desquelles estoit Charles de Rochefort Seigneur de sainct Angel & de la Ville prise sans coup d'espée ; Il y eust de tué entre les Habitans Henry Colliod, le Procureur Gonet, Louys Pisady, & Christin le Vitrier, le pillage de la Ville dura trois iours, quoy que les Historiens du temps ayent escrit le contraire ; Le Duc de *Thuanus* Biron n'auoit pour toutes trouppes, que les Regimens de Champagne &. de Nauarre, & les Suysses de *Matthieu.* la Garnison de Lyon ; Le Comte de Mont-mayeur a esté blasmé ou d'intelligence, ou de lascheté ; car il eust bien peu se garentir de cette surprise s'il eust voulu ; mais Dieu le permit ainsi pour fauoriser les armes du Roy ; Le Mareschal de Biron laissa à Bourg Edmé de Malain Baron de Lux, Lieutenant general pour sa Majesté en Bourgogne & alla prendre le reste des Villes & Chasteaux plus considerables de Bresse & de Bugey qui estoient sur son chemin pour aller en Sauoye ; Sçauoir le Pont d'Ains, Poncin, sainct Denys de Chausson, sainct Rambert, Belley, Pierre-chastel, Seyssel & le pas de la Cluse, pendant quoy le Baron de Lux le vingt-quatriéme d'Aoust fit prester le serment de fidelité aux Habitans de Bourg entre les mains de Philibert Barjot Seigneur de la Sale & de la Vernette Lieutenant general au Baillage de Mascon, commis Iuge Maje pour le Roy en Bresse, la forme du serment estoit telle. *Nous promettons & iurons sur les Saincts Euangiles de ne reconnoistre doresnauant autre Souuerain qu'Henry quatriéme, Roy de France & de Nauarre & ses successeurs, de le seruir enuers & contre tous, notamment contre le Duc de Sauoye, se ranger à son seruice, & adherer à ses volontez & commandemenet ; De n'attenter aucune chose contre l'Estat de sa Majesté, & de l'aduertir en nos Seigneurs ses Gouuerneurs & Officiers, de tout ce que sçaurons luy toucher & estre contraire au bien de son seruice, & Estat, sur peine d'estre punis comme rebelles & criminels de leze Majesté au premier chef.* De l'autre costé l'Armée du Roy commandée par Lesdiguieres prit Chambery, Charbonnieres, Montmelian, & autres places de Sauoye, Maurienne & Tarentaise, tellement que pour rendre la conqueste de sa Majesté entiere, il ne restoit que la Citadelle de Bourg de laquelle Bouuens estoit Gouuerneur, qui y laissa des preuues de son courage, & de sa fidelité enuers son Prince ; le Baron de Lux y fit des Bloccus, & empescha le Connoy que Vateuille y vouloit faire entrer.

Le Cardinal Aldobrandin Legat du Pape qui s'estoit entremis de la paix entre ces deux Princes estant venu en Sauoye sur la fin du mois de Nouembre, presenta à sa Majesté, François d'Arcona Comte de Tronzan, & René de Lucinge Seigneur des Alymes premier Maistre d'Hostel de son Altesse de Sauoye nouueaux Ambassadeurs qu'elle auoit deputé, auec lesquels apres de grandes difficultez fut conclue le dix-septiéme Ianuier mil six cens vn, la paix appellée le Paix de Lyon, par laquelle le Duc quitta & ceda au Roy pour le Marquisat de Salues, les Pays de Bresse, Bugey & Valromey, & le Bailliage de Gex. Cette paix n'agrea point au Duc de Sauoye, il ne la voulut pas signer & delaouïa Arcona & des Alymes ses Ambassadeurs ; neantmoins sçauant esté pressé par le Legat de sa Sainteté, & la Citadelle de Bourg, qui estoit la derniere de ses esperances ne pouuant plus tenir son A. s'y resolut ; Iacques Mitte de Miolans Seigneur de sainct Chaumont & de Cheurieres Cheualier des deux Ordres du Roy fut depuis enuoyé par le Roy en Piemont pour receuoir le serment de son Altesse pour l'obseruation dudit traitté, & le Marquis de Lullins receut celuy de sa Majesté à Paris en l'Eglise des Celestins le deuxiéme Decembre mil six cens sept.

C'est par ce moyen que la Bresse, le Bugey Valromey & Gex retournerent sous l'obeyssance de la France ; Les Politiques parlerent diuersement de ce traitté ; les vns se donnoient l'auantage au Duc de Sauoye, parce que le Marquisat de Salues qui estoit la cause de la guerre luy estoit demeuré ; Qu'il auoit fermé la porte de l'Italie aux François, & auoit reuny le Piemont en vn seul corps, que le Marquisat de Salues diuisoit ; les autres loüoyent le Roy d'auoir estendu sa frontiere iusques aux portes de Geneue, de s'estre acquis le passage libre pour la Suysse & l'Allemagne, & d'auoir eu plus de centaines de Marquis, Comtes, Barons, & Gentils-hommes qu'il n'en y auoit de Douzaines en tout l'Estat de Salues, & qu'ainsi il deuoit auoir l'honneur du traitté, puis qu'il en auoit le profit. Vn grand Capitaine & grand Politique de ce Royaume donnant son aduis sur vn euenement si remarquable, dit de fort bonne grace & ingenieusement, que le Roy auoit traitté en Marchand ; & le Duc de Sauoye en Prince.

Fin de la premiere partie de l'Histoire de Bresse & de Bugey.

O 3 TABLE

TABLE

DES CHAPITRES DE LA
premiere partie de l'Histoire de Bresse
& de Bugey.

Amé

Table.

*Fin de la Table des Chapitres de la premiere partie de
l'Hiftoire de Breffe & de Bugey.*

www.ingramcontent.com/pod-product-compliance
Lightning Source LLC
Chambersburg PA
CBHW071759090426
42737CB00012B/1883